江苏省精品教材

21 世纪高职高专能力本位型系列规划教材·工商管理系列

现代物流管理
（第2版）

沈　默　主编

内 容 简 介

本书主要介绍了有关现代物流的概念，物流活动的环节、功能、管理和决策，物流信息系统的运用以及现代物流发展趋势等基本知识，融入了“大数据、一带一路、互联网 +、工业物流 4.0”等知识。

本书共分 9 章，每一章都提出明确的教学目标、教学的重点、难点及能力要求，运用有针对性的案例导入，插入政策解读、知识拓展、知识链接等内容，并且每一章都给出实训项目和习题。

本书既可作为高职高专物流专业的课程教材（安排约 80 个课时）、辅助教材，也可作为各类、各层次学历教育和短期培训选用的教材，也适合广大物流界人员作为学习参考用书。

图书在版编目 (CIP) 数据

现代物流管理 / 沈默主编．—2 版．—北京：北京大学出版社，2017.8

（21世纪高职高专能力本位型系列规划教材 · 工商管理系列）

ISBN 978-7-301-28659-3

Ⅰ. ①现… Ⅱ. ①沈… Ⅲ. ①物流管理—高等职业教育—教材 Ⅳ. ① F252

中国版本图书馆 CIP 数据核字 (2017) 第 203088 号

书　　名　现代物流管理（第 2 版）
XIANDAI WULIU GUANLI

著作责任者　沈　默　主编

策 划 编 辑　吴　迪

责 任 编 辑　李瑞芳

标 准 书 号　ISBN 978-7-301-28659-3

出 版 发 行　北京大学出版社

地　　址　北京市海淀区成府路 205 号　100871

网　　址　http://www.pup.cn　新浪微博：@ 北京大学出版社

电 子 信 箱　pup_6@163.com

电　　话　邮购部 62752015　发行部 62750672　编辑部 62750667

印 刷 者　北京鑫海金澳胶印有限公司

经 销 者　新华书店

787 毫米 ×1092 毫米　16 开本　20.25 印张　468 千字

2007 年 8 月第 1 版

2017 年 8 月第 2 版　2017 年 8 月第 1 次印刷

定　　价　44.00 元

第 2 版前言

随着全球经济一体化推进，科学技术的不断创新，信息产业的高速发展，管理水平的不断提升，生产和物流向工业 4.0 迈进，供应链管理向高效、敏捷、一体化发展，物流业与其他产业如金融、互联网、大数据等的融合不断加深，极大地促进了现代物流的发展。

我国物流业起步较迟，但是在国家出台的一系列政策和措施的支持下，经过业界二十多年的不懈努力，一大批现代化物流企业迅速地崛起，如中远物流、中储物流、宝供物流、顺丰速递等；企业物流也有了较快的发展，如苏宁物流配送中心、苏果配送中心、新华图书配送中心等。它们的崛起揭示了我国物流正向现代化、信息化、智能化、标准化、机械化、绿色化和一体化发展，物流管理水平、从业人员的素质普遍提高。

本书自 2007 年出版以来，已经印刷六次。2011 年，本书被评为江苏省精品教材，2010 年，本人负责的《现代物流管理》课程被评为江苏省精品课程。

本次修订覆盖率达 60% 以上，修订的重点如下。

（1）政策法规。本书链接国家出台的一系列物流政策与法规，以促进我国物流基础设施设备的建设，规范我国物流管理，规划我国物流园区、物流中心、配送中心建设和发展。

（2）贴近现实。本书反映物流新学说、新理论、新技术、新动态，如“互联互通时代的物流特点、大数据、互联网 +、工业 4.0 与物流 4.0、物流金融业务、一带一路”等内容。

（3）梳理全书。对第 1 版教材结构和内容上“烦琐、重复、陈旧部分”进行提炼、更新或删除，更新了数据和部分案例，以彰显教材的科学性、严谨性、创新性和实用性。

（4）规范术语。对书中的物流术语进行了全面规范，运用 2006 年国家标准《物流术语》（GB/T 18354—2006）。

（5）学习把控。增加教学重点与难点、知识链接、知识拓展、实训项目等内容，有助于学生在学习中把握重点、丰富学习内容、拓展知识点，做到理论联系实际。

本书的修订得到北京大学出版社的大力支持，陈红霞、高晓英和吴蓉蓉老师参与教材的修订工作，企业专家蓝敦虎、齐美志等对教材修订提出了建设性的意见和建议，在此深表感谢！

同时感谢所有关心和支持本书编写和再版修订的专家与同仁！感谢广大读者的关心与关注！

编　者

2017 年 4 月

第 1 版前言

我国“十一五”规划中明确指出：大力发展现代物流产业，培育专业化物流企业，积极发展第三方物流。然而，现代物流业的发展，需要管理人员、技术人员，更需要高技能型人才。物流人才的培养，是一项多方位、多层次的系统工程。选用物流高职高专特色教材施教，是实现培养合格的高技能物流人才的关键性步骤之一。为此，在北京大学出版社的组织和策划下，我们诸多高职院校的老师参与编写了本书，作为高职高专物流系列教材之一。

本书在编写中力求做到：始终贯穿“职业技能培养”为编写的主线；根据职业教育的特点，内容上以“必需和实用、够用”为原则；做到理论教学和实践相结合；把学生的思想品德培养、责任感、能力素质、心理素质和团队精神等内容融汇于编写中，从而达到全面提高学生的综合素质、职业道德和职业技能的目的。

在本书的编写结构上，首先，每章都明确学习目标、应当掌握的知识点和能力要求；其次，通过案例导入学习的内容，以激发学生的学习兴趣和积极性；再次，通过背景知识的介绍使学生更好地理解和掌握所学的内容；最后，通过练习和实践教学，使学生更好地消化和运用所学的知识。在内容方面，尽可能反映新知识、新技术、新动态，运用规范的物流术语，同时注重培养学生分析问题、解决问题、理论联系实际以及学以致用的能力。在编写形式上，采用“图”“表”“文”并茂的方式，使各个知识点更加形象、直观、生动和通俗易懂。

本书共分 9 章，其中第 1、3 章由李承霖编写；第 2 章由沈默编写；第 4 章由魏江平编写；第 5 章由宋宝瑞编写；第 6 章由孙跃兰编写；第 7 章由刘岩编写；第 8 章由张梦冰编写；第 9 章由王刚编写。全书由沈默制定大纲、统稿和初审，曹志平主审。

在本书编写过程中，参考了国内外有关物流管理方面的众多教材，运用和引用了大量的相关资料和数据，对此我们编写组已予以一一注明，并且对相关企业和相关资料的撰写者表示衷心的感谢！同时对所有支持、关心我们编写工作的人员表示真诚的谢意！

由于时间仓促、编者水平有限，书中难免会有疏漏和不妥之处，恳请广大读者不吝赐教。

编　者

2007 年 5 月

目　　录

第 1 章 物流管理概述

教学目标

知识要点	能力要求	相关知识
物流与物流管理	(1) 掌握物流、物流管理的概念 (2) 理解物流的分类 (3) 熟悉物流起源、现状、发展特点	(1) 发达国家物流定义 (2) 物流国家标准术语 (3) 物流起源、现状、发展
现代物流业	(1) 分析现代物流业构成、特点 (2) 理解物流主要学说内涵	(1) 现代物流及其功能 (2) 现代物流特征 (2) 现代物流主要学说
现代物流系统	(1) 分析系统的三要素作用 (2) 掌握物流系统组成 (3) 能够运用物流系统的分析方法	(1) 系统的原理 (2) 物流系统的分析原理 (3) 物流系统中的相互制约问题

教学重点、难点

物流、物流管理及现代物流业概念；现代物流特征及主要学说，物流系统论。

案例导入

中储物流，从传统的仓储向现代物流跨越

中国物资储运总公司(以下简称中储)成立于1962年，20世纪90年代就借鉴国外发达国家的经验，提出了从传统储运企业向现代物流企业转变的发展战略。经过多年的发展，它已从传统仓储发展成为中国最大的以仓储、分销、加工配送、国际货运代理、进出口贸易及相关服务为主的综合性物流企业之一。

1) 综合物流

(1) 仓储业务。中储是国内仓储行业龙头企业，拥有多家交易所指定交割库。中储在全国主要城市拥有各类库房、货场、铁路专用线等物流设施，拥有龙门吊、汽车吊、叉车、正面吊等装卸搬运设备，为客户提供货物的储存保管服务。

中储的仓储品种遍及黑色、有色、煤炭、塑化、橡胶、汽车、家电、纸张、服装纺织品、日用百货等。中储是上海期货交易所、郑州商品交易所、大连商品交易所、全国棉花交易市场的指定交割仓库。

(2) 公路运输。中储拥有大件运输、冷藏运输、集装箱运输、普通货运等各类运输车辆。主要从事超市配送、区域配送、干线运输、大件运输。拥有大型物件运输最高资质，具备了承运长度在40米以上、宽度在6米以上、高度在5米以上、单件重量在300吨以上大件设备的运输能力。

(3) 现货市场业务。中储坐拥各地区最大的生产资料实体交易市场。依托得天独厚的仓储配送优势，集商流、物流、信息流、资金流于一体、前厅后库的经营模式，提供工商、税务、银行、结算等一条龙服务，享受政府重点市场优惠政策，是各类商家交易的理想场所和物资集散地。中储目前已建成金属材料、建材、机电、木材、日用百货等各类现货交易市场17个，年交易额1 650多亿元。

(4) 国际货代业务。中储货代业务遍布全国各主要港口，具有大型物件运输的最高资质。专业化的国际国内货运代理网络遍布全国主要港口、中心城市，形成了以多种运输方式覆盖全国、辐射海外的综合货运代理服务体系。以此为基础，为客户提供报关、报检、保险、租船订舱、港口中转、监装监卸、拼装拆箱等多环节服务和“门到门”服务，提供陆运、海运、空运及多式联运服务。做到“一票在手，全程服务。”

(5) 加工业务。中储拥有国内一流的加工剪切设备，实现供应链一体化服务。国内一流的数控开卷校平和线材拉直剪切线，可对冷热轧钢卷、镀锌钢卷、彩钢卷、不锈钢卷板和各类线材等进行开卷、整平、定尺、连续剪切(横切、分条)成不同规格板材和线材。客户不出库即可实现卸车、剪切、配送一次完成。

(6) 集装箱业务。中储充分利用上海、天津、青岛、大连等港口的物流基地，专业化的集装箱装卸设备和运输车队，可实现拆、装、拼箱、分拨、发运、集港等配套服务。利用铁路专用线优势，开展铁路集装箱的到达和发运业务。

2) 金融物流

中储已与20家银行签署了总对总框架协议，合作开展金融物流服务，业务包括动产监管、质押监管、抵押监管和贸易监管，中储还提出了金融物流业务创新模式，将原有提单模式、保兑仓模式、供应链模式等融入其中，并逐步开发新的业务模式。

监管品种包括黑色金属材料及其矿产品、有色金属材料及其矿产品、煤炭、石油、化工、汽车、家电、轮胎、玻璃、化肥、纸业以及农产品这十二大类。截至2010年，中储质押业务已推广至全国27个省份，年质押监管规模超过600亿元。

3) 国内国际贸易业务

中储依托物流功能和资源优势，可提供全程综合物流贸易。依托覆盖全国的仓储、物流实体网络，中储正逐渐形成以贸易为先导，以物流和套期保值为保障，以金融物流为支持的物流贸易业务模式。中储贸易大力开发关联配套增值服务，满足客户多样化需求，由传统的贸易商向综合服务商不断转变。

国内业务经营范围包括钢材、有色金属、化工等，拥有强大的营销网络和客户群体。国际贸易业务专业定位，主营铁矿石、煤炭、镍矿、锰矿、铬矿等炉料商品的进口业务。

4) 物流开发

随着国内物流企业逐步发展壮大，国家放开国内物流政策后，生产型企业、国家重点工程项目逐渐依赖大型的第三方物流企业，向其寻求包括上下游在内的多层面物流服务。

物流开发是中储为适应现代物流发展变化需要，调整、整合系统资源成立的专业经营业

务，主要是通过承接大型企业的第三方物流项目，以物流服务业务为纽带，组织系统相关单位，通过内部资源整合，充分体现公司网络、经营、品牌和综合服务优势，积极参与国家重点工程建设，不断扩大中储在高端物流市场的份额。

截至2010年，中储已与新疆天业、厦门象屿、中化集团等大型企业签订了总对总物流协议，服务范围涉及系统多家单位。

5）电子商务

中储电子商务(天津)有限公司(www.cmstecc.com)成立于2010年，是集网上现货交易、行业咨询、交易融资、物流服务、网络技术服务等为一体的全国性综合服务企业，是中储发展股份有限公司的全资控股子公司。

公司的成立标志着传统的大宗物品交易向第三方B2B电子商务交易转变的交易平台已经上线运营。

6）小额贷款

中储小额贷款(天津)股份有限公司是2011年12月31日经天津市人民政府金融服务办公室批准筹建的准金融机构，公司成立于2012年6月29日，注册资本壹亿元人民币，由中储发展股份有限公司作为主发起人，联合中储上海物流有限公司等共8家单位共同出资组建。经营范围主要包括：在天津市域范围内办理各项小额贷款、票据贴现、贷款转让、贷款项下的结算以及与小额贷款相关的咨询业务。

中储小额贷款公司业务主要依托中储股份现有成熟的货押和现货市场盈利模式，以完善中储物流链功能为目的，在政策等条件允许的前提下为中储上万家上下游客户提供金融服务，其业务发展前景非常广阔，是母公司中储股份重点培育发展的业务板块。

1.1　物流与物流管理

1.1.1　物流概述

1. 物流起源

物流是一种古老而又平常的活动，自从人类社会有了商品交换，就有了物流活动，例如，仓储、运输、装卸、搬运及流通加工等。

20世纪初，一些发达的资本主义国家，出现生产过剩与需求相对不足的经济危机，市场竞争的加剧使人们开始关注分销工作，萌发了物流的概念。1915年美国营销学者阿奇·萧在《市场分销中的若干问题》一书中，首次提出了“Physical Distribution，PD”的概念，有人将它译成“实体分销”，也有人译成“物流”。后来，美国另一位营销学者克拉克于1924年在《市场营销原理》一书中也使用了物流的概念。

但是，将物流作为一门科学，从系统的观点进行研究，是在第二次世界大战末期，美国军事后勤部门开始的。第二次世界大战期间，由于前线变动很快，出现了如何组织军需物品的供给，各供应基地、中转基地、前线供应点如何合理分配，如何确定最优的运输路线等问题。于是美国军队围绕战争期间军需物资的供应，建立了现代军事后勤(Logistics)，对战略物资的生产、采购、运输、仓储及配送等全过程的管理，形成了一门“后勤管理”（Logistics Management)学科。

战后，经济界将“后勤管理”科学，应用于生产经营和流通领域的全程中所有与物品获取、运送、存储和分销等有关的活动中，取得了瞩目的成就。因此，“Logistics”已经取代“PD”，成为物流科学的代名词。

2. 物流的概念

物流是由“物”和“流”两个基本要素组成的。

1）物的概念

物：通常是指一切可以进行物理性位置移动的物质资料，如物资、物品、商品、原材料、零部件和半成品等，不能发生物理性位移的物质资料不是物流的研究对象。与物流中的“物”密切相关的几个概念如下所述。

(1) 物资：泛指全部物质资料，多指工业品生产资料。它与物流中“物”的区别在于，“物资”中包含相当一部分不能发生物理性位移的生产资料，这一部分不属于物流学研究的范畴，例如，建筑设施、土地等。另外，属于物流对象的各种生活资料，又不能包含在作为生产资料理解的“物资”概念之中。

(2) 物料：是我国生产领域中的一个专门概念。生产企业习惯将最终产品之外的，在生产领域流转的一切材料(不论其来自生产资料还是生活资料)、燃料、零部件、半成品、外协件以及生产过程中必然产生的边、角、余料、废料及各种废物统称为物料。

(3) 货物：是我国交通运输领域中的一个专门概念。交通运输领域将其经营的对象分为两大类：一类是人(旅客)；另一类是物，除人(旅客)之外，“物”的这一类统称为货物。

(4) 商品：商品是用来交换的劳动产品，商品具有使用价值和价值两个基本属性。商品和物流学的“物”的概念是互相包含的。商品中一切可发生物理性位移的物质实体，都是物流研究的“物”。商品中不可发生物理性位移的物质实体、非物质实体要素的商品(如商标、专利权等知识产权)则不属于物流研究的“物”。

(5) 物品(Article)：指经济活动中实体流动的物质资料，包括原材料、半成品、产成品、回收品以及废弃物等(中华人民共和国国家标准《物流术语》GB/T 18354—2006，以下简称“GB/T 18354—2006”)。

目前，我国标准《物流术语》已经将物流中的“物”界定为“物品”。

2）流的概念

物流学中的“流”，泛指物质的一切运动形态。既包括空间的位移，又包括时间的延续。与物流中的“流”相关的几个概念如下所述。

(1) 流通：指物品的运动过程。在流通中，物品的物理性位移常伴随着交换而发生，这种物的物理性位移是最终实现流通过程不可缺少的条件，没有物的物理性位移，流通过程就不能最终实现。

物流中的“流”和“流通”是既有联系又有区别的。物流中“流”的一个重点领域就是流通领域。两者的主要区别：一是涵盖的领域不同，物流中的“流”，它不但涵盖流通领域，也涵盖生产、生活等领域；二是“流”的内涵不同，物流中的“流”不仅涉及物品流，还涉及商流、资金流、信息流。

（2）流程：物流中的“流”可以理解为生产的“流程”。生产领域中的物料是按工艺流程要求进行运动的，这个流程水平高低、合理与否对生产的成本和效益以及生产规模影响颇大，因而生产领域“流”的问题是非常重要的。

3）物流的定义

由于世界各国的物流发展的水平不同，对物流的定义也有差异；随着物流及其技术的发展、人们认识的深入，物流的定义也随之进行修订。

1985 年，加拿大物流管理协会(Canadian Association of Logistics Management，CALM)定义物流为：“物流是对原材料、在制品、产成品库存及相关信息从起源地到消费地的有效率的、有效益的流动和储存进行计划、执行和控制，以满足顾客要求的过程。该过程包括进向、去向和内部流动。”

1994 年，欧洲物流协会(European Logistics Association，ELA)将物流定义为：“物流是在一个系统内对人员及商品的运输、安排及与此相关的支持活动的计划、执行与控制，以达到特定的目的。”

2006 年，我国发布的国家标准《物流术语》（GB/T 18354—2006），对物流的定义为：“物流是指物品从供应地向接收地的实体流动过程。根据实际需要，将运输、储存、装卸、搬运、包装、流通加工、配送、回收、信息处理等基本功能实施有机结合。”

2002 年，日本标准化协会给物流的定义为：“物质资料从供应者到需要者进行时间的、空间的移动过程活动。将包装、输送、保管、装卸搬运、流通加工以及与此相关的情报等各项功能进行综合管理的活动。”

2001 年，我国发布的国家标准《物流术语》与 2006 年，发布的新国家标准《物流术语》（GB/T 18354—2006），对物流的定义为：“物流是指物品从供应地向接收地的实体流动过程。根据实际需要，将运输、储存、装卸、搬运、包装、流通加工、配送和信息处理等基本功能实施有机结合。”定义的前半部分指出物流的特定范围，起点是“供应地”，终点是“接收地”，即符合这个条件的物品实体流动，都可以看成“物流”。定义的后半部分指出物流的功能要素，其“有机结合”是“一体化”“系统化”和“现代化”的含义，“实施”是所需做的工作，是“管理”的内涵。

国家标准 《物流术语》

《中华人民共和国国家标准：物流术语(GB/T 18354—2006)》是由全国物流标准化技术委员会和全国物流信息管理标准化技术委员会提出。

负责本标准起草单位：中国物流与采购联合会、中国物流技术协会、全国物流标准化技术委员会秘书处、全国物流信息管理标准化技术委员会秘书处、中国物品编码中心和相关高等院校等单位。本标准 2007 年 5 月 1 日正式实施。

本标准确定了物流活动中的物流基础术语、物流作业服务术语、物流技术与设施设备术语、物流信息术语、物流管理术语、国际物流术语及其定义。本标准适用于物流及相关领域的信息处理和信息交换，亦适用于相关的法规、文件。

此前，由国家质量技术监督局发布的《中华人民共和国国家标准：物流术语(GB/T 18354—2001)》，确定了物流领域基本成熟的145条术语及其定义，在2001年8月8日正式实施的。

3. 物流与商流、信息流、资金流的关系

在物品流通过程中，还有流通信息活动，包括商流信息和物流信息。物流信息是指获取表达物流活动的有关知识、资料、消息、情报、数据、图形、文件、语言及声音等，以及信息加工与处理的技术。如市场行情、物流供求、政策法规、市场环境等信息的生产、加工、传递。信息流先于物流，它引导和调节物流的数量、方向和速度，使物流按规定的目标和方向运动。信息流贯穿物流的全过程，因此，信息流也是物流的一个重要组成部分。物流信息技术是物流管理的基础，物流信息技术水平的提高是物流系统不断改善的关键。

伴随物品流通过程，资金流是信用证、汇票、现金，通过银行在各个交易方之间的流动。

由此可见，商流、物流、信息流和资金流是商品流通的必要组成部分，如图1.1所示。

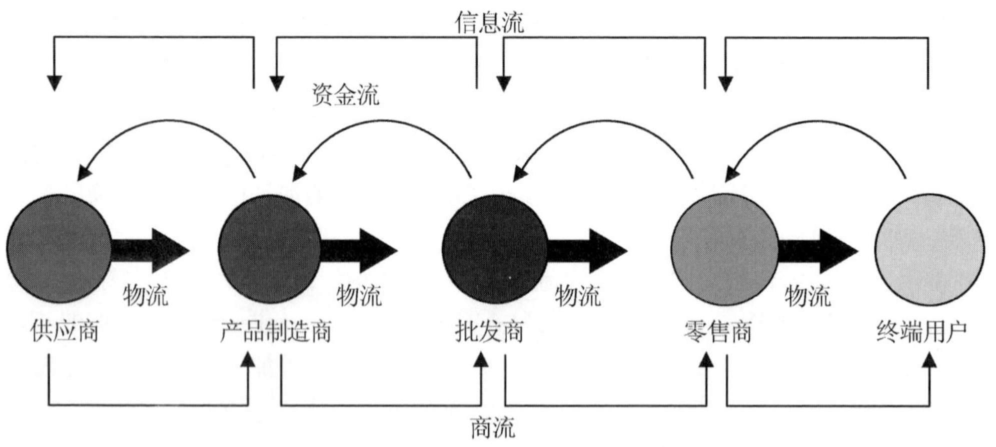

图1.1　物品流通中物流、商流、信息流、资金流的关系

1.1.2　物流的分类

社会经济领域中物流活动无处不在，许多有自身特点的领域都有自己特征的物流活动。虽然物流的基本要素相同，但由于物流对象不同，物流目的不同，物流范围、范畴不同，就形成了不同类型的物流。

1. 按物流研究的范围大小分类

1）宏观物流

宏观物流是指社会再生产总体的物流活动，从社会再生产总体角度认识和研究的物流活动。宏观物流研究的主要特点是综观性和全局性。宏观物流研究的主要内容是：物流总体构成、物流在社会经济中的地位、物流与经济发展的关系、社会物流系统和国际物流系统的建立和运作等。社会物流、国民经济物流、国际物流都属于宏观物流。

2）微观物流

微观物流带有局部性。企业所从事的实际具体的物流活动，属于微观物流。在整个物流

活动中的局部或一个环节的具体物流活动也属于微观物流。在一个较小地域空间发生的具体的物流活动也属于微观物流。企业物流、生产物流、供应物流、销售物流、回收物流、废弃物物流和生活物流等皆是微观物流。

2. 按照物流活动的地域范围分类

1）国际物流

国际物流(International Logistics)指："跨越不同国家或地区之间的物流活动(GB/T 18354—2006)"。

国际物流是现代物流系统发展很快、规模很大的一个物流领域，是伴随和支撑国际经济交往、贸易活动和其他国际交流所发生的物流活动。随着经济全球化进程的加快，国际物流的重要性将更为突出。

2）国内物流

国内物流是相对于国际物流而言的，在一个国家内部不同地区之间伴随经济运行和其他交流所产生的一切物流活动，称为国内物流。

3）区域物流

区域物流指在一定区域内的物流活动。一个国家区域物流是相对于国内物流而言的，是指在特定的范围内(如一个城市或者一个经济圈，带有明显的区域特点)，在共同的政治、经济、文化背景下所开展的综合物流活动。

3. 按照物流系统性质分类

1）社会物流

社会物流(External Logistics)指："企业外部的物流活动的总称(GB/T 18354—2006)"。社会物流是超越一家一户的以一个社会为范畴面向社会为目的的物流。这种社会性很强的物流往往是由专门的物流承担人承担的，社会物流的范畴是社会经济大领域。

2）行业物流

在一个行业内部发生的物流活动被称为是行业物流。按照这种分类方法，物流可划分为铁路物流、公路物流、航空物流、航运物流和邮政物流等。同一行业中的企业是市场上的竞争对手，但是在物流大领域中他们常常相互合作，共同促进行业物流系统的合理化。

3）企业物流

企业物流(Internal Logistics)指："货主企业在生产经营活动中所发生的物流活动(GB/T 18354—2006)"。根据物流活动发生的先后次序，企业物流可分为五部分：供应物流、生产物流、销售物流、回收物流和废弃物物流。

4. 按物流业务活动的性质分类

1）供应物流

供应物流(Supp1y Logistics)指："为下游客户提供原材料、零部件或其他物品时所发生的物流活动(GB/T 18354—2006)"。供应物流活动对企业生产能够正常高效地进行起着重大作用。

2）生产物流

生产物流(Production Logistics)指："企业生产过程发生的涉及原材料、在制品、半成品、产成品等所进行的物流活动(GB/T 18354—2006)”。生产物流活动是伴随着整个生产工艺过程的，实际上已构成了生产工艺过程的一部分。

3）销售物流

销售物流(Distribution Logistics)指：“企业在出售商品过程中所发生的物流活动(GB/T 18354—2006)”。在当今的市场经济条件下，销售物流活动必须从满足买方的需求出发，实现最终的商品销售。所以，销售物流带有很强的服务性。销售物流从商品出厂开始，直到将商品送达用户手中并经过售后服务为止。

4）回收物流

回收物流(Returned Logistics)指：“退货、返修物品和周转使用的包装容器等从需方返回供方或专门处理企业所引发的物流活动(GB/T 18354—2006)”。任何企业或多或少都会存在不合格物品的返修和退货问题，在生产消费和生活消费过程中总会产生各种可再利用的包装物品，这些物品从需方返回供方是需要伴随物流活动的。

5）废弃物物流

废弃物物流(Waste Material Logistics)指：“将经济活动或人民生活中失去原有使用价值的物品，根据实际需要进行收集、分类、加工、包装、搬运、储存等，并分送到专门处理场所的物流活动(GB/T 18354—2006)”。在生产消费和生活消费过程中都会产生一定数量的废弃物，对这部分废弃物处理的过程中所产生的物流活动，形成了废弃物物流。

5. 从物流作业执行者的角度分类

1）企业自营物流

企业自营物流是指生产制造企业、销售企业自行组织的物流活动，如沃尔玛、苏宁的配送中心对门店进行的物流配送。

2）第三方物流

第三方物流(Third Party Logistics，TPL)是指：“接受客户委托为其提供专项或全面的物流系统设计以及系统运营的物流服务模式(GB/T 18354—2006)”。在发达国家，第三方物流占物流市场份额的80%左右。

3）第四方物流

第四方物流(Fourth Party Logistics，FPL)是一个供应链的集成商，它对公司内部和具有互补性的服务提供商所拥有的资源、能力和技术进行整合和管理，以提供一整套供应链解决方案。第四方物流是管理代销双方和第三方提供商的关系的领导力量，它提供综合的供应链解决方案，也为其顾客带来更大的价值。

6. 按物流的性质分类

1）一般物流

一般物流是指服务对象具有普遍性，物流运作具有共同性和一般化特点的物流活动，涉及全社会、各领域、各企业。因此，物流系统的建立，物流活动的开展必须有普遍的适用性。

2）特殊物流

特殊物流是相对于一般物流而言的。指在专门范围、专门领域、特殊行业所开展的具有自身特点的物流活动和物流方式。从形式上看，城市环境物流、危险品物流、燃料物流和大件物品物流等都属于特殊物流。

7. 其他物流分类

1）绿色物流

绿色物流(Environmental Logistics)指：“在物流过程中抑制物流对环境造成危害的同时，实现对物流环境的净化，使物流资源得到最充分利用(GB/T 18354—2006)”。

2）军事物流

军事物流(Military Logistics)指：“用于满足平时、战时军事行动物资需求的物流活动(GB/T 18354—2006)”。军事领域的物流概念是现代物流概念的来源。在军事上，物流是支持战争的一种后勤保障手段，是伴随战争和战场的转移而发生的军事物资的运动。

3）虚拟物流

虚拟物流(Virtual Logistics)指：“为实现企业之间物流资源共享和优化配置，以减少实体物流方式所进行的基于信息技术及网络技术所进行的物流运作与管理(GB/T 18354—2006)”，如虚拟仓库及管理等。

4）项目物流

项目物流(Project Logistics)指：“为特定项目的实施而提供物流活动的总称(GB/T 18354—2006)”。这种项目一般是大项目，如桥梁建设、飞机制造等项目。

1.1.3　物流管理

1. 物流管理的概念

管理就是通过计划、组织、领导和控制，协调以人为中心的组织资源与职能活动，以有效实现组织目标的社会活动。

物流管理(Logistics Management)指：“为了以合适的物流成本达到用户满意的服务水平，对正向及反向的物流活动过程及相关信息进行的计划、组织、协调与控制(GB/T 18354—2006)”。

物流管理就是以合适的物流成本达到用户满意的服务水平，对物流活动进行的计划、组织、协调与控制，包括对物流活动诸环节(运输、储存、装卸搬运、包装、流通加工、配送)的管理；对物流系统诸要素(人、财、物、设备、方法、信息)的管理；对物流活动中具体职能(计划、组织、领导、控制和协调等)的管理。

2. 物流管理的特征

1）现代物流管理以实现顾客满意为第一目标

现代物流是基于企业经营战略基础上，从顾客服务目标的设定开始，进而追求顾客服务的差别化战略，如图1.2所示。在现代物流中，顾客服务的设定优先于其他各项活动，并且为了使物流顾客服务能有效地开展，在物流体系的基本建设上，要求物流中心、信息系统、作业系统和组织构成等条件的具备与完善。

2）现代物流管理以企业整体效益最优为目的

现代物流所追求的费用最省、效益最高，是针对物流系统最优而言的。当今商品市场，商品生产周期不断缩短，流通地域的不断扩大，使顾客要求高效而经济的输送物资，在这种状况下，如果企业物流仅仅追求“部分最优”或“部门最优”，将无法在日益激烈的企业竞

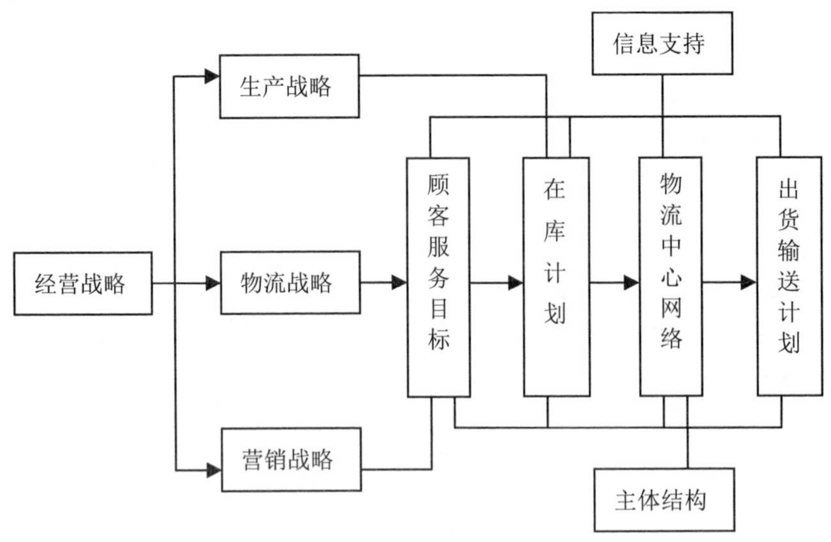

图 1.2　现代物流经营战略图

争中取胜。从原材料、零部件的采购到商品向消费者移动过程中的各种活动，不仅是部分和部门的活动，而且是将部分和部门有效结合发挥出综合效益。

3）现代物流管理重视效率但更重视效果

现代物流管理与传统物流管理相比，有许多变化。首先，在物流手段上，从原来重视物流的机械、机器、设施等硬件要素转向重视管理、信息等软件要素。在物流领域方面，从以运输、储存为主的活动转向物流部门全体，也就是包含采购、生产、销售领域或批发、零售领域的物流活动扩展。其次，在物流需求的对应方面，原来强调的是运力的确保、降低成本等企业内需求的对应，现代物流则强调物流服务水准的提高等市场需求的对应，进而更进一步地发展到重视环境、公害、交通和能源等社会需求的对应。

4）现代物流管理注重整个流通渠道的商品运动

以往我们认为物流管理的对象是“销售物流”和“企业内物流”，即从生产阶段到消费阶段的商品的实体移动，而现代物流的管理范围已经远远超出了这一区域，包括了从供应商、制造商、分销商到消费者的供应链之间的商流、物流及相关的信息流、资金流的管理。

5）现代物流管理是对商品运动的全过程管理

现代物流是将从供应商开始，到最终顾客整个流通阶段所发生的商品运动作为一个整体来看待的，因此，这对管理活动本身提出了相当高的要求。缩短物流时间不仅决定了商品成本的高低，同时决定了消费者的满意程度，但是任何局部管理都无法实现物流时间的最大效率，这就要求物流活动的管理应超越部门和局部的层次，实现高度的统一管理。现代物流所强调的是如何有效地实现全过程管理，真正把供应链的思想和企业全局观念贯彻到管理行为中。

6）现代物流管理重视以信息为中心

现代物流活动不是单个生产、销售部门或企业的事，而是包括供应商、制造商、批发商和零售商等所有关联企业在内的整个统一体的共同活动，因而现代物流通过这种供应链强化了企业间的关系。供应链管理带来的一个直接效应是产需结合在时空上比以前任何时候都紧

密，并带来了企业经营方式的改变，在经营管理要素上，信息已成为物流管理的核心，没有高度发达的信息网络和信息技术的支持，如条形码、电子数据交换(Electronic Data Interchange，EDI)、地理信息系统(Geographical Information System，GIS)、全球定位系统(Global Position System，GPS)等，实需型经营是无法实现的。

3. 物流管理的原则

1）服务性原则

物流业属于服务业，以顾客满意为第一服务目标。物流企业在提供基本物流服务时，还要注意满足用户小批量、多批次、短距离、时间准的要求，甚至要为用户“量身定做”物流方案。这种情况往往不是企业自备物流机构能做到的，必须由专业物流企业承担，他们的服务与用户的需要配合要分毫不差，这才充分体现了物流的服务性。

2）通用性原则

专业物流企业为用户提供个性化服务必然发生高昂的费用，但是，如果能采用通用化的物流设施与设备，提高设施设备的利用率，就能降低物流成本。例如，集装箱、托盘等集装工具的标准化，规定最小的集装单元的尺寸是600mm×400mm等。

随着现代物流业全球性的发展，不仅要求设施与设备的通用，而且要求包括商务单证、手续规则的通用等，这些都是现代物流业发展所要研究解决的物流标准化问题。

3）合理化原则

物流企业要降低物流成本，就要考虑按最优模式设计它的作业，对它的各个作业环节——运输、储存、包装、装卸搬运和流通加工等进行合理组织。需要注意的是，在物流的作业环节中，存在相互制约的问题，即“效益背反现象”。例如，按小批量进货，可以降低存储成本，为用户提供个性化服务，但要增加采购次数，使采购费用增加；简化包装可以降低包装成本，但包装强度降低，会使破损率上升，维修或赔偿费用增大，甚至损害自己的声誉等。

4. 物流管理的发展阶段

传统物流指的是由物品的存储与运输及其附属业务而形成的物流活动模式，主要包括运输、包装、仓储加工、配送等。进入20世纪90年代，随着信息技术的快速发展及广泛应用，传统物流已向现代物流转变，物流管理经历了多次变革从而有了很大的发展。其发展过程大体经历了以下几个阶段。

1）实体分配阶段(Physical Distribution)

实体分配阶段是从第二次世界大战后到20世纪70年代，第二次世界大战后，世界经济环境发生了深刻变化，技术革新层出不穷，管理科学飞速发展，买方市场的局面导致企业竞争加剧，而以顾客需求为中心的市场营销观念的形成。企业重视实体分配如图1.3所示，其目的是对图中所示的一系列活动进行管理，以最低的成本确保产品有效地送达顾客。企业重视的主要原因，一是为了扩大市场份额，满足不同层次顾客的需求，扩张其生产线，不仅同一基本产品增加了不同品牌，而且在产品的尺寸大小、形状、色彩等方面都实行了多样化，这就大大增加了库存单位(Stock Keeping Unites)，导致库存成本、订单处理成本及运输成本的增加。二是企业为了对付内部与外部的压力，倾向于生产非劳动密集型的高附加值产品。因为存货成本、包装成本及运输成本的增加，导致物流总成本的增加。

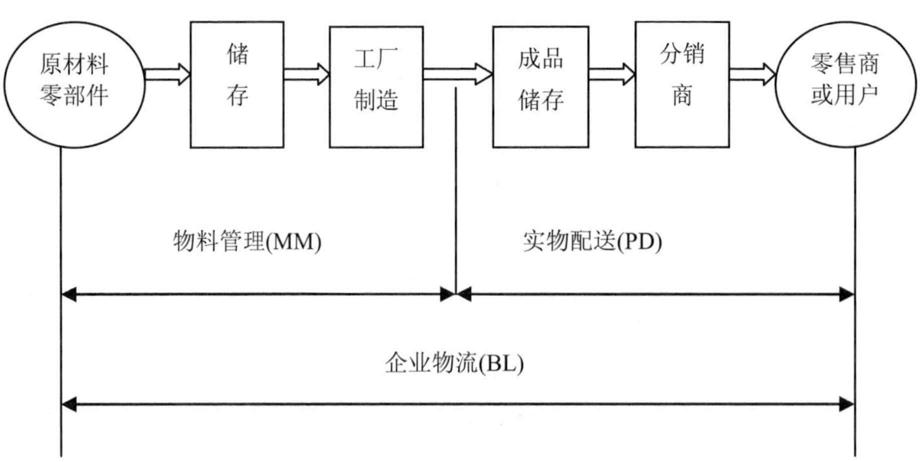

图 1.3 实体分配和综合物流管理示意图

实体分配阶段物流管理的特征是注重产品到消费者的物流环节，这是由于市场环境的改变，即由卖方市场变为买方市场，使生产企业不得不把注意力集中到产品销售上。

2）综合物流阶段(Integrated Logistics Management)

20 世纪 70 年代到 20 世纪 80 年代末，企业越来越认识到把物料物流与产品物流综合起来管理可以大大地提高效益。而环境、制度、技术等的一系列变化，可使之成为现实。美国首先进行了运输自由化，承运人和货主能自由定价，服务的地理范围也扩大了，承运人与货主之间建立了紧密与长期的合作，增加了企业系统分析物流、降低成本和改进服务的可能，同时，全球性竞争加剧，采用新的物流管理技术、改进物流系统成为必要。如零库存、全面质量管理(TQM)等方法，大大地改进了物流系统管理，如图 1.3所示。

3）供应链管理阶段(Supply Chain Management)

20 世纪 80 年代到 90 年代，由于一系列外部因素变化，企业开始把着眼点放开至物流活动的整个过程，包括原材料的供应商和制成品的分销商，如图 1.4 所示。这一概念同时又是基于制造商、供应商、分销商及物流服务公司的合伙及联盟的趋势。要实现供应链的概念不是一件容易的事，因为它涉及不同利益单位。对总体供应链最优的方案，可能对个别供应链成员的短期利益并不是最优的。虽然这样，供应链方法从节约成本与提高服务水平的观点看，具有很大潜力。

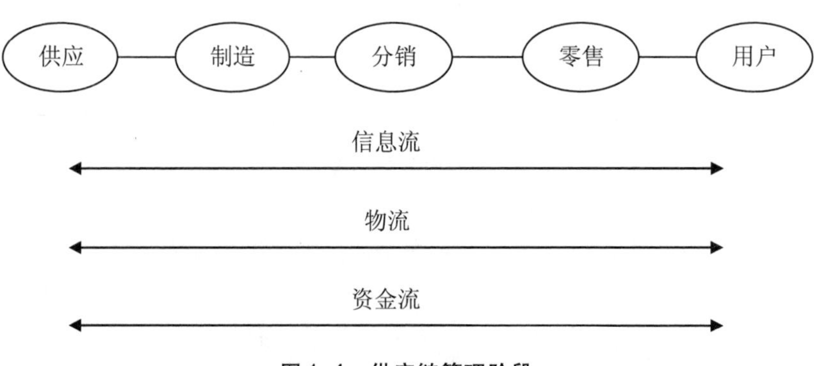

图 1.4 供应链管理阶段

5. 各国物流管理的发展情况

人们常说，物流水平代表一个国家的经济发展程度，物流管理体现各个国家民族特性和经济模式的差异。

1）美国的物流管理

对物流活动和物流管理的认识最早源于美国，因此，美国对物流管理的研究和实践最为先进和完善，并成为其他国家学习和仿效的榜样。美国物流的发展，大体可分为以下四个阶段：物流观念的产生阶段(1927—1949 年)；物流理论体系的形成和实践阶段(1950—1976 年)；物流理论的成熟与物流管理现代化阶段(1978—1985 年)；物流理论和实践向纵深发展阶段(1985 年至今)。

撬动美国物流的杠杆之一是物流机械。为了提高运输效率，降低运输成本，美国不断加大车辆载重量，一级长途营运企业汽车平均载重量从 1950 年的 5 吨逐年增加到现在的 30 ~ 40 吨。美国还注重专用车辆的发展，有可运送温度低至 -235 ~ -185℃压缩气体的保温液罐车，还有可运送温度高达 205℃沥青的液罐车等，美国在物流管理领域已实现了高度的机械化、自动化和计算机化。

2）日本的物流管理

日本物流观念形成的历史虽不长，但物流在日本的发展速度之快、规模之大、现代化程度之高以及惊人的物流效率，为世人所瞩目。

物流对日本经济快速增长起到了极大的推动作用。日本物流业是从 20 世纪 50 年代发展起来的，经历了初始阶段、以流通为主的阶段、以消费为主的发展阶段和现代物流阶段。以不断降低物流成本为目标，日本积累了一套行之有效的物流管理经验——通过物流成本管理，提高物流效益。物流成本核算涉及各个领域，如供应物流、生产物流、销售物流、退货物流、废弃物流等，具体到每一个环节、每一个项目，日本物流界都有严格的考核办法，使日本的物流管理卓有成效，并在世界物流理论界独树一帜。

3）英国的物流管理

20 世纪 60 年代末期，英国组建了物流管理中心，协助企业制订物流人才的培训计划，组织各类物流专业性会议，到 20 世纪 70 年代，正式组建了全英国物流管理协会。协会以提高物流管理的专业化程度为宗旨，并为运输、装卸等部门管理者和其他对物流有兴趣的人员提供了一个相互交流的中心场所，灌输综合性的物流理念，并致力于发展综合物流体制，以全面规划物资的流通业务。这一模式强调为用户提供综合性的服务。在这一思想下建立的综合物流中心向社会提供以下几类业务：送物中心，办理海关手续，提供保税和非保税仓库，货物担保，道路和建筑物的维护，铁路专用线，代办税收等。多功能综合物流中心的建立，对整个欧洲的影响很大，也形成了英国综合性的物流体制。

6. 我国物流管理的现状和发展

从 1949 年新中国成立以来，中国物流的发展大体可以分为四个时期。

1）初期发展阶段(1949—1965 年)

这个阶段，新中国成立时间不长，国民经济尚处在恢复性发展时期，工农业生产水平较低，经济基础较薄弱，并且出现了重生产、轻流通的倾向。物流的发展刚刚起步，只是在一些生产和流通部门开始建立数量不多的储运公司和功能单一的仓库；运输业无论是铁路、公

路、水路和航空运输等，都处在恢复和初步发展时期，搬运和仓储环节比较落后，物流业远远不能适应工农业生产和人民生活水平发展的需要。随着生产的发展，初步建立了物资流通网络系统，在物流管理方法上也采取了一些新的措施，如组织定点供应，试行按经济区域统一组织市场供应等。

2）停滞阶段(1966—1977 年)

这段时期，给国家在政治上、经济上及其他方面都造成了严重破坏，当然物流的发展也遇到了同样的情况。在此期间流通渠道单一化，从整体上看物流基础设施基本上没有发展，甚至连原来的一些设施也遭到了不同程度的破坏。这期间虽然也搞了一些项目建设，但对整个物流影响不大，实力没有多大增强，物流理论的研究和物流实践基本处于停顿状态。

3）较快发展阶段(1978—1990 年)

在此期间我国实行了改革开放政策，国民经济特别是物流业得到了较快发展，取得了显著成绩，尤其是运输业、仓储业、包装业的发展较快，新建了大量的铁路、公路、港口、码头、仓库和机场等，不仅增加了物流设施，而且提高了物流技术装备水平，同时开展了水泥、粮食的散装运输和集装箱运输，开始建设立体化自动仓库。尤其是有关物流学术团体在此期间都相继成立，积极有效地组织开展国内国际物流学术交流活动，了解和学习国外先进的物流管理经验。

4）高速发展阶段(1991 年以后)

这个阶段，是我国国民经济进入高速发展的时期，经济发展拉动对物流市场的需求。特别是进入 21 世纪，我国物流业总体规模呈快速增长，物流服务水平显著提高，物流发展的环境和条件不断改善，物流成本持续下降。受传统产业转型升级步伐加快，电子商务、信息平台等新产业、新业态加速发展等因素影响，物流需求结构持续优化。

据国家统计局统计，2015 年全国社会物流总额 219.2 万亿元，比上年增长 5.8%；物流总费用 10.8 万亿元，比上年增长 2.8%。从结构看，运输费用占社会物流总费用的比重为 51.0%；保管费用占社会物流总费用的比重为 35.5%；管理费用占社会物流总费用的比重为 13.5%。2015 年社会物流总费用与 GDP 的比率为 16.0%，比上年下降 0.6%，持续的物流总费用与 GDP 的比率下降，表明物流运行质量和效率有所提升。

1.2 现代物流业

1.2.1 现代物流业概述

1. 现代物流业概念

产业，指生产同一类产品或提供同一类服务的生产者(厂商)的集合，它具备以下条件。

(1) 产业规模规定性：构成产业的企业数量、产量必须达到一定规模。

(2) 产业的职业规定性：社会各职业中形成了专门此事这一产业活动的职业人员。

(3) 产业的社会功能规定性：承担了一定的社会角色，而且是不可缺少的。

物流业，指从事物流活动的物流企业的集合，属于第三产业，即服务业。

现代物流业，是一个新型的跨行业、跨部门、跨区域、渗透性强的复合型产业，它以现

代运输业为重点，以信息技术为支撑，以现代制造业和商业为基础，集系统化、信息化、仓储现代化为一体的综合性产业，为客户提供一体化的物流综合服务。

现代物流业所涉及的国民经济行业包括运输服务业、仓储业、批发业、零售业、信息产业、装卸搬运业、包装业、货运代理业、快递业等及其相关产业。

由于我国物流发展较晚，“物流业”这一术语，近期才在我国业界得到明确的界定。2009 年 2 月 25 日，国务院常务发布的《物流业调整振兴规划》中明确指出，物流业是融合运输、仓储、货运代理和信息等行业的复合型服务产业。它涉及领域广，吸纳就业人数多，促进生产、拉动消费作用大，是支撑国民经济发展的基础性和战略性产业。

2. 现代物流业发展的特征

从发达国家的物流发展动向看，物流业是随着市场需求、科学技术的发展不断完善其服务功能，树立以客户为中心理念不断地改善服务质量、提升服务水平，以虚拟市场取代有形市场，主要特征如下。

1）物流信息化

物流的信息化是社会信息化的重要组成部分，也是基础的组成部分。物流信息化表现为物流信息的商品化；物流信息收集的数据库化和代码化、物流信息处理的电子化和计算机化、物流信息传递的实时化和标准化、物流信息存储的数字化和无纸化等。

目前在物流业，条形码技术、数据库技术、电子订货系统(EOS)、电子数据交换(EDI)、快速反应(QR)、有效顾客反应(ECR)、互联网技术及企业资源计划(ERP)等得到普遍应用。

物流信息化不仅使物流的效率提高、成本下降和服务改善，而且对现有的物流理念、物流方法、物流技术都产生了革命性的影响。

2）物流自动化

自动化的基础是信息化，自动化的核心是机电一体化，自动化的外在表现是无人化。物流自动化优势是扩大了物流系统作业能力、提高了劳动生产率、减少了物流作业差错、节省了土地、缩短了库存周转时间等。常用的物流自动化的设备有条形码技术、语音技术、射频技术、自动识别系统、自动分拣系统、自动导向车(AGV)、自动存取系统(自动化仓库)、货物自动跟踪系统等。这些设施不仅在发达国家的物流配送中心已经普遍使用，而且在我国一些现代化企业的物流部门也得到应用，如海尔集团、苏宁云商等企业。

3）物流网络化

物流网络化包括两层含义，一是物流信息网络化；二是物流组织网络化。

(1) 物流信息网络化

信息的价值在于共享，通过网络技术，各个物流结点、供应商、用户的信息可以实现信息实时传递，达到信息共享的目的。所以，网络化提高了信息化的层次与价值，即从一个部门的信息化提升到整个企业的信息化，再从一个企业的信息化提升到整个供应链的信息化。借助于网络，一体化物流以及供应链管理才成为可能，而电子商务的发展为物流信息网络化提供了高效、开放的平台。

(2) 物流组织网络化

现代物流需要有完善、健全的组织网络体系，使网络上点与点之间的物流活动保持系统性和一致性，这样既可以保证整个物流网络有最优的库存水平及库存分布，又能为企业提供快捷、灵活、高效的物流服务。

物流组织网络化与信息网络化互为因果。组织网络化必须以信息网络化为基础和物质条件，而正是组织网络化才促使了信息网络化的产生和发展。

4）物流智能化

智能化是信息化、自动化发展的高级阶段。物流作业涉及了大量的运筹和决策，如运输的最短路线、最佳车辆调度、最优库存控制，以及自动导向车的运行轨迹和作业控制，自动分拣机的运行等都需要借助于大量的技术才能解决，智能化已经成为现代物流业发展的一个新趋势。

5）物流柔性化

柔性化源自生产领域，是为了满足客户个性化需求，通过计算机控制系统使得多品种、小批量定制生产取得了类似大批量生产的效果。生产的柔性化，必然要求后勤保障的物流系统柔性化，即要求物流系统能提供“多品种、小批量，多批次、短周期”的物流服务。传统物流系统也能满足这些要求，但成本会因此而成倍、甚至几十倍地增加。而柔性物流系统，依靠信息技术和自动化技术，能够以用户可以接受的成本提供这些服务。

6）物流社会化

步入21世纪，物流社会化的趋势将更为明显。就世界范围而言，现代产业结构变化最重要的趋势之一，就是服务业在国民经济中的地位不断上升。在美国，服务业的产值占国民生产总值的比重已超过2/3，几乎3/4的非农业劳动力受雇于服务业。服务业的这种超越其他产业的增长，重要的原因是产品生命周期缩短、社会竞争加剧、企业注重自己的核心竞争力，导致服务的社会化。在这样一个大背景下，物流服务的社会化、产业化便更容易为工业、商业、建筑业等各产业所接受。

7）物流精益化

精益思想源于日本丰田汽车公司于20世纪70年代独创的“丰田生产系统”，后经美国学者的提炼，其核心就是以较少的人力、较少的设备、较短的时间和较小的场地，来创造出尽可能多的价值，同时满足用户需求，为他们提供所需的东西。日本的汽车工业就是凭借其精益生产方式打进了美国市场。

精益物流是精益思想在物流管理中的应用。所谓精益物流，是指通过消除生产和供应过程中的非增值的浪费，以减少备货时间，提高客户满意度的物流。

8）物流标准化

物流标准化，是指以物流为一个大系统，制定系统内部设施、机械设备包括专用工具等的技术标准，制定包装、仓储、装卸、运输等各类作业标准，制定物流信息标准，并形成全国以及和国际接轨的标准化体系。

9）绿色物流

绿色物流，是指在物流过程中抑制物流对环境造成危害的同时，实现对物流环境的净化，使物流资源得到最充分利用。它包括物流作业环节和物流管理全过程的绿色化。

从物流作业环节来看，包括绿色运输、绿色包装、绿色流通加工等；从物流管理过程来看，主要是从环境保护和节约资源的目标出发，改进物流体系，既要考虑正向物流环节的绿色化，又要考虑供应链上的逆向物流体系的绿色化。绿色物流的最终目标是可持续性发展，实现该目标的准则是经济利益、社会利益和环境利益的统一。

1.2.2　现代物流业经营模式

物流企业的经营模式，是企业应用物流功能要素进行生产经营并获得收益的业务运作方式，是企业取得收益的基础，同时也是企业核心竞争力的体现。我国一批先进的物流企业，积极适应市场需求变化和应对国外企业的冲击，结合自身优势，在开展现代物流服务的过程中，探索出了很多具有代表性的经营模式。

1）物流服务延伸模式

物流服务延伸模式是指在现有物流服务的基础上，通过向两端延伸，向客户提供更加完善和全面的物流服务，从而提高物流服务的附加价值，满足客户高层次物流需求的经营模式。如仓储企业利用掌握的货源，通过购买部分车辆或者整合社会车辆从事配送服务；运输企业在完成货物的线路运输之后，根据客户的要求从事货物的临时保管和配送。

2）行业物流服务模式

行业物流服务模式是指通过运用现代技术手段和专业化的经营管理方式，在拥有丰富目标行业经验和对客户需求深度理解的基础上，在某一行业内，提供全程或部分专业化物流服务的模式。这种经营模式的主要特点是将物流服务的对象分为几个特定的行业领域，然后对这个行业进行深入细致的研究，掌握该行业的物流运作特性，提供具有特色的专业服务。行业物流服务模式集企业的经营理念、业务、管理、人才、资金等各方面优势于一体，是企业核心竞争力和竞争优势的集中体现。

在全球，也只有少数企业开展行业物流服务模式，绝大多数物流企业采用目标集聚战略，进行准确的市场定位，各有侧重地开展特色物流服务。在国内，行业物流服务是近年来我国物流市场发展的一个趋势，服装、家电、医药、书籍、日用品、汽车、电子产品等行业或领域纷纷释放物流需求，极大地丰富了行业物流市场。

3）项目物流服务模式

项目物流服务模式是指为具体的项目提供全程物流服务的模式。这类需求主要集中在我国一些重大的基础设施建设项目和综合性的展会、运动会中，如三峡水电站、秦山核电站、国家体育馆等基建项目以及奥运会、展览会等大宗商品的运输物流服务，实施这种模式的物流企业必须具备丰富的物流运作经验和强大的企业实力。

长期以来，中外运在国内外建设起完善的业务经营网络，在为国内各大外贸公司提供全面运输管理服务的同时，为国家重点工程项目的生产物资实行国际多式联运，同时为我国大型国际展览会、博览会和运动会承担物品运输任务，取得了一定的成功经验。

4）定制式物流服务模式

定制式物流服务模式是指将物流服务具体到某个客户，为该客户提供从原材料采购到产成品销售过程中各个环节的全程物流服务模式，涉及储存、运输、加工、包装、配送、咨询等全部业务，甚至还包括订单管理、库存管理、供应商协调等在内的其他服务。现代物流服务强调与客户建立战略协作伙伴关系，采用定制式服务模式不仅能保证物流企业有稳定的业务，而且能节省企业的运作成本。

5）物流咨询服务模式

物流咨询服务模式是指利用专业人才优势，深入企业内部，为其提供市场调查分析、物流系统规划、成本控制、企业流程再造等相关服务的经营模式。企业在为客户提供物流咨询

服务的同时，帮助企业整合业务流程与供应链上下游关系，进而提供全套的物流解决方案。

6）物流管理输出模式

物流管理输出模式是指物流企业在拓展国内企业市场时，强调自己为客户企业提供物流管理与运作的技术指导，由物流企业接管客户企业的物流设施或者成立合资公司承担物流具体运作任务的服务模式。采用管理输出方式时，可有效减少客户企业内部物流运作与管理人员的抵制，使双方更好地开展合作。采用物流管理输出模式时，可以利用客户企业原有的设备、网络和人员，大幅度减少投资，并迅速获取运作能力，加快相应市场需求的速度。在运作时，可以有以下两种方式。

（1）系统地接管客户物流资产。如果客户在某地区已有车辆、设施、员工等物流资产，而物流企业在该地区又需要建立物流系统，则可以全盘买进客户的物流资产，接管并拥有客户的物流系统甚至接受客户的员工。接管后，物流系统可以在为该客户服务的同时为其他客户服务，通过资源共享以改进利用率并分担管理成本。

（2）与客户合资成立物流公司。物流企业与客户共建合资物流公司的方式，即客户保留物流设施的部分产权，并在物流作业中保持参与，以加强对物流过程的有效控制，又注入了专业物流公司的资本和技能，使物流企业在物流服务市场竞争中处于有利地位。

7）物流连锁经营模式

物流连锁经营是指特许者将自己所拥有的商标(包括服务商标)、商号、产品、专利和专有技术、经营方式等以特许经营合同的形式授予被特许者使用；被特许者按合同的规定，在特许者统一的业务模式下从事经营活动，并向特许者支付相应费用的物流经营形式。物流连锁经营借鉴了成功的商业模式，可以迅速地扩大企业规模，实现汇集资金、人才、客户资源的目标；同时在连锁企业内部，可以利用互联网技术建立信息化的管理系统，更大程度地整合物流资源，用以支持管理和业务操作，为客户提供全程的物流服务。

8）物流战略联盟模式

物流战略联盟模式是指物流企业为了达到比单独从事物流服务更好的效果，相互之间形成互相信任、共担风险、共享收益的物流伙伴关系的经营模式。国内物流企业，尤其是中小型民营企业的自身力量薄弱，难以与大型跨国物流企业竞争，因此，中小型物流企业的发展方向是相互之间的横向或纵向联盟。这种自发的资源整合方式，经过有效的重组联合，依靠各自的优势，可以在短时间内形成一种合力和核心竞争力。同时，战略联盟使企业在规模和信息化建设方面得到提高，形成规模优势和信息网络化优势。实施战略联盟，可以将有限的资源集中在附加值高的功能上，而将附加值低的功能虚拟化，虚拟经营能够在组织上突破有形的界限，实现企业的精简高效，从而提高企业的竞争能力和生存能力。

经营模式不是一成不变的，一个企业可以选择多种经营模式，一种经营模式也可能适用于多个企业，关键是经营模式必须与企业实际状况相适应。因此，企业在选择经营模式时要注意结合自身优势，对物流市场进行深入细致的分析，明确自己的市场定位。例如，中小型物流企业，它们不具备实施项目物流或物流咨询服务的能力，但可以采用加盟连锁或者物流联盟的形式提供专业性、阶段性的物流服务。

1.2.3　现代物流业的主要学说

物流是一门新兴的学科，正处于茁壮成长的阶段。因此，这门新兴的学科在理论上尚不

成熟，还在不断地修正和完善。目前，各国对于物流的理论观点，一时难以统一，下面就几种主要的理论进行简要的介绍。

1. 物流的商物分离学说

商物分离是物流科学赖以存在的先决条件。所谓商物分离，是指流通中的两个组成部分，商业流通和实物流通，各自按照自己的规律和渠道独立运动。商流是指物品在流通中发生的买卖关系所引起的所有权转移的关系；物流是指物品在时间上或空间上发生的物理的移动过程。商流是必须经过一定的经营环节进行的业务活动，它体现的是不同所有者之间的利益关系；而物流不受经营环节的限制，它体现的是物品如何按照交通运输条件、储存或保管的方式，以最快的速度、最短的距离、最省的费用到达消费地或客户手里。

商物分离形式如图1.5所示。物流以本身的特殊性与商流过程分离，显然要合理得多。

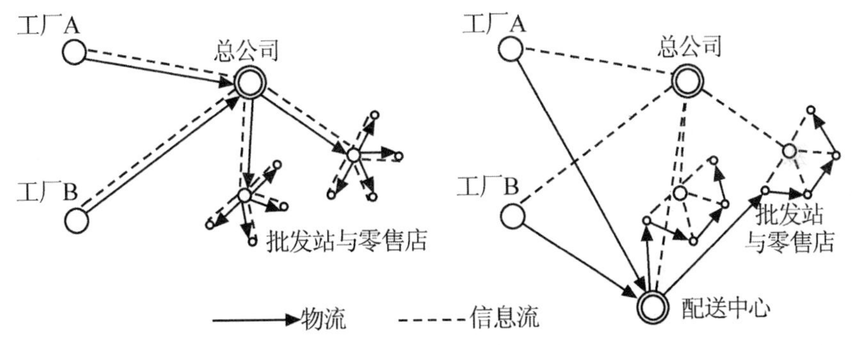

图1.5　商物分离

但是，商物分离也并非绝对的。在现代科学技术有了飞跃发展的今天，优势可以通过分工获得，优势也可以通过趋同获得，“一体化”的动向在原来许多分工领域中变得越来越明显。在流通领域中，发展也是多形式的，绝对不是单一的“分离”。

事实上，有一些国家的学者和一些领域中的操作，都提出了商流和物流在新基础上的一体化的问题，欧洲一些国家对物流的理解本来就包含企业的营销活动，即在物流研究中包含着商流在物流的一个重要领域——配送领域中，配送已成了许多人公认的既是商流又是物流的概念。企业中，最初是把独立设置物流部门看成一种进步，而现在，则更多地进行综合的战略管理，已不单独分离其功能，这也是很值得重视的。

2. 物流的“黑大陆”学说

1962年，管理大师德鲁克在《财富》杂志上发表的《经济的黑暗大陆》一文中指出：消费者在支付的商品价格中，约50%是与商品流通有关的费用，所以物流是降低成本的最后领域，但是，由于流通领域中物流活动的模糊性尤其突出，是流通领域中人们认识不清的领域，所以“黑大陆”说法主要是针对物流而言。

“黑大陆”说法主要是指尚未认识、尚未了解的意思，在黑大陆中，如果理论研究和实践探索照亮了这块黑大陆，那么摆在人们面前的可能是不毛之地，也可能是宝藏之地。物流是“经济的黑暗大陆”，是“一块未被开垦的处女地”。

3. 物流的“冰山”学说

物流“冰山”说的提出者是日本早稻田大学教授、日本物流成本学说的权威学者西泽修先生。他在专门研究物流成本时发现，现行的财务会计制度和会计核算方法，都不可能掌握物流费用的实际情况，因而人们对物流费用的了解是一片空白，甚至有很大的虚假性，他把这种情况比喻为“物流冰山”。冰山的特点是大部分沉在水面之下，而露出水面的仅是冰山的一角。物流便是一座冰山，其中沉在水面以下的是看不到的黑色区域，而我们看到的不过是物流的一部分，如图1.6所示。

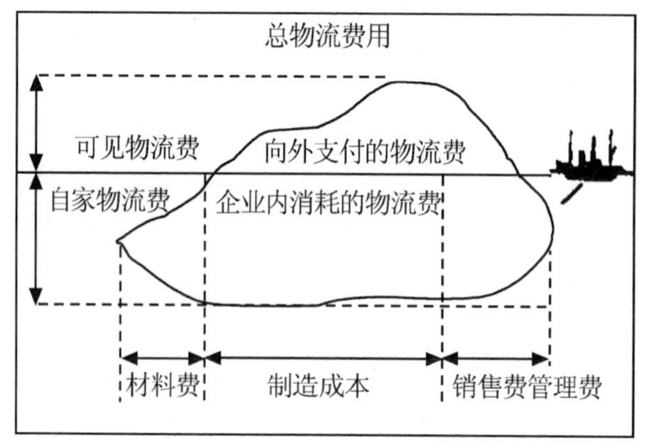

图1.6　物流冰山示意图

4. 物流的“第三利润源”学说

“第三利润源”是西泽修先生提出的。从历史发展来看，人类历史上曾经有过两个大量提供利润的领域。第一个是资源领域，第二个是人力领域。经济界把降低原材料成本、获取高额利润，称为“第一利润源”；把提高劳动生产效率、降低人力消耗称为“第二利润源”。在前两个利润源潜力越来越小、利润开拓越来越困难的情况下，物流领域的潜力被人所重视，按时间序列排为“第三利润源”。

5. 物流的“效益背反”学说

“效益背反”是指在物流的若干功能要素之间，存在损益的矛盾，即某一功能要素的优化和利润产生的同时，必然会存在另一个或另几个功能要素利益的损失，反之也如此。这是一种此涨彼消、此赢彼亏的现象，虽然在许多领域中这种现象都是存在的，但物流领域中，这个问题似乎尤其严重，如图1.7所示。

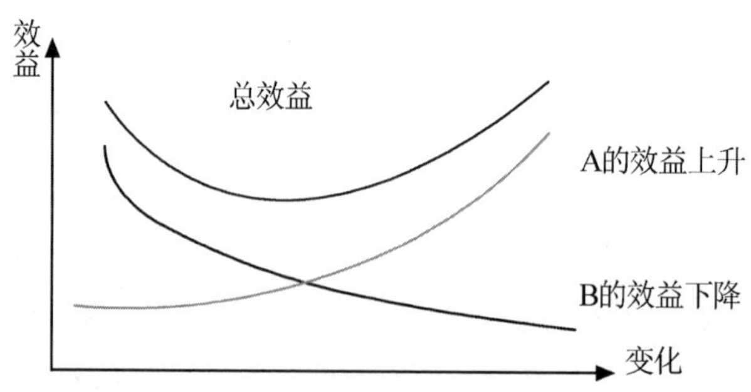

图1.7　效益背反示意图

例如包装问题，在产品销售市场和销售价格都不变的前提下，假定其他成本因素也不变，那么包装方面少花一分钱，这一分钱就必然转到收益上来，包装越省，利润则越高。但

是，一旦商品进入流通之后，如果简省的包装降低了产品的防护效果，造成了大量损失，就会造成储存、装卸、运输功能要素的工作劣化和效益大减，显然，包装活动的效益是以其他的损失为代价的。经济订购批量中，采购费用与库存保管费用之间存在“效益背反”。

6. 物流的服务中心学说

服务中心说代表了美国和欧洲一些国家的学者对物流的认识，这种认识认为，物流活动最大的作用，并不在于为企业节约了资源消耗，降低了成本或增加了利润，而是在于提高企业对用户的服务水平，进而提高了企业的竞争能力。因此，他们在使用描述物流的词汇上选择了“后勤”一词，特别强调其服务保障的职能。通过物流的服务保障，企业以其整体能力来压缩成本增加利润。

7. 物流的成本中心学说

成本中心说的含义是，物流在整个企业战略中，只对企业营销活动的成本产生重要影响，物流是企业成本重要的产生点。因而，解决物流的问题，并不仅仅是为搞合理化、现代化、支持保障及其他活动，而主要是通过物流管理和物流的一系列活动降低成本。所以，成本中心既是指主要成本的产生点，又是指降低成本的关注点。

8. 物流的战略学说

战略说是当前非常盛行的说法，实际上学术界和企业界越来越多的人已经逐渐认识到物流更具有战略性，它是企业发展的战略，而不是一项具体操作性任务。应该说这种看法把物流放在了很高的位置。企业战略是什么呢？是生存和发展。物流会影响企业总体的生存和发展，而不是仅仅在某个环节搞得合理一些，降低一些成本。

9. 物流的利润中心学说

利润中心说的含义是，物流可以为企业提供大量直接和间接的利润，是形成企业经营利润的主要活动。物流对国民经济而言，也是国民经济中创造利润的主要活动。

1.3 现代物流系统

1.3.1 系统概述

1. 系统的含义

系统是由内部相互作用和相互区别的两个或两个以上组成部分(常称为要素或子系统)结合而成的具有特定功能的有机整体。系统是相对外部环境而言的，外部环境向系统提供劳力、手段、资源、能量、信息，称为“输入”。系统又以自身所具有的特定功能，将“输入”进行必要的转化处理活动，使之成为有用的产成品，供外部环境使用，称之为系统的“输出”。

2. 系统的三要素

系统由“输入、处理、输出”三要素组成。如一个工厂输入原材料，经过加工处理，得到一定产品作为输出，这就成为生产系统，如图 1.8 所示。

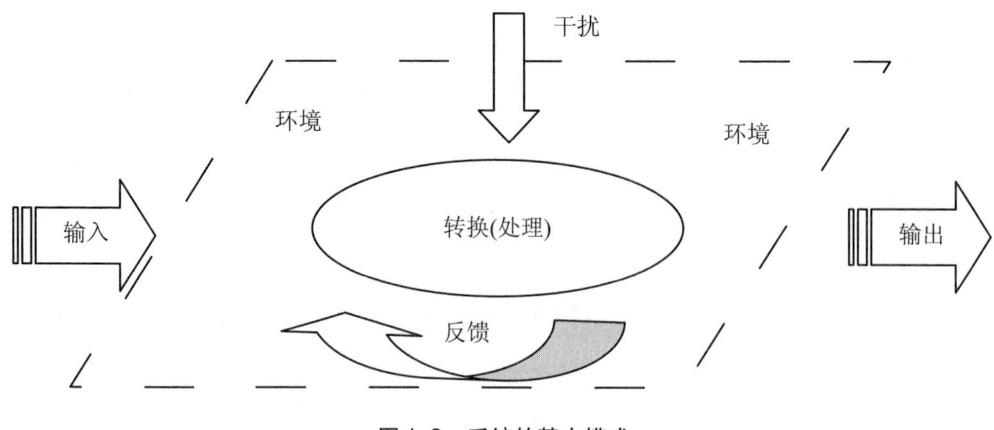

图1.8 系统的基本模式

3. 系统的思想

所谓系统的思想是体现系统整体和相互联系性的思想。它具有下列特点，即全面地而不是局部地看问题；连贯地而不是孤立地看问题；发展地而不是静止地看问题；灵活地而不是呆板地看问题。

1.3.2 物流系统

1. 物流系统的含义

物流系统(Logistics System)指：“由两个或两个以上的物流功能单元构成的，以完成物流服务为目的的有机集合体(GB/T 18354—2006)”。物流系统和其他系统一样，具有输入、转换及输出三大要素，如图1.9所示。物流系统的功能是实现物资的空间和时间效益，在保证社会再生产顺利进行的前提条件下，实现各种物流环节的合理衔接，并取得最佳的经济效益。

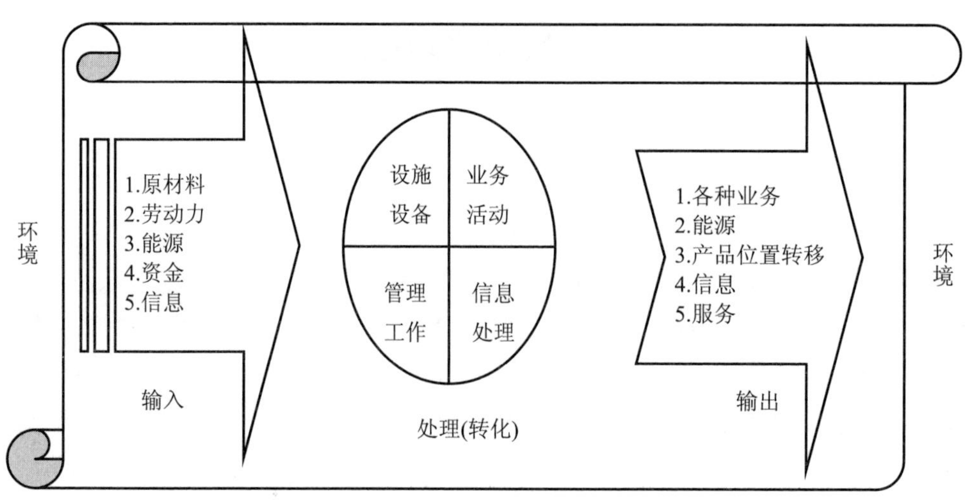

图1.9 物流系统模式简图

2. 物流系统的目标(6S)

物流系统是社会经济系统的一部分，其目标是获得宏观和微观经济效益。

1）服务目标(Service)

物流系统的本质要以用户为中心，树立用户第一的观念。其利润的本质是“让渡”性的，不一定是以“利润为中心”的系统。物流系统采取送货、配送业务，就是其服务性的表现。在技术方面，近年来出现的“准时供应方式”“柔性供货方式”等，都是提升服务性的表现。

2）快速、及时目标(Speed)

快速是指按用户指定的时间和地点迅速送达。及时性不但是服务性的延伸，也是经济社会对物流提出的要求。快速、及时既是一个传统目标，也是一个现代目标。因为是随着社会大生产的发展，这一要求更加强烈了。在物流领域采取的诸如直达物流、联合一贯运输、高速公路、时间表系统等管理和技术，就是这一目标的体现。

3）节约目标(Space Saving)

节约是经济领域的重要规律，在物流领域中除流通时间的节约外，由于物流过程消耗大而又基本上不增加或提高商品使用价值，所以利用节约来降低投入，是提高相对产出的重要手段。例如，发展立体设施和有关的物流机械，以充分利用空间和面积，缓解城市土地紧缺的问题。

4）规模化目标(Scale Optimization)

以物流规模作为物流系统的目标，并以此来追求“规模效益”。生产领域的规模生产是早已为社会所承认的。由于物流系统比生产系统的稳定性差，因而难以形成标准的规模化格式。在物流领域以分散或集中等不同方式建立物流系统，研究物流集约化的程度，就是规模优化这一目标的体现。例如，物流网点的优化布局、合理的物流设施规模、自动化和机械化程度等。

5）库存调节目标(Stock Control)

库存调节是服务性的延伸，也是宏观调控的要求，当然，也涉及物流系统本身的效益。在物流领域中正确确定库存方式、库存数量、库存结构、库存分布就是这一目标的体现。如制订合理的库存策略，合理控制库存量。

6）安全目标(Safety)

尽量保证货物运输途中的安全，装卸、搬运过程中的安全和保管阶段的安全；尽可能地减少客户的订货断档。

上述物流系统化的目标简称为“6S”，要发挥以上物流系统化的效果，就要进行研究，把从生产到消费过程的货物量作为一贯流动的物流量看待，依靠缩短物流路线，使物流作业合理化、现代化，从而降低其总成本。

3. 物流系统的三大要素

1）物流系统的功能要素

物流系统的功能要素指的是物流系统所具有的基本能力，这些基本能力有效地组合在一起，构成了物流的总功能，便能合理、有效地实现物流系统的总目的。物流系统的功能要素，一般认为有运输、储存保管、包装、装卸搬运、流通加工、配送和物流信息等，如果从物流活动的实际工作环节来考察，物流由上述各项具体工作构成。换句话说，物流能实现以上七项功能。上述功能要素中，运输及保管分别解决了供给者及需要者之间场所和时间的分离，分别是物流创造“场所效用”及“时间效用”的主要功能要素，因而在物流系统中处于主要功能要素的地位。

2）物流系统的支撑要素

物流系统的建立需要有许多支撑手段，尤其是处于复杂的社会经济系统中，要确定物流系统的地位，要协调与其他系统的关系，这些要素必不可少。主要包括：体制、制度、法律、规章，行政、命令和标准化系统。

3）物流系统的物资基础要素

物流系统的建立和运行，需要有大量技术装备手段，这些手段的有机联系对物流系统的运行有决定意义。这些要素对实现物流和某一方面的功能也是必不可少的。物资基础要素主要有：①物流设施；②物流装备；③物流工具；④信息技术及网络；⑤组织及管理。

1.3.3 物流系统分析

物流是一个范围很广的系统，包括从产品的生产供应到消费资料废弃的整个过程。这里主要就其中有关从生产到消费的范畴来研究所谓物流系统化问题，即把物流的各个环节(子系统)联系起来看成一个物流大系统进行整体设计和管理，以最佳的结构、最好的配合，充分发挥其系统功能、效率，实现整体物流合理化。

1. 物流系统分析的概念

系统分析是从系统的最优出发，在选定系统目标和准则的基础上，分析构成系统的各级子系统的功能与特点，它们之间的相互关系，系统与系统、系统与环境以及它们之间的相互影响。运用科学的分析工具和方法，对系统的目的、功能、环境、费用和效益进行充分的调研、收集、比较、分析和数据处理，并建立若干替代方案和必要的模型，进行系统仿真试验；把试验、分析、计算的各种结果同早先制订的计划进行比较和评价，寻求使系统整体效益最佳和有限资源配备最佳的方案，为决策者的最后决策提供科学依据和信息。

物流系统分析的建立过程，可以分为确定系统问题、进行系统分析和综合系统选优三个阶段，如图1.10所示。

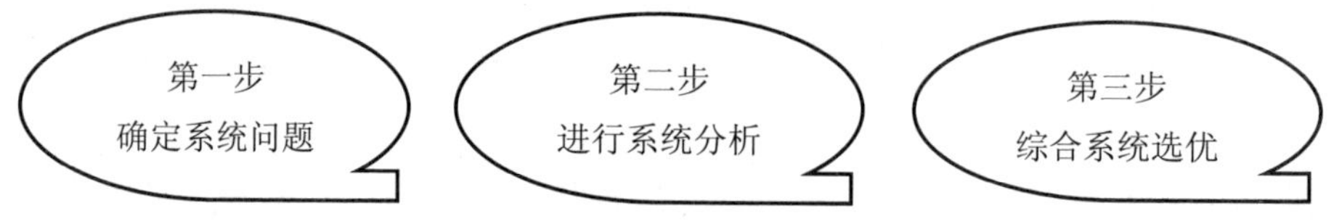

图1.10　物流系统分析的三个阶段

2. 物流系统分析的基本内容

(1) 系统目标。只有目标明确，才能获得最优的信息，才能建立和提供最优的分析依据。

(2) 替代方案。一般情况下，为了实现某一目标，总会有几种可采取的方案或手段，这些方案彼此之间可以替换，故叫作替代方案或备择方案。这些方案总是各有利弊，经过分析比较、权衡利弊，选择一种最合理的方案是物流分析系统研究和解决的重要问题。

(3) 模型。模型是对实体物流系统抽象的描述。它可以将复杂的问题化为易于处理的形

式，包括数字模型、逻辑模型等。在尚未建立实体物流系统的情况下，可以借助一定的模型来有效地取得物流系统设计所需要的参数，并还可以利用模型来预测各替代方案的性能、费用和效益，有利于各种替代方案的分析和比较。在建立系统以后，可以帮助分析系统的优化程度、存在的问题以及提出改进措施。

（4）费用与效益。原则是效益大于费用。

（5）评价标准。评价标准是物流系统分析中确定各种替代方案优先顺序的标准。通过评价标准对各方案进行综合评价，确定各方案的优先顺序。评价准则要根据系统的具体情况而定，但必须具有明确性、可计量性、适度的灵敏度。

3. 物流系统分析的要点和步骤

1）物流系统分析的要点

在对某个具体的物流系统进行分析时，往往要通过追问一系列的“为什么”来使问题得到圆满的解答。

（1）项目的对象是什么？即要干什么？（What）

（2）这个项目何以需要？即为什么要这样？（Why）

（3）它在什么时候和什么样的情况下使用？即何时做？（When）

（4）使用的场所在哪里？即在何处做？（Where）

（5）是以谁为对象的物流系统？即谁来做？（Who）

（6）怎样做才能解决问题？即如何做？（How）

当然，除了上述问题以外，还可以再提出一些问题来，并求得答案。在物流系统开发的各阶段，所需解决的问题应从宏观逐渐转移到微观，因而，对这些疑问的回答也要按照各个阶段来进行。

2）物流系统分析的步骤

任何问题的研究和分析，均应遵从一定的逻辑推理步骤。物流系统分析程序如图1.11所示。

（1）界定问题。即明确物流系统的性质，划分它的界限、范围。只有明确系统分析的特点，才能进一步确定系统所包含的各种联系，探究问题产生的原因和确定可行的目标。

（2）确定目标。任何问题以及计划、任务都可以具体化为目标。物流系统分析是针对具体目标展开的，而目标又可以通过某些指标来表达。由于实现系统功能的目的是靠多方面因素来保证的，因此物流系统目标往往有多个。在有多个目标的情况下，要考虑目标的取舍与协调，防止轻视或漏掉一些必要的目标。同时注意目标的整体性、经济性和目标的约束条件。

（3）收集资料，拟订方案。收集与物流系统有关的资料和数据，是在此基础上拟订出能达到总体目标和符合约束条件的数个替代方案。这些方案在数量上应把所有的可能方案包括在内，特别要避免漏掉最优方案。另外，各个替代方案之间要有原则性的区别并且相互排斥，不宜只有细节上的差别。

（4）建立分析模型。在分析的过程中，可依据不同目标构建出各种不同的物流系统模型。模型能帮助人们了解影响物流系统功能的重要因素及其相互关系，确认这些因素对功能和目标的影响程度，揭示总目标及子目标的达成途径。

（5）用最优化方法解析模型。模型的优化方法因模型类型和性质的不同而不同，通常采

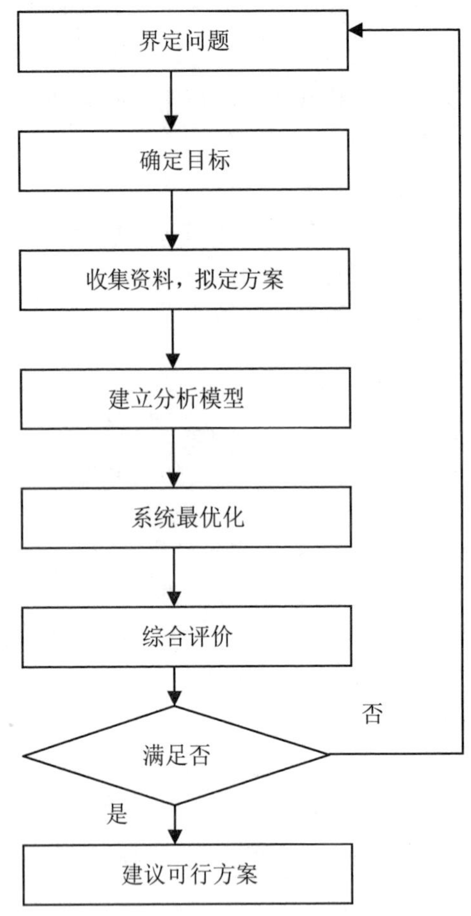

图 1.11　物流系统分析程序

用数学模型进行优化。在这一步骤中，利用模型对替代方案产生的结果进行计算和测定，分析参数与变量情况，记录各种指标达到的程度，并判断系统的参数与变量能否取得最优值或次优值、满意值。

(6) 综合评价。综合评价是指利用模型和收集到的其他资料进行综合分析，得出方案的可行性。

4. 物流系统中的相互制约问题

(1) 物流服务和物流成本间存在制约关系。要提高物流系统的服务水平，物流成本往往也要增加。比如采用小批量即时运货制，就要增加费用。要提高供货服务水平即降低缺货率，必须增加库存，从而引起保管费用增加等，物流服务与物流成本之间的相互制约关系如图 1.12 所示。

(2) 构成物流服务子系统功能之间可能存在约束关系。物流各子系统的功能如果不均匀，物流系统的整体能力将受到影响。如搬运装卸能力很强，但运输力量不足，会产生设备和人力的浪费；反之，如搬运装卸环节薄弱，车、船到达车站、港口后不能及时卸货，也会带来巨大的经济损失。

(3) 构成物流成本的各个环节费用之间可能存在制约关系。如为了降低库存常采取小批

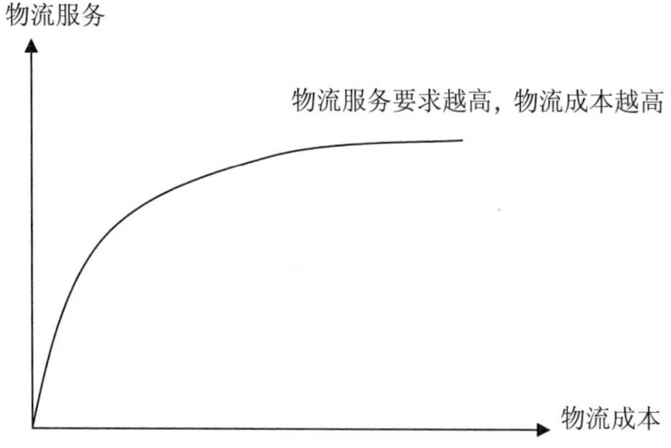

图1.12　物流服务与物流成本之间的制约关系

量订货，但因运输次数增加而导致订购费用上升，因此订购费用和保管费之间存在制约关系。

（4）各子系统的功能和所耗费用存在制约关系。任何子系统功能的增加和完善必须投入资金。如信息系统功能的增加，必须购置硬件和开发计算机软件；增加仓库的容量和提高进出库速度，就要建设更大的库房并实现机械化、自动化。在实际中必须考虑在财力许可的范围内改善物流系统的功能。构成物流服务子系统功能之间的约束关系——水桶原理，如图1.13所示。

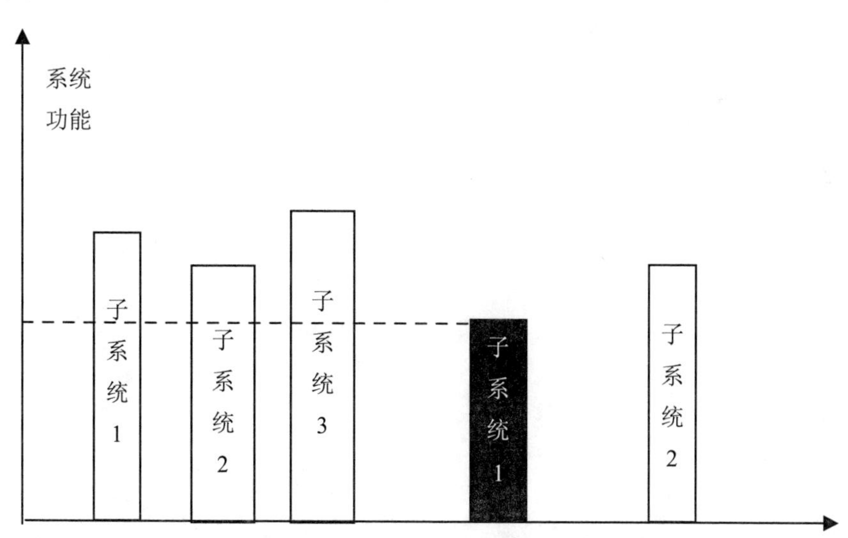

图1.13　物流服务子系统功能之间的约束关系

如上所述的各种制约关系，在日常物流管理中应注意其互为相关、互为背反的制约特点，在物流合理化过程中必须有系统观念，对这些相互制约的关系给予充分的注意，以使系统达到整体的最优化。因而，要求在物流合理化过程中必须有系统观念，重视调整各个子系统之间的矛盾，使之有机地联系起来成为一个整体，以实现最佳效益。

本章小结

物流是物品从供应地向接收地的实体流动过程，根据实际需要，将运输、储存、装卸、搬运、包装、流通加工、配送、回收、信息处理等基本功能实施有机结合。随着社会经济的发展，商流与物流分离成为一种必然趋势。

随着世界经济的飞速增长，经济全球化、市场国际化进程的加快，现代物流越来越受到世人的瞩目和认同。随着我国社会主义市场经济体制的建立和完善，物流业作为国民经济中一个重要的新兴产业，已成为我国国民经济新的利润增长点。

现代物流按不同标准可以分为不同类型，如按生产经营过程中所处的阶段可分为采供物流、生产物流、销售物流、回收物流、废弃物物流。

物流系统将一定时间、空间里所从事的物流事务和过程作为一个整体来处理，用系统的观点进行分析研究。物流合理化是指物流过程中各系统各要素之间的优化组合，协调运行，能适应和促进商品经济的发展，从而取得最佳效益的一种经济准则。

知识拓展

大数据下物流的变革

在大数据方兴未艾、众说纷纭的时刻，大数据在变革车货匹配、运输线路分析、销售预测与库存、设备修理预测、供应链协同管理等方面发生着潜移默化的作用，逐渐改变和影响着物流人的思维方式。专注于数据调查的咨询公司麦卡锡则一针见血地指出：“大数据将是堪比石油的重要资源。”

1. 大数据，变革车货匹配

每次到物流园区都看到很多信息部，大量的车辆在园区的停车场候着，有时候等待两三天配不上货也是正常的事，大大浪费了资源，所以才催生了很多以车货匹配的信息平台和APP，且不说车货匹配带来的数据量如何，仅大数据的沉淀积累就有一段漫长的路要走，通过运力池的大数据分析，公共运力的标准化和专业运力的个性化需求之间可以产生良好的匹配，同时，结合企业信息系统也会全面整合与优化。基于大数据实现车货高效匹配，不仅能减少空驶带来的损耗，还能减少污染，是一举多得的好事情！大数据的应用能有效解决公共信息平台上没有货源或货源信息虚假的问题。当前，国内做车货匹配的平台性企业大多还在摸索，效果不佳，运作乏力。

2. 大数据，运输路线优化

下面先看看UPS是如何用大数据优化送货路线的？UPS配送人员不需要自己思考配送路径是否最优，UPS采用Orion系统可实时分析20万种可能路线，3秒找出最佳路径。UPS通过大数据分析规定：卡车不能左转，原因是左转会导致货车长时间等待。未来，UPS将用大数据预测快递员将做什么并及时控制纠正问题。通过运用大数据，物流运输效率将得到大幅提高，大数据为物流企业之间搭建起沟通的桥梁，物流车辆行车路径也将被最短化、最优化定制。所以，UPS的司机会宁愿绕个圈，也不要往左转，听着有些荒唐，因为左转而绕远路的费时和耗油真的可以忽略不计吗？根据往年的数据显示，因为执行尽量避免左转的政策，UPS货车在行驶路程减少2.04亿英里的前提下，多送出了350 000件包裹。

3. 大数据，销售预测与库存

通过互联网技术和商业模式的改变，可以实现从生产者直接到顾客的供应渠道的改变。

这样的改变，从时间和空间两个维度都为物流业创造新价值奠定了很好的基础。借助大数据不断优化库存结构和降低库存存储成本，运用大数据分析商品品类，系统会自动调用哪些商品是用来促销的，哪些商品是用来引流的，同时，系统会自动根据以往的销售数据建模和分析，以此判断当前商品的安全库存，并及时给出预警，而不再是根据往年的销售情况来预测当前的库存状况，降低库存存货，从而提高资金利用率。通过互联网技术的变化，可以让全国物流业的布局相应地发生一系列调整。从过去生产者全国布局配送中心，逐步演化成为个性化订单，从顾客的需求向上推移，促使整个配送模式的改变。过去是供给决定需求，今后越来越多地从需求开始倒推，按照需求的模式重新设计相应的供给点的安排。这些都是因为大数据时代到来所产生的变革。

4. 大数据，设备修理预测

美国联合包裹服务公司(UPS)从2000年就开始使用预测性分析来检测自己全美60 000辆车规模的车队，这样就能及时地进行防御性的修理。如果车在路上抛锚损失会非常大，因为那样就需要再派一辆车，会造成延误和再装载的负担，并消耗大量的人力、物力，所以，以前UPS每两三年就会对车辆的零件进行定时更换。但这种方法不太有效，因为有的零件并没有什么毛病就被换掉了。通过监测车辆的各个部位，UPS如今只需要更换需要更换的零件，从而节省了好几百万美元。有一次，监测系统甚至帮助UPS发现了一辆新车的一个零件有问题，因此免除了可能会造成的困扰。

5. 大数据，供应链协同管理

随着供应链变得越来越复杂，如何采用更好的工具来迅速高效地发挥数据的最大价值，有效的供应链计划系统集成企业所有的计划和决策业务，包括需求预测、库存计划、资源配置、设备管理、渠道优化、生产作业计划、物料需求与采购计划等。将彻底变革企业市场边界、业务组合、商业模式和运作模式等。建立良好的供应商关系，实现双方信息的交互。良好的供应商关系是消灭供应商与制造商之间不信任成本的关键。双方库存与需求信息交互、VMI运作机制的建立，将降低由于缺货造成的生产损失。部署供应链管理系统，要将资源数据、交易数据、供应商数据、质量数据等存储起来用于跟踪供应链在执行过程中的效率、成本，从而控制产品的质量。企业为保证生产过程的有序与匀速，为了达到最佳物料供应分解和生产订单的拆分，需要综合平衡订单、产能、调度、库存和成本之间的关系，需要大量的数学模型、优化和模拟技术为复杂的生产和供应问题找到优化解决方案。

6. 大数据，变革思维方式

物流行业的人们不再认为数据是静止和无价值的，对数据也有了重新认识，但片段性的、短期的数据似乎并未发挥立竿见影的价值！也许，有的企业会死在追求大数据的道路上，当然出现这种结果也是悲壮的！企业管理人员如果没有大数据的理念，就会丢失很多有价值的数据。

如今，大数据逐渐成为投资公司热衷的领域，也逐渐成为一种商业资本，未来大数据还能创造更多的出乎意料的价值，短期看也许是“虚”的，但一旦转变思维，数据就能激发出更多新点子，创造更多新产品和新型服务。

大数据时代的来临，不是技术的变革，首当其冲是思维的变革，随之而来的将是商业模式的改变。

（资料来源：现代物流报）

思考与练习

一、判断题

1. 物流包括生产物流、供应物流和销售物流。 ( )
2. 狭义的流通指商品的流通，它克服了使用权间隔、场所间隔和时间间隔。 ( )
3. 对于物流系统来说，局部最优就是整体最优。 ( )
4. 物流从附属于商流转变到物流与商流的分离是现代物流发展的关键。 ( )
5. 物流的作用，可以认为是消除了商品生产地和消费地之间的所有权间隔、场所间隔和时间间隔。 ( )
6. 物流是处在社会经济大环境之中由若干相互依赖、相互制约的部分，紧密结合而形成的具有特定的功能的有机整体，所以物流是一个系统。 ( )
7. 物流是物品从接收地到供应地的实体流动过程。根据实际需要，将运输、储存、装卸、搬运、包装、流通加工、配送信息处理等基本功能实施有机结合。 ( )
8. 第三方物流企业为企业提供采购服务。 ( )
9. 第四方物流是第一、第二、第三方物流之外的物流。 ( )
10. 商品流通包括商流和物流。 ( )

二、填空题

1. 物流的发展大致经历了________、________、________三个阶段。
2. 现代物流管理应遵循________原则、________原则和________原则。
3. 国家标准关于物流的定义是________。
4. 物流具有________和________二重性。
5. 系统由“________、________、________”三要素组成。
6. 物流系统的目标包括________、________、________、________、________和________。
7. 按物流业务活动的性质分类，物流可以分为________、________、________、________和________。
8. ________、________、________和________是商品流通的必要组成部分。

三、单项选择题

1. 下列活动________不属于物流范畴。

A. 属于物品理学物质实体的流动

B. 运输、储存、装卸、搬运、包装、流通加工、配送和信息处理等基本功能的有机结合

C. 商流所有权转移和物流的实体位置转移

D. 不属于经济活动的物质实体流动

2. 通过提供资源、能源、设备和劳力等手段对某一系统发生作用，统称为外部环境对物流系统的________。

A. 输入　　B. 转化(处理)

C. 输出　　D. 服务

3. 现代物流系统设计所要达到的具体目标是________目标。

A. “6S”　　B. “7R”

C. “5R”　　D. “P Q R S T C”

4. 物流的概念源于________。

A. 日本　　B. 德国

C. 美国　　　　D. 中国

5. 商流能解决生产和消费之间出现的________间隔。

A. 所有权　　　　B. 空间

C. 时间　　　　D. 场所

四、思考题

1. 何谓物流？
2. 何谓物流管理？简述物流管理的原则。
3. 何谓物流业？简述现代物流业经营模式。
4. 何谓物流系统？
5. 物流系统中存在哪些制约关系(效益背反关系)？

【实践教学】

实训名称	传统运输、仓储业向现代物流转型
教学目的	① 了解中远物流、中储物流主要经营业务 ② 分析这些企业如何从传统运输、仓储业向现代物流转型
实训条件	① 选择一家大型物流公司，如：中远物流、中储物流或其分公司调研 ② 公司网站及网上相关资料 ③ 图书资料、教材 ④ 多媒体教室
实训内容	① 对目标物流公司的发展战略、经营模式、业务内容、服务宗旨、物流管理、发展历程等调研分析，能进一步理解现代物流业涉及的业务领域、物流活动的内容、物流管理的方法、物流技术运用等 ② 能比较传统物流与现代物流的区别
教学组织及考核	① 学生6~8人一组，教师进行具体指导 ② 学生根据实训内容，以组为单位，完成调研报告 ③ 组织学生交流、分享调研成果 ④ 一位同学主讲，其他同学补充，学生和教师对每一组汇报进行点评 ⑤ 培养学生团队协作能力、自学能力、调研能力、分析思考能力、写作与制作能力、语言表达与演讲能力，以达到理论与实践相结合、学与用相结合的教学效果

第2章 物流系统各要素功能及其管理

教学目标

知识要点	能力要求	相关知识
包装	(1) 理解包装的内涵 (2) 能够选用最适当的包装材料 (3) 能够合理地采用包装技术 (4) 能够选用成组化包装	(1) 包装、包装信息 (2) 成组化、包装技术 (3) 物流基础模数
装卸搬运	(1) 能够选择合理的装卸搬运方法 (2) 认识常用的装卸搬运设备	(1) 装卸搬运 (2) 常用装卸搬运的设备 (3) 装卸搬运活性指数
运输	(1) 能够对运输综合考虑，选用最适当的运输方法 (2) 区别搬运的“运”与运输的“运”	(1) 运输 (2) 五种运输方式优、缺点比较 (3) 集装箱、托盘的参数 (4) 国际多式联运
储存	(1) 能够根据不同物品选择存储仓库 (2) 熟悉储存管理的基本环节	(1) 储存 (2) ABC 分类法 (3) 零库存
流通加工	(1) 能够区别流通加工与生产加工 (2) 理解物流增值服务	(1) 流通加工 (2) 可行性分析
配送与配送中心	(1) 掌握配送的流程和配送中心功能 (2) 能够区别配送中心、物流中心和物流园区 (3) 能够初步考虑物流结点选址的条件	(1) 配送及配送中心 (2) 物流中心 (3) 物流园区
物流信息系统	(1) 认识常用的物流信息技术设备 (2) 熟悉常见的信息技术功能与使用方法	(1) 物流信息的特点 (2) 主要物流信息技术：商品条码、物流条码、RFID、POS、EDI、GIS、GPS

教学重点、难点

从物流系统视角，掌握物流各要素的概念、功能、特点及合理化管理，并且通过本章节学习达到以点带面的学习效果。

案例导入

沃尔玛高效率的物流配送系统

没有自己的一只烟囱，没有自己的一家工厂，拿别人的商品来卖，竟然能够战胜埃克森·美孚石油公司、福特汽车公司和许多工商业巨子，并且能够在全球500强企业中独领风骚，2015年沃尔玛的年度销售额创4 857亿美元。沃尔玛凭什么力量打败业内外的商界巨头，创造了世界零售业史上如此辉煌的奇迹？凭它的“天天平价”“顾客至上”的经营理念，独特的企业文化，全球物流战略，高效率低成本的物流配送系统。沃尔玛在品质最佳、价格最低的地区采购商品，运送到最好销售的地方去销售，并且实施全程物流绝对数字化管理。与其竞争对手相比，沃尔玛供应链的成本要比他们低十个百分点，而获取的零售利润才只有3%。

1. 令人瞠目的配送中心

熟悉沃尔玛的人都知道，它拥有世界上一流的、高效率的物流配送系统，而正是这样一个配送系统，使沃尔玛能够战胜其他竞争对手，稳居世界零售业之首，也成为沃尔玛倡导的“天天平价”卖点的最有力的支撑。

在沃尔玛的总部阿肯色州的本顿维尔(Bentonville)配送中心，面积有24个足球场大小，室内净高12.5米，各种传送带总长度达21千米，共有264个进货和发货用的汽车装卸口，24小时连续作业，这家配送中心共支持周边500千米范围内的120家沃尔玛店(其中每家商店每天平均送货两次)。

配送中心的基本流程是：供应商将商品送到配送中心后，经过核对采购计划、进行商品检验等程序，分别送到货架的不同位置存放。商店提出要货计划后，电脑系统立即将所需商品的存放位置查出，并打出印有商店代号的标签。整包装商品直接由货架上送往传送带，零散商品由工作人员取来也送到传送带上。各种各样的商品从四面八方汇到一起，就像是一条商品的“河流”，也极像洛杉矶交错贯通的高速公路，但与洛杉矶高速路最大的不同就是，在这样繁忙的运输过程中，既没有堵车，更没有“交通事故”。这个配送中心一共有6万多种商品，每天都有20多万个商品箱被有条不紊地送出，而且误差率极低。在全球各地，沃尔玛商店几乎85%的商品来自于各区域的配送中心，沃尔玛在美国拥有100%的物流配送系统。目前，沃尔玛在全球的配送中心超过110个。

2. 先进的通信网络

沃尔玛配送系统的精华就在于其先进的通信网络。早在20世纪80年代中期，沃尔玛投巨资购买了一颗休斯公司的人造卫星，建立了自己的全球商业卫星通信系统。该系统的应用使得沃尔玛总部、全球各地的配送中心和各商店之间实现了双向声音和数据传输，全球5 311家沃尔玛分店都能够通过自己的终端与总部进行实时联系。在短短数小时内便可完成“填妥订单、各分店订单汇总、送出订单”的整个流程，大大提高了营业的高效性和准确性。

3. 低成本、高效率的运输车队

如何降低卡车运输成本，是沃尔玛物流管理面临的一个重要问题，为此他们主要采取了以下措施。

(1) 沃尔玛使用的卡车，是一种大约有16米加长的货柜，比集装箱运输卡车更长或更高。沃尔玛把卡车装得非常满，商品从车厢的底部一直装到最高，这样非常有利于节约成本。

(2) 公司5 500辆运输卡车，全部装备了全球卫星定位系统(GPS)，每辆车的即时位置、所载货物、目的地等信息，总部可以一目了然，以便设计出最合理的运量和路程。

(3) 沃尔玛的车队每周一次运输里程可以达7 000 ~8 000千米。沃尔玛的口号是“安全第一，礼貌第一”，而不是“速度第一”。在运输过程中，卡车司机都非常遵守交通规则。沃尔玛定期在公路上对运输车队进行检查，严惩违章驾驶的司机。

(4) 沃尔玛的连锁商场的物流部门，24小时进行工作，无论白天或晚上，都能为卡车及时卸货。另外，沃尔玛的运输车队利用夜间进行从出发地到目的地的运输，从而做到了当日下午进行集货，夜间进行异地运输，翌日上午即可送货上门，保证在15 ~ 18小时内完成整个运输过程，这是沃尔玛在速度上取得优势的重要措施。

(5) 沃尔玛的卡车把商品运到商场后，商场不用对每个商品逐个检查，这样就可以节省很多时间和精力，加快物流的循环过程，降低物流成本。这里有一个非常重要的先决条件，就是沃尔玛的配送系统，能够确保商场所得到的商品是与发货单完全一致的产品。

(6) 沃尔玛的运输成本比供货厂商自己运输商品要低，所以厂商也使用沃尔玛的卡车来运输货物，从而做到了把商品从工厂直接运送到商场，大大节省了产品流通过程中的仓储成本和转运成本。

4. 改进包装材料实现物流包装合理化

沃尔玛现在使用的包装材料有70%是RPC(可回收塑料包装筐)，而不是瓦楞纸箱，这主要是由于纸箱没有统一的占地标准和展示产品的功能。RPC是最早实现标准化的运输材料，因为其规格一致，所以便于堆码。RPC底部均有插槽，其堆码稳定性也优于纸箱。RPC不仅具有标准化的优势，而且还具有很强的展示功能。因为RPC没有顶盖，可以直接看到内装的产品；不必在外包装上印刷图案，省去了一笔印刷费又不失包装的推销功能。

沃尔玛公司有关负责人解说纸箱产品存在最重要的两个弊端：首先，纸箱的规格成千上万，这对于追求个性化包装的商家当然是重要的，但却给整个物流环境带来很大麻烦。不便于堆码，不便于运输，还会浪费大量宝贵的空间。其次，由于纸箱的结构封杀了产品自身展示的功能，虽然可以在包装箱的外面印刷精美的图案，但这需要加大包装成本。

另悉，Nature Works LLC又开始为沃尔玛分销公司提供一种新型的热塑包装——Nature Works PLA。该款新包装将于近期在沃尔玛及全球大型连锁超市上架使用。新型热塑包装以生物为基础材料，主要由谷物制成。该产品成功地取代传统的包装，应用在4种不同类型的产品上，其中包括食品容器、饮料瓶罐等。项目的第一阶段已经在2005年11月正式启动，主要提供生鲜类产品的包装；第二阶段将进一步为近800万蔬菜类商品更换新包装；第三阶段将提供新型的礼品包装；第四阶段则将逐步更换食品及水果类的包装。

5. 供应链管理中的信息技术

实现供应链管理的基础是信息共享，沃尔玛在运用信息技术支撑信息共享方面一直是不遗余力的，走在许多零售连锁集团的前面。如最早使用条码(1980年)，最早采用EDI(1985年)，最早使用无线扫描枪(1988年)，最早与宝洁公司(Procter & Gamble)等大供应商实现VMI、ECR产销合作(1989年)等。

今天，沃尔玛开始在自己的商场中强制推广“射频识别技术”(Radio Frequency Identifi-

cation，RFID)。使用了 RFID 的货盘和货物标签，全面进入沃尔玛在美国得克萨斯州的三个配送中心时，其数据信息也开始进入沃尔玛网络化的供应商协作系统，这标志着沃尔玛已经开始了一场供应链管理的革命。沃尔玛运用 RFID 证明：可以减少 16% 的物品脱销现象；在补货上要比传统的条码技术快 3 倍；在商店里安装 RFID 设备和货品上贴上 EPC 电子编码，能帮助顾客更快地找到所需的商品。据估计，通过采用 RFID，沃尔玛可以节省 83.5 亿美元，其中大部分是因为不需要人工查看进货的条码而节省的劳动力成本。

规模加效率是沃尔玛核心竞争力的一个重要方面，而它的实现又是靠其拥有高效率的物流配送系统，难怪有人说沃尔玛本身就是一家拥有超级竞争力的物流公司。

（资料来源：现代物流案例分析）

物流就是按照客户的要求，实施将物品从供应地向接收地流动，这一过程涉及一系列的环节，其主要包括运输、储存、装卸、搬运、包装、流通加工、配送、回收和信息处理等，物品流动及其环节如图 2.1 所示。物品通过流动，创造了时间效用、空间效用和价值效用。

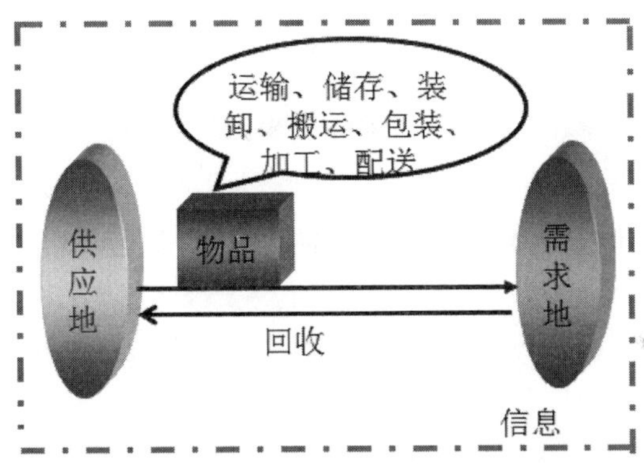

图 2.1 物品流动及其环节

物流管理是指对整个物流活动进行计划、组织、指挥、协调与控制，从而不断地提高物流的经济效率和效益。它的最基本目标就是以适当的物流成本达到用户所满意的服务水平。

2.1 包　　装

包装有两个基本的功能：营销和物流。在营销活动中，包装是“无声的推销员”，它通过商标、形状、图案和色彩诸因素向消费者提供产品的信息，同时吸引消费者购买该产品。

现代物流认为包装是生产的终点，物流的始点。作为物流的始点，包装完成后的产品便具有流通的能力。包装在整个物流过程中始终发挥的作用有：保护产品、方便物流、识别产品、提供产品的信息和最终促进产品销售。

在做包装决策时，除了根据产品的性质考虑包装的上述两项功能外，更应当考虑包装材料的成本、包装操作工序所消耗的劳动力、包装占用的运输、储存空间和增加产品的重量。

在物流业务中，我们可以通过协调包装模数与物流模数、采用机械化包装作业、大型化

和集装化包装、轻薄化包装、标准化包装作业；包装的循环利用；周转包装等办法最大限度地利用包装的优点，克服包装的缺点，以实现物流包装的合理化。

2.1.1 包装概述

1. 包装的概念

我国国家标准《物流术语》将包装(Package/Packaging)定义为：“在流通过程中保护产品、方便储运、促进销售，按一定技术方法而采用的容器、材料及辅助物等的总体名称，也指为了达到上述目的而采用容器、材料和辅助物的过程中施加一定技术方法等的操作活动(GB/T 18354—2006)”，即包装是包装物及其包装操作的总称。

其他国家对包装的定义，美国对其的定义为：“包装是使用适当的材料、容器和技术，使物品安全到达目的地。即在物品运送过程的每一阶段，不论遇到何种外在影响，都能保证产品完好，而且不影响物品价值。”英国对其的定义为：“包装是为货物的运输和销售所做的艺术、科学和技术上的准备工作。”加拿大则认为：“包装是将物品由供应者送达客户或消费者手中而能保持物品完好状态的工具。”

2. 包装的分类

按照不同的分类标准，包装可以分为不同的类型。

1）按照功能进行分类

按照其基本功能的不同，包装可以分为运输包装和销售包装。

(1) 运输包装(Transport Package)又称工业包装或外包装，是“以满足运输储存要求为主要目的的包装。它具有保障产品的运输安全，方便装卸、加速交接、点验等作用(GB/T 18354—2006)”。它的主要作用是以保护商品、方便物流为目的；它的重要目标是在满足物流要求的基础上使包装费用越低越好。运输包装又有内包装和外包装，如卷烟的条包装为内包装，大箱包装为外包装。

(2) 销售包装(Sales Package)又称商业包装或内包装，是“直接接触商品并随商品进入零售网点和消费者或用户直接见面的包装(GB/T 18354—2006)”。它主要以促进销售、方便使用为目的，这种包装要求外形美观，装潢漂亮；包装的单位适用于顾客的购买量以及商店的陈设要求。

在物流管理中，包装主要讨论的是运输包装。

2）按照包装材料进行分类

按照包装材料的不同，可以将包装分为木质包装、纸制包装、塑料包装、金属包装、陶瓷包装、玻璃包装、草制包装、纤维包装和复合材料包装等。

3）按照包装技术进行分类

按照包装技术的不同，可以将包装分为防潮包装、防锈包装、防霉包装、防震包装、防虫包装、集合包装、收缩包装与拉伸包装及危险品包装等。

4）按照包装容器进行分类

按照包装容器的不同，可以将包装分为包装袋、包装箱、包装盒、包装瓶及包装罐等。

5）按照包装适用范围进行分类

按照包装适用范围的不同，可以将包装分为专用包装和通用包装。前者指的是专门针对

某种产品进行设计和制造的包装，只能用于包装某种特定的产品；后者指的是根据标准系列尺寸制造的包装，可用于包装各种标准尺寸的产品。

6）按照包装使用次数进行分类

按照包装使用次数的不同，可以将包装分为一次性包装、复用包装和周转性包装。一次性包装只能使用一次，不再回收复用。复用包装指的是回收后经过适当加工整理仍可使用的包装。周转性包装是专门设计和制造的能够反复周转使用的包装。

3. 包装的功能

包装具有以下五项基本功能。

1）保护商品

保护商品是包装的首要功能。包装能避免商品在搬运过程中脱落；避免运输过程中受到振动或冲击；避免保管过程中由于承受重物而造成破损；避免异物的混入和污染；防湿、防水、防锈、防光；防止因为化学因素或细菌的污染而出现商品腐烂变质；防霉变、防虫害等。

2）方便物流

（1）包装具有将商品以集合方式处理、方便物流的功能，如将原始包装的若干产品放在一起进行二次包装(例如，将整条的香烟放到纸盒子里)，再将若干个经过二次包装的产品放在一个托盘上打包，最终放到可装多个托盘的集装箱中，这就起到了降低产品搬运的次数、缩短作业时间、提高机械化作业的效率的作用，还方便运输。

（2）一类货物统一包装能使货物堆放、清点变得更加容易，从而提高了仓储工作的效率。

（3）包装标志也为运输、仓储、验收和装卸搬运等创造了便利。

3）促进销售

产品包装还具有识别和促销的作用，美观的包装能够引起消费者的瞩目和激起消费者的购买欲望。20世纪50年代中期，美国杜邦公司通过市场调查，提出了著名的“杜邦定理”，即63%的消费者首先是根据商品的包装做出购买决策的。忽视包装正是一些企业的产品在市场上遭受冷落的重要原因。包装的外部形态、装潢、广告说明等都具有很好的促销作用。

4）便于使用

将产品分装成小包装，能起到方便顾客使用的目的。现代包装的设计都具有便于开启和再封闭、方便消费者对其内装物品使用的功能，如图2.2和图2.3所示。包装上的标志和文字说明，也应当清楚地指示内装物品的使用方法和注意事项。

图2.2　食盐包装便于开启封闭

图2.3　食糖包装便于开启封闭

5）跟踪物品

良好的货物包装，能使物流系统在收货、储存、取货和运出的各个过程中跟踪商品。如将印有时间、品种、货号及编组号等信息的条码标签贴在物品上供电子仪器识别，能使生产厂家、批发商和仓储企业迅速准确地采集、处理和交换有关信息，加强了对货物的控制，减少了物品在流通过程中的货损货差，提高了跟踪管理的能力和效率。

2.1.2 包装材料

包装材料的选择，应当符合商品的特点，既能保护商品，又具有经济、合理性。常见的包装材料主要有以下类别。

1. 木质包装材料

木材是一种具有优良结构的包装材料，主要用于大件包装箱、托盘及木桶；木材经加工后，制作成胶合板，其均匀性和外观更好，而且可减轻包装重量。但是，木材易于吸收水分、变形开裂，易受白蚁蛀蚀，有时还有异味，再生速度较慢，所以近年来木材逐渐被塑料等其他材料替代。

2. 纸制包装材料

纸制包装材料应用最为普遍，既广泛地用于运输包装，也广泛地用于销售包装。它的优点是：质量轻，成型性和折叠性好，便于加工，容易达到卫生要求，无毒、无味，成本低，而且废弃物便于回收和处理等。它的缺点是：容易受潮、强度较差、透明性差等。

在运输包装中，我们常用瓦楞纸板做成包装箱，它具有适宜的强度、成本低廉、易于加工等特点，已经逐步取代木箱。瓦楞纸板的结构有中芯原纸和内衬原纸，中芯原纸用于制造瓦楞波的波形。瓦楞波形有波高和波数两个参数，波高一般在2.5～5mm，波数一般是指300mm的宽度内有36～50个波。不同的参数组合成不同强度的瓦楞纸板。瓦楞纸板的结构如图2.4所示。

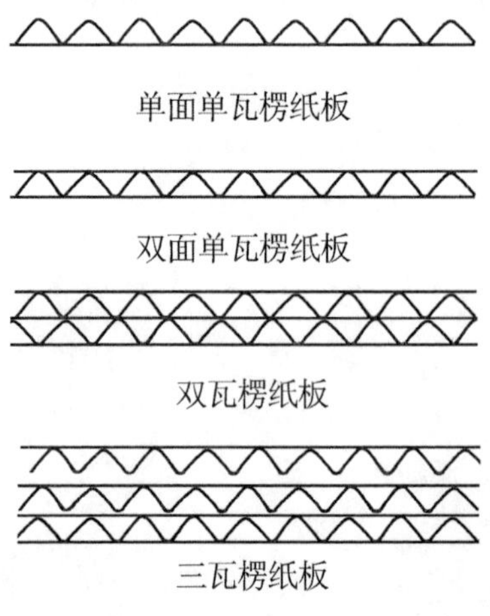

图2.4 瓦楞纸板的结构

3. 塑料包装材料

塑料也是一种常用的包装材料，其优点是：气密性好，防潮，容易成型和封口，化学稳

定性好，耐酸、耐碱、耐腐蚀，透明度高等。它的缺点是：一般难以处理和分解，对环境构成较大的危害，容易形成“白色污染”，焚烧后会产生有害气体。

4. 金属包装材料

常见的金属包装材料主要是钢材和铝材。它们可以加工成具有刚性的薄板，如马口铁、铝板、合金铝板等，用于制作运输包装及销售包装的金属罐等；也可以加工成柔软性的金属箔，如铝箔、合金铝箔等，主要用作销售包装。金属包装材料的优点是：结实、防潮、防光、密封、容易加工成型、具有较好的装饰效果和便于再生使用等。其缺点是：成本较高，有些材料(如钢材)容易生锈。

5. 其他包装材料

1）陶瓷包装材料

陶瓷具有很强的耐腐蚀性、不变形、耐热性、装饰性较好，而且可以回收使用，适合各种液体货物的包装。用作运输包装时，主要存放化工产品；用作销售包装时，主要用于装酒、药品和化妆品等。其缺点是易碎，包装物自身的重量较大。

2）玻璃包装材料

玻璃包装材料具有与陶瓷包装材料相近的特点和用途，所不同的是玻璃的透明性较好，且原材料丰富、价格便宜。但包装高档商品时，档次不如陶瓷高。

3）草制包装材料

用天然的草类植物编制成草席、蒲包、草袋等，可以作为包装材料。这种包装材料较为价廉、落后、不美观，防水、防潮性能也很差，强度也很低，已逐渐被淘汰。美国规定，为防止植物病虫害的传播，禁止使用稻草作为包装材料。

4）纤维包装材料

纤维包装材料是指用各种天然纤维(如黄麻、红麻、大麻、棉花等)和合成纤维(如合成树脂、玻璃纤维等)制成的袋装容器，适合装载不怕挤压的货物或价值较低的货物。

5）复合包装材料

将两种或两种以上的包装材料结合在一起使用，可以充分发挥不同包装材料的各自优势，达到相辅相成的效果。目前，这种复合包装材料使用非常普遍。常见的复合包装材料包括：塑料与纸的复合；金属与纸的复合；玻璃与纸的复合；金属、塑料与纸的复合等。

2.1.3　包装合理化

包装合理化的基本要求是指包装能够有效地实现其各项基本功能，并且能够符合经济性、合理性和可持续发展性的原则。要做到包装的合理化，需要满足以下一些基本要求。

1. 能有效保护其内装物品

包装应当能够有效地保护内装物品，防止物品的变质和保证它的品质。在选择包装材料时，应注重考察包装材料的防潮性、耐腐蚀性、耐热耐寒性等，确保包装材料、包装容器、包装方法具有保护产品品质的要求。

2. 包装容量、质量适度

不同的装卸搬运方式决定了包装的容量、质量的大小。在人力装卸搬运的情况下，包装的质量以控制在搬运工人体重的40%之内为宜。包装的外形及尺寸与装卸效率有关。采用机械进行装卸搬运，要考虑不同机械设备的承载重量。

3. 具有经济合理性

（1）在性能相同的情况下，优先选择成本较低的包装材料。

（2）包装费用必须与其内装物品的价值相适应。一般来说，大多普通商品的包装费用应低于商品售价的15%。当然，这种比率因不同的商品而有较大的差距，例如，对于纯净水而言，塑料瓶起很大作用，包装费用的比率超过15%是合理的。

（3）包装应适度，避免出现过度包装的现象。

4. 说明与标志清楚

销售包装上有关产品的说明应当详细、完整，方便消费者的使用。尤其是有关产品安全、使用方法、生产日期的说明应清楚、明了。运输包装上的标志应当清晰、醒目，尤其是国际运输中的包装标志，应符合国际贸易的惯例和有关国际组织的要求。

5. 符合绿色发展潮流

首先，要求包装材料对人体无毒，不会与内装物品发生化学反应，产生有害的物质。其次，要求包装材料符合环保的特点，能够重复使用，或者容易被降解，不污染环境，近年来逐渐推广使用的可降解塑料包装就符合绿色发展潮流。最后，在强度、使用寿命、成本相同的条件下，应追求包装的轻薄化。这样，不但可以提高装卸搬运、运输的效率，而且可以减少废弃的包装材料的数量，减少无谓的资源消耗。

要有效地达到上述要求，实现包装合理化，有必要进行认真的调查研究，合理地采用包装材料、包装容器、包装技术和包装标志。

政策解读

限制食品和化妆品过度包装

2008年7月9日，国家标准化委员会提出《限制商品过度包装——食品和化妆品要求》，规定包装成本的总和不宜超过商品销售价格的12%，包装层数必须不超过3层，在“包装空隙率”指标上，必须不超出商品体积的55%。以上均属强制性条款。

本标准适用于食品和化妆品的销售包装，2010年4月1日起实施。

2.1.4 包装技术

合理地选择包装技术可以达到有效地保护货物、提高物流效率和降低物流成本的作用。常见的包装技术主要包括以下一些种类。

1. 防潮包装

防潮包装是指采用防潮材料来包装产品，以隔绝外部空气中水汽对货物的影响，使包装物内的湿度符合产品的要求。采用防潮包装，要求产品在包装前必须是清洁干净的。防潮包装的主要措施是采用透湿度低的包装材料。不同包装材料的透湿率[克/（平方米·24小时）]

是不同的，铝箔最小[<7 克/(平方米・24 小时)]，塑料薄膜次之，纸制品最大。当产品有棱角时，需要先采用其他衬垫措施，防止产品的棱角刺破防潮隔离层。防潮包装的封口处要黏合紧密。对包装内的水汽，还可以用干燥剂(如硅胶或氧化钙等)吸收。

2. 防锈包装

为了防止金属制品在物流过程中生锈而采取的防止金属腐蚀的各种包装措施，称为防锈包装。防锈包装的具体措施如下。

(1) 用防锈油涂在金属制品上，此时，要求油层有一定的厚度和完整性。

(2) 采用气相防锈包装技术。气相缓蚀剂是一种能减慢或完全停止金属在侵蚀性介质中产生破坏作用的物质。在密封包装容器中，气相缓蚀剂能够在很短的时间内挥发或升华成缓蚀气体，充满整个包装容器，并吸附在金属制品的表面上，抑制大气对金属的侵蚀。

(3) 对金属制品用塑料薄膜进行封装。

(4) 在包装容器内放置适当的吸湿剂，吸收包装物内的残存水气或由外部进入的水气。

3. 防霉包装

防霉包装是为了防止因霉菌侵袭、破坏货物品质而采取防护措施的包装技术。除了采用防潮包装的隔离做法之外，防霉包装还采用以下一些做法。

(1) 真空包装，使霉菌缺乏生长所需要的氧气。

(2) 充气包装，利用二氧化碳气体或氮气等不活泼气体置换包装容器中的空气，降低氧气的浓度，抑制微生物的生理活动，达到防霉、防腐、保鲜的目的。

(3) 脱氧包装，即在密封的包装容器中，利用脱氧剂与容器中的氧气进行化学反应，除去包装容器中的氧气，达到保护货物的目的。

4. 缓冲包装

缓冲包装又称为防震包装，是指为了减缓货物所受到的冲击和震动、保护货物不受损伤而采取一定措施的包装技术。缓冲包装技术包括全部缓冲包装技术、局部缓冲包装技术和悬浮式缓冲包装技术。全部缓冲包装是指在货物的整个表面都用缓冲材料进行衬垫。局部缓冲包装则是在货物的关键部位(如在拐角、突起部位、关键零部件和易碎部位等处)用缓冲材料进行衬垫。悬浮式缓冲包装主要针对精密仪器和贵重物品而言，在内包装盒里用柔软的缓冲材料将货物衬垫妥当后，再将内包装盒用弹簧张吊在外包装箱内，使其悬浮吊起。常见的缓冲材料有泡沫塑料、气泡塑料薄膜及各种纤维填充材料等。

5. 防虫包装

在包装物中放置有一定毒性和臭味的驱虫剂，可以达到杀灭或驱除各种害虫的目的。常用的驱虫剂有对二氯苯、樟脑精等。上面提到的真空包装、充气包装、脱氧包装等技术，由于在包装容器内形成了缺氧的环境，也可以实现防止虫害的目的。

6. 包装模数化

在流通中，商品的外包装或容器的规格尺寸，要能够充分利用集装箱、托盘、车辆、保管设备和仓库的空间，因此设计了包装模数。包装模数化要求，包装的规格尺寸与商品流通过程中相关设施设备空间外廓尺寸，构成可约的倍数关系，这样有利于提高储运的空间和装卸搬运的效率。物流标准化中确认物流基础模数的尺寸为600mm×400mm。

7. 集合包装

集合包装是指将若干货物组合包装在一起，形成一个运输及装卸搬运单元的包袋技术。集装箱和托盘是这种集合包装的主要形式。

8. 收缩包装与拉伸包装

所谓收缩包装，是指利用收缩薄膜包裹货物，而后对薄膜进行适当的加热处理，使薄膜收缩而紧贴货物的包装技术。收缩包装既可以突出包装内装物品的形象，促进销售，也有利于将物品固定在托盘上，提高装卸搬运的效率。

拉伸包装是由收缩包装发展而来的，即依靠机械装置在常温下将弹性薄膜围绕被包装货物拉伸、裹紧，并在其末端进行封合的包装技术。它既可以捆包单件物品，也可用于托盘的集合包装。如图2.5所示为拉伸包装。

图2.5　拉伸包装

9. 危险品包装

危险品的种类繁多，大致可以划分为爆炸性物品、氧化剂、压缩气体和液化气体、自燃物品、遇水燃烧物品、易燃液体、易燃固体、毒害品、腐蚀性物品和放射性物品等类别。根据有关法律的要求，在危险品的运输包装上必须有警示性标志。

对于不同种类的危险品，包装的重点是不一样的。对于爆炸性物品而言，采用塑料桶包装是防爆炸包装的有效方法，而后将塑料桶装入铁桶或木箱中，每件净重不超过50公斤，并装有自动放气的安全阀，当桶内达到一定气压时，能自动放气。对于毒害品而言，包装的重点在于严密不漏、不透气。对腐蚀性物品而言，要注意物品和包装容器的材料不发生化学反应。

10. 包装的多次、反复使用和废弃包装处理

现在，包装产业是世界各国的重要产业之一，该产业在一些国家已经占到国民经济的5%。同时也说明，包装消耗了巨大的资源。据统计，英国每年生产大约800万吨的包装废物，而其中的一半来自工业包装。因而资源回收利用、梯级利用、资源再循环成了包装领域研究的重要课题。在这方面，有许多有效的管理措施。

(1) 通用包装。按照标准模数尺寸制造瓦楞纸、木制品、塑料制品的通用外包装箱，这种包装箱不用专门安排回返使用，由于其通用性强，无论在何处落地，都可转用于其他包装。

(2) 周转包装。有一定数量、规模并有较固定供应流转渠道的产品，可采用周转包装，它可以多次反复周转使用，如周转箱(图2.6)、托盘和集装箱等。

（3）梯级利用。一次使用后的包装物，用毕转做他用或用毕后进行简单处理转做他用。如瓦楞纸箱部分损坏后，切成较小的纸板再制小箱，或将纸板用于垫衬。有的包装物在设计时，设计成多用途的形式，在一次使用完毕之后，可再使用其他功能。

图2.6　周转箱

（4）再生利用。对废弃的包装经再生处理，转化为其他用途或制成新材料。例如，用废弃包装塑料制成再生塑料等。

现在国际上普遍重视环境保护工作，针对包装造成的废弃物，一些国家只允许使用玻璃容器，而且还要进行收集和再利用；对金属容器特别是铝制的易拉罐，也有类似的规定；最突出的是，他们强制企业对所使用的包装数量和回收的数量进行记录，如果企业没有达到回收的规定目标时，就会受到重罚，欧盟已经向这个目标努力了，回收目标是50%；德国则要求制造商“取回”其包装产品，规定出口到德国的食品包装用瓦楞纸箱。

知识拓展

欧盟：废包装回收利用

“纸质废品装入黄色垃圾袋，空饮料罐装入蓝色垃圾袋，玻璃瓶扔进指定垃圾桶……”，欧盟多年来针对包装垃圾制定了复杂的垃圾分装规定，并给各成员国布置了废旧包装回收再利用的“任务”，以加强环保。

德国政府规定，以膨大包装夸大内装物容量的行为属于欺骗行为，将予以处罚。比如，把纸盒包装里折叠的单瓦楞纸板衬垫安排得极松弛以使纸盒尺寸加大，让人产生错觉等行为，均属欺骗性包装。

据欧盟委员会统计，2002 年，欧盟成员国约 5% 的垃圾来自包装废弃物，总计 6 600 万吨。按重量计算，包装类垃圾占城市垃圾的 17%，体积上所占比例为 20% ~30%。

1994 年《包装和包装废弃物指令》法及其修正案是欧盟针对包装及包装废弃物的主要立法。据欧洲包装和环境组织执行董事朱利安·卡罗尔介绍，该指令允许成员国采取生态税、废物处理税等经济手段，减少产品包装和促进使用环保的包装，但以不妨碍欧盟内部市场的运行为限。

卡罗尔说，过度包装问题在欧盟国家并不突出。欧洲人环保意识较强，有时他们会主动抵制厂家的过度包装行为。对厂家而言，过度包装也增加成本。指令要求成员国做到将包装体积和重量限制到最小的适用程度，只要让消费者觉得足够安全和卫生即可。

德国是世界上最早推崇包装材料回收的国家，并率先制定了循环经济法。德国在十年前就开始倡导商品“无包装”和“简包装”，如果厂商对商品进行一定包装，就必须缴纳“废品回收费”；而消费者若想扔掉包装，则必须交纳“垃圾清运费”。

德国还实行过强制性的押金制度，要求零售商向购买其包装不可反复使用的饮料的消费者收取押金，等收回包装后再退钱。但这一制度后来被欧洲法院裁定为非法，理由是它妨碍了欧盟内部商品的自由流动。

欧盟《包装和包装废弃物指令》实施至今，取得了良好效果。实施包装垃圾的回收和再利用处理以来，相当于少排放了2 500万吨二氧化碳。

（资料来源：现代物流报）

2.2 装卸搬运

装卸搬运是物流活动系统中发生频率最高的一项作业，它存在于物流活动的各个环节，合理、有效地开展装卸搬运工作，对于降低物流成本，促进物流活动的顺利进行具有十分重要的作用。由于装卸搬运活动频繁发生，也是导致货物损毁的重要原因之一，因此提高装卸搬运的效率，能降低货物的损耗率。

知识链接

装卸搬运概况

《中国产业调研网》发布的《2016—2021年中国自动化物料搬运设备行业现状分析与发展前景研究报告》认为，随着工业生产规模的扩大和自动化程度的提高，物料搬运费用在工业生产成本中所占比例越来越大。据有关资料统计，每生产1吨的产品，往往需要252吨次的装卸搬运，其成本为加工成本的15.5%。美国工业产品生产过程中装卸搬运占总成本的20%～30%。德国企业物料搬运费用占营业额的1/3。

铁路运输中装卸作业费，大致占整个运输费用的20%。美国与日本之间的远洋运输(散货)往返时间大致为25天，其中运输时间占13天，装卸搬运时间占12天。

2.2.1 装卸搬运概述

1. 装卸搬运的概念

装卸(Loading and Unloading)是指：“物品在指定地点以人力或机械装入运输设备或卸下(GB/T 18354—2006)”。搬运(Handling/Carrying)是指：“在同一场所内，对物品进行水平移动为主的物流作业(GB/T 18354—2006)”。装卸是物品的装上和卸下设备，改变了物品的空间状态或位置；搬运是物品在小范围的位移，改变了物品的空间距离；两者往往伴随发生、交替运作。

搬运与运输的主要区别是，运输活动是指货物在不同物流结点之间的长距离的移动，而搬运则是指货物在某一物流结点范围内进行的短距离的移动。

2. 装卸搬运在物流中的地位

装卸搬运作为物流系统的构成要素之一，是为运输和储存的需要而进行的作业。但是，相对于运输产生的场所效用和储存产生的时间效用来说，装卸搬运活动本身并不产生价值。

然而，从生产到消费的流通过程中，装卸搬运是必不可少的作业，装卸搬运的好坏对物

流成本的影响很大，装卸搬运作业与物品被破坏、污损造成的损失密切相关，而且对货物的包装费用也有一定的影响。因此，装卸搬运的合理化是提高物流效率的重要手段之一。

2.2.2　装卸搬运方式

1. 按装卸搬运的场所分类

（1）仓库装卸配合出库、入库、维护保养等活动进行，并且以堆垛、上架、取货等操作为主。

（2）铁路装卸是对火车车皮进行装进及卸出。一般是整装、整卸，很少像仓库装卸时出现的整装零卸或零装整卸的情况。

（3）港口装卸包括码头前沿的装船、卸船，也包括后方的支持性装卸搬运，有的港口装卸还采用小船在码头与大船之间“过驳”的办法，因而其装卸的流程较为复杂，有时经过几次装卸及搬运作业才能最后实现船与陆地之间货物过渡的目的。

（4）汽车装卸一般一次装卸批量不大，由于汽车的灵活性，可以减少或不必经过搬运活动，而直接、单纯地利用装卸作业，达到车与物流设施之间货物过渡的目的。

2. 按装卸搬运的作业方式分类

（1）吊上吊下方式采用各种起重机械从货物上部起吊，依靠起吊装置的垂直移动实现装卸，并且在吊车运行的范围内或回转的范围内，实现搬运或依靠搬运车辆实现小搬运。由于吊起及放下属于垂直运动，这种装卸方式属于垂直装卸。

（2）叉上叉下方式采用叉车从货物底部托起货物，并依靠叉车的运动进行货物位移，搬运完全靠叉车本身，货物可不经中途落地直接放置到目的处。这种方式垂直运动不大，主要属于水平装卸方式。

（3）滚上滚下方式（滚装方式）主要指港口装卸的一种水平装卸方式。利用叉车或半挂车、汽车承载货物，连同车辆一起开上船，到达目的地后再从船上开下。对于半挂车、平车，则用拖车将半挂车、平车拖拉至船上后，拖车开下离船，而载货车辆连同货物一起运到目的地，再由原车开下或拖车上船拖拉半挂车、平车开下船。滚上滚下方式需要有“滚装船”，对码头也有不同的要求。

滚装方式也被铁路运输领域所采用。货运汽车或集装箱直接开上火车车皮，到达目的地再从车皮上开下的方式，此方法又称为驮背运输。

（4）移上移下方式是在两车之间（如火车及汽车）进行靠接，然后利用各种方式，不使货物垂直运动，而靠水平移动从一个车辆上推移到另一车辆上。移上移下方式需要使两种车辆水平靠接，因此，需对站台或车辆货台进行改造，并配合移动工具实现这种装卸。

（5）散装散卸方式是对散装物运用传送带进行装卸。一般从装点直到卸点，中间不再落地，这是集装卸与搬运于一体的装卸方式。

3. 按装卸搬运的对象分类

按装卸搬运的对象分类可分成散装货物装卸、单件货物装卸、集装货物装卸等。

4. 按装卸搬运的作业特点分类

（1）连续装卸主要是同种大批量散装或小件杂货通过连续输送机械，连续不断地进行作业，中间无停顿，货物之间无间隔或少间隔。在装卸量较大、装卸对象固定、货物不易形成大包装的情况下，适合采取这一方式。

（2）间歇装卸有较强的机动性，装卸地点可在较大范围内变动，主要适用于物流不固定的各种货物，尤其适于包装货物、大件货物，散粒货物也可采取此种方式。

2.2.3 装卸搬运合理化

如何使装卸搬运合理化，是物流企业为提高效率、降低成本、改善服务和提高经济效益所应认真研究的问题之一，其涉及诸多方面，但是一般而言，应遵循以下原则。

1. 提高机械水平的原则

对于劳动强度大，工作条件差，搬运、装卸频繁，动作重复的环节，应尽可能采用有效的机械化作业方式。如采用自动化立体仓库，可以将人力作业降低到最低程度，而使机械化、自动化水平得到很大提高。

2. 减少无效作业的原则

无效作业是指在装卸活动中超出必要的装卸、搬运量的作业。因此，应避免无效作业。通常可采取多种措施来避免无效作业，如减少作业次数、提高被装卸物品的纯度、包装要适宜和使搬运距离尽可能缩短等。

3. 充分利用重力或消除重力影响

在装卸时可以利用货物本身的重量，进行有一定落差的装卸，可以减少或根本不消耗装卸的动力。例如，从卡车、铁路货车卸物时，利用卡车与地面或小搬运车之间的高度差，使用溜槽、溜板之类的简单工具，依靠货物本身重量，从高处自动滑到低处。在装卸时尽量消除或削弱重力的影响，来减轻体力劳动及其能量消耗。如从甲工具平转移到乙工具上，这就能有效消除重力影响，实现合理化。

4. 充分利用机械，实现“规模装卸”

在装卸时也存在规模效益问题，主要表现在一次装卸量或连续装卸量要达到充分发挥机械最优效率的“水平”。为了更多地降低单位装卸工作量的成本，对装卸机械来讲，也有“规模”问题，装卸机械的能力只有达到一定的规模，才会有最好的效果。追求规模效益主要是通过各种集装化，实现达到间断装卸时的一次操作最合理的装卸量，从而使单位装卸成本降低；散装货物通过传送带连续装卸实现规模效益。

5. 扩大单元的原则

为了提高搬运、装卸和堆存效率，提高机械化、自动化程度和管理水平，应根据设备能力，尽可能扩大货物的物流单元，如采用托盘、集装箱等。例如，我国青岛港，拥有两台目前世界上最先进的“双层双吊集装箱桥吊”，以每小时装卸640个标准箱的神奇速度，第五次刷新了集装箱作业效率的世界纪录。

6. 提高装卸搬运的活性

装卸搬运的活性是指物品从静止状态转变为装卸搬运运动状态难易程度，活性指数为

“0～4”，共5个等级，如图2.7所示。如果很容易转变为下一步的装卸搬运，则活性指数高，如果难于转变为下一步的装卸搬运，则活性指数低。

物品状态	示意图	活性指数	货物移动的难易情况
直接置地		0	移动时需逐个用人力搬运
置于容器		1	人工可一次搬运多件货物
置于托盘		2	可使用机械一次搬运多件货物
置于运输工具		3	无须借助其他装备便可移动
置于传送带		4	货物已处于运动状态

图2.7　装卸搬运活性指数

2.2.4　装卸搬运机械

1. 装卸搬运机械的选择依据

合理选择装卸搬运机械，有利于提高装卸搬运的效率，降低装卸搬运的费用，取得事半功倍的效果。在选择装卸搬运机械时，通常需要考虑以下一些因素。

1）货物特性及流量

装卸搬运机械的选择应考虑货物特性，例如，对于散装货物而言，利用带式输送机进行装卸搬运比较方便；对于托盘等包装货物而言，利用叉车进行装卸搬运比较合算。

为了完成某项轻量级的装卸搬运任务而购买某种价格高昂的重量级机械设备，显然是不合算的，在购买设备之前，一定要确认设备能够得到充分的运用。

2）成本因素

装卸搬运机械的选择要考虑成本因素。在效率相同的情况下，尽可能选择性能价格比较优越、日常维护费用较低的设备。选择设备时，不但要考察设备的一次性购置成本，还要考察设备的使用寿命、性能及日常维护费用。有些设备虽然购置成本不高，使用寿命也较长，但由于日常维护费用高昂，也不宜选择。

3）设备之间的配套

企业为开展装卸搬运活动而选用的各种设备，应注意系统性原则，确保各种设备之间的有效衔接和配套，提高运行的综合效果。有些装卸搬运机械虽然独立运行的效率较高，但却难以和其他设备进行有效的配套，也不适合选用。为了强化设备之间的配套，应尽量选择标准化的设备。

4）工作环境

工作场所是露天还是室内，通道是否宽敞，是否存在对人体有害的污染及其他特殊的要求，都关系到设备的选择。例如，在污染较严重的作业环境下，采用自动化的装卸搬运设备是有利的。

5）设备的可操作性

有些设备的操作需要经过复杂培训的专门人员，而这些人员又是企业所缺乏的，引进也存在一定的困难，因而也不宜选择。

2. 常用装卸搬运设备

1）起重机

起重机是指主要用于升降货物的机械。它包括以下一些基本类型：第一，轻小起重机械，如葫芦、绞车等，一般由人力操作；第二，载货电梯及各种升降机；第三，通用起重机，如桥式起重机、门式起重机、固定旋转式起重机和行动旋转式起重机(如汽车起重机)等；第四，特种起重机，专门用于某些专业性的工作，结构较为复杂，如港口专用起重机、建筑专用起重机和冶金专用起重机。

图2.8　输送机

2）输送机

输送机(Conveyor)是“按照规定路线连续地或间歇地运送散装物料和成件物品的搬运机械(GB/T 18354—2006)”，如图2.8所示。输送机被广泛运用于短距离的出入库运输，适合于沿着同一方向运送散料或重量不大的单件物品，它也是流水生产线和自动分拣机的基本组成部分。输送机的优点是：连续输送，操作简便，效率很高。其缺点是：不适合搬运不规则的物品，且只能沿固定路线进行单向输送。

常见的输送机根据驱动的介质不同分为辊道输送机、带式输送机和悬挂式输送机等类型。辊道输送机由一系列排列规则的辊子组成，用以传送重量较大、形态规则的货物(如纸箱或托盘)。带式输送机的皮带用以输送成件、散装物料或供总装的零部件。悬挂式输送机运送的物品悬挂在输送机的各种附件，如钩盘、斗、桶上，适于运送各种尺寸的货物，运送货物的种类较为广泛。

3）叉车

叉车(Fort Lift Truck)又名铲车，是“具有各种叉具，能够对物品进行升降和移动以及装卸作业的搬运车辆(GB/T 18354—2006)”，如图2.9和图2.10所示。它应用广泛、操作机动灵活，在仓库、码头、车站、工厂车间等使用非常普遍。叉车具有一对水平伸出的货叉，货叉可以上下移动。通过叉车的运动和货叉的升降，可以将货物的水平移动和垂直升降有效地结合起来。叉车造价不高，性能可靠，但轮压较高，对场地的承载力要求也较高。同时，作业时回转半径较大，需要较大的作业场地。

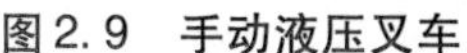

图2.9　手动液压叉车

图2.10　电动双托盘叉车

4）自动导引车

自动导引车（Automated Guided Vehicle，AGV）又称无人搬运车，是“具有自动导引装置，能够沿设定的路径行驶，在车体上具有编程和停车选择装置、安全保护装置以及各种物料移载功能的搬运车辆（GB/T 18354—2006）”，如图2.11所示。

图2.11　自动导引车

自动导引车在装卸搬运中的优点如下。

（1）自动化程度高，可以节省大量的劳动成本支出。在钢铁厂，自动导引车用于炉料运送，大大减轻了工人的劳动强度。

（2）适合在噪声、空气污染、放射性元素等对人体构成极大威胁的环境下作业。在核电站和利用核辐射进行保鲜储存的场所，自动导引车用于物品的运送，避免了对人体有害的辐射。

（3）适合黑暗场所的作业。在胶卷和胶片仓库，自动导引车可以在黑暗的环境下准确可靠地运送物料和半成品。

（4）有利于保持货物的清洁。在烟草生产企业中，自动导引车的运用有助于保证烟草的品质不受影响。

5）自动分拣机

自动分拣机指的是按照预先设定的计算机指令对物品进行分拣，并将分拣出的物品送达指定位置的机械。随着激光扫描、条码及计算机控制技术等的发展，自动分拣机在物流中的使用日益普遍。在邮政部门，自动信函分拣机以及自动包裹分拣机已使用多年。

在面对多品种、少批量的订货时，自动分拣机可以发挥巨大的作用。近些年来，随着连锁超市和便利店的迅速发展，拣货、拆零作业的劳动力已占配送中心劳动力的80%。通过采用自动分拣机，只要将各门店的订单输入计算机，存放各种商品的货位的指示灯和品种显示器，会立刻显示出所需商品的具体位置及数量，作业人员便可从货架上取出商品，放入带式输送机上的周转箱内，直接送达自动分拣机进行配货，可以大幅度提高装卸搬运作业的效率，减轻了作业强度，差错率也大为下降。

6）机器人

机器人是一种能实现自动定位控制、可重复编程、多功能、多自由度的操作机械。20世纪80年代以来，机器人代替人工被广泛应用于自动化工业中。在装卸搬运中，机器人主要用于货物分类、成组载荷。在高噪声、冷藏库等对人体不利的环境下，机器人能够发挥人工所无法发挥的作用。

7）牵引车及挂车

牵引车本身没有承载能力，用于提供动力。而挂车本身没有动力装置，仅仅用于装载货物，需要由牵引车拖带才能移动。装载货物的若干挂车连成一列后，由牵引车拖带，完成移动货物的任务。这种装卸搬运机械的特点是机动灵活，挂车数量可以自由决定，任意组合。在货物周转量较大的场合，如车站、码头、大型配送中心，牵引车和挂车使用较为普遍。

图2.12 重力滚珠式货架

8）活动货架

活动货架又叫重力移动式货架，有滚轮式、滚筒式和滚珠式，每层货格都有一定的倾斜度，后部高于前部，货物从后部装入，从前部取出，如图2.12所示。当货物取出后，在重力的作用下，货物自动从后部向前部移动，实现装卸搬运的目的。活动货架有助于确保货物的先进先出，避免货物出现过期变质的现象。活动货架在配送中心、大型仓储式超市中使用很普遍。

9）人工装卸搬运机械

人工装卸搬运机械种类繁多，如手推车、手动托盘搬运车、手动叉车等，具有操作灵活、使用轻便等特点，从而有较广泛的用途。

10）车辆自带升降台设备

车辆自带升降台设备，又称起重尾板、装卸尾板(图2.13)，是一种汽车自控升降装卸货物设备，它具有以下特点。

(1) 快速：只需通过操纵按钮(图2.14)，来控制尾板的举升与下降，就可轻松实现货物在地面与车厢之间的转移。

(2) 安全：使用尾板可使货物轻松装卸且不需人力，提高操作人员的安全保障，降低物品在装卸中的破损率，特别是易燃、易爆、易碎物品，更加适合尾板装卸。

图2.13 自带升降台设备车辆

图2.14 操纵按钮控制尾板升降

(3) 高效：使用尾板装卸，不需其他设备，不受场地及人员限制，一人即可完成装卸。能有效节省资源，提高工作效率，很好地发挥车辆的经济效能。

2.3 运　　输

运输是构成物流活动的中心环节之一，也是构成物流重要因素之一。随着全球经济一体化，社会分工越来越细，产品种类越来越丰富，不同国家和地区之间的商品交易越来越频繁，使得运输在国民经济中的地位日趋显著。

从物流的角度看，物品通过运输手段在不同地域范围间(如两个城市、两个工厂之间或两个物流结点之间)运动，以改变物品的空间位置为目的的活动。

2.3.1　运输概述

1. 运输的概念

运输(Transportation)是“用运输设备将物品从一地点向另一地点运送。其中包括集货、分配、搬运、中转、装入、卸下、分散等一系列操作(GB/T 18354—2006)”。在物流活动中，运输是实现物品“场所效用”的主要手段。

离开了运输，企业生产所需要的庞大的原材料、零部件供应不上，企业生产出来的产品无法到达市场，就会使企业的生产经营乃至整个国民经济处于停顿状态。美国、加拿大等发达国家运输费用大约占 GDP 的 6%。由于运输在物流中占有极其重要的地位，至今仍有不少人将物流等同于运输。

运输创造的“场所效用”，使物品在不同地区体现出不同的价值。此外，运输也是“第三利润源”的主要源泉。因为，仅从运费来看，它在全部物流费用中占有最高的比例，一般综合分析计算社会物流费用，其中的运输费占到接近 50% 的份额，有些产品运费甚至要高于产品的生产费。因此，降低运费的成本是降低物流总成本的重要组成部分，更是使企业增加利润、提高竞争力的重要途径。

2. 运输的功能

在物流中，运输主要有以下两个功能。

(1) 实现物品的移动。这是运输的基本职能。无论物品处于什么形式，是材料、零部件、装配件、在制品，还是制成品；不管它是在制造过程中，还是将被移到下一阶段，还是接近最终的客户，运输都是必不可少的。

(2) 运输还对物品进行短期存储，创造了“时间效用”。物品在运输途中，运输工具则成为物品短期存储的场所，这种临时储存场所，它是移动的。运输的这项功能已经引起人们更多的关注。

3. 运输管理的原则

运输管理的原则是规模经济和距离经济。

1) 规模经济

规模经济的特点是随着装运规模的增长使单位重量的运输成本降低。例如，整车的单位成本低于零担运输的单位成本。如铁路和水路之类运输能力较大的运输工具，它们的单位费用要低于汽车和飞机等运输能力较小的运输工具。运输规模经济的存在，是因为与转移一批货物有关的固定费用可以按整批货物的重量分摊。所以一批货物越重，费用分摊能力就越强。

2）距离经济

指单位距离的运输成本随距离的增加而减少。如800千米的一次装运成本要低于400千米二次装运。运输的距离经济也指递减原理，因为费率或费用随距离的增加而减少。运输工具装卸所发生的固定费用，必须分摊到每单位距离的变动费用。距离越长每单位支付的费用越低。

2.3.2 运输方式

运输方式一般有五种，它们分别是铁路运输、公路运输、水路运输、航空运输和管道运输。这些运输方式各有特点，它们相互协调、相互配合，同时也展开竞争，共同构成整个国民经济的运输系统。运输方式的种类及特征如表2－1所示。

表2－1 运输方式的种类及特征

运输方式	优 点	缺 点
铁路运输	① 可以满足大量货物一次性高效率运输 ② 铁路运输网完善，可以将货物运往各地 ③ 由于轨道运输，事故相对较少，安全性高 ④ 运输受天气影响小	① 近距离运输时费用较高 ② 机动性差、装卸残损率高 ③ 投资大，建设周期长
公路运输	① 可以进行“门到门”的运输 ② 适合于近距离运输，比较经济 ③ 灵活、方便，能满足不同用户的需求 ④ 汽车购置费用较低，公路建设周期较短、初始投资较低	① 运输量小 ② 单位运费高于水路、铁路运费 ③ 耗能多，对环境构成污染较大 ④ 易发生交通事故，安全性较低
水路运输	① 运费低于航空运输、铁路运输和公路运输 ② 运输量大，适合宽大、重量大的货物运输 ③ 投资少，水路通道主要是天然的	① 运输速度较慢 ② 港口的装卸费用较高 ③ 航行受天气影响较大 ④ 运输的正确性和安全性较差
航空运输	① 运输速度快 ② 不受地形条件的限制	① 运费高、货物体积、重量受限制 ② 飞行受气候影响大 ③ 机动性、灵活性差，须与公路运输相配合 ④ 机场、飞机的造价高
管道运输	① 运输效率高 ② 适合于气体、液体货物的运输 ③ 货物无须包装，占用土地少 ④ 安全、有利于环境保护	① 输对象受到极大限制 ② 灵活性差 ③ 初始的投资较大

1. 公路运输

公路运输是现代运输主要方式之一，它具有灵活、方便，可以实现“门到门”运输的特点，在提供现代物流服务方面发挥着核心作用。

1）公路货物运输的种类

可以分为近距离运输、中长距离运输、长距离运输的包租、线路运输以及集配送等。

（1）近距离运输是指运距在100千米以内的运输。这是汽车可以充分发挥其灵活性、机动性和便利性特点的范围，在运输整体中占有很高的比重。

（2）中长距离运输是指运距在100～300千米的运输，在时间性和经济性上，汽车运输占有很大的优越性。

（3）长距离运输是指运距在300～600千米的运输。一般来说，长距离运输不是汽车运输的长项，缺乏经济性。但是，随着物流需求的高度增长，道路网的发达，特别是高速公路的迅速发展，长距离汽车运输的比重在逐步提高，运输距离延长到800～1 000千米。

（4）线路运输是在确定的线路上对零散物品配载后进行的运输活动，也称为零担运输。

（5）集配送是指与铁路、车站、运输货物中转站、船舶和航空地两端的集配送作业相关的运输活动。

2）货运汽车的种类

（1）载货汽车。载货汽车又称载重汽车，按其载重量的不同可以分为轻型（载重量3.5吨以下）、中型（载重量4～8吨）、重型（8吨以上）三种类型。载重汽车的发展趋势表现在以下几个方面。

① 大吨位。从国际发展趋势看，重型货车发展迅速。汽车的吨位是影响汽车运输效率的重要因素，大吨位汽车得到迅速发展的原因是它有较好的经济效益。在运送批量大、运距长的货物时，车辆的载重量越大，则运输生产效率越高，运输成本越低。

② 降低自重。载货汽车的重量利用系数是有效载重与汽车自身重量之比，它是降低油耗、提高运输效率的重要因素。国外载货汽车重量利用系数达到2～3以上，铝制挂车车厢的载重量可以达到自重的6倍以上。

③ 柴油机化。柴油机经济性能好，与汽油机相比可节油30%左右，而且工作可靠，故障率低，在大中型载货汽车中使用柴油机作动力的越来越多。

（2）甩挂运输。甩挂运输（Drop and Pull Transport）是“用牵引车拖带挂车至目的地，将挂车甩下后，牵引另一挂车继续作业的运输（GB/T 18354—2006）”。如集装箱卡车的运输（图2.15），牵引车也称为拖车（或拖头），门用来拖挂车。挂车的载重量一般是单车的2～3倍，在能耗方面，挂车每百吨公里燃油消耗一般比单车低40%，总的运输成本也低于单车。挂车的使用不仅对运输本身合理化，而且对于物流整体的合理化也有重要影响，其主要优点如下。

图2.15　集装箱卡车

① 提高牵引车的利用率。由于挂车可与牵引车脱离，单独滞留在装卸场所装卸货物并不会影响到牵引车部分的工作使用，从而加快了牵引车的周转，提高了牵引车的利用率。

② 提高装载量。用双挂车的情况下，可以将载货的数量翻一番。

③ 实现灵活作业。牵引车部分与挂车部分可以实现分离，便于装卸活动的灵活进行；由于一台牵引车可以对应几台挂车使用，因此提高了司机的工作效率和牵引车的利用率。

④ 实现货物的暂时保管功能。挂车部分的货物可以脱离牵引车停放在保管场地，为灵活安排业务活动提供了可能。

⑤ 灵活利用货物中转基地。以货物中转站为基地，牵引车在货物起始点和中转基地之间进行往复运输货物，可以提高车辆的利用率。

（3）专用车。专用车辆是指利用汽车的动力，装有可以从事装卸以及其他作业装置的车辆，如翻斗汽车、混凝土搅拌车、粉颗粒物体运输车、液体运输车、冷藏运输车等。冷藏车随着生鲜食品的低温保鲜货物运输需求的增长，在货物运输中的重要性日益提高。

（4）合理化特种车。合理化特种车是指为提高载货、装卸合理化，在车辆上装有相应设备器具的车辆。例如，以车辆内部装卸合理化为目的、车厢内安装有装卸机械设备的车辆，从车厢侧面装卸托盘等单元化货物的侧面开闭车，装有吊装工具的车辆以及车厢可以与车体分离的组合车辆等。

公路运输治超新规将启

2016年8月18日，我国交通运输部等部门公布《关于进一步做好货车非法改装和超限超载治理工作的意见》以及《车辆运输车治理工作方案》，这标志着我国对货车非法改装和超限超载的治理进入新阶段。

根据交通运输部等部门的新规定，自9月21日起，严禁双排车辆运输车进入高速公路；2018年7月1日起，全面禁止不合规车辆运输车通行，普及标准货运车型。

2. 铁路运输

铁路运输是发展较早的一种运输方式，由于铁路运输能够高速大量地运输旅客和货物，因而铁路建设得到了很快的发展，目前铁路运输已经成为陆路交通的主要运输工具。

2006年开始，我国铁路启用70吨新型货车车皮，代替原标准载重为60吨的老货车车皮，每列火车运量可达5 000～10 000吨及以上，载重列车可载20 000多吨货物，货车时速一般为80～120千米。铁路运输的种类有以下几种。

1）整车货物运输

整车运输适合于大量货物运输，选择适合货物数量、形状、性质的货车。在铁路货物运输中，整车货物运输占很大的比重。一些货物进出量大的工厂，如钢厂、化工厂、电厂以及储运仓库和港口等，一般铺设有铁路专用线，延伸到内部的货场，货车沿专用线进入货场，在那里直接装卸货物。铁路专用线的使用可以减少倒载次数，提高装卸效率。

2）集装箱货物运输

铁路集装箱货物运输是指将货物装入集装箱，再将集装箱作为一个单元装载到货车上进行运输的方式。利用铁路运输的集装箱货物包括两部分，一部分是利用铁路集装箱运输的国内货物，一部分利用海运集装箱运输的进出口货物。由于集装箱装卸效率高，缩短了运输时间，实现公铁、海铁联运，又能够有效防止货物在运输途中的丢失和损伤。

3）散杂件货物运输

小件货物运输是以小量货物为对象的运输方法。

4）混载货物运输

混载货物运输是指将多个货主的货物按照发送方向分拣，以一节货车或一个集装箱为单位，作为整车运输或集装箱运输的一种方式。采用这种方法运输时，将全国划分为多个区段，在每个区段设有作为运输基地的据点车站，据点之间利用铁路高速运输，从据点车站到区段内货主收货的运输则利用卡车完成。货物集货也是按同样的原理进行，只是作业程序相反。

3. 水路运输

水运是利用船舶进行货物运输的运输方式，具有运载量大、费用低廉、节省能源和能够实现大陆之间运输等特点。水运包括内河运输、海上运输(沿海运输、远洋运输)。

1）内河运输

内河运输是一种古老的运输方式，是水路运输的重要组成部分。随着技术进步，内河运输的方式不断革新。早期的内河运输使用单一船舶运输，载重量受到限制。19世纪中叶，开始采用拖带方法，使得运输量成倍增长。到了20世纪传统的拖带方式逐渐被顶推方式所代替。目前，万吨级顶推船队和千吨级机动船已成为现代化内河运输的主力。

中国主要有珠江、长江、黄河、淮河、辽河、海河、松花江七大水系，还有可贯通海河、黄河、淮河、长江及钱塘江五大水系的南北向大运河。全国河流总长430 000千米，内河通航里程104 000千米。尽管内河运输资源丰富，但是，由于长期以来对内河运输的重视不够，导致了内河运输发展缓慢，水运设施建设落后，水运的优势没有充分发挥出来。

长江水系是内河运输的主体，现代工业的相当一部分是分布在长江流域。特别是一些高能耗和大宗原材料的企业，如电力、钢铁、石油、建材和化工等企业都是沿江布局，充分利用了长江航运的价格低廉和长距离大运量的优势。

知识链接

5万吨货轮首泊龙潭港

目前，作为长江规模最大、现代化程度最高的专用集装箱港区，龙潭港是南京地区国际集装箱进出口的唯一通道。根据交通部对长江航线12.5米深水航道的建设要求，从“十二五”开始，其二期工程已经向南京延伸，建成后，5万吨级海轮可常年通航，10万吨级海轮也可乘潮进港。

2016年8月19日下午，吃水11.3米、总吨位56 569吨的马耳他籍“基兰”外轮靠泊龙潭港天宇公司903泊位，创下了南京港历史最大吃水深度货轮纪录。这是长江12.5米深水航道初通后，第一艘停靠南京港的吃水超11米的大型船舶。

2）海上运输

海上运输包括远洋运输和沿海运输。远洋运输一般是伴随着国际贸易进行的国际货物运输，成为国际贸易的重要组成部分。沿海运输是指利用沿海航道在港口之间进行的货物运输。

现代海上运输是在19世纪随着资本主义发展而兴起的。现代海上运输呈现出专业化、大型化和高速化的特征。

20世纪50年代以后，海上货运船队的专业化迅速发展。石油、大宗散货和集装箱的专业化运输，导致船舶和装卸机械的专业化、大型化。专业化运输船主要有油船、散货船、件杂货船、液化气船、全集装箱船、液体化学品船和滚装船等。其中，集装箱船和散货船呈上升趋势。与此同时，商船向大型化方向发展。

图2.16 集装箱船舶

1976年，法国建成55万吨载重的油轮之后，向更大型化发展的趋势停止。发展重点是多用途和综合自动化的节能船，更新换代最为迅速的是集装箱船。船舶速度20世纪60年代初一般为12节(海里/小时)，到了20世纪70年代，船舶航速一般在14节到17节，最新的集装箱船舶可以装载14 000个标准箱，船速接近25.5节，如图2.16所示的是集装箱船舶。

海上运输分为定期航班运输和不定期航班运输。定期航班又称为班轮运输(Liner Shipping)，是指“在固定的航线上，以既定的港口顺序，按照事先公布的船期表航行的水上运输方式(GB/T 18354—2006)”，货物以杂货为主。

不定期船运输又称租船运输(Shipping by Chartering)是指“货主或其代理人租赁其他人的船舶、将货物送达目的地的货物运输经营方式(GB/T 18354—2006)”。目前，国际上租船方式主要有航次租船、定期租船、包运租船和光船租船四种不定期船，租金根据当时的市场状况由当事双方协商确定。租船运输一般运载的货物多是矿石、谷物、木材等大宗货，这些货物运量大、价格比较低。

4. 航空运输

航空货物运输的运价要远远高于其他运输方式，因此，在过去除了紧急或特殊场合外，一般不使用飞机运送货物。但是，现今航空货物运输已经在商业上普遍使用，在发达国家，甚至来自一般家庭的礼品赠送、搬家等也开始使用航空运输。

近几十年来，航空技术得到迅速发展，大型喷气机的开发使用，使得航空运输能力大幅度提高，运行成本下降，运价逐渐低廉化。另外，随着人们对综合物流成本考虑的认识增强，航空运输的运用范围在不断扩大。航空运输给货主带来的经济效益表现在以下几个方面。

(1) 降低库存水平。航空运输的高速性使得长距离的货物运输可以在短时间内完成，因而使降低库存成为可能，库存投资和保管费用也可以相应节约，提高资本的周转速度。

(2) 保持竞争力和扩大市场。在商品样式(性能、花样等)变化越来越快的今天，为了适应市场的快速变化，把握商机，需要利用航空运输完成商品的迅速补给。特别是那些销售时间比较短的季节性商品、流行商品等。此外，水果、水产品、生鲜食品和特殊药品等，利用航空运输克服地理上的制约，可以在更大的范围内流通。

(3) 节省包装费用。航空运输过程中的安全度较高，因此可以简单包装，节省包装材料、劳力和时间。

(4) 减少损伤、丢失、被盗等事故的发生。由于航空运输过程中的振动、冲击很少，温

度和湿度等物理条件适宜，加之运行中与外界没有接触，因此发生损伤、丢失和被盗的事故极少。由于事故率低，保险费率相应较低。

从以上分析可以看出，航空运输的运价虽然远远高于其他运输手段，但由于具备上述特点，因此，从综合物流费用以及提高商品竞争力的角度看，适合于航空运输的物资有以下几种类型。

① 运输时间受到限制的货物：容易腐败的货物、修理物品、流行品、商品样本、紧急物品(医药、医用器具等)。

② 高价值的贵重货物：贵金属、珍珠、手表、相机、美术品和毛皮等。

③ 容易破损的货物：电器产品、光学器具、玻璃制品和计算机等。

5. 管道运输

管道运输(Pipeline Transport)是指“由大型钢管、泵站和加压设备等组成的运输系统，完成物料输送工作的一种运输方式(GB/T 18354—2006)”。运输的货物通常是液体和气体，主要运输有原油、天然气、成品油等流体资源；煤等固体原料可以加工成浆状后，再利用管道运输；还有水、啤酒、废水、泥浆等也可以用管道运输。

管道运输是国际货物运输方式之一，具有运量大、不受气候和地面其他因素限制、可连续作业以及成本低等优点。管道运输已成为中国继铁路、公路、水路、航空运输之后的第五大运输行业。

2015年，中国管道运输行业现状调研及发展趋势预测报告中指出，我国管道运输里程达10.62万公里，覆盖我国31个省、市、自治区和特别行政区，与原油进口通道建设相匹配的原油主干管网已经初步形成。天然气管道建设取得突破性进展，西气东输二线东段工程顺利建成投产，标志着中亚-西气东输二线全线贯通送气，来自中亚的管道天然气直达珠三角，延伸到香港地区。

随着国民经济对油气资源需求的持续稳定增长，预计未来10～20年我国油气管道建设还将处于稳定增长期，其中天然气管道及储气库等配套设施建设将是今后发展重点。预计到2020年，全国油气管网总里程将达到16万公里。

6. 运输方法的选择

运输方法的选择是物流合理化的重要内容，这种选择不仅限于单一的运输手段，而是通过多种组合实现物流的合理化。

最廉价的运输模式也是最无弹性的。如表2-2所示，列出了不同运输模式的费用、速度、弹性和装载限制的排序，其中1为模式绩效的最优，5为最差。

表2-2　不同的运输模式比较

方　面	铁　路	公　路	水　路	航　空	管　道
费用	3	4	1	5	2
速度	3	2	4	1	5
弹性	2	1	4	3	5
体积/重量限制	3	4	1	5	2
可存取性	2	1	4	3	5

在选择运输方式时应综合考虑：运输物品的种类、运输量、运输距离、运输时间和运输费用等因素。

在运输物品种类方面，物品的形状、单件重量容积、危险性和变质性等，都成为选择运输手段的制约因素。在运量方面，一次运输的批量不同所选择运输的手段也会不同，如原材料等大批量的货物运输适合海运或铁路运输。在运距方面，货物运输距离的长短直接影响到运输手段的选择，中、短距离运输比较适合汽车运输。在交货期方面，应该根据货物的交货时间来选择适合的运输手段。物品价格的高低也关系到承担运费的能力，也成为选择运输手段的重要考虑因素。

虽然，货物运输费用的高低是选择运输手段时要重点考虑的内容，但是在考虑运输费用时，还必须从物流的总成本角度和物流的其他费用进行综合考虑。物流总成本，除了运输费用外，还有包装费用、保管费用、库存费用、装卸费用以及保险费用等。运输费用与物流其他费用之间存在相互作用的效益背反关系。因此，在选择最为适宜的运输手段的时候，应该保证物流总成本最低。

当然，在具体选择运输手段的时候，往往要受到当时运输环境的制约。

2.3.3 运输合理化

1. 影响运输费用的因素

1）装载量

在运输工具未达到核定的载重量之前，单位运输费用与装载量成反比，即在达到核定的载重量之前，随着装运规模的增加，单位货物的运输费用下降。这表明运输中存在较强的规模经济性。运输的规模经济，与运输工具的运行费用有关，因为即便运输工具空驶，驾驶人员工资、运输工具折旧、燃料费和运输企业的行政管理费等费用也同样会发生。虽然随着装载量的增加，运输工具折旧、燃料费等会有一定幅度的增加，但增长幅度远远落后于装载量的增长幅度，况且驾驶人员工资、行政管理费等仍保持不变。因此，对托运量大的货主，往往可以获得一定的运输价格折扣。

2）距离

在运输中，还存在着距离经济性。随着运输距离的增加，每单位距离的运输费用同样呈现出下降的趋势。距离经济性之所以出现，与装卸搬运费用有关，随着距离的增加，每单位距离所分摊的装卸搬运费用则越少。

3）货物密度

运输工具的运载能力，不仅受货物重量的限制，还受到货物体积的限制。因此，货物密度也是影响运输费用的一个重要因素。如果货物密度很小，虽然运输工具的载重量还有很大的富余，但其空间已经占满了，因此，用单位重量所计算的运输费用就比较高。

4）搬运装卸

运输企业在核算费用的时候，会考虑货物搬上和卸离运输工具的相关费用。此时，如果货物采用了集装化技术，将大大便利装卸搬运，有利于降低整体运输费用。

5）时限要求

如果货主对货物运输的时间要求很严格，要求很快的速度，则运输费用较高；反之，运输费用较低。

6）风险承担

如果由运输企业承担产品在运输途中的损毁责任，则运输费用就较高。相反，如果货主已经就运输途中的货物进行投保，则运输费用就可以相应地降低。在由运输企业承担货物损毁风险的情况下，如果产品具有易毁性、易腐性、易被偷盗性、易自燃性及易爆性等特征，则运输企业必然要求收取较高的运输费用。

7）市场因素

运输费用还受到运输市场竞争状况和待发运货物状况的影响。如果运输市场上运输企业众多，它们相互之间竞争激烈，则运输企业所收取的运输费用必然下调；相反，如果运能供应不足，而待发运的货物众多，则运输费用必然上调。另外，在地区之间不同流向的运输需求严重不平衡的情况下，运输费用也存在较大的差距。

2. 运输不合理的表现

1）空驶运输

空驶运输是指运输工具不载货的运输。由于运输计划不周或者未能有效地利用运输车辆，就可能造成起程或返程空驶现象。

2）运能利用不充分

由于运输工具装载不合理或者运输计划不到位，可能造成运输工具的有效运能利用不充分的现象。比如，在运输过程中，由于较轻的货物未能和较重的货物搭配装载，导致在运输工具空间已经用完的情况下，运输工具的载重能力还有很大的富余。

3）相向运输

相向运输是指同种货物或替代性非常强的货物在同一线路或平行线路上作相对方向的运输，而发生一定程度的交错重叠的现象。相向运输的交错重叠部分，对企业而言是一种无谓的浪费。

4）迂回运输

在迂回运输的情况下，货物本可以选择一种较近的运输路线，却绕道而行，选择了一种较远的运输路线，结果导致运输费用不必要的增加。

5）倒流运输

倒流运输是指货物从销地流回产地或起运地的一种运输现象。这种双程运输都是不必要的，是运力的一种浪费。

6）过远运输

过远运输是指在调运物质资料时舍近求远，放弃从较近的物质资料供应地调运，而从较远的物质资料供应地调运的一种运输现象。

7）重复运输

重复运输是指本来可以直接将货物运到目的地，却在到达目的地之前将货物卸下，再重复装运送达目的地的运输方式。重复运输虽未增加运输里程，却增加了装卸搬运次数，导致装卸搬运费用和货损的增加，降低了货物流转的速度。

8）运输工具选择不当

对运输工具选择不当，会导致运输费用增加，或者货物运输不及时。如在近距离运输中选择铁路运输，由于不能形成“门到门”运输，需要增加装卸搬运环节，造成运输费用的增加。

9）超限运输

超限运输是指超过运输工具规定的长度、宽度、高度或承载重量装载货物的运输现象。超限运输容易造成货物及运输工具的损坏，甚至可能引发交通事故，危及人身安全。

3. 运输合理化的措施

所谓运输合理化，是指合理地组织物质资料的运输，以节省运力、缩短运输时间，节约运输费用，提高运输效率。一般可以采取以下一些措施。

1）合理设计运输网络

首先，企业应合理地进行生产工厂及各配送中心的选址，为运输合理化打下基础。对于生产工厂的选址而言，原材料消耗大的工厂应尽可能靠近原材料的产地或重要的交通枢纽；对于产成品运输费用高的工厂而言，应尽可能靠近主要的消费地。配送中心的覆盖范围应适当，辐射半径应适中。在工厂和配送中心已经确定的情况下，企业应合理规划运输路线，实现总运输里程的最小化。

2）选择合适的运输方式

企业应根据所运货物的特点、时限要求、运输距离及企业的承受力等，在铁路、公路、水路、航空等不同的运输方式中做出选择。比如，对于某种国外生产的价值高、重量轻的精密零部件，如电脑芯片而言，企业为了及时满足生产的需要，采用航空运输是最好的选择。同时，由于质量轻的原因，单位运输费用也不会很高。再比如，山西煤炭外运，用公路代替铁路运至河北、天津、北京等地更为经济合理。

3）提高运输工具的装载率

装载率，是指运输工具的实际载重量乘以运输距离的乘积与核定的载重量乘以行驶里程的乘积之比。提高装载率，有助于减少运输工具的空驶以及运能利用不充分的现象。比如，实施配载运输，在以重质货物（如矿石）运输为主的情况下，同时搭载一些轻泡货物（如农副产品），在基本不减少重质货物运输的情况下，解决了轻泡货物的搭运，效果显著。再比如，在装运货物时，通过利用集装化技术，以提高运输工具空间的利用率。

4）开展联合运输

不同运输方式之间的联合运输，可以实现各种运输方式的优势互补，提高整体的运输效率。

5）开展流通加工

开展流通加工，可以有效地减少货物的重量或体积，更合理地开展运输。如将轻泡产品预先捆紧包装成规定的尺寸，再进行装车，可以提高装载量；对水产品及肉类预先冷冻，可提高车辆装载率并降低运输损耗。

6）推进共同运输

企业内部各部门之间、各子公司或分公司之间以及不同的企业之间，通过在运输上开展合作，可以提高运输工作效率，降低运输费用。如海尔集团实现业务流程再造，于1999年年初建立了物流推进本部之后，原来分属冰箱、冷柜、空调和洗衣机等事业本部的物流，统一到物流推进本部，大大提高了运输效率。

7）充分利用社会化运输力量

不同的企业都建立自己的自营车队，开展自我服务，往往不能形成规模，容易造成运

力忙闲不均的现象，在旺季时运力紧张，不能满足需求；在淡季时运力富余，处于闲置状态，浪费很大。实行运输社会化，可以有效地利用各种运输资源，提高运输工具的利用效率。

2.3.4　集装化系统

1. 集装化系统概述

集装化(Containerization)是指“用集装器具或采用捆扎方法，把物品组成标准规格的单元货件，以加快装卸、搬运、储存和运输等的物流活动(GB/T 18354—2006)”。集装化通常是使用托盘和集装箱进行成组化包装来实现的。

集装运输(Containerized Transport)是“使用集装器具或利用捆扎方法，把裸装物品、散粒物品、体积较小的成件物品，组合成为一定规格的集装单元进行的运输(GB/T 18354—2006)”。集装化运输的对象是件杂货，采用传统方式运输时，货物要一件一件地装车，转运时还得经过一次次装卸、搬运、保管、交付等作业环节，这样耗费了大量的人力和时间，作业效率低，运输时间长，货物残损率高。

1）集装化系统给物流合理化带来的益处

（1）单个物品的包装变得简单，有利于节约包装费用。

（2）可以在很大程度上防止装卸搬运过程中对物品的损伤、污损以及丢失等现象发生。

（3）利用机械作业实现装卸作业的效率化和省力化。

（4）物品装卸搬运活性指数提高，便于货物移动。

（5）由于装卸的效率化，减少了运输过程中的装卸时间，从而使运输时间得到节约，提高了运输的迅速性。

（6）以集装箱或托盘为单位，便于实现装卸的标准化。

（7）利用托盘或集装箱可以实现货物的高层堆码，节省存储空间。

（8）有利于实现门到门连贯运输。

2）开展集装化运输存在的主要问题

（1）使用托盘和集装箱需要较多的费用。

（2）托盘和集装箱的回收管理难度较大。

（3）需要机械配合装卸，要求有较大的装卸空间和搬运通道。

（4）需要配置集装箱和托盘堆放场所等。

尽管集装化加大了装卸和运输的费用，但是集装化带来的众多效益，最终降低了物流的总成本，提高了物流效率和质量。

2. 集装箱

集装箱(Container)“是一种运输设备，应满足下列要求。

（1）具有足够的强度和刚度，可长期反复使用。

（2）适于一种或多种运输方式运送，途中转运时，箱内货物不需换装。

（3）具有快速装卸和搬运的装置，特别便于从一种运输方式转移到另一种运输方式。

（4）便于货物装满和卸空。

（5）具有1立方米及以上的容积。

图2.17　堆场集装箱

集装箱这一术语不包括车辆和一般包装(GB/T 18354—2006)。集装箱如图2.17所示。

为了适应各种运输方式和各种运输工具的需求，集装箱有许多种类。根据集装箱的用途，可以分为通用集装箱和专用集装箱两大类。

(1) 通用集装箱。通用集装箱也称干货集装箱，以装运普通件杂货为主，用途最为广泛。通用集装箱分为端门式、侧门式、侧壁全开式、开顶式和通风式集装箱等多种。

(2) 专用集装箱。专用集装箱是指专门用来装运某一类别或某一特殊性质货物的集装箱。主要有散装集装箱、液罐集装箱、冷藏集装箱、保温集装箱、板架集装箱，以及以各种货物命名的集装箱，如油漆集装箱、食品集装箱等。

此外，按结构可分为固定式集装箱和折式集装箱；按制造材料主要分为钢制集装箱、铝合金制集装箱和玻璃制集装箱；按总重量可分为大型集装箱(总重≥20吨)、中型集装箱(5吨<总重<10吨)和小型集装箱(总重<5吨)。

1979年，国际标准化组织的集装箱技术委员会，制定的国际标准第一系列集装箱的外形规格有4种箱型：A型、B型、C型和D型，它们的尺寸和重量如表2-3所示。

表2-3　ISO第一系列集装箱外形规格尺寸和总重量

规格 ft	箱型	长		宽		高		最大总重量	
		英制 ft in	公制 mm	英制 ft in	公制 mm	英制 ft in	公制 mm	kg	LB
40′	IAAA					9′6″	2 896		
	IAA					8′6″	2 591		
	IA	40′	12 192	8′	2 438	8′	2 438	30 480	67 200
	IAX					<8′	<2 438		
30′	IBBB					9′6″	2 896		
	IBB					8′6″	2 591		
	IB	29′11.25″	9 125	8′	2 438	8′	2 438	25 400	56 000
	IBX					<8′	<2 438		
20′	ICC					8′6″	2 591		
	IC	19′10.5″	6 058	8′	2 438	8′	2 438	24 000	52 900
	ICX					<8′	<2 438		
10′	ID					8′	2 438		
	IDX	9′9.75″	2 991	8′	2 438	<8′	<2 438	10 160	22 400

换算箱(Twenty-Feet Equivalent Unit，TEU)又称标准箱，是“以20英尺集装箱作为换算单位(GB/T 18354—2006)”。如40英尺的集装箱为2TEU。

3. 托盘

托盘(Pallet)是“用于集装、堆放、搬运和运输的放置作为单元负荷的货物和制品的水平平台装置(GB/T 18354—2006)”。从使用材料分，托盘的种类有木制托盘、钢制托盘和树脂制托盘等，托盘如图2.18所示。其中，木制托盘的使用量最大，达到90%以上。

a. 塑料托盘

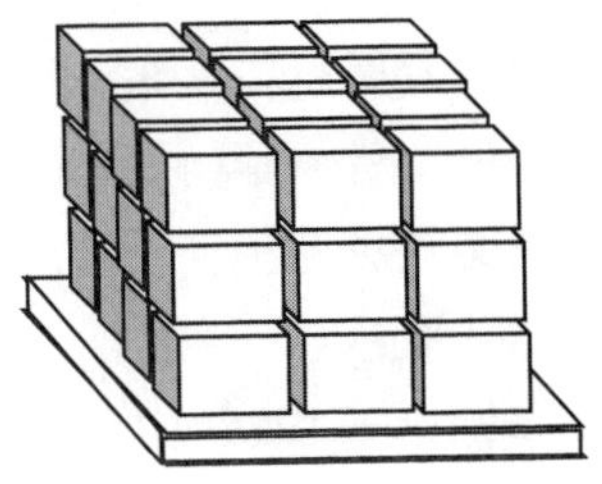

b. 托盘

图2.18 托盘

从形态上分，有平托盘、柱式托盘、箱式托盘、轮式托盘以及特种托盘等，一般使用的是平托盘。托盘的规格繁多，有各种不同尺寸规格的托盘，为了便于高效率地开展门到门的连贯运输，需要实现托盘规格的标准化。国际标准化组织以及各国的标准化管理机构，都制定了有关托盘的标准化系列尺寸规格。中国国家标准规定的联运托盘的规格尺寸是：800mm×1 000mm、800mm×1 200mm、1 000mm×1 200mm，如表2-4所示。

表2-4 ISO托盘国际标准(mm)

型号	R198	R329	TC51
尺码	800×1 200	1 200×1 600	800×1 100
	800×1 000	1 200×1 800	900×1 100
	1 000×1 200		1 100×1 100

如果以ISO规定的托盘尺寸800mm×1 200mm为例，一般商品堆垛的高度为1 200mm，连同托盘厚度，托盘荷载整体尺寸则为800mm×1 200mm×1 300mm。

4. 集装箱运输

集装箱运输(Container Transport)是以集装箱为单元进行货物运输的一种货运方式。目前已成为国际上普遍采用的一种重要的运输方式。集装箱运输是运输方式上的革命，是运输技术上的巨大进步，它是实现散杂货物运输合理化、效率化的重要手段。

根据集装箱运输的应用的范围和规模，可将其发展过程大致分为三个阶段。

第一阶段：陆运发展阶段(第二次世界大战期间至20世纪50年代中期)，主要标志是应用于陆运，且以中小型、国家(铁路公司)标准箱为主。第二次世界大战期间，美国为适应战时军需物资的快速装运，发展了以集装箱和托盘为主要内容的集装化装卸搬运方法，使集装箱的使用有所发展。1955年，美国铁路公司为提高竞争能力，采用了将集装箱装载在铁路平板车上，即将公路上的拖车装运的集装箱直接换装到铁路平板车上，大大地降低了运费，提高了运输速度。

第二阶段：海运发展阶段(20世纪50年代后期至20世纪60年代后期)，主要标志是应用于海运，大型箱、国际标准箱迅速发展。1957年，美国海陆航运公司开始国内海上集装箱运输。1964年，国际标准化组织集装箱技术委员会制定了集装箱国际标准，加快了海上集装箱运输酌发展。

到20世纪60年代末，欧、美、日、澳航线上80%以上的件杂货采用集装箱运输，国际杂货运输趋向集装箱化。

第三阶段：联运发展阶段(20世纪70年代至今)，主要特征是水路、铁路、公路联运、门到门集装箱成为件杂货物运输的主导形式。码头普遍采用电子计算机管理、跟踪等先进技术，港口、车站集装箱场地实现了高度机械化、自动化、程序化，国际贸易适箱货物基本上实现集装箱国际多式联运。

中国集装箱运输始于1955年，首先在铁路运输中采用。1973年开始采用国际标准集装箱进行海上运行，1978年制定了第一个集装箱国家标准(GB 1413—78)，铁路开始发展5吨集装箱运输。改革开放以来，国内集装箱运输进入全面、快速发展阶段，基本形成海上、铁路、公路集装箱门到门联运体系。

与一般货物运输相比，集装箱运输具有以下特征。

(1) 提高货物运输质量，减少货损货差。由于集装箱结构坚固，强度和刚度很大，能防止压、砸、碰、撞带来的损失，因此对货物有很高的保护作用。同时，在全程运输中，使用机械装卸、搬运，可不动箱内货物而直接进行装卸，或在不同运输工具之间进行换装作业，大大减少了货损货差。

(2) 节省货物包装材料和包装费用。货物采用集装箱运输，由于集装箱的保护，不受外界的挤压碰撞，一般不需外包装，内包装也被简化，可大量节约包装材料，降低包装费用。

(3) 简化货运手续，提高装卸效率，加快车船周转，降低货运成本。

(4) 便于开展多式联运，进行自动化管理，实现门到门的运输。

因此，集装箱运输是一种新型的高效运输方式。当今集装箱运输已被称为海、陆、空的主体运输，被誉为可以到达世界任何地点的一种现代化的运输方式。

5. 国际多式联运

国际多式联运(International Multimdal Transport)是“按照多式联运合同，以至少两种不同的运输方式，由多式联运经营人将货物从一国境内的接管地点运至另一国境内指定交付地点的货物运输。(GB/T 18354—2006)”它是在集装箱运输的基础上产生并发展起来的新型运输方式，一般以集装箱为媒介，把海上运输、铁路运输、公路运输、航空运输和内河运输等单一方式的运输有机地结合起来，融为一体加以有效地综合利用来完成国际的货物运输。

6. 大陆桥运输

大陆桥运输(Land Bridge Transport)是“用横贯大陆的铁路或公路作为中间桥梁，将大陆两端的海洋运输连接起来的连贯运输方式。(GB/T 18354—2006)”即在海上运输的航途中，插入一端横贯大陆的陆上运输，组成“海—陆—海”形式的联合运输。大陆桥运输一般都是以集装箱为媒介，可以大大简化理货、搬运、储存、保管等环节，同时，集装箱由海关铅封，中途不用开箱检验，可迅速转换运输工具，因此采用大陆桥运输是集装箱运输的最佳形式。

2.4　储　　存

储存和运输一起构成物流的核心功能。储存活动通常发生在仓库、堆场等地点，也可能发生在特定的运输工具中和生产流水线的某些环节中。

2.4.1　储存概述

1. 储存的概念

储存(Storing)是指“保护、管理、贮藏物品(GB/T 18354—2006)”。储存是为消除物品在流通过程中供给和需求在时间上的差别而提供的服务。例如，生产环节中上游工序与下游工序在节奏上不同，当上游工序节奏较快，而下游工序节奏较慢时，就会产生两道工序之间的产生性储存。又如，农产品生产的季节性和消费的无季节性造成的消费性储存。储存又是物流活动的重要支柱，再如，物品在流动过程中换乘运输工具时，由于运输工具之间的不匹配，而造成的运输性储存等。因此，没有物品储备，就没有物品流通的保证。

2. 储存的分类

根据储存目的的不同，可以把储存分为以下几种。

1）生产性储存

生产性储存，是指由于生产工艺过程或者生产组织过程的某些不确定性所导致的在局部生产结点，发生的特定物料的供给大于需求状态。生产性储存通常出现在生产流水线的附近，或者在生产厂区的内部。生产性储存有如下特点。

(1) 储存物品的种类与产品及其生产工艺密切相关。

(2) 储存的物品批量小，品种多。

(3) 储存的物品多数是半成品和在制品，还有少量的原辅料。

(4) 生产工序越多，储存的品种越多。

(5) 生产性储存通常发生在制造型企业内，属于生产物流的一部分。

如图2.19所示为产生生产性储存的各个环节。图中三角形框中所示的内容都是储存的发生地，可以看出，在设计生产工艺过程中，如果能够增加直接配送的环节，就可以减少储存的数量。

2）采购性储存

采购性储存，是指由于采购节奏和批量与生产或者销售节奏和批量上的差异，而形成的物品流动的暂时停滞。采购性储存的对象通常是季节性较强的产品，如农产品，也可能是供应批量较大而生产和销售批量较小的产品。

3）销售性储存

销售性储存，是指企业由于销售节奏和批量与生产节奏和批量的不一致，生产较快或批量较大，而销售较慢或批量较小，从而导致的储存。

4）商品的增值性储存

增值性储存，是指生产出来的商品在消费之前，根据市场上消费者对产品的偏好，再对

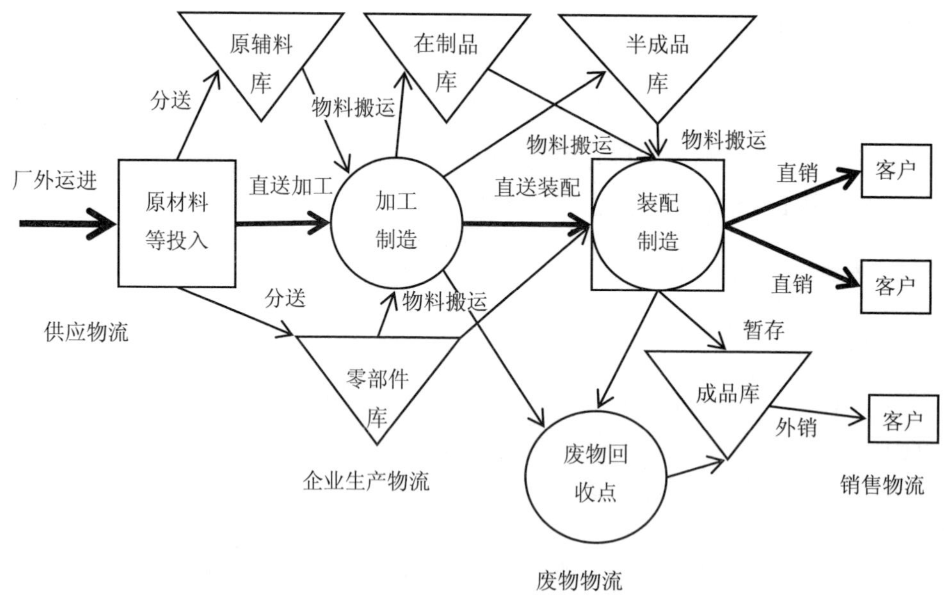

图 2.19　生产性储存的产生

商品进行最后的加工改造或流通加工，以提高商品的附加值、促进销售。

5）流通衔接性储存

流通衔接性储存，是指物品从生产地到消费地的流通过程中，中途需要经过集、疏环节，还可能需要换乘不同的运输工具，为了有效地利用各种运输工具，降低运输过程中的作业难度，实现经济、规模运输，物品需要在仓库里存放、候装、配载、包装、成组、分装和配送等作业。

6）政策性储存

政策性储存，是指由于政策的需要而产生的储存，常见的如生产资源储存，包括煤炭储存、石油储存等；重要生活资源储存，如粮食、棉花、布匹等储存。

7）投机性储存

投机性储存，是指企业根据对市场的判断故意囤积一些产品或者原料，待这些产品或者原料的市场价格上涨以后出售，获得利润。

3. 几个相关的概念

物流学科中，经常涉及库存、储备及储存这几个概念。三个概念虽有共同之处，但仍有区别，区别它们有助于进一步理解“储存”的含义和零库存意义。

1）库存

库存(Inventory)是“作为今后按预定的目的使用而处于闲置或非生产状态的物品。广义的库存还包括处于制造加工状态和运输状态的物品(GB/T 18354—2006)”。

2）储备

储备是一种有目的的储存行动，或者说是有目的的、能动的生产领域和流通领域中物品的暂时停滞，尤其是指在生产与再生产，生产与消费之间的那种暂时停滞。

储备和库存的本质区别在于：储备是有目的的、能动的、主动的行动，而库存可能不是有目的的，可能完全是盲目的。

3）储存

储存是包含库存和储备在内的一种广泛的经济现象。对于不论什么原因形成停滞的物品，也不论是什么种类的物品在没有进入生产加工、消费、运输等活动之前，或在这些活动结束之后，物品总是要存放起来的，这就是储存。储存不一定在仓库中，也不一定是有储备的要素，而是在任何位置，也有可能永远进入不了再生产和消费领域。

物流学研究的就是包括储备、库存在内的广义的储存概念。

和运输的概念相对应，储存是以改变“物”的时间状态为目的的活动，以克服产需之间的时间差异来获得更好的效用。

2.4.2　仓库的分类

我们一般把存货储存在仓库里。仓库(Warehouse)是“保管、储存物品的建筑物和场所的总称(GB/T 18354—2001)”。构成仓库的基本设施和设备有地坪、楼层、货架、升降机、搬运工具、衬垫和通风照明设备等。

仓库形式多样、规模各异，其分类如下所述。

1. 根据仓库的所有权来分类

1）自有仓库

自有仓库，是企业为了存储原材料、零部件、中间产品和产成品的需要，而自己投资建立的仓库。一般工厂、企业、商店的仓库和部队的后勤仓库，多属于这一类。自有仓库的优点：①企业对货物的存储活动拥有更多的控制权，可以根据企业的要求和产品的特点对仓库进行设计和布局；②自有仓库给企业带来了低成本运营的优势；③可以充分发挥企业人力资源的优势对仓库进行管理；④自有仓库可以给企业带来无形资产方面的优势。

自有仓库的缺点：①自建仓库一次性投资很大，一般投资回报率较低；②仓库在满足不同类型的客户需求和不同类型的物品储存上缺乏柔性化；③仓库的利用率容易出现不饱和的情况。

一般认为，如果自有仓库的利用率达不到75%，那么就应该考虑租赁公共仓库。

2）营业仓库

营业仓库，仓库经营人向社会客户提供专门的物品仓储服务。仓库经营人与存货人通过订立仓储合同、建立仓储关系，并且依据合同的约定，提供仓储服务和收取仓储费用。对于企业而言，租用营业仓库的好处：①可以减少一次性建设仓库所需的大量投资；②可以减少仓库管理人员的工资支出，还可以得到专业化的仓库管理服务；③对季节性比较敏感的企业，可以避免自有仓库的闲置现象。其不足之处有：企业对仓储活动失去了直接控制，可能会影响顾客服务水平。

3）公共仓库

公共仓库，是政府部门、公用事业部门等修建的为社会提供存储服务的仓库，如政府修建的粮食仓库以及火车站、码头等的仓库。对于企业而言，公共仓库主要用作暂时性的物品中转存放。

2. 根据仓库保管物品的条件来分类

1）普通物品仓库

普通物品仓库，用于存放一般货物的常温仓库，这类货物对仓库没有特殊的要求。如一

般的金属材料仓库、机电产品仓库、煤场等。此类仓库设施设备较为简单，按照通常的货物装卸和搬运方法进行仓库作业。在物流中，这类仓库所占比重最大。

2）专门物品仓库

专门物品仓库，负责保管特定种类的货物。如砂糖、烟草、饮料、酒和粮食等物品，当受到环境等自然条件的影响，有可能发生变质或减量，并且由于某些物品本身的性质，容易对一起保管的其他物品产生不良影响，因此要求建立相应的专门仓库。与普通仓库不同的是，专门物品仓库配有防火、防潮、防虫和通风等设备。

3）特殊物品仓库

特殊仓库，是保管那些具有特殊性能并需要特殊保管的物品。由于这类仓库在保管物品时必须装有特殊设备，因此在建筑结构、保管、出入库设备等方面都与普通仓库有所不同。例如冷冻货物仓库、石油仓库、化学危险品仓库等均属于这类仓库。

(1）冷冻物品仓库，可以人为地调节温度和湿度，用来加工和保管食品、工业原料、生物制品及医药品等。

(2）石油仓库，是接受、保管、配给石油和石油产品的仓库。商业性石油仓库主要保管石油产品(汽油、轻油、润滑油等)。由于石油产品具有易燃易爆等特性，这类仓库属于危险品仓库。

(3）化学危险品仓库。负责保管具有一定危险性质的化学工业原料、化学药品、农药、医药品以及化工制成品。这些物品具有易燃、易爆、有毒、腐蚀性等危害财产和人类生命的可能。为了安全起见，在储存上述货物时，应当根据物品的特性和状态及受外部因素影响的危险程度进行分档、分类，分别储藏。

3. 根据仓库功能来分类

1）储存仓库

通过对货物进行保管，以解决生产和消费的不均衡，如当年生产的大米储存到第二年卖；常年生产的化肥，要想在春、秋季节集中供应，只有通过仓储来解决。

2）流通仓库

这种仓库除了具有保管功能之外，还能进行流通加工、装配、包装、理货以及运输工具中转等。其具有周转快、高附加值、时间性强的特点，从而减少在连接生产和消费的流通过程中，商品因停滞而花费的费用。

3）配送中心

配送中心是作为向市场或直接向消费者配送商品的仓库。作为配送中心的仓库往往具有存货种类众多、进出货频繁等现象，进行商品包装拆除、配货组合等作业，还要开展配送业务。

4）保税仓库(保税货场)

保税仓库(Boned Warehouse)是“经海关核准的并在海关监管下，专门存放已入境但暂时未纳进口税或者未领进口许可证(能制造化学武器的和易制毒化学品除外)的货物，在海关规定的存储期内复运出境或办理正式进口手续的专用仓库(GB/T 18354—2006)”。保税仓库是获得海关许可，能够长期储存外国货物的本国国土上的仓库。同样，保税货场是获得海关许可的能装卸或搬运外国货物并暂时存放的场所。

4. 根据仓库储存的物品处理方式来分类

1）保管型仓库

保管型仓库，是以保管物原样保持不变的方式所进行的储存。存货人将特定的物品交由保管人进行保管，到期保管人将原物交还存货人。保管物除了所发生的自然损耗和自然减量外，数量、质量、件数不发生变化。

2）加工型仓库

保管人在物品储存期间，根据存货人的要求对保管物进行一定加工的储存方式。保管物在保管期间，保管人根据委托人的要求对保管物进行外观、形状、成分构成和尺度等进行加工，使物品发生委托人所希望的变化。

3）消费式仓库

保管人在接受保管物时，同时接受保管物的所有权，保管人在物品储存期间有权对储存的物品行使所有权，在仓储期满，保管人将相同种类、品种和数量的替代物交还给委托人所进行的储存行为。消费式储存特别适合于保管期较短（如农产品）、市场供应（价格）变化较大的商品的长期存放，具有一定的商品保值和增值功能，是仓库经营人利用储存物品开展经营的增值活动，现在已成为仓储经营的重要发展方向。

5. 根据仓库建筑形态来分类

（1）按建筑程度不同，分为室内仓库、露天堆场、货棚及集装箱仓库等。

（2）按建筑构造不同，分为平房仓库、多层仓库、立体仓库及地下仓库等。

（3）按建筑材料不同，分为钢筋混凝土仓库、混凝土预制板建筑仓库、钢骨架建筑仓库、竹木制建筑仓库及金属容器仓库等。

企业在做出有关仓库问题方面的决策时，一般都是从维护仓库的成本和顾客服务水平这两方面来考虑的，在不降低顾客服务水平的情况下，达到储存成本最低的目的。

2.4.3　库存管理

对企业来说，物品储存在仓库里是一项巨大的、昂贵的投资。因此，库存管理的好坏，直接关系到企业的生产经营、企业的经济效益、企业的现金流和企业的投资回报等。

1. 物品入库－在库－出库管理

一般仓库的布局，如图2.20所示。

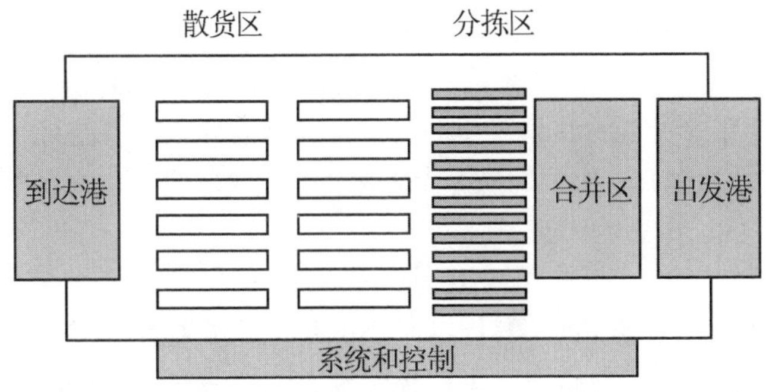

图2.20　普通仓库布局

1）入库管理

仓库作业第一个步骤就是验货收货，物品入库。入库主要包括以下几个具体步骤。

（1）核对入库凭证。根据物品的入库单，核对收货物品的名称、印章是否有误，商品的名称、代号、规格和数量等是否一致，有无更改的痕迹等，只有经过仔细的核对后才能确定是否收货。

（2）入库验收。物品的验收包括对物品规格、数量、质量和包装方面的验收。对物品规格的验收主要是对物品品名、代号、花色等方面的验收；对物品数量的验收，主要是对散装物品进行称量、对整件物品进行数目清点、对贵重物品进行仔细的查收等；对物品质量的验收，主要是检查物品是否符合仓库质量管理的要求、产品的质量是否达到规定的标准等；对物品包装方面的验收，主要是要核对物品的包装是否完好无损、包装标志是否达到规定的要求等。

（3）记账登录。如果物品的验收准确无误，则应该在入库单上签字，确定收货，安排物品存放的库位和编号，并登记仓库保管账目；如果发现物品有问题，则应另行做好记录，交付有关部门处理。

2）在库管理

仓库作业的第二个步骤是存货保管，物品进入仓库进行保管，需要安全地、经济地保持好物品原有的质量水平和使用价值，防止由于不合理的保管措施所引起的物品磨损、变质或者流失等现象。具体步骤如下。

图2.21　货物堆码

（1）堆码和苫垫。堆码(Stacking)是“将物品整齐、规则地摆放成货垛的作业(GB/T 18354—2006)”，如图2.21所示。货物堆码的基本要求是：坚实牢靠，不易倒塌；合理利用空间；有利于清点数量；有利于货物的先进先出；包装标志朝外，便于查找。对于露天存放的货物要注意选择合适的苫盖物，避免日晒雨淋。为了避免货物受地面潮气的侵蚀，要预先铺好垫垛物。

（2）养护。仓库管理员应当经常或定期对仓储物品进行检查和养护，重点养护易变质或对存储环境要求比较特殊的物品。养护工作主要是以预防为主，注重调节仓库的温湿度，做好防潮、防霉变、防锈、防虫鼠害等工作；对于易腐品要运用冷藏冷冻保鲜技术；建立、健全消防制度；同时，做好货物的防盗工作；确保物品储存的安全性。

（3）盘点。对仓库中贵重的和易变质的物品，盘点的次数越多越好；其余的物品应当定期进行盘点(例如，每月盘点一次或两次)。盘点时应当做好记录，与仓库账目核对，力求做到仓库内的所有货物账、卡、物一致。

3）出库管理

仓库作业管理的最后一个步骤是发货出库。仓库管理员根据提货清单，在保证物品原先的质量和价值的情况下，进行物品的搬运和必要包装，然后发货。仓库管理员的具体操作步骤如下。

（1）核对出库凭证。仓库管理员根据提货单核对无误后才能发货。除了保证出库物品的品名、规格和编号与提货单一致外，还必须在提货单上注明物品所处的货区和库位编号，以便能够比较轻松地找出所需的物品。

（2）配货出库。在提货单上，凡是涉及较多的物品，仓库管理员应该认真复核，交给提货人；凡是需要发运的物品，仓库管理员应当在物品的包装上做好标记，而且可以对出库物品进行简易的包装。在填写有关的出库单据、办理好出库手续之后，可以放行。

（3）记账清点。每次发货完毕之后，仓库管理员应该做好仓库发货的详细记录，并对货物原来所占用的货位进行清理。

在出库管理中，要坚决杜绝凭信誉但无正式手续的发货。如果是本企业内部领料，需要与领料人办理交接手续；如果货物是向外调出，需与提货单位的人员或运输部门办理交接手续。

2. 在ABC分类基础上实施重点管理

19世纪，帕累托在研究米兰的财富分布时发现，20%的人口控制了80%的财富。这一现象被概括为重要的少数、次要的多数，这就是应用广泛的帕累托原理。帕累托原理也适用于我们的日常生活（日常生活中我们的大部分决策不怎么重要，而少数决策却影响了我们的未来），在库存系统中，帕累托原理同样适用（少量物资占用了大量投资）。

ABC分类管理（ABC Classification），是“将库存物品按品种和占用资金的多少分为特别重要的库存（A类）、一般重要的库存（B类）和不重要的库存（C类）三个等级，然后针对不同等级分别进行控制（GB/T 18354—2006）”。它在一定程度上可以压缩企业库存总量，优化库存的结构，根据ABC分类结果，对每类物品采取适宜的控制措施。

A类存货的年占用金额占总库存金额的75%左右，其品种数却只占总库存数的10%左右；B类存货的年占用金额占总库存金额的20%左右，其品种数却只占总库存数的20%左右；C类存货的年占用金额占总库存金额的10%左右，其品种数却只占总库存数的70%左右。如果从订货周期来考虑的话，A类物品可以控制得紧些，每周订购一次；B类物品可以两周订购一次；C类物品可以每月或每两个月订购一次。

值得注意的是，ABC分类与物品单价无关。A类物品的耗用金额很高，可能是单价不高，但耗用量极大的组合，也可能是单价很高但用量不大的组合。与此相类似，C类物品可能价格很低，也可能是用量很少。例如，对于一个汽车服务站而言，汽油属于A类物品，应该每日或每周补充一次；轮胎、蓄电池、润滑油以及液压传动油可能属于B类物品，可以每两到四周订购一次；C类物品可能包括阀门杆、挡风屏用雨刷、水箱盖、软管盖、风扇皮带、汽油添加剂和打光蜡等，它们可以每两个月或每三个月订购一次，甚至等用完后再订购也不晚，因为它造成的缺货损失不严重。

有时某种物品的短缺会给系统造成重大的损失，在这种情况下，不管该物品属于哪一类，均应保持较大的存储量以防短缺。为了保证对该种物品进行比较严格的控制，可以强行将其归为A类或B类，而不管它是否有资格归属为这两类。

3. 零库存与零库存管理方法

在日本丰田汽车公司，可以看到川流不息的流水线，却难以寻觅丰田公司的仓库。因为企业的仓储量为零。在我国企业界，特别是某些大中型企业，“零库存”的营销管理正在加紧推行之中，并且已经取得令人瞩目的成效。把库存量控制到最佳数量，尽量少用人力、物力、财力把库存管理好，获取最大的供给保障，是很多企业追求的目标，甚至影响到企业在竞争中的地位。

零库存是一种特殊的库存概念，零库存的含义是以仓库储存形式的某种或某些种物品的储存数量为“零”，即不保持库存。零库存可以免去仓库存货的一系列问题，如仓库建设、管理费用、存货维护、保管、装卸和搬运等费用、存货占用流动资金及库存物的老化、损失、变质等问题。零库存对某个具体的企业、具体的商店、具体的车间而言，是在有充分社会储备保障前提下的一种特殊形式。

零库存是综合管理实力的体现，在物流方面要求有充分的时空观念，以严密的计划、科学的采购，达到生产资料的最佳衔接；要求资金高效率运转；原材料、生产成本在标准时间内发挥较好的作用与效益，达到库存最少的目的。要做到零库存，就得研究市场，在经营中以销定产、以产定购，做到产得出、销得掉、准时发运。

4. 立体仓库及其管理

立体仓库(Stereoscopic Warehouse)是“采用高层货架立体存放货物的仓库。其存、取作业要借助机械设备来完成(GB/T 18354—2006)”，如图2.22和图2.23所示。它的功能一般包括自动收货、存货、取货、发货和信息查询等，由于这类仓库能充分利用空间储存货物，故常形象地将其称为“立体仓库”。

图2.22 立体仓库

图2.23 托盘式货架

1）立体仓库的产生与发展

第二次世界大战以后，经济恢复、科技的发展、土地价格不断上涨，人力资源的成本节节攀升，促进仓库向高空、向自动化发展。20世纪50年代末60年代初，在美国出现了由司机操作的巷道式堆垛起重机，解决了向高层货架送取货物的难题，为立体仓库的发展开拓了道路。1963年，美国建立了第一座计算机控制的立体仓库。1980年，中国第一座自行研制的立体仓库投产。目前，立体仓库能够做到完全由计算机进行控制，在无人操作的情况下实现货物的自动入库和出库。

2）立体仓库的优点

（1）充分利用仓库的面积和空间，减少仓库的占地面积，提高仓库的利用效率。立体仓库货架最高可达40多米，一般都在15米以上，货位数可多达30万~40万个，可储存托盘

30万~40万个。如果以平均每托盘货物重1吨计算，则一个自动化立体仓库可同时储存30万~40万吨货物。

(2) 由于利用托盘等单元存储货物，采用了自动化的机械设备，从而保证了出库、入库作业的迅速、准确，从而缩短了作业时间；同时节省了大量劳动力，降低了装卸搬运过程货物的破损率，提高了仓库的作业效率。

(3) 由于实现了计算机集中控制，便于清点盘货，有效地保证货物的先进先出，避免过期变质；还能合理采购、控制库存，从而提高仓库的管理水平。

(4) 采用自动化作业以后，有利于对黑暗、低温和有毒等特殊环境的作业。

3) 立体仓库的缺点

(1) 由于自动化程度高，初始的基建和设备投资要求高。

(2) 由于货格的限制，对长、大、粗笨的特殊货物存放，有一定的限制。

(3) 必须对设备维护和保养，对仓库管理人员、技术人员和操作人员的素质要求较高。

2.5 流通加工

2.5.1 流通加工概述

1. 流通加工概念

流通加工(Distribution Processing)，指“物品在从生产地到使用地的过程中，根据需要施加包装、分割、计量、分拣、刷标志、拴标签、组装等简单作业的总称(GB/T 18354—2006)”。其目的是维护商品的质量、提高流通效率，增加商品的附加价值、促进商品的销售，同时满足不同客户个性化、多样化需求而进行简单的加工作业。

流通加工并非在所有的物流活动中都必须存在，但是其作用可以归结为以下几个方面。

(1) 强化流通阶段的保管功能，使商品在克服了时间距离后，仍然可以保持新鲜状态。例如，食品的保鲜包装、罐装食品加工等属于此类。

(2) 节约材料、降低物流成本、提高物流的效率。例如，钢板的剪裁、玻璃的剪裁一般是在接到用户订货后再进行剪裁。集中加工、合理套裁，充分利用边角余料，能够减少浪费，做到最大限度地“物尽其用”。

(3) 提高商品的附加价值。蔬菜等食品原料经过深加工，如加工成半成品，可以满足消费者对商品高度化的需求，提高商品的附加价值。

(4) 满足消费者多样化的需求。例如，不同顾客对于商品的包装量的要求不同，通过改变商品的包装，满足不同顾客的需求。

(5) 提高运输保管效率。例如，对物品实施流通加工后，再组织运输可以消灭无效运输、提高运输工具的实载率。组装型商品运输和保管过程中处于散件状态，出库配送前或者到达用户后再进行组装，以此提高运输工具的装载率和仓库保管效率。

2. 流通加工与生产加工的区别

流通加工作业一般在配送中心、流通仓库、卡车终端等物流场所进行，它和一般的生产型加工在加工方法、加工组织、生产管理等方面并无显著区别，但在加工对象、加工程度等方面的差别较大，主要区别见表2－5。

表2－5　流通加工与生产加工的主要区别

区别内容	流通加工	生产加工
加工主体	物流企业、商业或生产企业	生产企业
加工对象	商品	原材料、零部件、半成品
加工程度	简单、辅助加工	复杂、技术加工
加工目的	物流、消费	交换、消费
加工形态	不改变	改变
加工价值	完善使用价值和提高价值	创造价值及使用价值

2.5.2　流通加工的类型

1. 生产资料的流通加工

1）钢材的流通加工

钢材的流通加工，如钢板的切断、型钢的熔断、厚钢板的切割和线材切断等集中下料和线材加工等。其优点包括：①专业钢板剪切加工企业能够利用专业剪切设备，按照用户设计的规格尺寸和形状进行套裁加工，精度高、速度快、废料少、成本低；②集中加工有利于提高加工设备和人员的使用效率，降低成本；③这种流通加工企业不仅提供剪切加工服务，还出售加工原材料和加工后的成品以及配送服务。因此，采用委托加工方式，用户省心、省力、省钱，简化生产环节，提高生产效率；加工方集中加工有利于设备利用率最大、产生规模效益。

为此，在国外有专门进行钢材流通加工的钢材流通中心。中国的物品储运企业20世纪80年代，便开始了这项流通加工业务。中国储运股份有限公司近年与日本合作建立了钢材流通加工中心，利用现代剪裁设备从事钢板剪板及其他钢材的下料加工。

2）水泥的流通加工

水泥加工是利用水泥加工机械和水泥搅拌运输车进行。水泥搅拌车具有灵活、机动的特点，可以深入作业现场进行加工；可以避开繁华闹市区、减少环境污染、节省现场的作业空间。同时，这种方式优于直接供应或购买水泥在工地现制混凝土的技术经济效果，因此，深受客户的欢迎。

水泥流通加工的优点是：将水泥的使用从小规模的分散形态改变为大规模的集中加工形态，有利于用现代化的科学技术和组织现代化的大生产；集中搅拌可以采用准确的计量手段和选择最佳的工艺，提高混凝土的质量节约水泥；有利于提高搅拌设备的利用率；可以减少加工据点，形成固定的供应渠道，实现大批量运输，使水泥的物流更加合理；有利于新技术的采用、简化工地的材料管理、节省施工用地等。

3）木材的流通加工

木材的流通加工一般有以下两种情况。

（1）在树木生长地加工。树木被伐倒后，消费不在当地，先在原地去掉树杈和树枝，将原木运走，剩下来的树杈、树枝、碎木、碎屑，掺入其他材料，在当地木材加工厂进行流通加工，做成复合木板。木材属泡货，在运输时占有相当大的容积，往往使车船满装，但不能满载；同时，装车、捆扎也比较困难。因此，有的直接在当地加工成板材运输；有的在林木生产地就地将原木磨成木屑，然后采取压缩方法，使之成为容重较大、容易装运的形状，然后运至消费地，如造纸厂。

（2）在消费地加工。在消费地将原木加工成板材，或按客户需要加工成各种形状的材料，供给家具厂、木器厂。

木材进行集中流通加工、综合利用，出材率可提高到72%，原木利用率达到95%，同时提高运输的效率、获取的经济效益相当可观。

4）玻璃的流通加工

平板玻璃的运输破损率较高，玻璃运输的难度比较大。在消费比较集中的地区建玻璃流通加工中心，按照客户的需要对平板玻璃进行套裁和开片，可使玻璃的利用率从62%～65%，提高到90%以上。大大降低了玻璃的破损率，增加了玻璃的附加价值。

5）煤炭流通加工

煤炭的流通加工例子很多。将煤炭在产地磨成煤粉，再用水调成浆状，可以采用管道运输；把采掘出来的杂煤，除去矸石，能增强煤炭的纯度；把混在煤炭里的垃圾、木片等杂物彻底拣除，可避免商业索赔的发生；将煤粉加工成取暖用的蜂窝煤供应居民也是一种流通加工。

2. 消费物品的流通加工

消费物品的流通加工有纤维制品的缝制和整烫、贴标签、家具组装等。这种流通加工一方面是为了提高顾客服务水平，另一方面也是为了提高物流效率。

1）自行车、助力车的流通加工

自行车和助力车整车运输、保管和包装，费用多、难度大、装载率低，但这类产品装配简单，不必进行精密的调试和检测，所以，可以将同类部件装箱，批量运输和存放，在商店出售前再组装。这样做可大大提高运载率，有效地衔接了批量生产和分散消费的矛盾。

2）服装、书籍的流通加工

服装流通加工，主要指的不是材料的套裁和批量缝制，而是在批发商的仓库或配送中心进行缝商标、拴标签、改换包装等简单的加工作业。近年来，因消费者要求的个性化，退货大量增加，从商场退回来的衣服，一般在仓库或配送中心重新分类、整理、改换价签和包装。国外书籍的流通加工作业主要有：简单的装帧、套书壳、拴书签以及退书的重新整理、复原等。

3. 食品的流通加工

食品流通加工的类型繁多，既有为了保鲜而进行的流通加工，如保鲜包装；也有为了提高物流效率而进行的对蔬菜和水果的加工，如去除多余的根叶等，鸡蛋去壳后加工成液体装入容器，鱼类和肉类食品去皮、去骨等。此外，半成品加工、快餐食品加工也属于流通加工的组成部分。

1）冷冻、冷藏加工

随着人们生活水平的提高，为解决水产品、肉类、蛋类、奶类、蔬菜和水果等生鲜产品，从产地到消费地的流通过程中的保鲜及装卸搬运的问题，采取对此类产品需要冷冻、冷藏状态实施加工、分割、包装、保管和运输处理。

2）分选加工

农副产品离散情况较大，为获得一定规格的产品，采取人工或机械分选的方式加工。如，果类、瓜类、棉毛原料等。

3）精致加工

在产地或销售地设置加工点，去除农副产品无用部分，进行切分、洗净、分装等加工。超市里的货柜，摆放的各类洗净的蔬菜、水果、肉末、鸡翅、香肠和咸菜等，无一不是流通加工的产物。这些商品在摆进货柜之前，进行了包括分类、清洗、装袋、包装、贴商标和条码等多种加工作业工序。这些加工都不在产地，而且已经脱离了生产领域，进入了流通领域。这种加工形式，节约了运输等物流成本，保护了商品质量，增加了商品的附加价值。

4）分装加工

将大包装货物换为小包装货物，以满足消费者对不同包装规格的需求。酒类属于液体商品，从产地批量地将原液运至消费地配制、装瓶、贴商标，包装后出售，可以既节约运费，又安全保险，以较低的成本卖出较高的价格，使附加值大幅度增加。

2.5.3 流通加工管理

组织流通加工的方法和组织运输、交易等方法区别较大，在许多方面类似于生产的组织和管理。因此，对流通加工需要进行科学的评价、特殊的组织管理和安排。

1. 流通加工可行性分析

流通加工是生产加工制造的一种补充形式，由于它在生产与需求之间增加了一个中间环节，所以它延长了商品的流通时间，增加了商品的生产成本，存在许多降低经营效益的因素。因此，设置流通加工点，从事流通加工业务，必须进行可行性分析。分析的内容有以下几点。

1）设置流通加工点的必要性

研究是否可以延续生产过程或改造生产方式，使之充分与需求衔接。在技术不断进步的情况下，原来难以实现的多品种灵活生产现在已经可以实现，因此，无须设置流通加工来衔接。只有在生产过程确实不能满足客户的要求或经济效益不好的前提下，才可考虑设置流通加工。

2）设置流通加工环节的经济性

流通加工一般都是比较简单的加工，在技术上不会有太大的问题，投资建设时要重点考虑的是经济上是否划算。流通加工的经济效益主要取决于加工量的大小、加工设备和生产人员是否能充分发挥作用。如果任务量很小，生产断断续续，加工能力经常处于闲置状态，那就有可能出现亏损。因此，加工量预测是流通加工点投资决策的主要依据。此外，还要分析该流通加工项目的发展前景，如发展前景良好，近期效益不理想也是可以接受的。

3）充分考虑技术进步的因素

研究是否可通过集装、专门装运等方式，代替流通加工。如有些加工，在运输技术水平

较低情况下，为了增加防护性运输包装的加工，是所需进行的加工。因此，如果开拓了运输技术，则可以不必进行此种加工。

4）投资决策和经济效果评价

流通加工项目的投资决策和经济效果评价，主要使用净现值法、投资回收期和投资收益率。

2. 流通加工的生产管理

流通加工生产管理内容及项目很多，例如，劳动力、设备、动力及物品等方面的管理，在生产管理中特别要加强生产的计划管理，提高生产的均衡性和连续性，充分发挥生产能力，提高生产效率，制定科学的生产工艺流程和加工操作规程，实现加工过程的程序化和规范化。例如，对于套裁型流通加工，其最具特殊性的生产管理是出材率的管理。这种流通加工形式的优势就在于物品的利用率高，出材率高，从而获取效益。为此，要加强消耗定额的审定及管理，并采用科学方法，如采用数学方法进行套裁的规划及计算。

3. 流通加工的质量管理

流通加工的质量管理，是对加工产品实施全过程的和全方位质量监控，和满足用户对加工产品的品种、规格、数量、包装、交货期及运输等方面的服务要求。经过加工后的产品，其外观质量和内在质量都应符合有关标准。如果没有国家和行业颁布的标准，其质量的掌握，主要是满足用户的要求。但是，由于各用户的要求不一，质量宽严程度也就不同，所以要求流通加工必须能进行灵活的、柔性化的生产，以满足不同的用户对质量的不同要求。

4. 流通加工中心的布局

（1）设置在靠近生产地区，以实现物流为主要目的的加工中心。这种加工中心的货物能顺利地、低成本地进入运输、储存等物流环节。例如，肉类、鱼类的冷冻食品加工中心，木材的制浆加工中心等。

（2）设置在靠近消费地区，以实现销售，强化服务为主要目的流通加工中心。经这里加工过的货物能适应用户的具体要求，有利于销售。如平板玻璃的开片套裁加工中心等。

2.6 配　　送

配送是物流系统中由运输派生出来的功能。它是为了满足客户多品种、小批量、多批次的订货需求，在配送中心或其他物流结点进行配货，并且以最合理的方式送交用户。

2.6.1 配送概述

1. 配送的概念

配送(Distribution)，是“在经济合理区域范围内，根据客户要求，对物品进行拣选、加工、包装、分割、组配等作业，并按时送达指定地点的物流活动(GB/T 18354—2006)”。

配送是物流体系的一个缩影，是物流的一项终端活动，它使物流服务更加贴近市场、贴近消费者。配送活动以及配送作业流程分别如图2. 24和图2. 25所示。

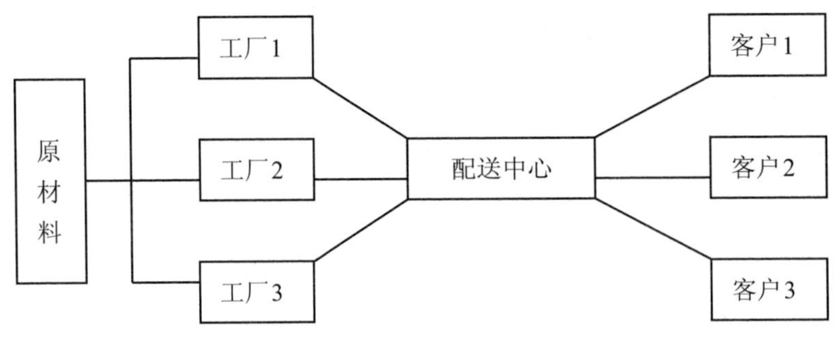

图2.24　配送活动

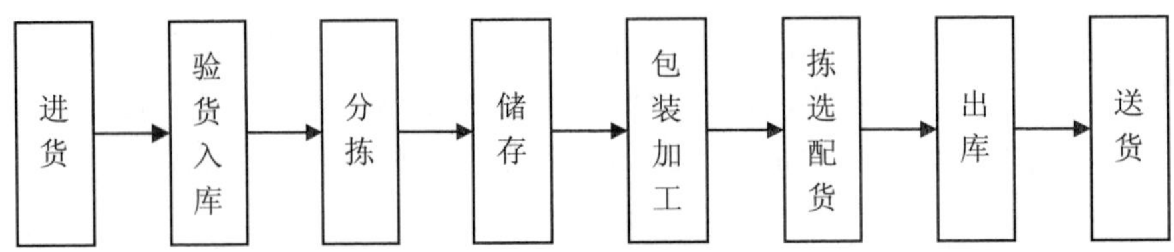

图2.25　配送作业流程

2. 配送与运输

从配送活动的实施过程看，配送包括“配”和“送”两方面的活动。“配”是对货物进行集中、分拣和组配，“送”是将货物送达指定地点或用户手中。配送与运输的比较见表2－6。

表2－6　配送与运输的比较

比较项目	配　送	运　输
移动距离	短距离，支线运输、区域内运输、末端运输	长距离，干线运输
服务功能	“配”与“送”的结合；货物送交客户	纯粹是“送”；结点间货物移动
运输工具	主要采用汽车运输	使用多种交通工具
货物特点	多品种、小批量、多批次的货物	少品种、大批量货物
服务管理	服务优先	效率优先

2.6.2　配送的类型

根据不同的分类标准，配送可以划分为不同的类型。

1. 按照配送主体进行分类

1）生产企业配送

生产企业配送即以生产企业的成品库或设在各地的配送中心为据点，由生产企业自己组织的配送活动。因为：①产品的产销量非常大；②产品的销售地较为集中，地产地销的消费资料企业(如一些地方性的啤酒企业)以及客户相对集中的生产资料供应商就经常自己组织配送；③产品的保质期非常短，如许多酸奶生产企业就建立了自己的配送车队，直接向各大零售网点供货。

采用生产企业配送的方式，由于减少了货物中转环节，可以加快物流的时间，提高物流速度，物流费用也相应减少。但这种配送方式必须以一定的规模经济为前提，即生产企业应确保由自己组织配送具有较大的规模经济性。

2）分销商配送

许多产品的生产具有很强的集中生产、分散消费的特点，在实现生产的规模经济性的同时，将产品的市场拓展到全国乃至全世界。为了不断扩充自己的市场，生产企业在各地发展了自己的地方产品代理，作为自己的分销商，并且委托这些分销商实施对零售网点的配送任务。

分销商配送有助于将商流与物流有机地结合在一起，提高对零售网点的服务水平，同时，可以让生产企业集中精力搞好产品的生产与研发工作。其不足之处在于，一些地区由于市场规模的限制，使得分销商配送的经济性较差。

3）连锁店集中配送

统一采购、集中配送、分散销售是连锁店的基本特点。建立自己的配送中心，强化集中配送的能力，是连锁店提高竞争力的重要途径。尤其是当连锁店在某一地区建立的门店较为密集时，集中配送具有很大的竞争优势，有助于集成采购批量，降低采购成本，节约配送费用，而且可以使各门店的商品存货降到很低的水平，乃至实现零库存。同时，由连锁店总部的配送中心进行集中配送，也使配送服务质量具有很强的可控性。

当然，如果连锁店各门店很分散，则自己组织配送的经济性就会大打折扣，委托社会配送中心进行配送更为经济、合理。

4）社会配送中心配送

随着社会分工的发展，出现了专门从事商品配送服务的配送中心。配送中心的设施及工艺流程是根据配送需要专门设计的，所以配送能力强，配送距离远，配送品种多，配送数量大。由于为众多的企业、众多的产品提供配送服务，社会配送中心能够实现较强的规模经济性。

对于生产企业或流通企业而言，选择这种配送方式可以避免自己在配送方面的大量投资，具有较强的经济性。但由社会配送中心配送可控性往往比自己配送要差，因此，选择重合同、守信用的社会配送中心，对于确保企业配送的服务质量就显得至关重要了。

2. 按照配送时间和数量进行分类

1）定时配送

定时配送是指按照规定的时间进行货物配送。定时配送的时间间隔可长可短，可以是数天，也可以是几个小时。定时配送由于时间固定，便于制订配送计划，安排配送车辆及送货人员，也便于安排接货人员及设备。但如果配送订单下达较晚，在配送品种和数量变化较大时，配货时间很短，会给配送工作造成较大的难度。

日配(当日配送)是定时配送中较常见的方式。一般来说，如果是上午下达的订单，当天下午可送达；如果是下午下达的订货，第二天上午可送达。日配送的开展可以使客户维持较低的库存，甚至实现零库存。日配送特别适合生鲜食品及周转快、缺乏仓储场地或特定设备(如冷冻设备)的小型零售商。

2）定量配送

定量配送是指在一定的时间范围内，按照规定的品种和数量进行货物配送。这一配送方式由于每次配送品种和数量固定，因此，不但可以实现提前配货，而且可以按托盘、集装箱及车辆的装载能力有效地提高配送的效率，降低配送费用。同时，每次接货的品种和数量固定，有利于提前准备好接货所需的人力、设备。但定量配送的方式较容易与客户对货物的实际需求相脱节，既可能造成缺货损失的现象，也可能由于货物库存过大而造成仓位紧张的现象。

3）定时定量配送

定时定量配送是上述两种配送方式的综合，即按照规定的时间、规定的品种和数量进行货物配送。这种配送方式计划性很强，但适合的客户对象较窄，要求货物需求具有非常稳定的特点。

4）定时定路线配送

定时定路线配送是指在规定的运行路线上，按照所要求的运行时间表进行货物配送。例如，邮政部门的普通邮件投递就是采用这种配送方式。在客户相对集中地区，采用这种配送方式有利于安排配送车辆及人员，对客户而言，有利于安排接货力量，但一般配送的品种、数量不宜太多。

5）即时配送

即时配送是指完全根据客户提出的配送要求，采取对货物的品种、数量、时间提供一种随要随送的配送方式。由于这种配送方式要求的时限很快，因此对配送的组织者提出了较高的要求。对客户而言，它具有很高的灵活性，可以使客户实现零库存。

随着准时制(Just in Time，JIT)生产的发展，出现的准时制配送也属于这种即时配送，准时制配送真正实现了按照实际需要的品种和数量进行配送，具有很高的效率，使生产企业的原材料或零部件真正实现了零库存。

3. 按照配送专业化程度进行分类

1）专业化配送

专业化配送是指专门针对某一类或几类货物的配送方式，如图书配送、鲜奶配送等。专业化配送有利于发挥专业化分工的优势，按照不同配送货物的特殊要求优化配送设施和配送车辆，提高配送的效率，确保配送货物的品质。例如，鲜奶配送要求配备相应的冷藏设备和冷藏车辆。

2）综合化配送

综合化配送是指同时针对多种类型的货物的配送方式。综合化配送可以使客户只要与少数配送组织者打交道，就可以满足对众多货物的需要，可以简化相应的手续。但当不同产品的性能、形状差别很大时，配送组织者的作业难度较大。

2.7 物流结点

物流网络是物流活动的据点，其构成有虚拟网络和实体网络。虚拟网络是以计算机和通信网络为基础构成物流信息系统的线路和结点。实体网络是由物品流动的各种运输线路(铁

路、公路、航空、水路等)和执行物品停顿的结点两种基本要素所组成。线路与结点相互联系、相互配置，相互支持，它们的结构、组成和连接方式不同，形成了不同的物流网络。

在实体网络中，所有的物流活动都是在线路和结点上进行的，在线路上进行的物流活动主要是运输，而物流其他功能要素，都是在物流结点上完成的，物流效率的发挥依赖于物流结点的位置和功能配置。本节所指的结点是物流实体网络中的结点。

物流结点的功能主要如下。

(1) 物流处理功能。

(2) 衔接功能：①通过物流结点将不同运输方式或同一运输方式连接起来；或通过多式联运，实现集疏运输与干线运输以及干线运输与干线运输的衔接；②通过物流结点，将运输、仓储、加工、搬运及包装等物流功能联系起来，实现物流作业一体化。

(3) 信息功能。

(4) 管理功能。

物流结点包括转运型物流结点、配送中心、物流中心以及物流园区。

2.7.1 配送中心

1. 配送中心的概念

配送中心(Distribution Center)，是“从事配送业务且具有完善信息网络的场所或组织，应基本符合：①主要为特定的用户服务；②配送功能健全；③辐射范围小；④多品种、小批量、多批次、短周期；⑤主要为末端客户提供配送服务(GB/T 18354—2006)”。

2. 配送中心的作业

配送中心是商品集中、出货、保管、包装、加工、分类、配货、配送、信息管理的场所或经营主体。因此，配送中心的作业主要包括收验货物、搬运、储存、装卸、拣选、配货、送货、信息处理以及与供应商、零售商的连接。配送中心作业如图2.26所示，配送中心物流作业内容见表2-7。配送中心的优势之一，就是可以集中众多客户的需求，进行一定规模的采购、统一配送、降低备货成本和提高配送的效益。

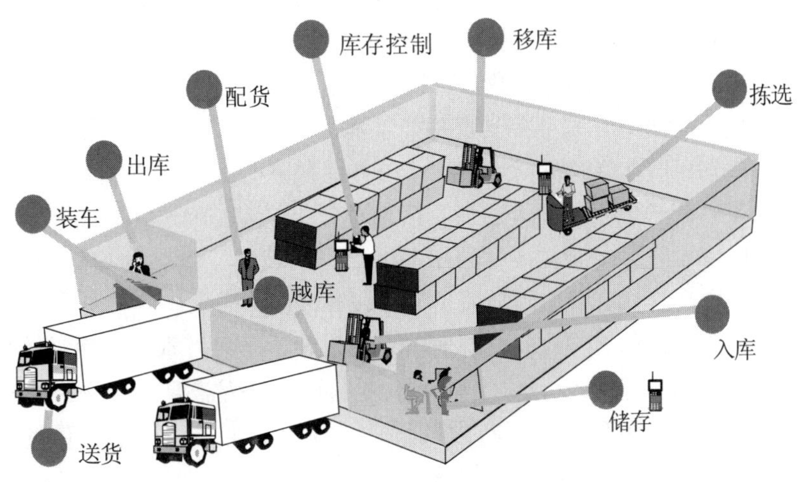

图2.26 配送中心作业

表2-7 配送中心物流作业内容

作业分类	作业内容	作业流程
进货	车辆到达、卸载、验收、理货	取得进货信息→货物到达→卸下货物→拆装理货→货物验收→记录进货信息
储存	入库、搬运、储位管理、盘点	取得入库信息→安排储位→搬运上架→记录入库信息
拣货	订单拣取、拣货分类、搬运	取得拣货信息→进行拣取作业→搬运物品至发货区或其他区→记录拣货信息
补货	拣货、搬运	取得补货信息→在储存区取出物品→搬运物品至补货区→记录补货信息
集货/分货	搬运、分类	取得集货信息→物品分类→集货→搬运至出货暂存区→记录集货信息
流通加工	加工	取得加工信息→加工→记录加工信息
出货作业	检验、装车	取得出货信息→检验→装车→记录出货信息
退货	分类、整理	取得退货信息→问题货物退供应商;没有质量问题货物整理上架

(1)采购备货。为了满足配送货物品种及数量的需要,配送中心需要从生产厂家及其分销商采购大量的物品。

(2)进货。货物由供应商送达配送中心,在配送中心进行核对货单,检查货物外包装是否有损伤,核查数量和检验货物的质量等必要的作业。

(3)分类。进货时,分类是将货物按不同的品种,分货上架储存。出货时,分类是根据不同的送货方向、不同的顾客等因素进行分货。

(4)储存。为了正常地开展业务,防止缺货,配送中心需要储备一定数量的货物。由于不同货物的特性及订货提前期不同,储存的数量也不同。一般本地生产的货物储存数量较少,而外地生产的货物因运输周期较长的原因存储数量较多。保质期短的生鲜产品存储数量较少,而保质期较长的冷冻食品存储数量可以相对多一些。

(5)订单受理。配送中心的订单受理功能涉及,由接到客户订货开始到着手配货之间的作业阶段,包括有关客户订单的资料确认、订单查询和单据处理等。

(6)流通加工。配送中心内的流通加工活动有分个包装、赠送礼品的组合捆包、装箱或成组化的捆绑、粘贴标记及标价、板材的切割、纸张的裁剪、食品的冷藏和家具的组装等。其主要目的是提高物流效率,增加附加值及满足顾客多样化需求。

(7)配货。由于不同的客户在订货品种和订货数量上千差万别,因而需要根据不同客户订单的不同要求对货物进行拣选(图2.27),并将不同客户所需要的货物进行有效的组合包装,依据送货次序在配送车辆上进行有效的码放。为了满足多品种小批量的需要,在配货时,将大包装拆箱成小包装是一项重要的活动。

(8)送货。按照客户所要求的送货时间,将客户所需要的货物送达客户指定的地点。配

送中心可以利用自备运输工具，也可以借助社会专业物流企业来完成送货任务。

(9) 退货。由于送错货物或者消费者对货物不满意退货(图2.28)，配送中心对货物整理后重新上架。如果货物有质量问题，则要将货物退给供应商。

图2.27　配送中心拣货

图2.28　退货待处理

3. 配送中心作业的合理化

1) 配货的基本要求

(1) 准确。根据订单要求的品种、数量准确地开展配货，可以消除差错率，避免不必要的重新清点数量所耗费的人工支出，提高配货质量，从而最终提高顾客满意度。

(2) 迅速。配货速度是配送中心提高竞争力的重要砝码，尤其是随着客户对准时制配送的要求，配货时间对配送中心提高竞争力至关重要。

(3) 费用低廉。配送中心的产生原因之一就是为了节约经营成本，由于配货是配送中心最核心的作业环节之一，因此，选择合适的配货作业方法，确保配货作业的合理化，以节约配货费用，成为配送中心追求的重要目标。

2) 配货作业方式

配货作业有两种基本的方式。

(1) 分货方式。分货方式又称为播种方式，即作业人员先将货物从配送中心的仓储区集中搬运到配货区，再根据不同客户的订单要求进行再次分配，投放到代表每个客户的货位上，直至配货完毕。播种方式适合于客户需求相同、需求数量较大的货物配货。

(2) 拣选方式。拣选方式又称摘果方式，即作业人员推着分拣车在不同的货架之间巡回走动，按照客户订单所列明的品种和数量，将客户所订的货物逐一拣选到分拣车中。摘果方式针对的是货物品种多，但每种货物需求量少的情况。一般情况下，摘果方式一次只能为一个客户进行配货。随着自动分拣机的采用，大大提高了分拣作业的劳动效率，能够同时实现对众多客户的拣选服务。

3) 配货作业合理化的措施

(1) 根据货物的周转速度确定存放的位置，周转快的货物类别尽可能存放在靠近出入口的货架上，这种货物品种应放在货架上最容易被发现和存取的位置上，即货架的中上部位上。

(2) 按照货物的不同类别，合理确定货架的位置，并在货架上设置货物卡，列明货物的

种类、数量、有效期限及入库时间等信息，以方便配送中心工作人员在配货作业时能够快捷地找到所需要的货物。

(3) 为了提高配送车辆的利用率，通过拆包所配的货物有必要进行重新包装。同时，还需要将种类不同但属性相容的货物包装在一个包装物之内。

(4) 对于体积大、适合集装化包装的货物，应积极利用叉车等装卸搬运机械进行配货作业。

4) 车辆配装的合理化

为了提高配送车辆的装载效率，加快配送的速度，需要注意以下一些问题。

(1) 合理调配车辆。达到一定规模的配送中心应配备不同吨位的车辆。除了定量配送及定时定量配送，每次采用相同吨位的车辆进行配送外，在采用其他配送方法时，应根据每次配送货物的数量，来合理安排不同吨位的配送车辆，避免出现车辆运载能力浪费的现象。

(2) 综合考察车辆的载重量和容间。由于需要配送的货物的比重、体积、包装各异，在进行车辆配装时，既要考虑车辆的载重量，又要考虑车辆的空间，使二者都能够得到充分的运用，以达到节省运力的目的。

(3) 按送达的先后顺序开展配装。为了方便配送车辆送达后的卸货，有必要将最后送达的货物先行装入配送车辆，码放在车厢的里面和下边；将最先送达的货物最后装入配送车辆，码放在车厢的外面和上边。

(4) 根据货物的比重合理配装。为了确保在配送过程中货物的包装和品质不受损伤，在装车时要考虑货物的比重，做到“轻者在上，重者在下”和“重不压轻”。

5) 配送路线的优化

配送路线的选择对配送的速度、费用、效益影响非常大，在配送中心地址已经确定的情况下，运用科学合理的方法确定配送路线是一项很重要的工作。通常，企业采用以下几个指标作为衡量配送路线是否合理的标准。

(1) 路程最短标准。由于配送费用在很大程度上取决于配送路程，因而在客户地理位置确定的条件下，努力实现配送路程的最短化就成为企业追求的目标。采用这种标准，计算起来较为简便。但在一些情况下，路程最短未必意味着配送费用最节省。比如，最短的路程可能交通拥堵，致使耗油量增加，配送效率降低；又如，最短的路程中间设置了收费站，增加了额外的过路过桥费等。

(2) 吨公里数最小标准。在运输中，吨公里是收费的基本依据，在将货物运抵目的地的情况下，实现吨公里的最小化有助于节约运输费用。因此，人们也将吨公里最小化标准移植到配送中来，作为判断配送路线合理化的依据。如果企业利用的是社会配送中心，按照这种标准核算较为有利；如果企业自己组织配送，这一标准未必适用，原因在于在配送途中车辆经过多次卸货，车的满载程度较低，空驶率很高。

(3) 费用最低标准。配送费用最低是优化配送路线的直接目标，但要准确核算出每次配送的费用，往往非常困难，因此，这一标准操作起来较为困难。

(4) 确保大户服务质量标准。确保对大客户的服务水平对于配送中心的持续、健康发展十分重要。在设计配送路线时，有些配送中心将确保对大客户的准时服务放在中心的位置上。这一标准可能会一定程度地增加企业的配送费用，但对于企业维持住大客户却能起到很重要的作用。

4. 配送中心的选址

配送中心是发挥配送职能的流通型仓库，它的设置和建设是一项复杂的系统工程。投资者既要考虑一个区域范围内物流系统的整体规划，还要考虑配送中心位置的选择，需要以费用低、服务好、社会效益高为目标。因此，在做出选址决策前，应当充分地进行市场调研和可行性分析，配送中心的选址原则综合考虑以下因素。

1）适应原则

配送中心的建设必须与国家及地区的经济发展方针、政策相适应，与我国物流资源分布和需求分布相适应；同时，还要与一个地区或区域的经济发展特征和主产品特征相适应；既要考虑配送中心本身经营运作上的可行性，又要与区域物流系统规划相适应。

2）经济因素

配送中心的建设既要充分考虑各种技术条件、又要考虑经济因素；既要进行功能比较，又要进行价值分析；既要考虑企业效益，又要兼顾社会效益，总的原则是使得综合成本最低。一般配送中心选择在拆迁工程小、征地费用少、场地平整以及通水、通电、通信方便的地点。正是由于这个原因，许多大型配送中心都建在大城市的近郊区。

3）交通条件

交通条件是影响货物的配送费用，以及货物从供应商运达配送中心的运输费用的重要因素。配送中心建设一般毗邻重要的运输线路，如高速公路、国道、快速道路、铁路货运站和码头等，避免设在交通拥挤的路段，以方便配送车辆的进出。同时，应考虑所在城市有关的交通限制。

4）客户的分布

配送中心的根本任务是向客户提供配送服务，因此，配送中心的选址应充分考虑客户的地理位置，应建在客户需求集中、对货物需求量大的地区的中心位置，以减少配送总里程。

5）供应商的分布

由于配送中心的货物全部是由各种供应商所供应的，配送中心的建设越接近供应商，就越有利于降低运输费用，同时，配送中心货物的安全库存也可以控制在较低的水平上。

6）劳动力资源

配送作业大多属于劳动密集型作业，要求有充足的劳动力资源作保证，因此，在进行配送中心选址时，必须考虑相应劳动力的来源、技术水准、工作习惯和工资水平等因素。如果配送中心所建设的地理位置附近人口不多且交通又不方便，则基层作业人员的招募就不容易；如果附近地区的工资水平太高，也会影响基层作业人员的招募。

7）政府政策

当前，一些城市为了鼓励物流业的发展，在城市规划中专门辟出了现代物流园区，在税收方面有相应的减免优惠。选择在物流园区建立配送中心，有助于降低配送中心的运营费用。

2.7.2　物流中心

1. 物流中心概念

物流中心的概念有广义和狭义之分，广义物流中心泛指达到一定规模的物流结点，狭义

物流中心专指处于枢纽或重要地位的、具有完整的物流环节，能将物流集散、信息和控制等功能实现一体化运作的物流结点。物流中心是物流网络中最具有影响力的结点，它不仅自身承担多种物流功能，而且越来越多地执行指挥调度、信息处理等神经中枢的职能，它是整个物流网络的核心所在。

物流中心(Logistics Center)，是“从事物流活动且具有完善信息网络的场所或组织(要面向快递业、运输业的称分拨中心)。应基本符合下列要求：(①主要面向社会提供公共物流服务；②物流功能健全；③集聚辐射范围大；④存储、吞吐能力强，能为转运和多式联运提供物流支持；⑤对下游配送中心客户提供物流服务(GB/T 18354—2006)”。物流中心与配送中心的区别见表2－8。

表2－8 物流中心与配送中心的区别

比较项目	物流中心	配送中心
功能	单一或全面、辐射范围大	较单一、辐射范围小
规模	较大	可大可小
在供应链中的位置	上游	下游
物流特点	少品种、大批量、少供应商	多品种、小批量、多供应商

2. 物流中心的类型

作为物流中心，根据其主要的机能和侧重点不同，可以分为不同类型的物流中心。具体有以下几种划分方式。

1）集货中心

集货中心是指在一定范围内将分散的、小批量的物品集中成大批量货物的物流结点。集货中心的主要功能是：①集中货物，将分散的产品、物品集中成批量货物；②初级加工，进行分拣、分级、除杂、剪裁、冷藏及冷冻等作业；③运输包装，包装适应大批量、高速度、高效率、低成本的运输要求；④集装作业，采用托盘系列、集装箱等进行货物集装作业，提高物流过程的连贯性；⑤货物仓储，进行季节性存储保管作业等。

2）分货中心

分货中心是指根据客户的需求，将大批量运抵的货物换装成小批量货物，并且送到用户手中的物流结点。此类物流中心多分布在产品使用地、消费地或车站、码头、机场所在地。其主要功能是：①分装货物，大包装货物换装成小包装货物；②分送货物，送货到零售商、用户；③货物仓储等。

3）转运中心

转运中心是实现不同运输方式或同种运输方式联合运输的物流设施，通常称为多式联运站、集装箱中转站、货运中转站等。转运中心多分布在综合运输网的结点处、枢纽站等地域。这类物流中心的主要功能是：①货物中转，不同运输设备间货物装卸中转；②货物集散与配载，集零为整、化整为零，针对不同目的地进行配载作业；③货物仓储及其他服务等。

4）加工中心

加工中心是以流通加工为主要功能的物流结点。这类物流中心多分布在原料、产品产地或消费地。经过流通加工后的货物，再通过专用车辆、专用设备以及相应的专用设施进行作

业，如冷藏车、冷藏仓库，煤浆输送管道、煤浆加压设施，水泥散装车、预制现场等，可以提高物流质量和效率，并且降低物流的成本。

5）配送中心

配送中心将集货、包装、仓储、装卸、分货、配货、加工、信息服务及货等多种服务功能融为一体的物流结点，也称为配送中心。配送中心是物流功能较为完善的一类物流中心，分布于城市边缘且交通方便的地带。

6）流通中心

流通中心又称分销中心，以大型制造商或批发商设立的、以零售商和二级批发商为主要服务对象、兼有商品流通功能的大型物流中心。

3. 物流中心的功能

凡从事大规模、多功能物流活动的场所即可称为物流中心。物流中心的主要功能如下。

1）运输功能

物流中心需要自己拥有或租赁一定规模的运输工具，具有竞争优势的物流中心不只是一个点，而具有覆盖国际国内的网络。因此，物流中心首先应该负责为客户选择满足客户需要的运输方式，然后具体组织网络内部的运输作业，在规定的时间内将客户的商品运抵目的地。除了在交货点交货需要客户配合外，整个运输过程，包括最后的市内配送都应由物流中心负责组织，以尽可能地方便客户。

2）储存功能

物流中心需要有仓储设施，但客户需要的不是在物流中心储存商品，而是要通过仓储环节保证市场分销活动的开展，同时尽可能降低库存占压的资金，减少储存成本。因此，公共型物流中心需要配备高效率的分拣、传送、储存、拣选设备。

3）装卸搬运功能

这是为了加快商品在物流中心的流通速度必须具备的功能。公共型的物流中心应该配备专业化的装载、卸载、提升、运送及码垛等装卸搬运机械，以提高装卸搬运作业效率，减少作业对商品造成的损毁。

4）包装功能

物流中心的包装作业目的不是要改变商品的销售包装，而在于通过对销售包装进行组合、拼配、加固，形成适于物流和配送的组合包装单元。

5）流通加工功能

流通加工的主要目的是方便生产或销售，公共物流中心常常与固定的制造商或分销商进行长期合作，为制造商或分销商完成一定的加工作业。物流中心必须具备的基本加工职能有贴标签、制作并粘贴条码等。

6）物流信息处理功能

由于物流中心现在已经离不开计算机，因此，将在各个物流环节的各种物流作业中产生的物流信息进行实时采集、分析、传递，并向货主提供各种作业明细信息及咨询信息，这对现代物流中心是相当重要的。

7）结算功能

物流中心的结算功能是物流中心对物流功能的一种延伸。物流中心的结算不仅仅只是物流费用的结算，在从事代理、配送的情况下，物流中心还要替货主向收货人结算货款等。

8）需求预测功能

自用型物流中心经常负责根据物流中心商品进货、出货信息，预测未来一段时间内的商品进出库量，进而预测市场对商品的需求。

9）物流系统设计咨询功能

公共型物流中心要充当货主的物流专家，因而必须为货主设计物流系统，代替货主选择和评价运输商、仓储商及其他物流服务供应商。国内有些专业物流公司正在进行这项尝试，这是一项增加价值、增强公共物流中心竞争力的服务。

10）物流教育与培训功能

物流中心的运作需要货主的支持与理解，通过向货主提供物流培训服务，可以培养货主与物流中心经营管理者的认同感，可以提高货主的物流管理水平，可以将物流中心经营管理者的要求传达给货主，也便于确立物流作业标准。

上述物流功能中，前6项基本功能需要经验和实力，后4项需要智慧和远见。每个物流中心的功能集合都不会完全一样，有的物流中心可能只提供6项基本功能中的部分功能，但这些功能特别强大，这是完全可以的。

公司设计物流中心功能时要考虑本文前面所述的影响因素，要确定物流中心的核心功能和辅助功能，辅助功能可能会使物流中心不一定只做物流，还可能做商流、信息流、资金流，如果一个物流中心是一个集商流、物流、信息流、资金流于一体的流通机构，它是否还是物流中心呢？这要取决于这些业务的比重有多大，如果核心功能是物流，辅助功能是商流、信息流和资金流，那它肯定是物流中心，否则就不能算是物流中心。

算不算物流中心并不重要，只要能够为货主、客户提供服务，进而能够取得经济效益就可以，因此，在设计物流中心功能时需要创新。

随着信息技术在世界范围的普遍应用，物流成为制约商品流通的真正瓶颈，现代物流中心应该更多地考虑如何提供增值性物流服务，这些增值性物流服务是物流中心基本功能的合理延伸，其作用主要是加快物流过程、降低物流成本、提高物流作业效率、增加物流的透明度等。提供增值性服务是现代物流中心赢得竞争优势的必要条件。

知识拓展

美国凯利伯物流中心的客户服务

美国凯利伯物流公司是如何设计它的物流中心的基本功能和增值性功能的？美国凯利伯物流公司是一家在世界范围内较有影响的专业物流公司，该公司设立的公共型物流中心为客户提供如下服务。

（1）JIT物流计划。该公司通过建立先进的信息系统，为供应商提供培训服务及管理经验，优化了运输路线和运输方式，降低了库存成本，减少了收货人员及成本，并且为货主提供了更多更好的信息支持。

（2）合同制仓储服务。该公司推出的此项服务减少了货主建设仓库的投资，同时通过在仓储过程中，用CAD技术、执行劳动标准、实行目标管理和作业监控来提高劳动生产率。

(3) 全面运输管理。该公司开发了一套专门用于为客户选择最好的承运人的计算机系统，使用该系统客户可以得到如下利益：使运输方式最经济，在选定的运输方式中选择最佳的承运人，可以获得与凯利伯公司关联的企业提供的服务，对零星分散的运输作业进行控制，减少回程车辆放空，管理进向运输，可以进行电子运单处理，可以对运输过程进行监控等。

(4) 生产支持服务。该公司可以进行如下加工作业：简单的组装、合并与加固、包装与再包装 JIT 配送、贴标签等。

(5) 业务过程重组。该公司使用一套专业化业务重组软件，可以对客户的业务运作过程进行诊断，并提出专业化的业务重组建议。

(6) 专业化合同制运输。该公司的此项功能可以为客户提供的服务有：根据预先设定的成本提供可靠的运输服务，提供灵活的运输管理方案，提供从购车到聘请司机直至优化运输路线的一揽子服务，降低运输成本，提供一体化的、灵活的运输方案。

(7) 回程集装箱管理。公司提供的服务包括：回程集装箱的跟踪、排队、清洗、储存等，可以降低集装箱的破损率，减少货主的集装箱管理成本，保证货物安全，对环保也有好处。

4. 物流中心选址

物流中心选址是指在一个具有若干供应网点及若干需求网点的经济区域内，选一个地址设置物流中心的规划过程。较佳的物流中心选址方案，是使商品通过物流中心的汇集、中转、分发，直至输送到需求网点的全过程的效益最好。因而，在物流中心的选址规划中，应对物流中心的选址原则、影响因素等进行综合分析，并提出缜密的决策建议。

1) 物流中心选址的原则

物流中心的选址过程应同时遵守适应性原则、协调性原则、经济性原则和战略性原则。

(1) 适应性原则。物流中心的选址须与国家，以及省市的经济发展方针、政策相适应，与我国物流资源分布和需求分布相适应，与国民经济和社会发展相适应。

(2) 协调性原则。物流中心的选址应将国家的物流网络作为一个大系统来考虑，使物流中心的设施设备，在地域分布、物流作业生产力、技术水平等方面互相协调。

(3) 经济性原则。物流中心发展过程中，有关选址的费用，主要包括建设费用及物流费用(经营费用)两部分。物流中心的选址定在近郊区或远郊区，其未来物流活动辅助设施的建设规模及建设费用，以及运费等物流费用是不同的，选址时应以总费用最低作为物流中心选址的经济性原则。

(4) 战略性原则。物流中心的选址，应具有战略眼光。一是要考虑全局，二是要考虑长远。局部要服从全局，目前利益要服从长远利益，既要考虑目前的实际需要，又要考虑日后发展的可能。

2) 物流中心选址的影响因素分析

运用现代物流学原理，在城市现代物流体系规划过程中，物流中心的选址主要应考虑以下因素。

(1) 自然环境因素。

① 气象条件。物流中心选址过程中，主要考虑的气象条件有温度、风力、降水量、无霜

期、冻土深度和年平均蒸发量等指标。例如，选址时要避开风口，因为在风口建设会加速露天堆放的商品老化。

② 地质条件。物流中心是大量商品的集结地。某些容重很大的建筑材料堆码起来会对地面造成很大压力。如果物流中心地面以下存在淤泥层、流沙层、松土层等不良地质条件，会在受压地段造成沉陷、翻浆等严重后果，为此，土壤承载力要高。

③ 水文条件。物流中心选址需远离容易泛滥的河川流域与上溢的地下水区域。要认真考察近年的水文资料，地下水位不能过高，洪泛区、内涝区、故河道、干河滩等区域绝对禁止。

④ 地形条件。物流中心应地势高亢、地形平坦，且应具有适当的面积与外形。若选在完全平坦的地形上是最理想的；其次选择稍有坡度或起伏的地方；对于山区陡坡地区则应该完全避开；在外形上可选长方形，不宜选择狭长或不规则形状。

(2) 经营环境因素。

① 经营环境。物流中心所在地区的优惠物流产业政策，对物流企业的经济效益将产生重要影响；数量充足和素质较高的劳动力条件，也是物流中心选址考虑的因素之一。

② 商品特性。经营不同类型商品的物流中心，最好能分别布局在不同地域。例如，生产型物流中心的选址应与产业结构、产品结构、工业布局紧密结合进行考虑。

③ 物流费用。物流费用是物流中心选址的重要考虑因素之一。大多数物流中心选择接近物流服务需求地，例如，接近大型工业、商业区，以便缩短运距，降低运费。

④ 服务水平。服务水平是物流中心选址的考虑因素。由于现代物流过程中能否实现准时运送是服务水平高低的重要指标，因此，在物流中心选址时，应保证客户可在任何时候向物流中心提出物流需求，都能获得快速满意的服务。

(3) 基础设施状况。

① 交通条件。物流中心必须具备方便的交通运输条件。最好靠近交通枢纽进行布局，如紧临港口、交通主干道枢纽、铁路编组站或机场，有两种以上的运输方式相连接。

② 公共设施状况。物流中心的所在地，要求城市的道路、通信等公共设施齐备，有充足的供电、水、热、燃气的能力，且场区周围要有污水、固体废物处理能力。

2.7.3 物流园区

物流园区是集聚物流中心、配送中心、运输枢纽设施、运输组织及管理中心和物流信息中心场所，是具有一定规模和综合服务功能的物流集结点。物流园区一般位于城乡接合处，其用地面积较大，并且应是公路、铁路、航空、水运等两种或两种以上运输方式的结点。物流园区可以减轻城市交通压力，减少城市环境污染，提高物流规模经济效益，满足物流仓储大型化的要求，满足货物运输联运的要求，同时减轻大型物流中心、配送中心在市中心分布所带来的种种不利影响。

1. 物流园区的概念

物流园区(Logistics Park)，是“为了实现物流设施集约化和物流运作共同化，或者出于城市物流设施空间布局合理化的目的而在城市周边等各区域，集中建设的物流设施群与众多物流业者在地域上的物理集结地。它多是由政府主导并给予政策支持的(GB/T 18354—2006)”。

物流园区的功能可以概括为8个方面，即综合功能、集约功能、信息交易功能、集中仓

储功能、配送加工功能、多式联运功能、辅助服务功能和停车场功能。其中，综合功能的内容具有综合各种物流方式和物流形态的作用，可以全面处理储存、包装、装卸、流通加工及配送等作业方式以及不同作业方式之间的相互转换。

物流园区本身主要是一个空间概念，与工业园区、科技园区等概念一样，是具有产业一致性或相关性。物流园区是物流中心、配送中心的空间载体，是数个物流管理和经营企业的集中地；而物流中心、配送中心是物流的管理和经营实体。

物流园区、物流中心和配送中心是三种不同规模层次的物流结点，其主要区别体现在以下三个方面。

（1）从规模来看，物流园区是巨型物流设施，其规模最大，物流中心的规模次之，配送中心的规模最小。

（2）就流通货物而言，物流园区的综合性较强，专业性较弱。物流中心在一个领域里面的综合性较强，具有这个领域的专业性。配送中心则主要面向城市生活或某一类型生产企业，其专业性很强。

（3）从结点功能来看，物流园区的物流功能十分全面，其处理货物的能力很强，存储能力大，调节功能强。物流中心的功能健全，具有一定的存储能力和调节功能。而配送中心的功能较为单一，以配送功能为主，存储功能为辅。

2. 物流园区的特点

物流园区是一种物流企业集中布局的场所。它提供一定种类、一定规模、较高水平的综合物流服务。它的特点主要为以下几个方面。

（1）作为物流基础设施，物流园区的建设具有投资大、资金回收期长的特点，单独的企业难以承担物流园区的基础建设。尤其在目前我国物流市场还远未达到成熟阶段的情况下，物流企业数量多、规模小，无法形成对物流园区建设的集中投资建设。

（2）建设物流园区的核心目标是实现集约化和规模效应，单独企业的物流中心不能满足这个要求。从每个企业自身的角度来看，对物流园区的选址及功能定位都各有不同的需求。但是如果不能把众多企业的需求统一起来，就无法实现物流业的集约化和规模效应。

（3）物流园区可能会干扰城市的正常活动，对城市环境具有一定的负面影响，因此物流园区的建设需要政府部门进行统一规划。对物流企业来讲，物流园区距离城市中心区越近，运输线路越短，运输成本就越低；而对城市居民来讲，如果物流园区离城市中心区过近，将会增大城市道路交通的压力，干扰城市生活。如何解决这个矛盾，需要市政管理部门及交通运输管理部门进行统筹规划、统一管理。

3. 物流园区分类

（1）国际物流园如目前国务院批准海关实施的区港联动，设立与建设的保税物流园。这一举措为港口建成自由贸易区跨出了实质性的一步，意义十分重大。如，上海外高桥保税物流园面积1.03平方千米，青岛保税物流园面积1平方千米，厦门航空港国际物流园面积3平方千米等。

（2）区域物流园主要依托交通枢纽，实际面向城际之间、省区之间的全国性集散物流。

（3）城市物流园主要是为本座城市服务的，如工业园区设立的物流园、为商业服务设立的物流园，或区分为专业物流园、综合物流园。

4. 物流园区经营管理方式

1）德国货运中心的经营管理模式

德国的货运中心由政府兴办，但却实行民间经营管理方式。布莱梅市货运中心自身的经营管理机构采取股份制形式。市政府出资25%，货运中心50户经营企业出资75%，由企业选举产生咨询管理委员会，推举经理负责货运中心的管理活动，实际上采取了一种由企业“自治”的方式。

货运中心的职能主要是为成员企业提供信息、咨询、维修等服务，代表50家企业与政府打交道，与其他货运中心加紧联系，不具有行政职能。提供良好的公共设施和优良的服务，是货运中心全部活动的宗旨。因此，货运中心一般都建有综合服务中心、维修保养、加油站、清洗站和餐厅等，有的还开办驾驶员培训中心等实体，以提供尽可能全面的服务。这些实体都作为独立的企业实行经营服务。

在德国，政府对“货运村”这类物流园区的规划和建设，遵循联邦政府统筹规划，州政府、市政府扶持建设，公司化经营管理，入驻企业自主经营的发展模式，具体叙述如下。

（1）联邦政府统筹规划。联邦政府在统筹考虑交通干线、主枢纽规划的基础上，通过广泛调查生产力布局、物流分布现状，根据各种运输方式衔接的可能，在全国范围内规划物流园区的空间布局、用地规模与未来发展。为引导各州按统一规划建设物流园区，德国交通主管部门还对符合规划的物流园区给予资助或提供贷款担保。

（2）州政府、市政府扶持建设。物流园区对地区经济有明显的带动和促进作用，作为政府总是希望这类地区能充分实现其公共服务职能，而并非追求单纯的盈利目的。因此，在物流园区的建设和运营过程中，州及地方市政府扮演了主要投资人的角色。例如，位于德国中部图林根州州府Erfurt市郊的图林根物流园区，其建设投资比例为：市政府占42.5%，州经济开发部占35.5%，联邦铁路占14.7%，行业协会占7.3%。

（3）企业经营管理。物流园区的运营管理，经历了由公益组织管理到有限公司管理两个阶段。在德国一般认为，企业化的管理方式比行政化的管理方式更为有效率。负责管理物流园区的有限公司受投资人的共同委托，负责基地的生地购买，基础设施及配套设施建设，以及基地建成后的地产出售、租赁、物业管理和信息服务等。由于基地的投资人主要是政府或政府经济组织，所以公司的经营方针不以盈利为主要目标，而主要侧重于平衡资金，实现管理和服务职能。

图林根物流园区的管理有限公司由4个组，公司的业务包括销售、宣传和物业管理三大块，公司还负责代表企业与政府打交道，负责兴建综合服务中心、维修保养厂、加油站和清洗站等公共服务设施，为成员企业提供信息、咨询、维修服务等。基地内的道路、下水道等市政工程设施的维修、养护由市政公司负责，享受与普通市区同等的公共服务并缴纳相关费用。

（4）入驻企业自主经营。入驻企业自主经营、照章纳税，依据自身经营需要建设相应的库房、堆场、车间、转运站，配备相关的机械设备和辅助设施。

2）日本物流园区的经营管理模式

物流园区建设在日本的历史稍长，较早的日本东京物流园区，是以缓解城市交通压力为主要目的而兴建的，建设中采取的具体措施有以下几个方面。

（1）政府牵头确定市政规划，在城市的市郊边缘地带、内环线外或城市之间的主要干道

附近，规划有利于未来具体配套设施建设的地块作为物流园区。

（2）将基地内的地块以生地价格出售给不同类型的物流行业协会，这些协会再以股份制的形式在其内部会员中招募资金，用来购买土地和建造物流设施，若资金不足政府可提供长期低息贷款。

（3）政府对已确定的物流园区积极加快交通设施的配套建设，在促进物流企业发展的同时，促使物流园区的地价和房产升值，使投资者得到回报。

物流园区的出现极大地促进了日本、德国等国家物流业的快速发展，对使用园区的企业乃至邻近城市都产生了巨大的经济和社会效益，主要表现在：减轻了物流对城市交通的压力；减小物流对城市环境的不利影响；提高物流经营规模效益；适应仓库建设大型化发展趋势的要求；满足货物联运发展的需求。根据德国权威机构的研究，未来10年，即使在日本、德国这样运输业高度发达的国家，物流园区的建设仍将处于蓬勃发展时期。

3）我国物流园区的建设

2009年，国务院出台了调整和振兴物流业的规划政策，2013年《全国物流园区发展规划》出台，2014年《物流业发展中长期规划(2014—2020年)》将物流园区工程列为12项重点工程之一，明确提出开展国家级示范物流园区创建工程。我国各地区相继出台措施支持区域物流业的发展，物流园区在数量上、规模上都得到较大发展。

1998年12月1日，我国第一个物流园区深圳平湖物流基地开始建设。2015年，据《第四次全国物流园区(基地)调查报告》显示，全国包括运营、在建和规划的各类物流园区共计1 210家，比2006年的207家增长484%；与2008年的475家相比，增长155%；与2012年的754家相比，增长60%。政府规划、企业主导仍然是我国物流园区开发建设的主要方式，占被调查园区的比例为65%。

物流园区的区域分布。北部沿海经济区物流园区数量最多，为216家，然后依次是长江中游经济区211家、黄河中游经济区175家、东部沿海经济区156家、南部沿海经济区135家、西南经济区132家、东北经济区111家、西北经济区74家。

物流园区建设的类型。综合服务型物流园区占比62%，仍然是占比最多的园区类型；其次是商贸服务型占比15%，货运枢纽型占比12%，生产服务型占比6%，口岸服务型占比5%。

物流园区周边交通情况。周边具备公路、铁路、港口码头和机场运输条件的占比分别为98%、25%、18%和8%，其中62%以上的园区具备两种以上的交通连接方式。

物流园区主要业务功能。虽然仓储、运输、配送等传统业务功能仍然占主导地位，但能够提供流通加工、金融物流等业务的园区占比明显上升。尤其是提供金融物流服务功能的园区占比从2012年的16%上升到2015年的36%。

2.8 物流信息系统

2.8.1 物流信息系统概述

1. 物流信息的概念

物流信息(Logistics Information)，是反映物流各种活动内容的知识、资料、图像、数据及文件的总称。物流信息又分为狭义物流信息和广义物流信息两种。狭义物流信息，是指与运输、保管、装卸、包装及流通加工等物流活动有关的信息。广义物流信息，既包含狭义的物流信息，还包含其他与物流活动有关的商流、资金流信息，如货源信息、物价信息、市场信息、资金信息、合同信息和付款结算信息等。

2. 物流信息系统的概念

物流信息系统(Logistics Information System，LIS)，是“由人员、计算机硬件、软件、网络通信设备及其他办公设备组成的人机交互系统，其主要功能是进行物流信息的收集、存储、传输、加工整理、维护和输出，为物流管理者及其他组织管理人员提供战略、战术及运作决策的支持，以达到组织的战略竞优，提高物流运作的效率与效益(GB/T 18354—2006)”。它具有预测、控制和辅助决策等功能。

3. 物流信息系统的功能

物流信息系统实施对物流服务的全过程管理。具体而言，物流信息系统具备以下一些功能。

(1) 集中控制管理主要针对物流全过程进行监控管理，有物流业务流程的集中管理、各环节的收费管理、责任管理、结算管理、成本管理、运输管理、仓储管理和统计报表管理。通过各个环节数据的统计分析，得出企业运营的依据。

(2) 运输配送管理主要解决运输过程的货物配载、作业流程管理(主要涉及路单管理、报关单管理、联运管理等)、车辆调度、司机调度和外协管理等。

(3) 物流中心管理提供商品的入库、出库、接收退货、退货出库、库存商品盘点、库存商品预警、库存商品的明细查询及图形统计分析等功能。具体包括入库管理、出库管理、库存管理、异常管理和货品转仓等。

(4) 统计报表管理将功能模块中的全部报表汇总在一起，可供查询与打印。它既可以提供动态的统计报表功能，也可以提供多种特定的报表，如货物完整率报表、时间到达率报表和延期签收统计报表等。

(5) 查询管理可提供综合查询信息，包括运输、出入库、退货、接收退货、订单、应收应付款、已收已付款等的所有信息的统计查询分析功能。另外，提供订单交货和付款状态的监控、库存存货数量资金占用的统计分析功能。

(6) 客户关系管理。物流服务是以客户为中心的服务，主要由订单管理、客户管理、货物管理、账务管理、业务统计、报价管理及物流中心运营绩效等部分组成。

4. 物流信息系统的结构

一个完善的物流信息系统主要由三个层次构成，如图2.29所示，其自下向上分别为作业层、管理层、决策层。作业层是管理信息中的最底层，是信息源，来自于企业的基层，如订单处理、采购管理、运输管理、仓储管理及设备管理等信息，这类信息通常具有量大、发生频率高、重复性大等特点。管理层涉及管理部门相关人员对企业自己的信息进行收集、分类、存储和查询，并对获得的信息进行分析，此类信息一般包括合同管理、客户关系管理、质量管理、统计管理及市场商情管理等信息。决策层信息一部分来自于企业内部，大多为综合性的报表类型；另一部分来自于企业外部，且数量多、不确定程度高、内容较抽象。

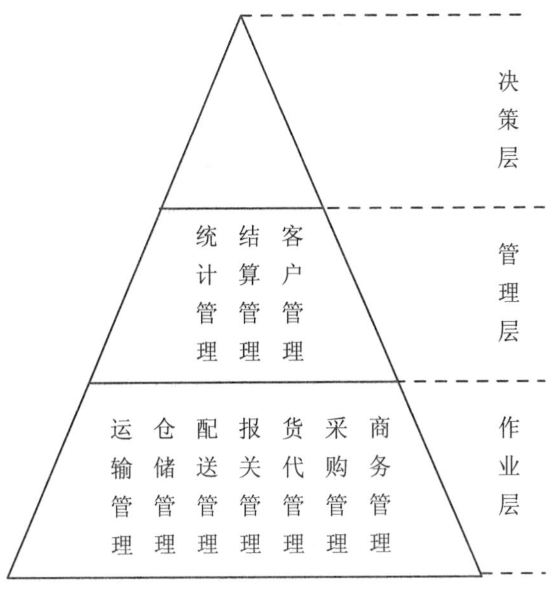

图2.29 物流信息系统结构

2.8.2 物流信息平台

1. 共用信息平台

共用信息平台，是整个国民经济和人民生活所依托的基础信息平台，这个平台主要由国家构筑和管理。共用信息平台的主要内容包括以下几个方面。

1）一般基础通信

一般基础通信属于非增值服务的通信，主要有4个领域，即电话、电报、图文传真和邮政信函。

2）一般增值服务

一般增值服务包括电话领域，如：200业务、800业务、无线寻呼、卫星通信和传真信息业务等若干项。邮政领域的邮政快递业务(EMS)以及电视领域的图文电视、电视会议业务等。

3）移动通信

移动通信是无线通信方式。移动通信从技术上又可以分成蜂窝移动通信和数字移动通信两种。目前，作为公共平台的主要是数字移动通信。

4）计算机网络和互联网

(1) 计算机网络是在协议控制下，经过通信系统的互联的、自制的计算机系统的集合。建立计算机网络的主要目的在于实现计算机通信基础上的“资源共享”。计算机网络的分类方法很多，根据网络覆盖的地理范围可以分成局域网、城域网和广域网。

(2) 互联网又称因特网(Internet)是所有这些网络连接在一起的产物，互联网实际上是全球范围内的广域网。

互联网提供的主要服务内容有：远程登录(Telenet)、文件传输、软件调用、电子信箱(E-mail)、网上交易及结算的电子商务活动。以互联网为平台，可以进行全面的以信息为基础的管理、经营、教育、医疗和咨询等活动，它已经涉及了人们生活和社会的各方面。

5）数据通信

数据通信是一种特殊的增值服务方式，借助于远程通信技术方式，通过电子数据的采集、加工和分发而完成。作为信息基础平台的数据通信，邮电部门构建了中国公用分组交换数据网(CHINA. PAC)、公用数据网(CHINA. DDN)及公用计算机互联网(CHINA. NET)。

数据通信的另一个重要平台，是远程电子数据交换平台(EDI)。

2. 物流信息平台

物流信息平台，是以物流公共信息平台为LOGO的网站所提供的电子商务和物流应用平台。

(1) 平台支撑环境：应用服务器、消息中间件、Ldap服务器、CA服务器、数据库、操作系统。

(2) 基本功能：公共数据交换、权限管理、会员管理、权限管理、日志管理、信息发布与查询。

(3) 高级应用支持：FTP服务、邮件服务、信息发布与查询。

(4) 应用服务平台：客户端系统、运输管理系统、仓储管理系统、配送管理系统、物流计划系统、货代系统、海关保管系统、检验检疫系统、决策支持系统、结算管理系统。

物流公共信息平台不包括上述页面中以文字、图片或其他形式所设的站外链接所指向的其他网站或网页内容。物流共用信息平台应该是一个开放式的平台，其中所有信息资源应当共享。

李克强主持召开国务院常务会议推进“互联网+物流”

2016年7月20日，国务院总理李克强主持召开国务院常务会议，部署推进互联网+物流，降低企业成本，便利群众生活。

会议认为，物流业是现代服务业重要组成部分，也是突出短板。发展互联网+高效物流，是适度扩大总需求、推进供给侧结构性改革的重要举措，有利于促进就业、提高全要素生产率。一要构建物流信息互联共享体系，建设物流交易公共信息平台，提升仓储配送智能化水平。发展冷链物流。二要推动物流与“双创”结合，促进物流与制造、商贸、金融等融合。通过互联网+，实现车辆、网点、用户等精准对接。探索实行“一票到底”的联运服务。三要加大用地等政策支持，创新财税扶持，简化审批，鼓励金融机构重点支持小微物流企业发展。创新监管方式，强化安全管理。使现代物流更好地服务发展、造福民生。

2.8.3 物流信息技术及运用

物流信息技术(Logistics Information Technology)是“运用于物流各环节中的信息技术。根据物流的功能以及特点，物流信息技术包括如计算机技术、网络技术、信息分类编码技术、条码技术、射频识别技术、电子数据交换技术、全球定位系统(GPS)、地理信息系统(GIS)等(GB/T 18354—2006)”。

1. 条码技术

当今，条码已经广泛地应用于商业、邮政、图书管理、仓储、工业生产过程管理和交通运输等领域，它是一种自动识别技术，具有输入速度快、准确率高、成本低、可靠性强等优点，在当今的自动识别技术中占有重要的地位。物流行业利用条码技术可以对物品进行自动识别和描述物品的信息，从而解决了数据录入和数据采集的瓶颈问题，极大地提高了物流效率、提高了物流的管理水平，降低了物流的成本。

1）条码的概念

条码(Bar Code)是“由一组规则排列的条、空及其对应字符组成的标记，用以表示一定的信息，主要表示物品的名称、产地、价格、种类等。它是全世界通用的商品代码表示方法(GB/T 18354—2006)”。

条码的结构是由若干个黑色的“条”和白色的“空”所组合成的一个单元。这个条码单元中黑色条对光线的反射率低，而白色空对光线的反射率高，再加上条与空格宽度不同，就能使扫描光线产生不同的反射接收效果，在光电转换设备上转换成不同的电脉冲。这些电脉冲就是信息。电脉冲通过网络即可传输其含有的信息。

2）条码系统

条码系统是现代物流系统中基础信息系统的一个重要组成部分。条码系统包括条码的编码技术、条码符号设计技术、快速识别技术和计算机管理技术的系统组合。它是实现计算机管理和电子数据交换不可缺少的开端技术。

3）条码的种类

条码的分类方法有多种，若根据条和空的排列方式不同，条码可分为一维条码和二维条码；若根据应用的领域不同，又可分为商品条码和物流条码等。常见的码制有如下几种。

(1）一维条码。

① EAN 条码。它是国际物品编码协会制定的一种条码，即国际通用商品条码。主要用于商品识别。

② UPC 条码。是由美国统一编码委员会(UCC)制定的商品条码，主要用于美国和加拿大地区。

③ 标准 39 码。为目前国内企业内部自定义码制，可以根据需要确定条码的长度和信息，编码的信息可以是数字，也可以包含字母，主要用于工业、图书以及票据的自动化管理。

④ 库得巴码。主要用于血库、图书馆、包裹等的跟踪管理。

⑤ 交叉二五码(ITF25 码)。它是一种用条与条之间的间隔(即空)表示信息的连续、非定长、具有自动校验功能的双向条码，主要用于包裹、仓储、运输和国际航空机票编号等物流管理。

(2）二维条码。二维条码是用某种特定的几何图形，在二维方向上都表示信息的条码符号。二维条码符号有两种类型，矩阵式以及行排式，它还有检错与纠错特性。

就本质而言，二维条码是一种在水平和垂直方向都能表示信息的高密度、高信息质量的数据文件，国外称之为便携式数据文件、自备式数据库或纸上网格等。它在一平方英寸内可记录高达 2 000 个字符信息，是各种大量且高可靠性信息实现存储、携带并自动识别的技术

图 2.30 PDF417 二维条码

手段。如图 2.30 所示是 PDF417 二维条码。

(3) 商品条码。商品条码是以单个商品为单位使用的条码，主要有 EAN 和 UPC 两种码制。我国通用商品条码标准采用 EAN 条码。EAN 商品条码包括标准版商品条码和缩短版商品条码。

① EAN 标准版商品条码(EAN－13)。它由 13 位数字码及相应的条码符号组成，如图 2.31所示。图由左侧空白区、起始符、左侧数据符、中间分隔符、右侧数据符、校验符、终止符、右侧空白区及供人识别字符组成。13 位数字码的构成如表 2－9 所示。

图 2.31 EAN－13 条码

表 2－9 EAN－13 条码的数字码三种结构

结构种类	厂商识别代码	商品项目代码	校验码
结构一	$X_{13}X_{12}X_{11}X_{10}X_9X_8X_7$	$X_6X_5X_4X_3X_2$	X_1
结构二	$X_{13}X_{12}X_{11}X_{10}X_9X_8X_7X_6$	$X_5X_4X_3X_2$	X_1
结构三	$X_{13}X_{12}X_{11}X_{10}X_9X_8X_7X_6X_5$	$X_4X_3X_2$	X_1

前缀码由 2 ~3 位数字($X_{13}X_{12}$或 $X_{13}X_{12}X_{11}$)组成，是 EAN 分配给国家(或地区)编码组织的代码。前缀码并不代表产品的原产地，而只能说明分配和管理有关厂商识别代码的国家(或地区)编码组织。

EAN 将“690 ~699”分配给中国物品编码中心使用。当 $X_{13}X_{12}X_{11}$为 690、691 时，EAN－13 代码采用“结构一”；当 $X_{13}X_{12}X_{11}$为 692、693 时，采用“结构二”。

厂商识别代码由 7 ~9 位数字组成，由中国物品编码中心负责分配和管理。

商品项目代码由 3 ~5 位数字组成，由厂商负责编制。

校验码为 1 位数字，用来校验 X_{13} ~X_2的编码正确性。

② EAN 缩短版商品条码(EAN－8)。它由 8 位数字码及相应的条码符号组成，如图 2.32 所示。8 位数字码是由前缀码、商品代码和校验码组成。

(4) 物流条码。物流条码是物流过程中的以商品为对象、以集合包装商品为单位使用的条码。目前现存的条码码制多种多样，但国际上通用、公认的物流条码码制有以下三种。

① ITF－14 条码是一种连续、长度固定、具有自校验功能并且条、空均表示信息的双向

条码；ITF－14 条码的字符集、字符的组成与交叉二五码相同，它由矩形保护框、左侧空白区、条码字符、右侧空白区组成，如图 2.33 所示。

图 2.32　EAN－8 条码

149 01234 56789 1

图 2.33　ITF－14 条码

② UCC/EAN－128 条码是一种连续型、非定长、有含义的高密度条码，由双字符起始符号、数据符、校验符、终止符及左、右侧空白区组成，它能更多地标识贸易单元中需要表示的信息，如产品批号、数量、规格、生产日期、有效期和交货地点等，该条码符号可编码的最大数据字数为 48 个，包括空白区在内的物理长度不能超过 165mm。UCC/EAN－128 条码不用于 POS 零售结算，只用于标识物流单元。

图 2.34 表示：商品标识代码为 169012360046，保质期至 2005 年 1 月 1 日，批号为 ABC 的非零售商品的条码符号。

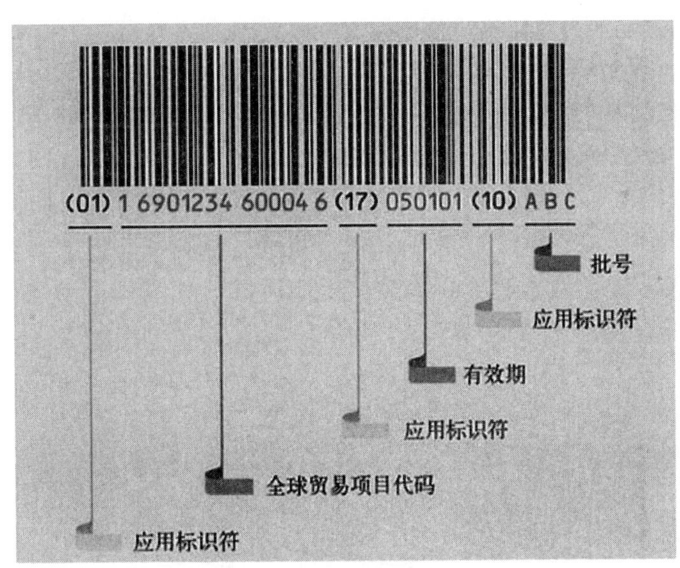

图 2.34　UCC/EAN－128 条码

③ 物流 EAN－13 条码。结构与商品 EAN－13 条码无异。在物流供应链中选用条码时，要根据货物和商品包装的不同，采用不同的条码码制。一般而言，单个大件商品，如电视机、电冰箱、洗衣机等商品的包装箱常采用 EAN－13 条码；定量储运包装箱常采用 ITF－14 或 UCC/EAN－128 条码，包装箱内可以是单一商品，也可以是不同的或多件拥有小包装的商品。

4）物流条码与商品条码

物流条码与商品条码的区别，如表 2－10 所示。

表2-10　商品条码和物流条码的区别

	应用对象	包装形状	应用领域
商品条码	向消费者销售的商品	单个商品包装	POS系统、补充订货管理
物流条码	物流过程中的商品	集合包装(纸箱、集装箱等)	出入库、拣选、运输等管理

① 标志意义不同。商品条通常是单个商品的唯一标识，用于零售业现代化的管理；物流条码是储运单元(或称贸易单元)的唯一标识，通常标识多个或多种商品的集合，它标贴于商品的外包装(又称大包装或运输包装)上，以供物流过程中的收发货、运输、装卸、仓储、分拣及配送等环节识别，用于物流的现代化管理。

② 服务领域不同。商品条码服务于供应链中的消费环节。商品一经出售到最终用户手中，商品条码就完成了其存在的价值，商品条码在零售业的POS系统中起着单件商品的自动识别、自动寻址、自动结账等作用，是零售业实施现代化、信息化管理的基础。物流条码服务于供应链中除消费环节之外的所有环节。生产厂家生产出产品，经过包装、运输、仓储、分拣、配送直至零售商店，物流条码是这些众多环节中的唯一标识，因此它涉及面更广，是多种行业共享的通用数据，实现了对产品的跟踪管理。

③ 信息容量不同。商品条码采用EAN/UPC码制。由一个13位或8位数字以及条码符号组成，其长度固定，信息容量少；物流条码主要采用UCC/EAN-128码制，是一个可变长度，可表示多种含义、多种信息的条码，是货运包装的唯一标识，可表示货物的体积、重量、生产日期及批号等信息，是贸易伙伴根据贸易活动中共同的需求，经过协商统一制订的。

④ 标准维护不同。商品条码是一个国际化、通用化、标准化商品的唯一标识，是零售业的国际化语言，其标准无须增减更新，便于维护；物流条码是随着国际贸易的不断发展，贸易伙伴对各种信息需求的不断增加应运而生的，其应用不断扩大，内容也不断丰富，条码的内容可适时增减，维护条码标准的难度也增大。因此，及时沟通用户需求，传达标准化机构有关条码应用的变更内容，是确保国际贸易中物流现代化、信息化管理的重要保障之一。

物流单元条码放置的位置原则，在相邻的面上放置两个标签：一个放在短面的右边，另一个放在长面的右边，如图2.35所示。

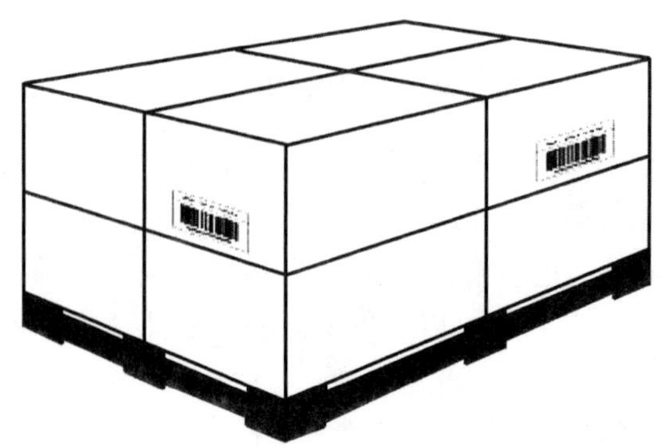

图2.35　物流单元条码放置的位置

5）条码在物流过程中的应用

（1）库存管理。通过对条码的识别，掌握入库、出库、库存数量、库内位置的信息，以支持库存管理和库内作业。

（2）物品的重点管理。根据条码信息，可以通过相关软件自动生成ABC的分类，从而支持了重点管理。

（3）配送领域。在配送工作时，根据条码所提供的信息，进行拣选或分货，实现配货作业。

（4）电子数据交换。作为电子数据交换系统的基础数据。

（5）供应链管理。通过对条码的识别，企业可以随时了解有关物品在供应链上的位置，并且及时做出反应。当今在欧美等发达国家兴起的有效客户反应（Efficient Customer Response，ECR）、快速反应（Quick Response，QR）、连续库存补充计划（Continuous Replenishment Program，CRP）等供应链管理策略，都离不开条码技术的支持。条码是实现销售时点信息系统（Point of Sale，POS）、电子数据交换（Electronic Data Interchange，EDI）、电子商务和供应链管理的技术基础。

（6）物流管理。通过条码所传递的信息，进行统计、结算、分析等管理活动。

（7）沟通国际物流。现代物流的趋势国际化，条码实际上是一种国际上通用的商品语言，通过对条码的识别，可以进行国际的沟通，就省却了不同国家语言文字的转换问题，有力地支持了物流的国际化。

知识链接

国际物品编码协会（GS1）

GS1起源于美国，由美国统一代码委员会（UCC，2005年更名为GS1 US）于1973年创建。UCC创造性地采用12位的数字标识代码（UPC）。1974年，标识代码和条码首次在开放的贸易中得以应用。

继UPC系统成功之后，欧洲物品编码协会，即早期的国际物品编码协会（EAN International，2005年更名为GS1），于1977年成立并开发了与之兼容的系统并在北美以外的地区使用。EAN系统设计意在兼容UCC系统，主要用13位数字编码。2005年2月，EAN和UCC正式合并，更名为GS1。

GS1位于比利时的布鲁塞尔和美国的普林斯顿，是管理GS1体系的组织。

2. 射频识别技术

射频识别技术是继条码识别技术后，在物流及其领域中运用交广的识别技术。

1）射频识别技术概述

（1）射频识别技术的概念。射频（Radio Frequency，RF）技术是一种无线电通信技术，具有不局限于视频、更宽的覆盖面和低成本的优点。

射频识别技术（Radio Frequency Identification，RFID）是“识读射频（RF）标签的技术。利用频谱中射频部分的电磁或者静电耦合特性，通过若干调制和编码方案与射频标签进行通信

(GB/T 18354—2006)”。它与接触式“POS——条码系统”识别技术不同，射频识别技术主要用于对运动或静止的标签进行不接触的识别。

(2) 射频识别技术的特点：①可非接触识读(识读距离可以从十厘米至几十米)；②可识别快速运动物体；③抗恶劣环境，防水、防磁、耐高温，使用寿命长；④保密性强；⑤可同时识别多个识别对象等。该技术在物流、交通运输、证照防伪、电子支付、出入控制等行业，显现出良好的应用前景。

(3) 同其他自动识别技术的比较。自动识别技术是信息数据自动识读、自动输入计算机的重要方法和手段，近几十年来在全球范围内得到了迅猛发展，初步形成了一个包括条码技术、磁条(卡)技术、光学字符识别、射频识别、IC 卡识别和声音识别等集计算机、光、机电、通信技术为一体的高新技术。以下就条码技术、磁条(卡)技术、IC 卡识别技术和射频识别技术做一简单比较。

① 条码技术。条码成本最低，适用于大量需求，而且数据不必更改的场合。多数条码采用纸制材料，较易磨损，而且数字量小。

② 磁条(卡)技术。磁条(卡)，如信用卡、银行 ATM 卡、电话磁卡等，其数据可读写，即具有现场改造数据的能力，且成本低廉，但易被伪造。

③ IC 卡识别技术。IC 卡具有独立的运算和存储能力，数据安全性和保密性好，但价格稍高。

④ 射频识别技术。其最大的优点是具有非接触式识读能力，射频标签要比条码标签具有放置方面的灵活性，允许“在飞行中识别”物品，且能同时识别多个物品，射频标签是封装式的，不易损坏，适合于恶劣环境下使用，几乎不需要任何保养工作。

2) RFID 系统的结构

(1) RFID 系统的组成。主要由两部分组成，即读写器和标签或称射频卡。

① 读写器。RFID 系统的读写器有三个主要组成部分：收发模块、控制模块和天线。

收发模块，用于发送和接收数据。

控制模块，具有很强的数字信号处理能力，除完成控制标签工作的任务外，还要实现相互认证、数据加密、数据解密、数据纠错、出错报警及与计算机通信等功能。

天线，主要是感应线圈，用于建立电磁场。若标签内不含电池，则标签工作的能量由读写器天线所建立的电磁场提供。

② 标签。标签的基本功能包括：具有一定的储存容量，可储存物流对象的信息；标签数据可读入或写出，也可编程，一旦编程后便成为永久性数据；在使用期限内无须维护。

RFID 系统的标签，由收发模块、储存器、控制模块及天线四个主要部分构成。由于读写器和标签之间采用无线通信方式，因此它们都有无线收发模块及天线。标签中储存器的内存容量在几个比特到几千比特之间，可储存永久性数据和非永久性数据。永久性数据可以是标签序列号，用来作为标签的唯一身份标识，一般不得更改；非永久性数据写在 EEPROM 等可重写的储存器内，用来储存用户数据(如信息编码)。控制模块则完成接收、译码及执行读写器命令，控制读写数据，负责数据安全等功能。标签的几个主要模块集成在一块芯片中，芯片的外围有连接天线，对源标签还需连接电池。标签是完全封装的，即将芯片及天线(和电池)完全封装在内。它可有不同的封装形式，具有很强的环境适应能力。

(2) RFID 系统的工作原理。读写器通过其天线在一个区域内发射能量形成电磁场，区

域大小取决于发射功率、工作频率和天线尺寸。当储存信息编码的标签处于此区域时，利用所吸收到的电磁场能量供电，并根据读写器发出的指令对储存器进行相应的实时读写操作，再通过收发模块将数据发送出去。读写器接收到返回的数据后，解码并进行错误校验以决定数据的有效性，继而通过计算机网络将采集的数据进行数据转换、处理和传输。

3）RFID在物流中的应用

鉴于射频识别技术的优势，RFID技术已被广泛用于物流、交通运输、工业自动化、安全认证、身份识别等众多领域。最流行的应用是在交通运输管理(汽车和货箱身份鉴别)、路桥收费、门禁保安、自动化生产和货物标签等方面。其他运用包括工具识别、人员监控、包裹和行李分类、车辆监控、物料跟踪和货架识别等。

（1）高速公路自动收费及交通管理。目前，我国的高速公路发展迅速，但是人工收费系统常会造成交通堵塞。在高速公路中运用RFID技术，可有效地解决这个问题。

装有电子标签的车辆，通过装有射频扫描器的专用隧道、停车场或高速公路路口时，车辆以每小时250千米的速度，用少于0.5毫秒的时间被识别，自动缴费，正确率高达100%，大大提高了行车速度。

（2）生产线自动化。在生产流水线上应用RFID技术可实现自动控制，提高了生产效率，改进了生产方式，节约了成本。例如，德国宝马汽车公司在装配流水线上应用射频技术，实现了由用户定制产品的生产方式。他们在装配流水线上安装RFID系统，使用可重复使用带有详细的汽车定制要求的标签，在每个工作点都设有读写器，以保证汽车在每个流水线工作站上都能按定制要求完成装配任务，从而得以在装配线上装配出上百种不同款式和风格的宝马汽车。

（3）仓储管理。在仓储管理中应用RFID系统，实现了实时货位查询和货位动态分配功能，大幅度减少了查找货位信息的时间，提高了查询和盘点精度，大大加快了出、入库单的流转速度，从而大幅度提高了仓储运作与管理的工作效率，增强了信息处理能力，满足了现代物流管理模式下仓储管理系统的要求。

4）RFID在其他领域的应用

（1）证照防伪市场。证照防伪市场是中国RFID市场上最大的应用领域，包括了二代身份证市场和电子门票等。二代身份证市场是证照防伪用RFID市场增长的最大动力，随着证件电子化的发展，电子护照等安全认证领域将会得到大力推广，成为证照防伪市场新的增长点。电子门票由于其出色的防伪特点和快速便捷的服务功能，如北京车展等文娱赛事和展会的门票就采用了RFID。此外，推行宠物电子标签，动物的身份认证也成为证照防伪的新热点。

（2）电子支付市场。主要指应用在交通、校园、计量仪表(水、电、煤气)等与大众生活息息相关的领域。交通卡是电子支付用RFID最主要的应用之一。

（3）出入控制是中国RFID市场应用较早的领域之一，其中包括住宅门禁、企事业单位门禁、学校宿舍及图书馆的门禁、停车场的应用等。

（4）物品管理类市场包括国家推行的危险气瓶管理、烟花爆竹管理和药品防伪等，这些领域采用RFID技术，旨在加强政府监管力度以保障公民生命财产安全，上海已经在100万个危险气瓶上安装了电子标签，进行实时安全监控。

RFID备受关注的应用主要是在生产制造和仓储物流领域，因为，RFID一直被称为供应链的革命性技术，采用RFID的供应链，将实现可视化和实时化的管理，可以有效降低整个供应链的运营成本。

3. 销售时点信息系统

1)销售时点信息系统概述

销售时点信息系统(Point of Sale, POS),是指通过能够自动读取信息的设备,如收银机又称POS机,在销售商品时,直接读取和采集商品销售的各种信息,如商品名称、单价、销售数量、销售时间、销售的店铺和购买的顾客等,然后通过通信网络或计算机系统将读取的信息,传输至管理中心进行数据的处理和使用。POS系统是信息采集的基础系统,是整个商品交易活动或物流活动的信息传输的最基本的环节。POS系统最早应用于零售业,现在其应用范围从企业内部扩展到整个供应链。POS系统的结构如图2.36所示。

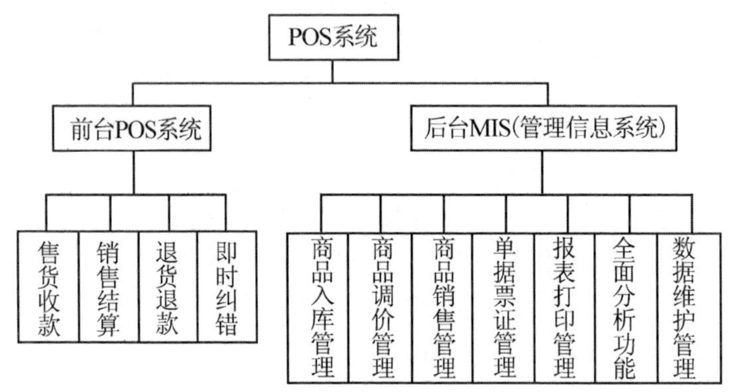

图2.36 POS系统结构

2)POS系统的运行

POS系统的运行由以下5个步骤组成。

(1)店铺销售商品都贴有表示该商品信息的条码或OCR(Optical Character Recognition)标签。

(2)在顾客购买商品结账时,收银员使用扫描读数仪自动读取商品条码标签或OCR标签上的信息,通过店铺内的微型计算机确认商品的单价,计算顾客购买总金额等,同时反馈给收银机,打印出顾客购买清单和付款总金额。

(3)各个店铺的销售时点信息,通过VAN以在线连接方式即时传送给总部或物流中心。

(4)在总部、物流中心和店铺利用销售时点信息,进行库存调整、配送管理、商品订货等作业。通过对销售时点信息进行加工分析来掌握消费者购买动向,找出畅销商品和滞销商品,以此为基础,进行商品品种配置、商品陈列、价格设置等方面的作业。

(5)在零售商与供应链的上游企业(批发商、生产厂家、物流业者等)结成协作伙伴关系(也称为战略联盟)的条件下,零售商利用VAN以在线连接的方式,把销售时点信息及时传送给上游企业。这样,上游企业可以利用销售现场最及时准确的销售信息制订经营计划,进行决策。例如,生产厂家利用销售时点信息进行销售预测,掌握消费者购买动向,找出畅销商品和滞销商品,把销售时点信息和订货信息进行比较分析来把握零售商的库存水平,以此为基础制订生产计划和零售商库存连续补充计划(Continuous Replenishment Program, CRP)。

3)POS系统在现代物流中的应用

(1)单品管理、职工管理和顾客管理。零售业的单品管理,是指对店铺陈列、展示、销

售的商品，以单个商品为单位进行销售跟踪和管理的方法。由于POS信息及时准确地反映了单个商品的销售信息，因此，POS系统的应用使高效率的单品管理成为可能。

职工管理是指通过POS终端机上的计时器的记录，依据每个职工的出勤状况、销售状况(以月、周、日甚至时间段为单位)进行考核管理。

顾客管理是指在顾客购买商品结账时，通过收银机自动读取零售商发行的顾客ID卡或顾客信用卡，来把握每个顾客的购买品种和购买额，从而对顾客进行分类管理。

(2) 自动读取销售时点的信息。在顾客购买商品结账时，POS系统通过扫描读数仪自动读取商品条码标签或OCR标签上的信息，在销售商品的同时获得实时的销售信息，这是POS系统的最大特征。

(3) 信息的集中管理。在各个POS终端获得的销售时点信息，以在线连接方式汇总到企业总部，与其他部门发送的有关信息一起由总部的信息系统加以集中，并进行分析加工，如，把握畅销商品和滞销商品以及新商品的销售动向，对商品的销售量和销售价格、销售量和销售时间之间的相关关系进行分析，对商品店铺陈列方式、促销方法、促销时间、竞争商品的影响进行相关分析等。

(4) 连接供应链的有力工具。供应链上参与各方合作的主要领域之一是信息共享，而销售时点信息是企业经营中最重要的信息之一，通过它能及时把握顾客的需要信息，供应链的参与各方可以利用销售时点信息并结合其他的信息，来制订企业的经营计划和市场营销计划。目前，领先的零售商正在与制造商共同开发一个整合预测和库存补充系统(Collaboration Forecasting and Peplenishment，CFAR)，该系统不仅分享POS信息，而且一起联合进行市场预测，分享预测信息。

4. 电子数据交换技术

电子数据交换(Electronic Data Interchange，EDI)，是一种在公司与公司之间传输订单、发票等商业文件的电子化手段。它通过计算机通信网络将贸易、运输、保险、银行和海关等行业信息，用一种国际公认的标准格式，实现各有关部门或公司与企业之间的数据交换和处理。EDI包含了三个方面的内容，即计算机应用、通信网络和数据标准化。其中计算机应用是EDI的条件，通信环境是EDI应用的基础，标准化是EDI的特征，这三个要素互相衔接、互相依存，构成了EDI的基础框架。

1) EDI概述

(1) EDI定义：是“通过电子方式，采用标准化的格式，利用计算机网络进行结构化数据的传输和交换(GB/T 18354—2006)”。电子数据交换系统，实现了企业之间及时的数据交换和数据资源共享。对于物流领域而言，通过电子数据交换系统，已经成为物流管理信息系统和决策支持系统的重要组成部分，由于它的运用大大地提升了物流管理水平，在物流国际化趋势下，这个系统又成为支撑经济全球化和物流国际化的重要手段。

(2) EDI系统的类别。

① 国家专设的EDI系统。这是全国电子协会同8个部委确立的作为我国电子数据交换平台的系统，英文名称是CHINA—EDI通过专用的广域网进行电子数据交换的运作。这种网络是由电子数据交换中心和广域网的所有结点所构成。所有的数据，通过交换中心实现交换并进行结算。

采用这种方式，协议用户之间是通过数据交换中心进行间接连接。由于交换中心可以提供增值的信息服务，这种连接方式又称通过增值网络连接方式，即VAN(Value Added Network)方式。

② 基于Internet的EDI系统。这个系统是在互联网上运行电子数据交换。由于互联网的开放性，可以使很多用户方便地介入电子数据交换系统，也有利于电子数据交换系统在不同范畴广泛地应用。同时，由于互联网广泛连接，电子数据交换系统的覆盖面可以大大扩展，运行成本大大降低。也正是由于互联网的开放性，所以基于Internet的EDI系统，应当是对于数据安全性、保密性没有特殊要求的用户。

这种方式可以实现协议用户直接连接传递EDI信息，所以可以进行点对点(PTP)的数据传递。

③ 通过专线的点对点电子数据交换系统。可以通过租用信息基础平台的数据传输专线、电话专线或自己铺设的专线进行电子数据交换。这种电子数据交换系统封闭性较强，因为是专线系统，所以成本很高。

2) EDI应用的领域

使用EDI较多的产业可划分为以下四类。

(1) 制造业。准时生产(JIT)以减少库存量及生产线待料时间，降低生产成本。

(2) 贸易运输业。快速通关报检、经济利用运输资源，降低贸易运输空间、成本与时间的浪费。

(3) 流通业。快速反应(QR)，减少商场库存量与空架率，以加速商品资金周转、降低成本。建立物品配送体系，以完成产、存、运，销一体化的供应链管理。

(4) 金融业。EFT电子转账支付，减少金融单位与其用户之间交通往返的时间与现金流动风险，并缩短资金流动所需的处理时间，提高用户资金调度的弹性，在跨行服务方面，更可使用户享受到不同金融单位所提供的服务，以提高金融业的服务质量。

3) EDI在现代物流中的应用

近年来，EDI在物流中得到广泛应用，由此产生了物流EDI。

(1) 物流EDI的组成。通过物流EDI可把物流供应链上的各单位连接起来，这些单位构成了物流EDI的有机组成部分，如图2.37所示，主要包括以下内容。

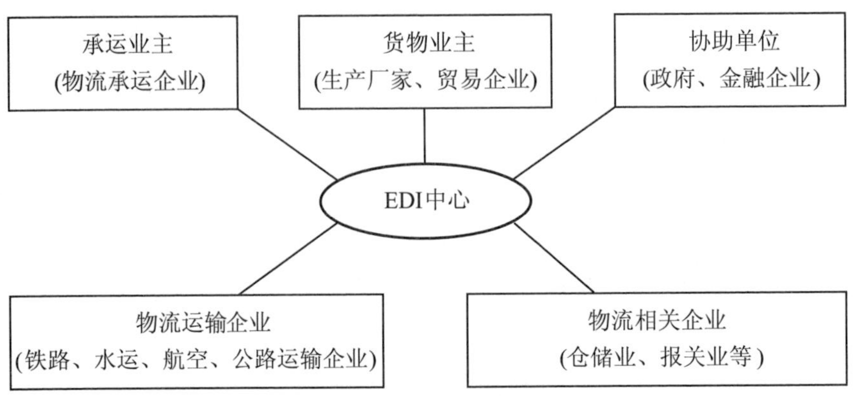

图2.37 物流EDI的组成

① 货物业主，如生产厂家、贸易商、批发商、零售商等。

② 承运业主，如独立的物流承运企业等。

③ 实际运送货物的交通运输企业，含铁路、水运、航空和公路运输企业等。

④ 协助单位，包括政府有关部门、金融企业、海关、边检等。

⑤ 物流相关单位，如仓储业者、专业报关业者等。

(2) 物流 EDI 可处理的物流单证。物流业通过 EDI 系统可处理如下所述的物流单证。

① 运输单证，包括海运提单、托运单、多式联运单据、陆运单、空运单、装货清单、载货清单、集装箱单和到货通知书等。

② 商业单证，包括订单、发票、装箱单、重量单、尺码单和装船通知等。

③ 海关单证，包括进出口货物报关单、海关转运报关单、船舶进出港货物报关单和海关发票等。

④ 商检单证，包括出、入境通关单，各种检验检疫证书等。

⑤ 其他单证。

(3) 物流 EDI 的运作过程。假定有一个由发送货物业主(如生产厂家)、物流运输业主和接收货物业主(如零售商)三方组成的物流模型，此模型在实施 EDI 过程中运作流程如下。

① 发送货物业主在接到订货后，制订货物运送计划，并把运送货物的清单及运送时间安排等信息，通过 EDI 发送给物流运输业主和接收货物业主，以便物流运输业主预先制订车辆调配计划，接收货物业主制订的货物接收计划。

② 发送货物业主依据顾客订货要求和货物运送计划，下达发货指令，分拣配货，将物流条码标签贴在货物包装箱上，同时把运送货物品种、数量、包装等信息，通过 EDI 发送给物流运输业主和接收货物业主。

③ 物流运输业主从发送货物业主处取运货物时，利用车载扫描读数仪读取货物标签的物流条码，核实与先前收到的货物运输数据是否一致，以确认运送货物。

④ 物流运输业主对货物进行整理、集装，制作送货清单，并通过 EDI 向接收货物业主发送发货信息。在货物运抵接收方后，物流运输业主通过 EDI 向发送货物业主发送完成运送业务信息和运费请示信息。

⑤ 接收货物业主在货物到时，利用扫描读数仪读取货物标签的物流条码，并与先前收到的货物运输数据核对确认，开出收货发票，货物入库。同时，通过 EDI 向物流运输业主和发送货物业主发送收货确认信息。

物流 EDI 的优点在于，与供应链组成各方基于标准化的信息格式、处理方法，通过 EDI 分享信息、提高流通效率、降低物流成本。例如，在上述流程中，生产厂家可按市场订单来组织生产，有可能实现零库存生产；运输商能根据生产厂家及用户信息主动安排运输计划，迅速有效地组织运输；对零售商来说，应用 EDI 系统可大大降低进货作业的出错率，节省进货时间、成本，能迅速核对订货与到货的数据，易于发现差错。EDI 使产、供、销更紧密有效，使物流企业能更合理、有效地进行管理。

5. 地理信息系统

20 世纪 60 年代，地理信息系统(Geographic Information System，GIS)开始迅速发展，它是多种学科交叉的产物，它以地理空间数据为基础，采用地理模型分析方法，适时地提供多种空间的和动态的地理信息，是一种为地理研究和地理决策服务的计算机技术系统。

1）GIS 概述

（1）GIS 定义：是“由计算机软硬件环境、地理空间数据、系统维护和使用人员四部分组成的空间信息系统。该系统可对整个或部分地球表层(包括大气层)空间中有关地理分布数据进行采集、储存、管理、运算、分析显示和描述(GB/T 18354—2006)”。

（2）GIS 的组成和功能。

GIS 主要由两个部分组成：一个部分是桌面地图系统；另一个部分是数据库，用来存放地图上的特征点、线、面和相关的数据。

GIS 的基本功能是将表格型数据(无论它来自数据库、电子表格文件还是直接在程序中输入)转换为地理图形显示，然后对显示的结果浏览、操作和分析。其显示范围可以从洲际地图到非常详细的街区地图，显示对象包括人口、销售情况、运输线路以及其他内容。

2）GIS 技术在现代物流中的应用

GIS 应用于物流分析，主要是指利用 GIS 强大的地理数据功能来完善物流分析技术。国外公司已经开发出利用 GIS 为物流分析提供专门的工具软件。完整的 GIS 物流分析软件，集成了车辆路线模型、最短路径模型、网络物流模型、分配集合模型和设施定位模型等。

（1）车辆路线模型。用于解决一个起始点、多个终点的货物运输中，如何降低物流作业费用，并保证服务质量的问题，包括决定使用多少辆车，每辆车的行驶路线等。

（2）网络物流模型。用于解决寻求最有效的分配货物路径问题，也就是物流网点布局问题。例如，将货物从 N 个仓库运往到 M 个商店，每个商店都有固定的需求量，因此需要确定由哪个仓库提货送给哪个商店，使得运输代价最小。

（3）分配集合模型。可以根据各个要素的相似点把同一层上的所有或部分要素分为几个组，用以解决确定服务范围和销售市场范围等问题。例如，某一公司要设立 X 个分销点，要求这些分销点要覆盖某一地区，而且要使每个分销点的顾客数目大致相等。

（4）设施定位模型。用于确定一个或多个设施的位置。在物流系统中，仓库和运输线共同组成了物流网络，仓库处于网络的结点上，结点决定着线路，如何根据供求的实际需要并结合经济效益等原则，在既定区域内设立多少个仓库，每个仓库的位置，每个仓库的规模，以及仓库之间的物流关系等，运用此模型均能很容易地得到解决。

其他方面的运用有以下几个方面。

（1）电子地图。借助于计算机和数据库应用，电子地图可以比一般地图有几百、几千倍的信息容量。通过电子地图可以提供一种新的按地理位置进行检索的方法，以获取相关的社会、资源、环境、人口、交通、经济、教育、文化和金融等各方面的信息。

（2）交通管理。与全球卫星定位系统相结合，可以及时反映车辆运行情况、交通路段情况、交通设施运行情况等，从而支持有效的交通管理。同时进行环境质量评价、道路交通规划、公共设施配置以及城市环境的动态监测等。

（3）灾害监测。借助遥感遥测数据的搜集，利用 GIS 可以有效地用于森林火灾的预测预报、洪水灾情监测和洪水淹没损失的估算，为救灾抢险、防洪决策提供及时准确的信息和决策。

（4）环境管理。一个地方的环境管理信息系统，可以为环境管理部门提供数据和信息存储方法，提供环境管理的数据统计、报表和图形编制方法；建立环境污染的若干模型，

为环境管理决策提供支持；提供环境保护部门办公软件；提供信息传输的方法与手段。

（5）军事应用。地理信息系统对于军事后勤仓库的分布、库存物品的分布、仓库物品的调用和储备的分布规划等领域的决策，都有提供信息、进行分析和辅助决策的作用。

6. 全球卫星定位系统

1）全球卫星定位系统概述

全球卫星定位系统(Global Position System，GPS)，是“利用导航卫星进行测时和测距，使在地球上任何地方的用户，都能测定出他们所处的方位(GB/T 18354—2006)”。可以实现运行车辆的全程跟踪监视，并通过相关的数据和输入的其他系统相关数据进行交通管理。

全球卫星定位系统是通过卫星对地面上运行的车辆、船舶进行测定并精确定位。在车辆、船舶或其他运输工具设备上配置信标装置，就可以接收卫星发射信号，以置于卫星的监测之下，通过接收装置就可以确认精确的定位位置。

2）GPS 系统的组成

GPS 是美国从 20 世纪 70 年代开始研制，历时 20 年，耗资 200 亿美元，于 1994 年全面建成，具有在海、陆、空进行全方位实时三维导航与定位能力的新一代卫星导航与定位系统。

GPS 系统包括三大部分：空间部分——GPS 卫星星座；地面控制部分——地面监控系统；用户设备部分——GPS 信号接收机。

（1）GPS 工作卫星及其星座。由 21 颗工作卫星和 3 颗在轨备用卫星组成 GPS 卫星星座，记作(21 +3)GPS 星座。

（2）地面监控系统。对于导航定位来说，GPS 卫星是一个动态已知点。卫星的位置是依据卫星发射的星历——描述卫星运动及其轨道的参数算得的。每颗 GPS 卫星所播发的星历，是由地面监控系统提供的。卫星上的各种设备是否正常工作，以及卫星是否一直沿着预定轨道运行，都要由地面设备进行监测和控制。地面监控系统另一重要作用是保持各颗卫星处于同一时间标准——GPS 时间系统。这就需要地面站监测各颗卫星的时间，求出时钟差。然后由地面注入站发给卫星，卫星再由导航电文发给用户设备。GPS 工作卫星的地面监控系统包括一个主控站、三个注入站和五个监测站。

（3）信号接收系统。GPS 信号接收机的任务是：能够捕获到按一定卫星高度截止角所选择的待测卫星的信号，并跟踪这些卫星的运行，对所接收到的 GPS 信号进行变换、放大和处理，以便测量出 GPS 信号从卫星到接收机天线的传播时间，解译出 GPS 卫星所发送的导航电文，实时地计算出测站的三维位置，甚至三维速度和时间。

3）GPS 在现代物流中的应用

（1）导航。三维导航既是 GPS 的首要功能，也是它的基本功能。飞机、船舶、火车、汽车以及步行者都可以利用 GPS 导航接收器进行导航。

（2）车辆跟踪。利用 GPS 和电子地图可以实时显示出车辆的实际位置，并任意放大、缩小、还原、换图；可以随目标移动，使目标始终保持在屏幕上；还可实现多窗口、多车辆、多屏幕同时跟踪。利用该功能可对重要车辆和货物进行跟踪运输。

目前，已开发出把 GPS/GIS/GSM 技术结合起来对车辆进行实时定位、跟踪、报警、通信等的技术，能够满足掌握车辆基本信息，对车辆进行远程管理的需要，有效避免车辆的空载现象，同时客户可以通过互联网技术，了解自己货物在运输过程中的细节情况。

(3) 提供出行路线。提供出行路线规划是汽车导航系统的一项重要辅助功能，它包括自动线路规划和人工线路设计。自动线路规划是由驾驶者确定起点和目的地，由计算机软件按要求自动设计最佳行驶路线，包括最快的路线、最简单的路线、通过高速公路路段次数最少的路线等的计算。人工线路设计是由驾驶者根据自己的目的地设计起点、终点和途经点等，自动建立线路库。线路规划完毕后，显示器能够在电子地图上显示设计线路，并同时显示汽车运行路径和运行方法。

(4) 信息查询。为用户提供主要物标，例如旅游景点、宾馆、医院等数据库，用户能够在电子地图上根据需要进行查询。查询资料可以文字、语言及图像的形式显示，并在电子地图上显示其位置。同时，监测中心可以利用监测控制台，对区域内的任意目标所在位置进行查询，车辆信息将以数字形式在控制中心的电子地图上显示出来。

(5) 交通指挥。交通指挥中心可以监测区域内车辆运行状况，对被监控车辆进行合理调度。指挥中心也可随时与被跟踪目标通话，进行实行管理。

(6) 紧急援助。通过 GPS 定位和监控管理系统，可以对遇有险情或发生事故的车辆进行紧急援助；监控台的电子地图显示求助信息和报警目标，规划最优援助方案，并以报警声光提醒值班人员进行应急处理。

本章小结

运输、装卸搬运、包装、储存、流通加工、配送和信息处理等基本要素是物流的子系统，子系统和系统之间的关系是局部和整体的关系。物流系统中每项基本要素都具有其自身的功能和目标，它们之间通过分工、合作和完善的管理，构成了物流系统的一体化，实现了物品有效率、有效益的流动。

分析物流系统它是由线路和结点构成的，这些线路和结点形成了物流的网络、完成物流的各项活动。线路(铁路、公路、航空、水路等)上进行的物流活动主要是运输，它改变了物品的时间状态和空间状态，将空间上相隔的供应商和需求商两者联系了起来，并且在使供应商能够在合理的时间内将物品提供给需求者，运输提供了物品的移位和短期库存的职能。物流其余的活动是在结点上完成，结点的功能和作用：(1)物流作业的处理功能。(2)物流环节的衔接功能。①通过物流结点将不同运输方式或同一运输方式连接起来，通过多式联运，实现集运输与干线运输以及干线运输与干线运输的衔接；②通过物流结点将运输、仓储、加工、搬运及包装等物流功能联系起来，实现物流作业一体化。(3)物流信息监控和处理功能。(4)物流管理功能。

阅读材料

共享模式下的托盘循环共用体系建设

托盘循环共用模式是探讨共享经济在物流领域应用的焦点，是绿色物流的重要表现形式，也是商务部流通业发展司近年来推行商贸物流发展标准化的重要举措。

招商路凯(以下简称路凯)作为推动国内托盘循环共用的重要力量，取得了令人瞩目的成绩。路凯主要是通过推广托盘等标准化物流包装器具的静态与动态租赁商业模式，打造一套集设备管理、运输收发、库存供应、分拣维修、交易计费在内的社会化共享系统，从而通过

持续提升物流包装器具的社会公共利用率来实现绿色或者资源节约。

路凯积极推动供应链上下游企业的带板运输、解决方案也成为快消品等领域的供应链效率优化提升的基础和前提。在路凯近700万块托盘里面，至少有20%～30%已经实现了带板运输，也就是将近200万块托盘在动态流转之中。以下是路凯推行托盘循环共用的经验和感受，以及对未来托盘循环共用发展的期待。

1. 路凯推进托盘循环共用的经验

1）创新商业模式助力绿色物流落地生根

目前，在绿色物流方面，企业一般是通过产品、材料、能源、设备的研发和创新来实现节能减排。然而这两种方式往往伴随较高的改造与经营成本，前期也需要大额资金的支持才能得以推行，而这往往是企业发展绿色物流的最大障碍。

物流包装器具的循环共用，是通过运营模式或商业模式的优化来实现绿色物流。对使用企业而言，这种绿色运营模式并不涉及额外投资，甚至还有可能会带来经济上与资金上的节约，这就大大降低了企业迈入绿色物流的门槛。所以我们说绿色物流应该从托盘共用开始。

当一个设备或者资源的利用率从个人拥有时可能只有20%、30%或者50%，通过社会化共享的方式让它的平均利用率提高到80%～90%，这就是共享经济最核心的价值。

物流包装器具的循环共用充分体现了共享经济节约资源、提高产品社会利用率的本质。据悉，目前在物流行业也有不少学者、专家开始研究共享经济对物流业的影响，但是关注到物流包装器具的租赁和循环共用的还不多。

2）标准器具流转提升物流供应链效率

托盘是推行物流单元化和标准化的关键所在，推行托盘循环共用不仅仅意味着提高其利用率、实现资源节约、实现绿色物流，也在一定程度上促进了企业供应链的优化。

标准化的托盘能够通过带板运输在供应链上下游企业之间流动，货物装卸可以使用叉车替代人工，因此节约了装卸成本，也就节约了物流成本。但是物流成本节约真的主要靠劳动力成本节约吗？其实这只是小头，真正的大头还是装卸效率大幅提升(80%以上)而非装卸成本节约。

通过带板运输所带来的装卸效率提升主要体现在三个方面的优化效应：一是装卸效率的提升，带来了车辆利用率、周转率的提升；二是装卸效率提升有助越库作业模式的推广，从而带来仓库利用率、周转率的提升；三是装卸效率提升实现了多点共同配送与快速补货模式有机结合，从而真正实现了快速补货模式下库存成本最优与运输成本最优的平衡。

所以在整个托盘循环共享中，实际上托盘利用率、仓库利用率和周转率、库存周转率、车辆利用率和商品周转率都被提高了，从而令商品在零售商供之间、在整个快消供应链的周转速度有了大幅度提高。这既是绿色物流的体现，也是共享经济价值的体现。

3）推动供应链不同利益主体之间的带板运输

一般来说，托盘循环共用分为两个阶段，第一是引入阶段，托盘仅作为存储载具在库内使用，也就是托盘的静态租赁阶段；第二是从静态到动态，托盘作为运输载具与货物一起上车流转，也就是带板运输阶段。目前就托盘租赁而言，自2008年路凯进入中国市场到今天，全中国目前的租赁托盘的总数按照行业内的应该是在1 200万～1 300万块，其中一半以上是路凯持有。在路凯近700万块托盘里面，至少有20%～30%、近200万块托盘已经用于带板运输。

路凯所推动的带板运输，并不只是物理上的带板，路凯要打通的是从生产商到零售商或分销商之间的带板运输，也就是不同利益主体之间的带板运输。近年来，带板运输的概念逐渐得到了快消品领域各主要零售商、生产商的积极响应与各地政府的支持。虽然目前国内带板运输看似红火，但是上下游之间的带板，或者不同利益主体之间的带板，从现在的数量来看还只是刚刚开始。

据数据显示，路凯去年在不同利益主体间采用标准转移模式进行的带板操作仅十多万次，如果算上交换模式的话可能有上百万次，但是相对于路凯所持有的700多万块托盘的基数来说，这个数量还比较少。

4）突破阻碍将带板运输进行到底

针对目前上下游不同利益主体之间带板运输推广的主要障碍，主要有三方面的难点：首先成本问题是最直接的难点，其次是各利益主体之间利益分配问题，最后是技术上的阻力。

推行带板运输，托盘本身需要占用卡车空间就会使运输成本上升，理论上运费上升幅度可以达到30%~40%，这是带板运输推广最大的阻力。目前市场上大多数企业对带板运输价值的理解还是停留在较为直接的装卸成本节约，在车辆不满载(快速补货)、重货、冷链或运距较短的情况下，装卸成本的节约可以冲抵或超过运费的上升。与此同时，在运距比较短的情况下，装卸效率提升对车辆周转率的提升效应显著，也可实质性地降低带板运输的成本。

现在，通常是150~200千米的运距内，带板运输较容易被市场接受，而长距离带板运输则更为困难。这主要因为，长距离运输的单位运费较高，托盘占用空间的损失也更加明显；同时，货物装卸效率的提高也并不能令车辆周转率成倍数地提高。然而，近年来随着劳动力成本的快速上升、油价及路桥费的下降以及治超越来越严格，带板运输的合理运距正在变得越来越长。事实上，在饮料、冰激凌等重货或温度敏感货物领域，路凯早就为客户提供了长距离带板运输服务。近来，我们发现一些国际性的客户已经开始考虑对重货进行中长距离，甚至上千公里的带板运输，因为单板货物比较重的时候，只要不超载，即使采用散箱装车方式也不大可能把车厢空间塞满，托盘不会占用额外的空间，带板运输就不会产生额外的成本。对他们来说，长距离带板运输本身并不会增加任何的成本。

由于带板运输需要整个产业链上下游企业的共同参与，在利益分配方面则更加复杂，这就需要大家站在供应链协同的角度来协商，才能实现共赢；而技术方面的阻力则很大程度上是来自于上下游的标准不统一。如果上下游企业使用托盘的规格、品质不统一，托盘打板的TIHI不统一以及零售商对供应商订单方式不合理，带板运输就无从谈起。

除此之外，零售商和供应商还应建立起充分的信任机制，优化收验货流程，如采用绿色通道、快速收验货以及诚信收货等方式，才能将带板运输进行到底。

5）促进共享经济产业化

伴随社会经济发展与生活观念演变，环境友好、资源节约的发展理念逐渐深入人心。产品供应的极大丰富与互联网时代供求信息的极大透明，令市场无论对生产设备还是耐用生活用品的消费诉求都正在从储备、投资乃至炫耀逐渐回归到商品使用价值本身，长期而无效的拥有或独占正在变得越来越没有必要。

今天市场上关注的共享经济领域大多集中在打车(Uber、滴滴、神州专车)及民宿(AirB&B)等领域，共享形态大多基于在线交易平台。事实上，从提升商品的社会公共利用率这个共享经济的基本价值主张来看，共享经济早就存在，几乎所有的经营性租赁，包括出

租车、船舶舱位共享、农业联合收割，乃至二手商品交易从本质上看都属于原始形态的共享经济产业。信息技术的发展与互联网手段的运用只是通过技术手段大大降低了共享参与者的信息获取成本与流通交易成本，提升交易流通效率与用户使用感受，从而为共享经济大规模产业化奠定了基础。

路凯今天在做的事情，实际上就是在把共享经济真正地产业化，让它能够转化为具有经济价值的商业机会。通过对共享理念的延伸推广，令到越来越多的生产与生活用具实现循环共用，借用一个流行的组词方式，也就是所谓的Pooling+(共享+)。在众多的生产与生活器具中，托盘具有结构简单，规格标准，模块设计，应用广泛等特点，可以说是最基础、最简单、最容易导入共享模式的产品。

2. 共享经济落地的措施

除了基于互联网技术的信息交易平台外，对大多数实物商品而言，共享经济要想真正落地还需要具备几个关键要素。

1）大规模的检验和维修能力

当产品要实现大规模共享的时候，就意味着它将被不同用户循环多次使用。这就要求产品每次使用中都必须达到可接受的安全使用品质，或者标准品质，那么大规模专业化的检验、维护和维修就变得非常重要。由于每一个产品每次的损坏情况都完全不同，构建循环共用产品的大规模检验与维修能力的难度实际上远远超过构建新产品的大规模生产能力。

2）低成本物流收发能力

要实现产品在不同用户间共享，就必须要有很低的运输成本，就是整个运输收发系统必须要非常的优化才能够实现共享。对物流和工业器具而言，收发系统的优化很多时候可以与器具所载运的商品物流配合考量；对个人耐用消费品来说，产品能够从使用端以较低成本回到运营商手里尤为困难。目前，随着电商模式的大规模普及与应用，这个逆向物流体系实际上已经开始建立起来了。

3）标准化模块化产品的研发能力

互联网思维强调消费者的个性诉求，但完全个性化的产品却又因无法满足市场普遍需求也就很难实现共享。从降低交易成本、维修成本与运输成本，提升产品市场灵活性的角度看，未来最适用于共享模式的产品一定是单元化、模块化设计的产品。成品形态与包装设计的个性化与产品组件的标准化必然是共享经济时代产品开发的基本思路，标准化模块化产品的研发设计能力也是共享经济企业必须具备的核心能力。

4）科学合理的交易规则、定价标准与计费系统

无论通过租赁还是买卖，产品共享本质上就是二手商品的标准化交易和流通。无论怎样提升产品的标准化程度，每一件二手商品的新旧程度、品相、质量总会有不同，这一非标准性决定了一个可被市场广泛接受的交易规则，相对公平合理的定价标准和精准的计费系统是实现产品共享流通不可或缺的要素或平台。

3. 呼吁将托盘循环共用纳入现代服务业

近年来，商务部流通业发展司发动相关政府部门及相关企业，为推动托盘租赁及循环共用开展了一连串行动，并取得了良好的经济效益和社会效益。随着中国一带一路的发展，如果能够实现将中国的托盘标准向一带一路周边国家推广，则又意味着一个巨大的市场空间。

尽管国家已经开始积极推动托盘标准化与循环共用体系的建设，但目前在税务政策上，

仍有待政府给予支持，最重要的是能够不把托盘循环共用服务简单当作一种设备租赁业来看待，因为经营性租赁业需要征收最高标准的增值税率，这跟国家目前推广这个行业的思路是不匹配的，对循环共用运营商也不公平。实际上我们的收入来源或者成本结构里面，真正跟租赁有关的或者跟设备资产有关的只占30% ~40%，其余60% ~70%都是服务。

在跨境运输方面，关键是要尽可能降低木托盘空板回运的监管成本，从而在进出口领域实现循环共用模式对一次性托盘的替代。要解决这个问题，一方面，需要海关能够把循环共用的标准托盘像集装箱一样视为一种标准化的物流载具，而不是简单当作一类进出口货物来监管并对每一次空板回运都收取进口关税，当然这需要托盘运营服务商与海关共同寻求高效可靠的监管方法；另一方面是希望能够与国检部门共同探讨如何针对循环共用木托盘跨境流动，采用更便捷的检验检疫方法并降低相关的熏蒸费用。

(资料来源：中国物流与采购网)

知识拓展

DVIR：物流技术的一项重大创新

物流管理可视化一直是世界物流管理中的一个难点，尤其是大型的国际快递公司更是迫切希望解决这一问题，虽然条码技术和RFID技术能够帮助人们解决很多问题，但由于种种原因造成的丢货现象仍然存在，而人们想要在成千上万件“流动的货物”中准确地查找一件我们想要的货物的真实图像，几乎是一件不太可能的事情，而DVIR的出现，可以很好地帮助人们解决这一问题。

那么，什么是“DVIR”？DVIR究竟有什么魔法呢？DVIR的全称为Digital Video Information Identification & Inquiry Reader System，是一种“带有电子标签录像功能的图像识别追踪系统”。这一系统以电子编码为基础，以数字录像为辅助，在电子标签的引导下，实现对大量、快速移动的物体进行精确身份识别和图像追踪记录，是一种全新概念的数字图像识别追踪系统。在物流管理中，为了对每一件货物身份进行确认，物流公司都会在其外包装上贴有条码(或RFID标签)，我们把这种由物流公司附加在货物上的带有信息的标贴称为“电子标签”。这些标签号码一般都被当作该货物的运单号。DVIR的工作原理就是在物流作业现场，设立若干个以条码扫描枪(或RFID读写器)与视频监控探头组成的物流查验点，当有货物经过时，系统将自动把货物的外观连同它的“运单号”自动记录保存，一旦需要，人们只要在系统中输入货物的运单号，DVIR能够在1 ~2秒之内找到这段录像进行播放，必要时，这段录像可以变成数字文件或图片被下载、打印和转发。

DVIR以其系统的先进性和实用性，使国外同行刮目相看。一些专业人士在看过DVIR系统的实例演示后认为，这项技术开创了中国人在世界物流史上拥有自主发明的先河，是物流管理中的一项重大的技术创新。

在技术特点上，首先，DVIR是一种由嵌入式产品构成的网络系统，不怕互联网病毒和黑客攻击，是一种完全工业化的安全可靠的网络系统。其次，DVIR是一个开放式的系统，适合对一切由电子编码方式产生的带有电子身份标志的物体、人和事件的动态图像记录和追踪。再次，DVIR所记录的动态图像容量，理论上是无限制的，因此可以满足对大量出库品

图像的长时间记录和保存。最后，DVIR 支持本地查询、网络查询和模糊查询，而且记录的图像是实时和经过防伪加密的，分辨率也较高，可以达到 DVD 的画质，并很清晰地播放出来。

为了扩大在物流领域的应用，贝通电子还在 DVIR 基础上建立了 LVTR(Logistics Video Tracking Recognition System)。这是一种可实现精确定位的物流可视化追踪查询系统，有了这个系统，要在成千上万件“流动”的货物中查找一件想要的货物真实图像和流经地点，就变得非常容易和简单。举个例子，我国香港某国际货运公司每天进出的货物有 4 万多件，以前他们要查找一件不明去向的当天的货物都非常困难，在他们安装了 DVIR 系统后，哪怕要寻找一个月前的货物图像，DVIR 也可以在 2 ~3 秒钟完成查找和图像播放，这就大大地提高了他们的工作效率，因此，DVIR 是帮助物流公司实现安全、快捷服务的重要工具。

由于 DVIR 能提供一种操作方便、查询精确的物流识别追踪系统，目前这一技术创新已得到了许多行业的认可，例如著名的国际物流快递公司 DHL，目前已在亚太地区推广使用；上海邮政下属的邮政分拣中心也已经利用这一技术对其运输车辆进行追踪记录；某出入境检疫检验局也开始在做网络清关的测试。

DVIR 的核心技术是把电子编码信息与数字图像存储相结合，组成一种带有电子标签信息的数字录像查询系统。这一系统完美地实现了图像信息化和信息图像化。因此，DVIR 这种技术在很多领域将成为一种重要的图像信息识别工具。例如，该项技术可应用于以下几种领域。

(1) 在对进出口货物查验时，DVIR 可以帮助海关、检验检疫等部门，在保证货单相符，监管安全的前提下，通过网络实现远程查验和清关，提高执法力度和工作效率。

(2) 在防伪查验领域，DVIR 可以帮助人们实现对商品原产地及产品真伪进行图像对比和认证，是提高防伪技术的有效途径和手段。

(3) 在交通运输领域，DVIR 可以实现对高速移动车辆和集装箱的图像、牌照、号码自动识别和记录，是迄今为止一种最完美的、低成本的图像识别追踪系统。

(4) 在安防领域，DVIR 可以实现图像化的门禁、考勤、人员身份识别及视频追踪，DVIR 将成为一种重要的安防技术手段。

(5) 在卖场和超市，DVIR 可以有效地帮助人们监控收银情况，防止高价货物低价出售、监守自盗等情况的发生。

(资料来源：现代物流报)

思考与练习

一、判断题

1. 物流系统是一个复杂的、动态的系统，系统各种要素相互作用、相互配合才能有效地完成物流功能，提高物流系统的整体效益。 ( )

2. 产品包装，尤其是运输包装在物流过程中起到保护商品、便于仓储、便于运输、便于装卸搬运的作用。 ( )

3. 一般情况下，合理的捆扎可以提高容器的强度。 ( )

4. 包装是包装物及包装材料的总称。 ( )

5. 不同材料的透湿率(克/平方米/24 小时)是不同的,透湿率由小到大排序是:塑料薄膜、纸类、铝箔。 ( )

6. 对于松泡产品,如羽绒服、棉被等,在包装前应采用真空技术。 ( )

7. 物流基础模数尺寸决定了集装模数尺寸。 ( )

8. 配送各环节都需要装卸搬运,有效的装卸搬运会大大提高配送中心的效益,所以装卸搬运职能是配送中心的核心职能。 ( )

9. 充分利用重力和消除重力影响是装卸搬运合理化之一。 ( )

10. 在物流各项活动中装卸搬运是出现频率最高的作业活动之一。 ( )

11. 管道运输具有投资小、效率高和适用广泛的优势。 ( )

12. 为了不降低客户服务水平,对企业而言,自有仓库是一项最好的选择。 ( )

13. 仓储在物流系统中起着缓冲、调节和平衡的作用。 ( )

14. 贯彻“先进先出”原则是仓库合理存放货物的基本要求。 ( )

15. 零库存是现代物流学的重要概念,指在全社会范围内彻底消除库存,需要多少,生产多少。 ( )

16. 由于客户时间观念越来越强,配送中心交货时间越早越好。 ( )

17. 在库存管理 ABC 分类法中,A 类物品占库存总数的 10% 左右,其库存成本占总成本的 70% ~80%。 ( )

18. 利用 ABC 分类法进行库存管理的过程中,只需要重视对 A 类物资进行重点管理,可以忽视对 B、C 两类物资的管理。 ( )

19. 在一次订货中,订货费用与订货量有关,订货量越大,订货费用越多。 ( )

20. 高水准的物流服务是指尽量用储备大量的库存来满足客户订单。 ( )

21. 物流结点是物流作业中两种作业的连接处。 ( )

22. 在物流结点中,物流园区集约化程度最高,功能最齐全。 ( )

23. 物流信息不仅对物流活动具有支持保证的功能,而且具有连接整合整个供应链和使整个供应链活动效率化的功能。 ( )

24. 条码技术是迄今为止最经济、最实用的一种自动识别技术。 ( )

25. 条码在国际物流省却了不同国家语言、文字的转化。 ( )

26. 由条码与扫描设备构成的自动识别技术在物流管理中被广泛应用,它能提高效率,减少差错。 ( )

27. RFID 能实现非接触识别,但电子标签被覆盖时则无法识别。 ( )

28. 条码若局部损坏则无法进行识别。 ( )

29. 射频标签识别系统,主要功能是对运动、静止的标签,进行不接触识别,它运用的是电磁波扫描机理。 ( )

30. POS 系统不仅方便收费,而且收集到的销售数据经电脑处理,能作为促销、价格、陈列方式和库存管理等决策的依据。 ( )

31. POS 系统将管理领域从物流对象的管理延伸到物流环节、工作人员、顾客等方面的管理。 ( )

二、填空题

1. 包装的作用:保护商品、________、________、________和跟踪物品。

2. 根据包装材料填写装适应的货物(无标准答案):陶瓷________、金属________、纸板________、塑料________。

3. 成组化包装器具形式有:刚性容器、________、________。

4. 装卸搬运合理化原则有________、________、________、________、________、________和________。

5. 物流中心按其功能不同可以分为________、________、________、________、________和________。

6. 前缀码是国际EAN组织标识各会员组织的代码，我国为________。

7. 物流系统由实体网络和________网络组成，实体网络由________和________组成。

8. 物流结点的类型有：________、________、________、________。

9. 我国商品包装上所印的条码称为________条码，由________位数字码和________组成。

10. 射频识别系统的读写器主要由________、________、________组成。

11. EDI系统的构成要素包括________、________、________等。

12. GPS由________、________和________三部分组成。

三、单选题

1. 物流基础模数尺寸是________。

A. 1 200mm×1 000mm　　B. 1 200mm×800mm

C. 600mm×400mm　　D. 1 100mm×1 100mm

2. 包装一般可分为：运输包装、________。

A. 防潮包装　　B. 危险品包装

C. 销售包装　　D. 防锈包装

3. 把物料和货物的存放状态对装卸搬运作业的难易程度称为________。

A. 搬运指数　　B. 搬运活性指数

C. 灵活性指标　　D. 存放状态

4. 装卸搬运中提高机动性原则是使货物处于搬运活性指数________的状态。

A. 低　　B. 运动

C. 静止　　D. 高

5. 将物品放在托盘或支架上，其搬运活性指数为________。

A. 0级　　B. 1级

C. 2级　　D. 3级

6. 放于搬运车、台车或其他可移动挂车上的货物，它的搬运活性指数是________。

A. 0级　　B. 1级

C. 2级　　D. 3级

7. 将物品放到有一定倾斜度的滑辊、货架及滑槽上，在物体本身的重力作用下产生移动，这体现了装卸搬运________的要求。

A. 利用重力原则　　B. 系统化原则

C. 单元化原则　　D. 效用原则

8. 装卸搬运在物流中是：辅助性、________、支持性、保障性和衔接性的活动。

A. 适当集中库存　　B. 合理库存

C. 伴生性　　D. 主导性

9. 运输向用户提供的不是有形产品，而是一种服务，它创造了物品的________。

A. 时间效用　　B. 经济效用

C. 空间效用　　D. 增值效用

10. 公路运输具有________的特点。

A. 运输量大　　B. 运输成本低

C. 可靠性高　　D. 机动灵活

11. 不合理运输最严重的形式是________。

A. 过远运输　B. 起程或返程空载
C. 迂回运输　D. 运载能力不足

12. 直达运输的实质是________。

A. 减少运输环节　B. 缩短运输路线
C. 规划运输方向　D. 提高运输工具的使用效率

13. ________运输特别适合于运输长距离、高价值的产品。

A. 铁路　B. 航空
C. 集装箱　D. 海运

14. ________具有机动灵活、货损货差少，可以实现“门到门”的直达运输。

A. 汽车运输　B. 铁路运输
C. 管道运输　D. 航空运输

15. 公路运输在________半径以内取代铁路运输。

A. 500km　B. 200km
C. 100km　D. 250km

16. 根据国际标准化组织和我国颁布的《集装箱名词术语》对集装箱所下的定义和技术要求，集装箱的内容积应该在________立方米以上。

A. 1　B. 2
C. 3　D. 4

17. 大陆桥是________。

A. 大陆上的桥梁　B. 连接两端海洋的中间大陆
C. 两块陆地的中间桥梁　D. 连接海洋的大陆

18. 运输提供物品位移和________职能。

A. 短期库存　B. 搬运
C. 装卸　D. 流通

19. 物品从产地直接运到销地，以减少中间环节的运输方式是________。

A. 直拨运输　B. 直达运输
C. 产销平衡　D. 合整装载运输

20. 集装箱是________。

A. 运输设备　B. 包装物
C. 容器　D. 储存设备

21. 最常用的国际运输方式________。

A. 空运　B. 海运
C. 多式联运　D. 铁运

22. 国际标准集装箱计量单位 TEU 为________集装箱。

A. 40 英尺　B. 20 吨
C. 20 英尺　D. 10 吨

23. 采用托盘化物流的前提条件：一是________与托盘规格一致；二是集装箱、车辆、货架等规格与托盘相吻合。

A. 包装规格　B. 包装标志
C. 包装模数　D. 包装术语

24. 仓库在整个物流系统中扮演着极其重要的角色，仓库最基本的功能是________。

A. 储存功能　　B. 移动功能

C. 信息传递功能　　D. 预测功能

25. 流通仓库比普通仓库在________功能上更强。

A. 货物流通　　B. 流通加工

C. 储存保管　　D. 储存量

26. 货物在流通型仓库中停留时间与在储存型仓库相比________。

A. 同样　　B. 较短

C. 较久　　D. 不确定

27. 自动化仓库取代人工仓库的主要原因是________的要求。

A. 人力成本　　B. 土地成本

C. 货物储存量　　D. 高速大批量物流

28. 公共仓库是“第三方仓库”，它的经济效益________企业自设仓库。

A. 低于　　B. 等于

C. 不能比较　　D. 高于

29. 采用重力型货架的优点是________。

A. 节约库存面积　　B. 先进先出

C. 仓间搬运堆垛能耗低　　D. 节省人力

30. 自动化立体仓库由高层货架、巷道机、________和管理控制系统组成。

A. 滚珠输送机　　B. 光电控制器

C. 输电线路　　D. 周围出入搬运系统

31. 物流的高附加值是通过________实现的。

A. 流通加工　　B. 改善包装

C. 合理搬运　　D. 及时配送

32. 配送是面向________的服务。

A. 终点用户　　B. 中间用户

C. 始点厂家　　D. 中间厂家

33. 配送中心对物流成本、物流服务决策时，哪个不可取：________。

A. 提高物流服务水平，不惜增加成本　　B. 库存合理化

C. 提高配送效率　　D. 提高服务水平

34. 以下物流结点中，功能最齐全的是________。

A. 配送中心　　B. 物流中心

C. 物流园区　　D. 流通仓库

35. 配送中心在配货时，逐一将订单所需商品顺序取出，完成配货作业，这种取货方式称为________。

A. 摘果式　　B. 播种式

C. 分拣式　　D. 提货式

36. 配送中心的管理应以________为中心。

A. 库存战略　　B. 设施布局

C. 顾客服务水平　　D. 运输战略

37. 配送中心收验货作业的三核对：数量核对，商品包装上的品名、规格、品质，________。

A. 验收包装箱上是否有水迹　　B. 验收包装箱上的规格

C. 查核商品条码　　D. 查验是否有送货预报

38. ________属于配送。

A. 配送的实质是送货　　B. 配送要完全遵循按用户要求
C. 配送是物流，和商流无关　　D. 配送是配和送的有机结合

39. 所谓拣选，就是按订单或出库单的要求，从________，并放置在指定地点的作业。
A. 转运场所选出物品　　B. 检验场所选出物品
C. 加工场所选出物品　　D. 储存场所选出物品

40. 物流系统中，各环节的相互衔接是通过________予以沟通的。
A. 人员交流　　B. 资料
C. 信息　　D. 信号

41. 国际上通用的和公认的三种物流条码中，一般企业最常用的是________。
A. ITF - 14 条码　　B. UCC/EAN - 128 条码
C. EAN - 13 条码　　D. EAN - 8 条码

42. EAN - 13 条码的前三位数字用于标识________。
A. 企业名称　　B. 产品名称
C. 产品规格　　D. EAN 的成员

43. EDI 的英文全称为________。
A. Easy Data Interchange　　B. Electronic Data Interchange
C. Electronic Data Interconnection　　D. Easy Data Interconnection

44. EDI 是通过电子方式，采用________，利用计算机网络进行结构化数据的传输和交换。
A. WORD 格式　　B. 超文本格式
C. 标准化格式　　D. 图表格式

45. 能够及时、自动读取各时点商品销售信息的系统是________。
A. POS　　B. AGV
C. EDI　　D. GIS

46. GPS 是________英文单词的缩写。
A. 地理信息系统　　B. 电子数据交换系统
C. 全球定位系统　　D. 运输系统

47. 反映物流各种活动内容的知识、资料、图像、数据、文件的总称，称为________。
A. 物流信息　　B. 物流集合
C. 物流汇编　　D. 物流情报

48. 物流信息指的是在物流活动进行中产生及使用的________。
A. 所有数据　　B. 所有信息
C. 必要信息　　D. 主要信息

49. 物流系统中，各环节的相互衔接是通过________予以沟通的。
A. 人员交流　　B. 资料
C. 信息　　D. 信号

50. 储运条码是用在商品装卸、仓储、运输等配送过程中的识别符号，也称________。
A. 标准码　　B. 缩短码
C. 物流条码　　D. 二维码

四、名词解释

1. 包装　2. 托盘　3. 装卸搬运　4. 运输　5. 储存　6. 流通加工　7. 配送　8. EDI　9. 条码　10. 前置期　11. 物流园区

五、简答题

1. 何谓托盘？它具有哪些特点？
2. 简述集装箱的概念。
3. 简述库存管理的主要环节。
4. 请比较流通加工与生产加工的区别。
5. 请比较物流中心与配送中心的异同。
6. 简述配送中心选址原则。
7. 试比较拣选式(摘果法)与分货式(播种法)拣选的优、缺点。
8. 试比较商品条码与物流条码的区别。
9. POS 系统的功能。

【实践教学】

实训名称	物流中心(配送中心)作业及其管理
教学目的	① 认识物流中心(配送中心) ② 熟悉物流中心(配送中心)作业及其管理
实训条件	选择一家物流中心或配送中心调研
实训内容	① 物流中心(配送中心)概况：选址、布局、业务类型及其特点等 ② 物流中心(配送中心)设施、设备：立体车库、高位货架、堆场的结构，装卸搬运、堆码、检测、计量、分拣、托盘、包装及集装等设备和作业方法 ③ 信息系统：ERP、RFID、条码—POS 系统、GPS/GIS 等 ④ 仓储及配送管理：库存控制的方法与管理，仓储信息技术、自动化技术的应用情况，配送订单的处理、配送安排，配送的调度管理，备货、理货、车辆配载的方法，仓库的治安、消防、防风防雨管理和安全管理等内容 ⑤ 流通加工与包装：流通加工和包装方法
教学组织及考核	① 学生 6 ~ 8 人一组，教师进行具体指导 ② 学生根据实训内容，结合调研资料，以小组为单位，自拟一份调研报告 ③ 将调研报告制作成 PPT，以小组为单位进行交流、汇报(一位同学主讲，其他同学补充) ④ 学生和教师对每一组汇报进行点评

第3章 企业物流

教学目标

知识要点	能力要求	相关知识
企业供应物流	(1) 掌握供应物流概念 (2) 理解供应物流作用 (3) 分析采购、供应、库存控制对企业经营活动的重要性	(1) 供应物流概念、作用 (2) 采购管理 (3) 供应管理 (4) 库存控制
企业生产物流	(1) 掌握生产物流概念及特征 (2) 分析不同生产方式下物流类型 (3) 分析不同生产过程物流结点作用 (4) 理解生产物流管理的新模式	(1) 生产物流概念、特征 (2) 生产方式、生产物流 (3) 生产物流结点 (4) 工业4.0、JIT、看板、MRP/ERP、精益生产、敏捷制造、约束理论
企业销售物流	(1) 掌握销售物流概念及主要环节 (2) 能对销售物流渠道合理设计 (3) 能对市场需求做预测 (4) 熟悉分销需求计划内容	(1) 销售物流概念、主要环节 (2) 销售物流的渠道 (3) 需求计划、分销计划
回收物流与废弃物流	(1) 掌握回收物流、废弃物流的概念 (2) 理解排放物的产生途径 (3) 理解回收物流、废弃物流处理价值 (4) 树立节约资源、保护环境的意识	(1) 回收物流、废弃物流的概念 (2) 排放物产生 (3) 回收物流、废弃物流处理 (4) 回收、废弃物流经济效益、社会效益

教学重点、难点

供应物流中采购与库存控制重要性；生产物流管理新模式；销售物流渠道及分销需求计划；回收物流、废弃物流价值。

上海通用汽车公司物流管理新模式

上海通用汽车有限公司(SGM)，是中美两国迄今为止最大的合资企业，又是中国汽车行业领军企业之一，该企业在涉及生产、供应和销售等方面的物流管理，树立了中国乃至全世界物流活动的行业典范。

上海通用拥有世界上最先进的弹性生产线，能够在一条流水线上同时生产不同型号、颜色的车辆，每小时可生产几十辆汽车。面对如此强大的生产，上海通用在国内首创订单生产模式。同时，该公司的生产用料供应采用JIT(准时生产方式)运作模式，由国际著名的RYDER物流咨询公司为其设计零库存管理，即所有CKD(全散装件)的库存存在于运输途中，不占用大型仓库，而仅在生产线旁设立RDC(再配送中心)，维持一定数量的最低安全库存，此外系统设置至少12小时必须更新、补充零件储备。

上海通用每日的生产用料呈波动状态，相应的零件拉动也是呈不规则变化。要保持最低安全库存，这就要求采购、供应、运输、销售等一系列操作之间的衔接必须十分密切，不能有丝毫差错。上海通用是如何在生产、供应、销售等各个领域的物流环节加强管理和创新。

1. 独特的生产物流系统

在上海通用的车间，无数各式各样的零部件会汇聚到部件装配车间或者总装车间，被准确无误地送入自动化生产线，又被丝毫不差地安装到不同类型的汽车上，组成一辆辆似有人类灵气和生命力的汽车，整个生产过程如此复杂，而又如此精益，充分体现了现代企业生产物流的无限魅力。

众所周知，对于汽车制造企业来讲，生产物流尤其是零部件入厂物流是实现准时化生产(JIT)的关键，也是难点所在。生产一辆汽车不仅需要上百道工序、上万种零部件，而且对零部件的准时供应提出了极为严格的要求。如何将每一生产环节所需的零部件在正确的时间、送达正确的工位，绝对是每个企业面临的最严重的挑战。

上海通用的生产物流直接与生产挂钩，严格按照生产计划进行。公司定期召开生产、销售计划会，通过对生产、库存、销售以及市场调查的总结和反馈决定未来一段时间的生产计划(确定车型及具体产量)，并具体计算出相应的物流量，再根据日产量，由计算机信息系统对每种零部件的具体要货量进行细分，同时加强与供应商信息沟通。生产物流活动中，主要包含5个方面的工作。

(1) 接货、卸货：即接收零部件供应商或相关物流公司的送货，主要依靠叉车、升降台等设备完成卸货、入库。

(2) 储存、保管：上海通用在库存管理中采用按照集装箱、木箱、零件三个不同层次进行划分的三级式库存管理模式。这三级库存是互相贯穿兼容、不可分割的整体，通过三级库存管理可以从各个方面控制零件的状态，包括库存量、库存时间、包装状态等，保证零件拉动先进先出，并提供零件采购计划的依据。

(3) 出库：按照生产计划，利用牵引车将存放在料架或料箱中的零部件直接拖挂、搬运至指定区域。

(4) 上线：物流工人负责管理生产线旁的采购件，按照生产指令送到生产线旁的指定工位。而有些零部件如座椅等采用JIS(直序列)供货方式，即与生产需求实时对接、同步供应，从而构建均衡供货系统，满足柔性化生产需求。具体做法是，供应商先对全部物料进行统一编号，然后按照生产节拍与车型进行排序，再直接送到相应工位进行装配。这一供货方式效率最高，占用空间最少。

(5) 不良品与空器具回收：设专人负责，不良品回收后，经过维修，达到要求后再重新上线使用。

2. 先进的供应链物流管理系统

物料供应系统就是生产线的供血系统。上海通用汽车公司所采用的拉动式的物料供应系统(图3.1)，其与营销体系对接。通用公司根据收到的客户订单安排生产，与此同时生成相应的物料计划发给各个供应商，这样既保证生产时有充足供应，又不会有库存而占用资金和仓库。事实上，拉式供应链系统能通过外部实际需求信息，准确地把握销售动态而缩短提前期。而随着生产提前期的缩短，零售商的库存水平将显著减少，制造商面对的变动性也随着提前期的缩短而变小，进而使得制造商库存降低。

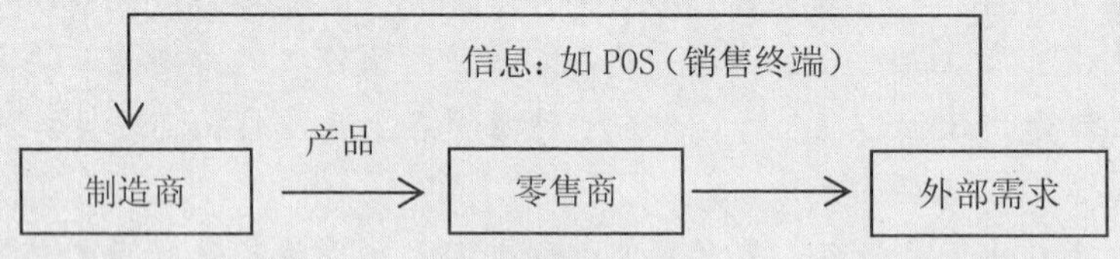

图3.1　拉式供应链

为了配合生产的需求，物料系统还做了其他调整。其中之一就是对部分零部件实施排序配送。此外，物料部门还增加了车间的货物窗口，采用新型料架，改进物料存放，提高了配送柔性化程度。上海通用物料需求计划贯穿订单→物料准备→发运→销售的一个完整的闭环系统，体现了企业的供应链关系。

随着市场环境的变化以及信息技术的发展，上海通用意识到，企业面临的是一个变化迅速且难以预测的买方市场，要快速满足对方的需求，单靠企业自己的资源已经难以实现，因此有必要和供应商、销售企业及相关物流企业进行资源整合和总体规划，以提高整体效益。换句话说，就是要协调、控制和优化供应链管理，从而将这条连接供应商与用户的物料链、信息链、资金链彻底转变成一条增值链，使得物料在供应链上因加工、包装、运输等过程而增加其价值，给相关企业和顾客都带来收益。

然而要保证供应链的效率与效益，实现对成千上万的不同物料进行管理，对大量的产成品及时销售与配送，对数百家供应商进行管理，所有的这一切，通过传统方式传递物流作业信息是不可能的，必须要用信息化系统对供应链进行整合，实现物流与信息流的无缝对接。

上海通用综合利用计算机信息技术，可对客户的个性化需求快速及时反映，自动安排生产计划、物料供应计划等。所采用的信息系统，除包含有客户对购买车型、配置的个性化要求，还对每辆生产车辆编有生产编号，这个编号相当于车辆在流水线上的身份证，自动车体识别系统将汽车制造信息自动读入电子标签内，零部件组装等制造信息就将随车身经过每一生产工段直至进入总装车间。通过计算机联网系统，将与汽车“身份证”对应的符合顾客个

性化需求的汽车制造过程中所需物料信息，一一对应传递到各工位，在生产线上根据车辆不同的生产编号准确无误地执行不同的任务，正确完成不同的装配工作，形成由零部件的涓涓细流汇成整车流的完整过程。

上海通用信息系统在对供应商管理及信息交换以保证零部件准时配送、在产品营销中起到了巨大作用。对供应商信息交换与管理的系统有，订单展开、产品信息描述、物料需求计划自动生成、物流配送、库存管理控制及与供应商的信息交换等功能，是整个供应链物流管理的灵魂。

3. 高效的销售物流系统

中国汽车市场逐渐成熟，用户需求日益多样化，对产品、服务的要求也越来越高，越来越严格。上海通用采取了一种新兴的汽车整体服务方式——4S店，作为其主要销售和售后的对外窗口。汽车4S店是指将四项功能集于一体的汽车销售服务企业，包括整车销售(Sale)、零配件(Spare Part)、售后服务(Service)和信息反馈(Survey)。目前，上海通用的数百家4S专卖店几乎遍及全国各个地区，一个新型的现代化营销服务网络体系已成规模。

上海通用销售物流管理主要包括：销售订单处理、订单分配、入库管理、出库管理、合格证管理、资金结算与信息查询，采用信息系统实现高效业务管理，并通过SAP系统与生产部门衔接，及时传递订购车辆的品种、型号、颜色、配置、要货时间等信息。

在销售物流活动中，最困难的是运力调配问题。一方面上海通用汽车销量大幅上升，另一方面国家限制载重等交通管制措施更为严格，以及油价上涨、运输车辆单向空驶比例加大等因素，导致公司的物流成本增加。为解决此类问题，上海通用采取了多种举措：一方面与专业物流公司进行合作，加强信息沟通，除每月制订计划外，在临时增加运力问题上双方默契配合，较好地解决了运输量弹性变化的难题；另一方面，从国外引进先进整车位置码管理系统，既提高了效率，降低了差错率，还能实现信息追踪，从而加强了管理。

上海通用汽车有限公司自投产以来，不单纯追求利益最大化，而是以市场为导向，以客户满意为目标，集中体现了“创新是灵魂，改革是出路，发展是目标”的经营服务理念，注重服务的内涵与质量，着重增强主业竞争力，在物流管理上不断改进，不断创新，使得物流成本不断降低，对客户订单的反应速度不断加快，物料供应的即时性不断改善，从而使得公司效益不断提高，并在日益激烈的市场竞争中立于不败之地。

（资料来源：中国物通网）

企业是为社会提供产品或某些服务的经济实体。企业物流是指：“货主企业在生产经营活动中所发生的物流活动(GB/T 18354—2006)”，即在生产经营过程中，物品从原材料供应，经过生产加工，到产成品销售，以及伴随生产消费过程中所产生的废弃物的回收及再利用的完整循环活动。

企业物流可以分为供应物流、生产物流、销售物流、回收与废弃物物流，如图3.2所示。

企业物流管理就是针对企业内部和外部的相关物流活动，进行科学、合理的计划、组织、协调与控制，以最适合的物流成本达到顾客满意的服务水平。

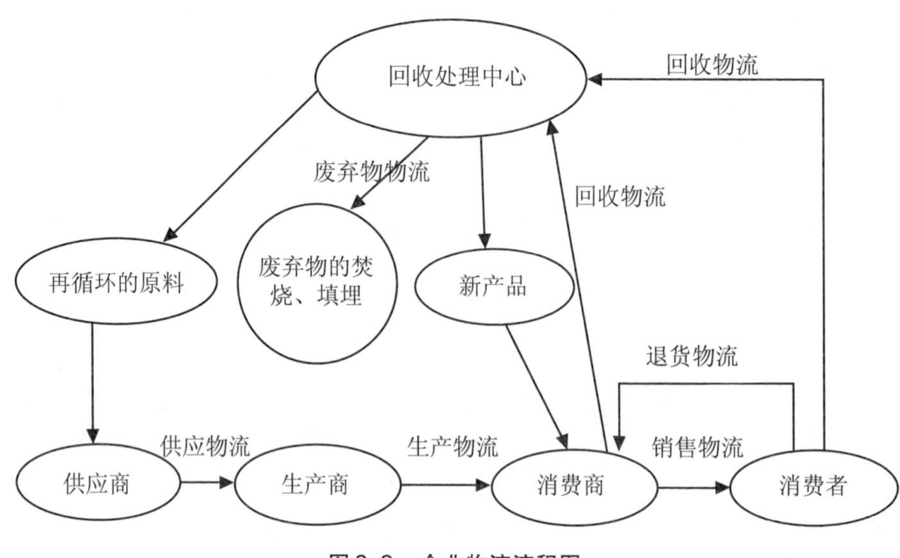

图 3.2　企业物流流程图

3.1　企业供应物流

3.1.1　供应物流概述

1. 供应物流的概念

供应物流(Supply Logistics)是指:“为下游客户提供原材料、零部件或其他物品时所发生的物流活动(GB/T 18354—2006)”。

供应物流是从原材料、外协件等的订货、购买开始,通过运输等中间环节,直到收货人收到货、入库为止的物流过程,它是企业物流的起始阶段。供应物流是保证企业生产经营活动正常进行的前提条件。

2. 供应物流的作用

供应物流的基本作用表现在以下两个方面。

(1) 供应物流是保证企业顺利进行生产经营活动的先决条件。企业供应物流的作用,一是为企业提供生产所需的各种物资,保证企业不会因等待原材料、零部件而停工、停产。二是保证适时、适量、适质、适价、齐备成套、经济合理地供应企业生产经营所需要的各种物资,并且通过对供应物流活动的科学组织与管理,运用现代物流技术,促进物资的合理使用。

(2) 供应物流是保证企业完成各项经济指标、取得良好经济效果的重要环节。首先,物资供应费用在产品成本中占有很大的比重(如在机械产品中一般占 60% ~70%)。因此,加强供应物流的科学管理,合理组织供应物流活动,如采购、存储、运输及搬运等,对降低产品成本起着重要的意义。其次,在现代化大生产中,企业的储备资金在流动资金中所占比重也是很大的,一般为 50% ~60%,因此,加强供应物流的组织管理,合理储备,对压缩储备资金、节约占用资金、加快流动资金的周转起着重要的作用。最后,在物资供应中,能否提

供合乎生产要求的物资，直接关系到产品的质量、新产品的开发和劳动生产率的提高。

3. 供应物流的系统

供应物流的过程，因不同的企业、不同的生产工艺和不同的生产组织模式而有所不同，但供应物流基本流程和内容大致相同。具体包括采购、供应和库存管理三个主要内容。

3.1.2 采 购

制造企业以市场需求为动力源，为销售而生产，为生产而采购是一个环环紧扣的物料输入、输出的动态过程。而采购流程运行成功与否将直接影响企业生产、最终产品的定价和供应链的最终获利情况。因此，企业采购处于企业物流流程的“首要”地位，采购又是供应物流与社会物流的衔接点。

采购物流管理的目标，就是以正确的价格、在正确的时间、从正确的供应商处购买到正确数量和质量的商品或服务。

1. 采购的概念

采购包含着两个基本意思：一是“采”，二是“购”。“采”，即采集、采摘，是从众多的对象中选择若干个之意。“购”，即购买。所谓采购，指从多个对象中选择购买自己所需要的物品。所谓对象，既可以是市场、厂家、商店，也可以是物品。

2. 采购的重要性

由于采购的工作质量关系到企业产品的质量和成本，并且采购资金在总成本中占很大比重，使得采购在企业经营活动中占有重要地位。

1）采购的资金量大

在制造业中，企业的采购资金占最终产品销售额的40%～60%，这意味着采购成本的降低将对企业利润的增加产生重要的影响，其增加利润的效果要远远大于在其他方面采取的措施。所以，采购自然成为企业降低成本、增加利润的重要环节。

2）满足制造产品需求

企业生产部门对采购物品不仅有在数量方面的要求，而且还有在质量、性能与时间等方面的要求。原材料和零部件的性能和质量直接关系到产品的性能和质量。

现代物流管理要求做到准时制采购，即JIT采购，它是按照生产部门或客户的需求数量和时间，及时安排采购计划，对于采购数量与采购时间，尽量做到既不要过量又不要提前，能够准确及时地满足需要，最大限度地降低采购物资的库存水平。

3）采购的战略角色

随着市场竞争的日益激烈，企业普遍意识到内部的获利空间已经很小，要进一步提高资源的利用率，只能把盈利视角扩大到整个供应渠道上。这是因为：第一，传统的生产方式已经走到了尽头，大而全、小而全的企业结构已经越来越不能适应外部经营环境的变化，社会发展呼唤生产方式的变革。第二，人们发现在企业同上下游企业组成的系统中，存在着巨大的改进空间，可以更好地利用整个供应渠道的资源，争取更多的获利条件。

虚拟企业、敏捷制造、供应链管理等新的概念预示着新的生产方式的出现，采购的重要性理所当然地提升到企业发展的战略高度来认识。

3. 采购业务流程

企业采购流程通常是指有制造需求的厂家选择和购买生产所需的各种原材料、零部件等物料的全过程，如图3.3所示。在这个过程中，作为购买方，首先要寻找相应的供货商，调查其产品在数量、质量、价格及信誉等方面是否满足购买要求。其次，在选定了供应商后，要以订单方式传递详细的购买计划和需求信息给供应商并商定结款方式，以便供应商能够准确地按照客户的性能指标进行生产和供货。最后，要定期对采购物料的管理工作进行评价，寻求能提高效率的采购流程创新模式。

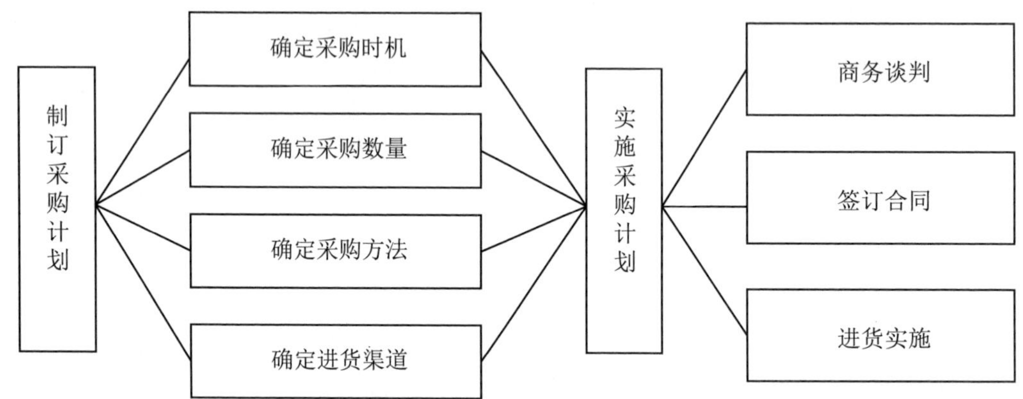

图3.3　制订采购计划、实施采购计划

采购业务流程通常由以下8个步骤组成(图3.4)。

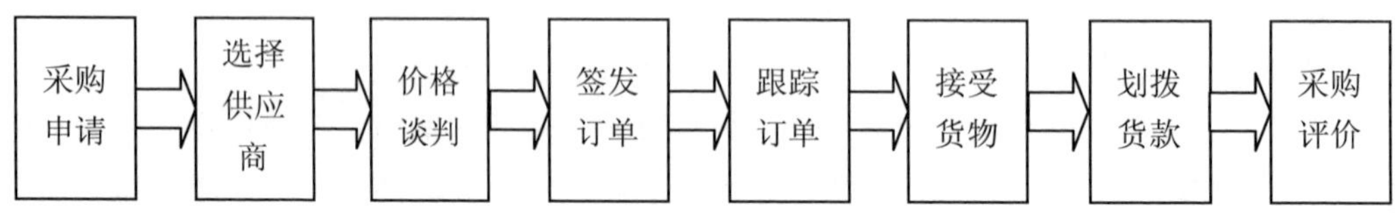

图3.4　采购业务流程

(1) 采购申请。
(2) 选择供应商。
(3) 价格谈判。
(4) 签发采购订单。
(5) 跟踪订单。
(6) 接收货物。
(7) 确认供应商的支付发票。
(8) 采购评价。

采购申请必须严格根据生产部门的需要以及现有库存量的状况，对品种、数量、保险库存量等因素做科学的计算后才能提出，并且要有审核制度。采购的数量、种类、价格等必须经过主管部门的批准才有效。通过采购申请环节的控制，可以防止随意和盲目采购。

在买方市场中，往往有众多供应商可供选择，选择合适的供应商是企业采购过程中的重要环节。

4. 采购管理目标

采购管理，是指对采购活动进行计划、组织实施和监控，如图3.5所示。

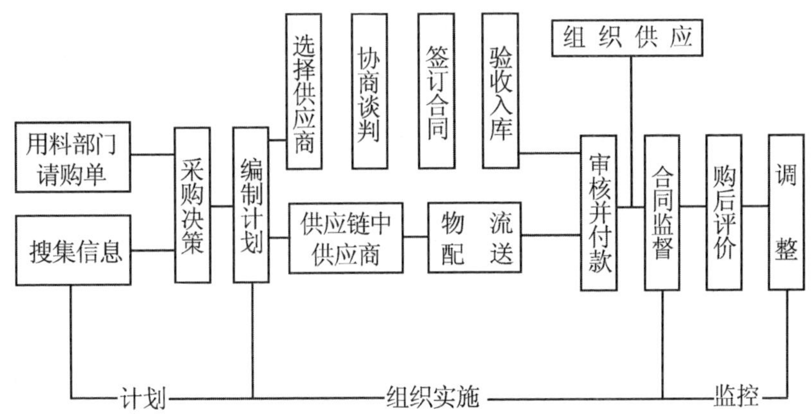

图3.5 采购管理的内容

采购管理的目标，就是以正确的价格、在正确的时间、从正确的供应商处购买到正确数量和质量的商品或服务。

选择合理的采购模式，有助于降低采购成本。采购的主要模式有：①招标采购；②集中采购；③电子化采购；④JIT采购；⑤供应商管理库存。

5. 采购决策

采购决策的内容主要包括：市场资源调查、市场变化信息的采集和反馈、供货方选择和决定进货批量、进货时间间隔。

企业采购决策者应对所需原材料的资源分布、数量、质量和市场供需要求等情况进行调查，作为制订较长远的采购规划的依据；同时要及时掌握市场变化的动态信息，进行采购计划的调整、补充。主要内容包括以下几个方面。

（1）企业内部协同。采购的内容包括：正确的物料、合适的数量、合适的交付（交付时间和交付地点）、合适的货源和合适的价格。而这些信息的获得来自于销售和市场部门、计划部门、生产部门、采购部门的信息。企业要进行高效的采购行为，就需要企业内部各部门的协同合作。此外，随着新产品急剧增加，需要采购的新零部件的数量也大大增加。

（2）企业外部协同。企业外部协同是指企业和供应商在共享库存、需求等方面的信息的基础上，企业根据供应链的供应情况实时地调整自己的计划和执行交付的过程。同时，供应商根据企业实时的库存、计划等信息实时调整自己的计划，可以在不牺牲服务水平的基础上降低库存。

（3）由“为库存采购”转化到“为订单采购”。在传统的采购模式中，采购的目的是为了补充库存，即为库存采购。在供应链管理的环境下，采购活动是以订单需求方式进行的，制造订单的需求是在用户需求订单的驱动下产生的。这种为订单采购的方式使得供应链系统，能准时响应用户的需求，同时降低了库存成本。

（4）采购过程中的外部资源管理。有效的外部资源管理就是制造商在采购活动中，建立一种全新的、具有不同层次的供应商网络，并通过逐步减少供应商的数量，致力于与供应商建立一种长期的、互惠互利的双赢合作关系。一方面，通过战略合作和提供信息反馈，促进供应商质量改善和质量保证；另一方面，参与供应商的产品设计和产品质量控制过程，并协调供应商的计划。

在选择供货方时，应综合考虑原材料供应的数量、质量、价格、运费、供货时间保证、供货方式和运输方式等，根据本企业的生产需求进行比较，最后选定供货方。

要建立供货商档案，其内容主要有企业概况（地址、生产规模、业务经营范围等），供应物料种类、运输条件及成本，包装材料及成本，保管费和管理费，包装箱和包装材料的回收率，交易执行状况等。完善的档案数据是选定供货商的重要依据。

采购批量，一般情况下，每次采购的数量越大，在价格上得到的优惠越多，同时因采购次数减少，采购费用较低。但一次进货数量大容易造成较大的经常性库存，占用较多流动资金，多支付银行利息和仓储管理费用。如果每次采购的数量过小，在价格上得不到优惠，因采购次数的增多还会加大采购费用的支出，并且要承担因供应不及时而造成停产待料的风险。如何控制进货的批量和进货时间间隔，使企业生产不受影响的同时费用最省，是采购决策应解决的问题。

3.1.3 供应物流

1. 供应的概念

供应是以物品补充生产经营消耗的过程。供应是供应物流与生产物流的衔接点。供应是依据物料供应计划、物资消耗定额、生产作业计划进行生产资料供给的作业过程，其主要任务是负责原材料消耗的计划于控制。供应方式一般有两种基本方式：①传统的领料制；②配送供应，即供应部门根据生产作业信息和作业安排，按生产中材料需要的物料数量、时间、次序、生产进度进行配送供应的方式。

2. 供应物流的主要业务

供应物流的主要业务活动包括物料供应计划、物资消耗定额、供应存货与库存控制等。

1）物料供应计划

物料供应计划一方面要适应生产、维修、技术措施、基建、成本及财务等对物料和资金使用方面的要求；另一方面又反过来为其他计划的顺利执行提供物资保证。对企业物资管理来说，物料供应计划是订货、采购、储存、使用物资的依据，起着促进企业加强物资管理的作用。

正确地确定物料需要量，是编制物料计划的重要环节。不同用途、不同种类物料需要量的确定，方法是不同的。概括来说，有直接计算法和间接计算法两种。

（1）直接计算法。它是直接根据物资消耗定额和计划任务来核算需要量，也叫定额计算法，公式如下：

$$\text{某种物料需用量}=\left[\text{计划期产量}\times\left(1+\text{不可避免的废品率}\right)\right]\times\text{单位产品消耗定额}-\text{计划回用废品数量}$$

计划期产量包括产品的产出量和期末、期初在制品的差额；供应系数是考虑由非工艺性损耗带来的需要量的增加额，一般根据经验统计资料并结合计划年度的情况分析确定。

（2）间接计算法。用间接计算法确定物料需要量比较粗略。因此，企业一般用这种方法

来确定不便于制定消耗定额的辅助材料需用量，或用来确定某些辅助生产部门的部分用料。

2）物资消耗定额

物资消耗定额是在一定生产技术条件下，为制造单位产品或完成某项任务所规定的物资消耗量标准。物资消耗定额的制定，包括“定性”与“定量”，即确定物资消耗所需数量。

（1）物资品种规格的确定。要做到技术上可靠、经济上合理、供应上可能，具体要考虑如下因素。

① 品种、规格、质量的选择必须符合产品性能的要求。

② 选用的物资应具有良好的工艺性，以便保证产品加工质量和提高劳动生产率，便于提高产品制造的经济性。

③ 选用的物资要尽量考虑降低成本的要求。例如，尽力避免使用稀缺物资和进口物资；充分考虑材料的合理代用，如“以铸代锻”，以廉价材料代替贵重材料；充分利用规格标准化的材料，以降低材料价格；尽量使材料规格与零件毛坯长度成整倍数关系，减少不可利用的边角余料，考虑余料的综合利用，以提高材料的利用率；尽量考虑就近供应物资，以降低运费和便于协作管理等。

④ 选用物资要考虑现实资源情况和供应可能。

（2）物资消耗量标准的确定。物资消耗量标准的制定方法大致有以下三种。

① 技术计算法。它是根据产品图样和工艺说明等资料计算物资消耗定额的方法。这种方法的计算程序是：首先根据图样计算零件净重，加上合理的加工留量(或根据毛坯图样计算零件毛重)，然后加上下料过程的合理损耗，算出物资消耗定额。

② 实际测定法。它是运用理论称重、计算等方式，对实际物资消耗进行测定，然后通过分析研究，制定物资消耗定额的方法。使用这种方法时，应选择定额先进合理的典型作为测定对象。

③ 统计分析法和经验估计法。统计分析法是根据实际物资消耗的历史统计资料，进行综合计算和分析，借以确定物资消耗定额的方法，采用先进平均数值较为科学。经验估计法是以有关人员的经验和资料为依据，通过估计，确定物流消耗定额的方法。

3. 供应物流模式

由于生产企业生产的产品不同，原材料、零部件的丰富程度不同，体积、重量的大小不同，以及原材料、零部件的保存条件和价值不同，从而导致供应物流具有多种模式，主要包括以下几种。

1）需求企业自提模式

生产企业与供应商签订合同以后，按照合同规定的条款，供应商在适当的时间通知需求方准备在指定的地点提货。这种模式，需方应事前联系或组织必要的运输工具，如火车、轮船、汽车等，并按约定时间在指定地点提货。在货物装车前要核对数量，检验质量，并办好全部交接手续。此后，需方就要对供应物流负全责。

2）委托销售企业代理

即供应商负责联系组织运输工具，承担运输业务，实施“门到门”的服务。这样做一方面可以使供应商能获得稳定的客户和增值服务，有利于本身的持续发展；另一方面对于需求方来说，可以大大节约本身为组织供应所耗用的人力、物力和财力，从而可以集中精力致力于发展企业的核心业务。这是一种最常见的供应模式。

3）委托第三方企业代理

这种供应物流方式指企业在完成采购任务后，由相对于“第一方”发货人和“第二方”收货人而言的第三方专业物流企业承担供应物流活动。第三方物流企业，不拥有商品，不参与商品买卖，而是接受合同约束，为顾客提供以结盟为基础的系列化、个性化、信息化的物流代理服务。

4. 供应物流服务的新方式——供应链供应物流模式

随着供应链思想和业务的拓展，而发展起来的供应物流新模式。供应链体系是将物流供应商、生产商、储运商、分销商及消费者组成供需网络链。供应商和企业结成战略联盟，在彼此互利互惠、共享信息、共担风险和相互信任的原则下，建立长期合作的供需关系。这种物流模式主要有 JIT 供应模式和零库存供应模式等。

1）JIT 供应模式

JIT 的基本原理是以需定供。即供方根据需方的要求(或称看板)，按照需求方的需求品种、规格、质量、数量、时间及地点等要求，及时将物品将送到指定的地点。不多送，也不少送；不早送，也不晚送，所送品种个个保证质量，没有任何废品。

2）即时供应模式

即时供应模式是 JIT 供应模式的特例，它不是按照计划的时间进行计划数量产品的供应，而是按照用户随时提出的时间要求进行准时供应的一种供应物流模式。它多用于零部件的供应。通常的情况是，需求企业通过互联网络向伙伴供应商发出临时需求信息，供应商则根据需求快速组织生产，再按需求的时间，快速送达需求商的生产线。由于零部件的生产是按临时需求组织生产的，所以产品的质量完全取决于供应商对生产过程的质量监控。因此，这个生产过程又称质量生产。电子商务的快速发展和广泛应用，为这种缺乏计划而又有严格时间要求的即时供应模式提供了支持。

3）零库存供应模式

对“零库存”有两种解释：一是实际意义上的零库存，就是与传统意义上的大量库存比较，由于通过 JIT 供应和 JIT 供应特例的即时供应，使库存量大大减少，几乎接近零。

另一种是数学意义上的零库存，即需求方不设库存，而是由供应方设置和管理库存。这种真正意义上的零库存运作方式是供应商将商品直接存放在用户的仓库中，并拥有库存商品的所有权，供应商只有在用户领用商品后才与用户进行货款的结算。这种运作方式对供需双方都有利，供方可以利用需方的仓储设施，免去了固定资产的投资，节约了大量资金；需方因为没有设库存，免去了库存占有资金，并节省了大量的管理费用。

所以“零库存”供货的内涵是不保存经常性库存，它是在物资有充分社会储备保证的前提下，所采取的一种特殊供给方式。

3.1.4 库存控制

库存是为了保障生产、调节供需所必需，起到蓄水池和调节阀的作用，但同时库存又是一种闲置资源，库存占用流动资金，增加保管和护理费用，还存在存货风险。因此，产生了经济订购批量与管理(应用运筹、线形规划、仿真等)，系统化库存管理及供应链库存管理等方法。

1. 经济订购批量

经济订购批量包括进货间隔时间和进货数量两个最主要的变量。它是由确定性存储模型推出的，结合进货间隔时间和进货数量两个参数，可以取得存储费用与订购费用之间的平衡，确定最佳进货数量和进货时间，如图3.6所示。

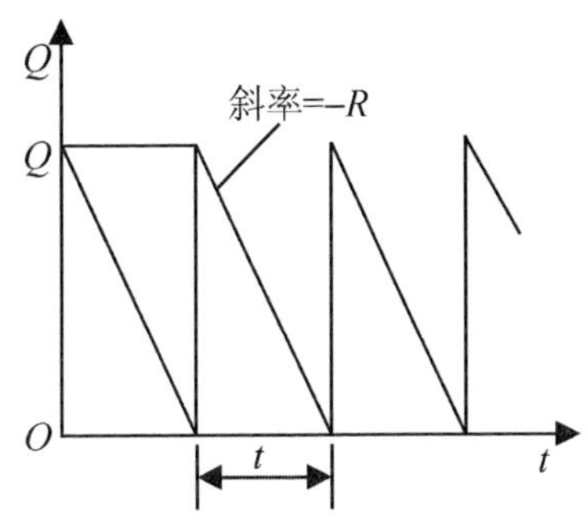

图3.6　确定性模型的典型库存模型

库存控制的目标之一就是对库存成本进行分析与控制，库存成本是决策的主要考虑因素。

（1）库存保管费，指为保管存储物资而发生的费用，包括存储设备的成本、搬运费、保险费、折旧费、税金以及资金的机会成本等。该费用随库存量的增加而增加。

（2）订货成本，指每进行一次订货时所花费的费用，主要包括差旅费、通信费、运输费以及有关跟踪订单信息的成本。

（3）缺货成本，指由于缺货，为顾客服务所花费的费用，或由于紧急订货等原因支付的特别费用，或因失去服务造成的经济损失、商誉损失。

确定向供应商订货的数量或要求生产部门生产批量时，应尽量使三种费用的综合成本为最小，如图3.7所示。

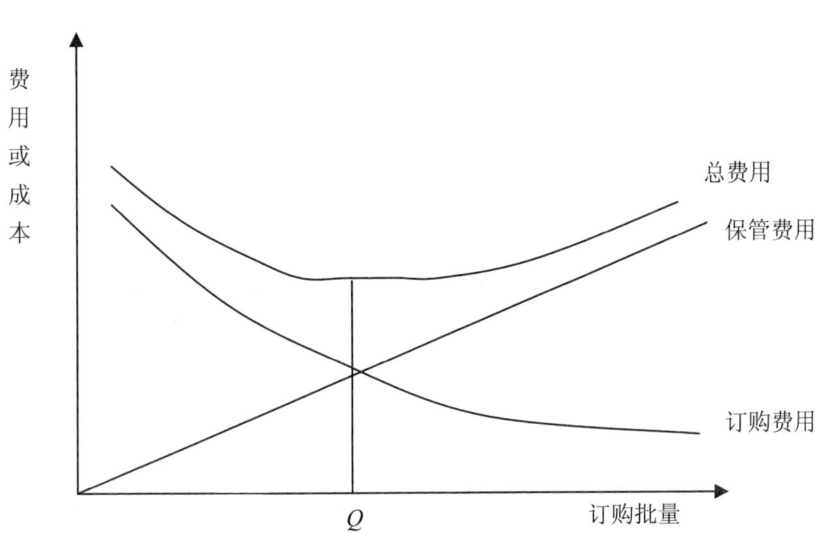

图3.7　经济订购批量示意图

在进行经济订购批量公式的推导之前，先做以下假设：①缺货费用无限大；②当存储降至零时，可以得到补充；③需求是连续的、均衡的，设需求速度 R 为常数，则 t 时间的需求量为 R_t；④每次订货量不变，订货费不变；⑤单位存储费不变。

经过数学推导，得出公式：

$$经济订购批量 = R_t = \sqrt{\frac{2 \times 年需用量 \times 每次订购费用}{物料单价 \times 年保管费用率}}$$

$$Q = R_t = \sqrt{\frac{2 \times C_3 \times R}{C_1}}$$

式中：Q——订货批量；

R——需求速度；

C_1——单位存储费用(元)；

C_3——订购费(元)；

t——订货间隔时间。

进一步简化可以得出最佳费用公式：(包括存储费用和订购费用)

$$C = \sqrt{2 \times 年需用量 \times 每次订购费用 \times 物料单价 \times 年保管费用率}$$

例如，某厂对某种物料的年需求量为4 500千克，每次订购费用为20元，该种物料单价为8元，年保管费用率为年平均存储值的25%。用列表法(表3-1)和公式计算经济订购批量、年最佳费用、年订购次数和订购间隔周期。

表3-1　某厂某种物料经济订购批量列表法

年需用量	订购批量	年订购次数	库存平均值	年保管费用	年订购费用	年度总费用
(1)	(2)	(3) = (1) /(2)	(4) = (2) /2×8	(5) = (4) ×0.25	(6) = (3) ×20	(7) = (5) +(6)
⋮	⋮	⋮	⋮	⋮	⋮	⋮
⋮	⋮	⋮	⋮	⋮	⋮	⋮
4 500	100	45	400	100	900	1 000
4 500	250	18	1 000	250	360	610
4 500	300	15	1 200	300	300	600
4 500	450	10	1 800	450	200	650
4 500	500	9	2 000	500	180	680
⋮	⋮	⋮	⋮	⋮	⋮	⋮
⋮	⋮	⋮	⋮	⋮	⋮	⋮

公式法：

$$经济订购批量：Q = R_t = \sqrt{\frac{2 \times 年需用量 \times 每次订购费用}{物料单价 \times 年保管费用率}}$$

$$= \sqrt{\frac{2 \times 4\ 500 \times 20}{8 \times 0.25}} = 300(千克)$$

年最佳费用：$C = \sqrt{2 \times 年需用量 \times 每次订购费用 \times 物料单价 \times 年保管费用率}$

$= \sqrt{2 \times 4\ 500 \times 20 \times 8 \times 0.25} = 600$(元)

年订购次数：

订购次数 = 年需用量/经济订购批量

= 4 500/300 = 15(次)

订购间隔周期：

订购间隔周期 = 365/订购次数

= 365/15 = 24.3(天)

取整数为24天。

2. 库存控制

1）物料库存控制的方法

库存量不是越多越好，也不是越少越好，多了会造成积压，少了又会出现不能满足正常所需供应，因此要求确定合理库存。库存控制是实现合理库存的重要手段。准确预测需求，是以企业生产计划对各类物资的需求为依据确定出的物资供应需求量。

物料库存控制的方法主要有：定期库存控制法、定量库存控制法、经济批量控制法和ABC分类控制法等。

2）定期库存控制法

定期库存控制法，是以固定盘点和订购周期为基础的一种库存量控制方法。它按规定时间检查库存量并随即提出订购，补充至库存储备定额。物料订购时间是预先固定的，每次订购批量是可变的，如图3.8所示。其计算公式如下：

定购量 = 平均每日需用量 ×（订购时间 + 订购间隔）+ 保险储备定额 − 实际库存量 − 订货余额

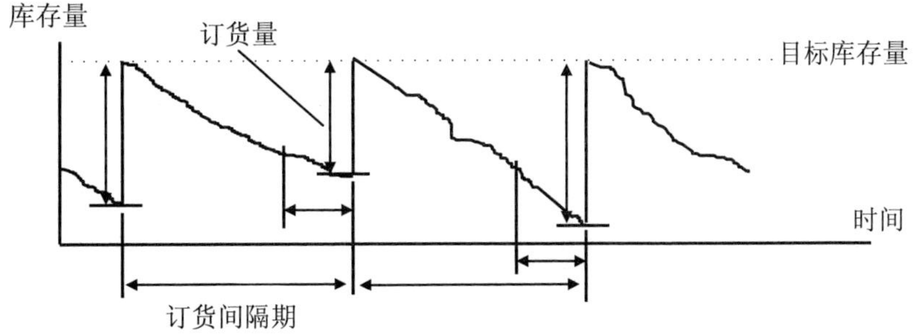

图3.8　定期订货控制系统

3）定量库存控制法

定量库存控制法，是以固定订购点和订购批量为基础的一种库存控制方法。这就是说，当实际库存量降至订购点时提出订购，每次订购数量相同，而订购时间不固定，由物料需用量的变化决定，如图3.9所示。其计算公式如下：

订购点 = 平均每日需用量 × 备用天数 + 保险储备量

定量库存控制法还有一种简单形式，称为双堆法或分存控制法。

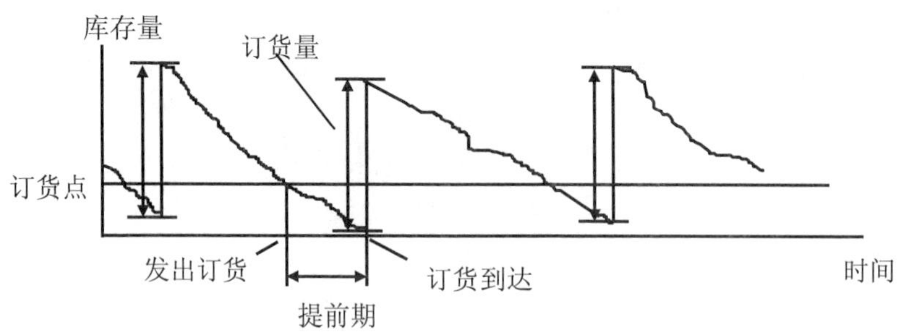

图 3.9 定量订货控制系统

4) ABC 分类控制法

ABC 分类控制法，又称 ABC 重点管理法，其基本原理——帕累托非均衡原理，“80/20 法则”。库存品种与销售额之间也存在帕累托规律。如果把物资按品种和销售额的大小分类，再按各类重要程度不同分别控制，抓住重点，分清主次，可收到事半功倍的效果。

3.2 企业生产物流

3.2.1 生产物流概述

1. 生产物流的概念

生产物流(Production Logistics)指：“企业生产过程发生的涉及原材料、在制品、半成品、产成品等所进行的物流活动(GB/T 18354—2006)”。

生产过程的物流组织与生产过程的组织是同步进行的，是企业生产工艺过程的重要组成部分。例如，加工装配型的工业企业，物料随着时间进程不断改变自己的实物形态和场所位置，物料处于加工、装配、储存、搬运和等待状态，由原材料、外购件的投入开始，终止于成品仓库，形成贯穿生产全过程的物流。

2. 影响生产物流的主要因素

不同生产过程形成了不同的生产物流系统。生产物流的构成与下列因素有关。

(1) 生产工艺。不同的生产工艺，其加工设备不同，对生产物流也有不同的要求和限制，是影响生产物流构成的最基本因素。

(2) 生产类型。不同的生产类型，其产品品种、结构的复杂程度、加工设备都不尽相同，将影响生产物流的构成与比例关系。

(3) 生产规模。生产规模指单位时间内的产品产量，因此规模大，物流量就大；规模小，物流量就小。相应的物流实施、设备就不同，组织管理也不同。

(4) 专业化与协作化水平。社会生产力的高速发展与全球经济一体化，使企业的专业化与协作化水平不断提高。与此相适应，企业内部的生产趋于简化、物料流程缩短。例如，过去由企业自己生产的毛坯、零件、部件等，现在可以由企业的合作伙伴来提供。

3. 生产物流的特征

制造企业的生产过程实质上是每个生产加工过程“串”起来时，出现的物流活动，因此，一个合理的生产物流过程应该具有以下基本特征。

1）连续性

连续性指物流总是处于不停的流动之中，包括空间上的连续性和时间上的流畅性。空间上的连续性要求生产过程各个环节在空间布置上合理紧凑，使物流的流程尽可能短，没有迂回往返现象。时间上的流畅性要求物料在生产过程的各个环节的运动自始至终处于流畅状态，没有或很少有不必要的停顿与等待现象。

2）平行性

平行性指物料在生产过程中实行平行交叉流动。平行性指相同的在制品同时传输到相同的工地(机床)上加工流动；交叉性指一批在制品在上道工序还未加工完时，将已完成的部分在制品转到下道工序加工。平行交叉流动可以大大缩短产品的生产周期。

3）比例协调性

比例协调性指生产过程的各个工艺阶段之间、各工序之间在生产能力上保持一定的比例，适应产品制造的要求。比例关系表现在各生产环节的工人数、设备数、生产面积、生产速率和开动班次等因素之间相互协调和适应。所以，比例是相对的、动态的。

4）均衡性

均衡性指产品从投料到最后完工都能按预定的计划(一定的节拍、批次)均衡地进行，能够在相同的时间间隔内(如月、旬、周、日)完成大体相等的工作量或稳定递增的生产工作量，很少有时松时紧、突击加班现象。

5）准时性

准时性指生产的各阶段、各工序都必须按后续阶段和工序的需要组织生产，在需要的时候能按照需要的数量和质量生产所需的零配件。只有保证准时性，才有可能推动上述连续性、平行性、比例性、均衡性。

6）柔性

柔性指加工制造的灵活性、可变性和可调节性，即在较短时间内以最少的资源从一种产品的生产转换为另一种产品的生产，从而适应市场的多样化、个性化要求。

3.2.2 生产物流的类型

1. 从生产方式的角度分

不同的生产方式，需要有不同的物流配送模式。因此，根据产品需求从多品种、少产量到少品种、多产量的特征(图3.10)，与生产过程相匹配的物流有四种类型。

(1) 单件小批量型生产物流。由于生产的重复程度低，物流独立需求的连续性差，物料的消耗定额不容易进行准确制定，物料供应商多变，外部物流较难控制。

(2) 多品种小批量型生产物流。由于产品品种多，每一品种有一定的生产数量，物料对外部的独立需求有一定的连续性，相关需求易于确定。企业以MRP(物料需求计划)实现物料的外部独立需求与内部的相关之间的平衡，以JIT(准时制生产)实现客户个性化特征对生产过程中物料、零部件、成品的拉动需求。

（3）单一品种大批量型生产物流。由于产品品种数相对单一，生产量却相当大，生产的重复度非常高，要求大批量配送的生产物流系统。

（4）多品种大批量型生产物流。由于一种以大批量生产方式，提供满足客户特定需求的产品和服务的新的生产物流系统。对客户，所得的产品是定制的、个性化的；对生产厂家，该产品是采用大批量生产方式制造的。企业生产需要的物品各流程，要满足客户个性化定制要求，订单信息化、生产柔性化和敏捷化、物流配送网络化。

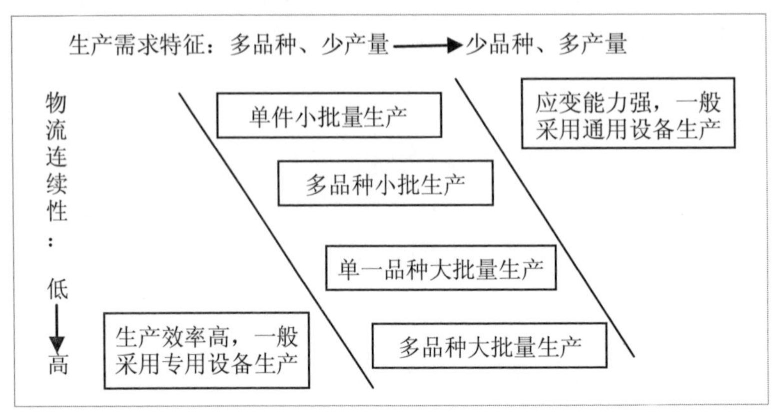

图3.10　不同的生产类型，物流特点

2. 从物流流向角度分类

根据物料在生产工艺过程中流动的特点，把生产物流划分为项目、连续、离散三种类型。

1）项目型生产物流

项目型生产物流是指在固定式生产方式中的物流凝固型，即当生产系统需要的物料进入生产场地后，几乎处于停止的凝固状态，或者说在生产过程中物料流动性不强。

项目型生产物流分为两种状态：一种是物料进入生产场地后被凝固在场地中，同生产场地一起形成最终产品，如住宅、厂房、公路、铁路、机场及大坝等；另一种是在物料流入生产场地后，“滞留”时间很长，形成最终产品后再流出，如大型水电设备、冶金设备、轮船、飞机制造等。

2）连续型生产物流

连续型生产物流是指在流程式生产方式中物料均匀、连续地流动，不能中断。连续型生产物流的特点是：生产出的产品和使用的设备、工艺流程都是固定且标准化的，工序之间几乎没有在制品储存。

3）离散型生产物流

离散型生产物流是指在加工装配式生产中，产品生产方式中的投入各要素由可分离的零部件构成，各个零部件的加工过程彼此独立。

离散型生产物流的特点是：制成的零件通过部件装配和总装，最后成为产品，整个产品的生产是离散的，各个生产环节之间有一定的在制品储备，如汽车、家用电器生产。

3. 从物料流经区域和功能角度分类

这种分类可以把生产过程中的物流细分为两部分：工厂间物流和工序间物流（车间物流）。

1）工厂间物流

工厂间物流，指大企业中的分厂与分厂之间，中小企业的车间与车间之间的物流。这种物流的内容是各分厂或各车间生产的零部件和半成品在分厂或车间之间的流动。为了合理规划生产过程中分厂间或车间之间的物流，从供应链的角度考虑，重点是进行企业内部的供应链管理，合理布局生产单位，确定合理的协作计划，运用信息技术建立数据库，实现信息共享。

2）工序间物流

工序间物流也称工位间物流或车间物流，指生产过程中车间内部和车间与仓库之间的物流。其内容包括接受各工序原材料、零部件的储存活动；仓库向生产车间输送材料、燃料的活动；各种物料在车间、工艺之间的搬运活动；产品的集中储存和搬运活动。

为了尽量压缩工序间物流在生产过程中耗用的时间，从管理的角度考虑，重点是进行仓储合理布局，确定合理的库存量，合理配置设备与人员，建立合理搬运作业流程和适当的搬运路线，实现“适时、适量、高效、低耗”的生产目标。

3.2.3 生产物流的结点

生产物流结点主要以仓库的形式存在，虽然都名为仓库，但不同企业的生产物流仓库，其位置、功能、作用、设计、技术是有区别的。一般生产物流中的仓库有三种不同的类型。

1. 储存型仓库

生产物流的储存型仓库主要是原材料库、燃料库等工艺流程前端的仓库，这种仓库主要功能是保证生产持续进行，因而其中要保有经常库存储备、保险库存储备、季节库存储备等多种储备。虽然人们在积极探索现代经济中各种无库存而保证的生产，但是由于流程前端仓库的储存是否必要，并不取决于生产企业，而取决于社会环境、社会物流，这是生产企业不可控因素。因此，工艺流程前端仓库只能以储存型为主。

2. 衔接型仓库

衔接型仓库是生产企业中各种类型中间仓库的统称，人们又称之为中间仓库。中间仓库按其所处位置，有以下几种类型。

（1）半成品中间库。位于半成品生产工序和成品生产工序(或车间)之间，储存半成品，以保证成品生产对半成品的需求，主要起调节上、下工序的作用。这种仓库管理可以根据企业的类型、生产方式、工艺流程而定，现在采用的看板方式和物料需求计划方式(MR 方式)进行科学管理，以达到生产物流的优化。

（2）零部件中间库。位于零部件生产工序与装配工序之间，以储存零部件成品，保证装配生产的中间库。和成品库一样，这种库以适量的储存来调节零部件生产与成品的装配。所以，从仓库功能来讲，这种仓库主要起的是储调作用。所以，这一领域的物流优化问题不是追求取消中间库，而是优化中间库的位置、设计、技术和管理。

（3）成品库。位于成品生产工序和包装工序之间，以储存成品、调节包装工序的生产节奏为目的而设立。

这种中间库也处于企业的可控范围之内，因此，在许多企业中，通过调节两道工序生产速率，甚至可以将两道工序实现直接衔接从而取消这种中间仓库，即成品生产后立即进入包装工序。但是,也有一些产品,成品生产后必须等待一定时间进行其他技术处理,因而必须设置这种中间仓库。例如家用电器的成品需要进行一定的性能检测,不能立即进入包装工序,因而成品中间库是不可缺少的。

3. 外运型仓库

生产物流的转运型仓库主要是产品外运库,是生产工艺过程末端的仓库。这种仓库的主要功能是,保证产品从企业的生产状态进入物流状态。仓库的作用只有三个:一是使产品积存到批量,以保证销售;二是使内部的生产和外部运输节奏接轨,起到调节作用;三是顺畅地转变为运输状态,即将企业内部的工艺和外部运输技术进行有效的衔接和转变。

3.2.4 生产物流管理新模式

1. 准时方式

生产中物流的准时方式(Just in Time, JIT)是精益生产方式的一个组成部分,这种过程中的库存趋近于没有,所以也称为零库存生产方式。

准时方式的内涵是,对生产过程中的物流和物料供应的要求做到:只将所需要的零件和物料,按照准确的所需要的数量,在正好需要的时间送到生产线上。所以准时方式可以使生产过程中的物流做到非常精确,这样可以消除物料供应的多余、浪费或不足,可以消除这个领域的混乱,保证生产高水平和有序地进行。

这种方式是为了适应消费需求多样化、个性化而建立的一种服务系统,也就是通过精确的生产计划和控制以及库存的管理,追求一种零库存,或库存达到最小的生产方式。

2. 看板方式

看板方式是简单而且直观的信息传递方式,这种根据信息传递,来执行物料送达的物流活动。看板方式起源于信息化社会之前,现在我们虽然拥有了多种更先进、更完善的信息技术,但是看板方式仍然是企业,尤其是制造业生产物流行之有效的信息传递方式,而且被广泛地应用。其主要原因在于,这种方式直观、简单而有效,非常适合实际操作。生产中看板的作用如图3.11所示。

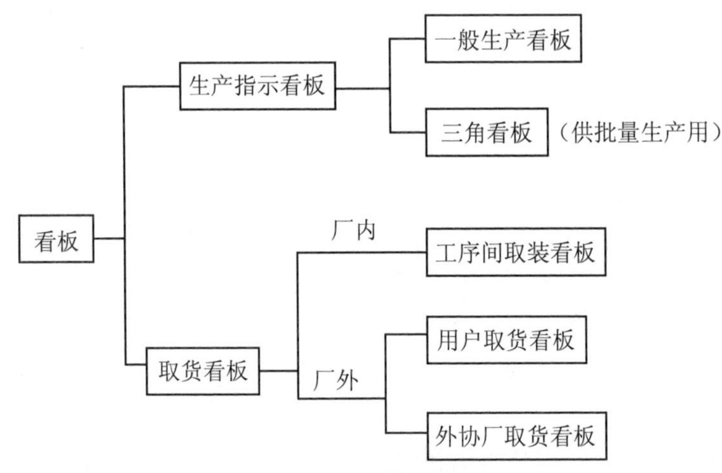

图3.11 生产中看板的作用

运用电子技术传递信息实现看板生产，也是现代企业生产广泛采用的方式。

看板方式是一种独立的物流管理方式，也可以应用于准时制方式之中，成为准时生产方式的重要组成部分。

3. 重点管理

物流管理在企业中毕竟不是主要的管理部门，因此企业投入物流管理中的力量是有限的，这也是基于企业管理成本的考虑。采用重点管理办法和其他重点管理方法，对影响生产成本的主要物流因素进行认真的、合理化和有效的物流管理，甚至是超常态的管理，成为生产物流管理的重要手段。

4. MRP/ERP 软件技术

MRP/ERP 软件技术是经过实践检验在工业企业应用有效的资源管理软件技术。这些软件技术有几乎涉及企业所有领域的强大系统功能，虽然不仅仅是为解决工业企业物流问题而开发，但是，软件的强大功能对优化物流系统具有特殊的效果。它在生产企业中应用广泛，计算机强大的信息处理能力为这种软件技术的应用创造了非常好的条件。这种软件对于企业的物资管理有更高的价值，特别用于预测企业生产的原料、材料、零部件等方面的物料用量、编制生产供应计划，有非常高的准确性、实用性和可靠性。

MRP 是 ERP 软件技术的基础，MRP 的结构原理如图 3. 12 所示。

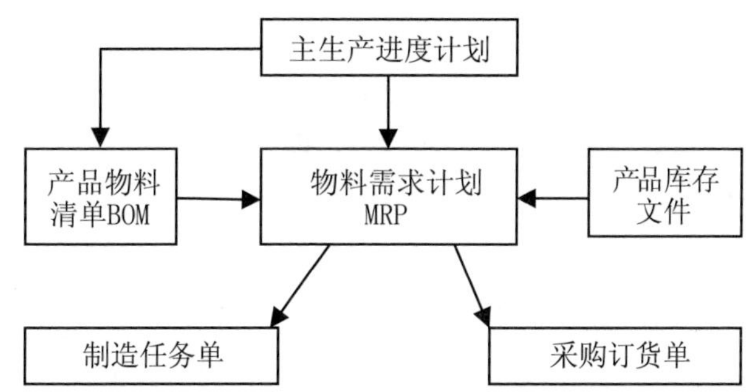

图 3. 12　MRP 结构原理

MRP/ERP 软件技术特别适用于制造业工业企业，而且可以针对不同生产方式进行资源管理。制造业中的重复制造、批量生产、按订单生产、按订单装配、按库存生产、多品种混合生产等生产方式都可以有效应用这种软件技术。ERP 有更强大的计划能力，尤其是事前控制的能力和通过集成进行控制的能力。

5. 虚拟仓库

虚拟仓库(Virtual Warehouse)指：“利用计算机和网络通信技术，将地理上分散的、属于不同所有者的实体仓库进行整合，形成具有统一目标、统一任务、统一流程的暂时性物资存储与控制组织，可以实现不同状态、空间、时间的物资有效调度和统一管理(GB/T 18354—2006)”。

在计划经济卖方市场环境下，企业主要采取以产定销的生产方式。为保证生产用料的需求，生产企业和商业企业都把大量储备作为一种应对短缺的办法，因而造成较高的库存资金占用，生产物料浪费现象严重。

在买方市场环境下，企业可以利用虚拟仓库的形式来解决企业的供应物流问题，就是当社会上存在可以满足需要的资源的时候，企业本身不再保有这种资源的库存，而是利用社会的这个“大仓库”。

对于企业来讲，虚拟仓库可以在有效地保证企业所需物资供应的同时，减少甚至完全消除实体的仓库，从而大幅度地降低供应成本和管理成本。

6. 循环取货

循环取货(Milk—Run)是应用了乳品企业循环到奶牛饲养场取奶的原理，由生产组装企业委托第三方物流公司按生产需求计划，逐个到供应商处小批量集货，以满足小批量生产对物料需求的物流配送方式，如图 3.13 所示。循环取货是一种非常优化的物流系统，是闭环拉动式取货。

如上海大众汽车和上海通用汽车同安吉 TNT 物流公司合作，整合国内零部件供应商物流资源，开展 Milk - Run 取货。这种生产供货方法，既解决了供应商小批量供货运输成本高、社会交通运输压力大的问题，也保证了企业小批量、多品种生产对物料的需求。

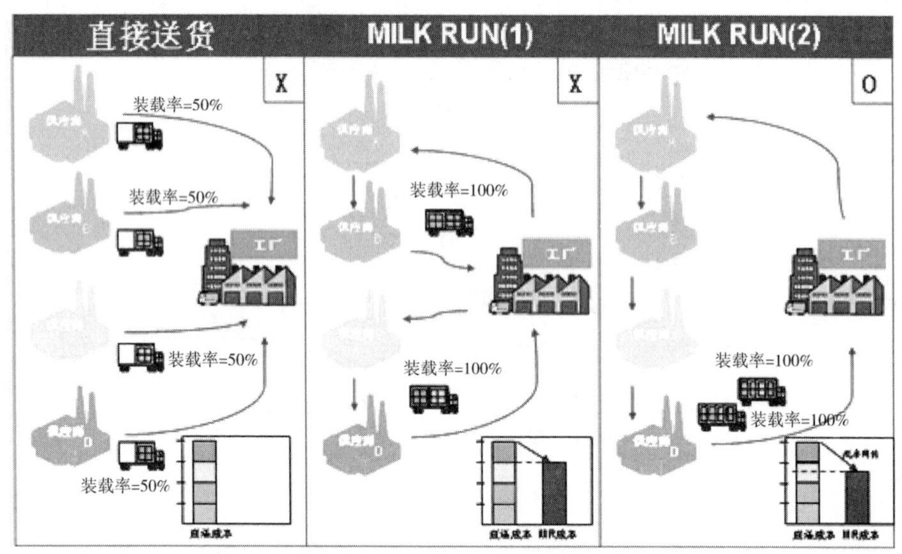

图 3.13 循环取货供货方式

3.3 企业销售物流

3.3.1 销售物流概述

1. 销售物流概念

销售物流(Distribution Logistics)指“企业在出售商品过程中所发生的物流活动(GB/T 18354—2006)”，即生产者到用户或消费者之间的物流。它包括产成品库存、仓储发货运输、订货处理与客户服务等内容。销售物流是企业物流系统的最后一个环节，是企业物流与社会物流的最后一个衔接点。它与企业销售系统相配合，共同完成产品的销售任务。

2. 销售物流主要环节

1）产品包装

销售包装的目的是向消费者展示、吸引顾客、方便零售。运输包装的目的是保护商品，便于运输、装卸搬运和储存。

2）产品储存

储存是满足客户对商品可得性的前提。通过仓储规划、库存管理与控制、仓储机械化等，提高仓储物流工作效率、降低库存水平、提高客户服务水平。储存还有利于稳定客源、便于与客户的长期合作。

3）货物运输与配送

运输是解决货物在空间位置上的位移。配送是在局部范围内对多个用户实行单一品种或多品种的按时按量送货。通过配送，客户得到更高水平的服务，企业可以降低物流成本，减少城市的环境污染。企业要考虑制定配送方案，提高客户服务水平的方法和措施。

4）装卸搬运

装卸是物品在局部范围内以人或机械装入运输设备或卸下。搬运是对物品进行水平移动为主的物流作业。企业主要考虑提高机械化水平、减少无效作业、集装单元化、提高机动性能、利用重力和减少附加重量、各环节均衡、协调，使系统效率最大化。

5）流通加工

根据需要进行分割、计量、分拣、刷标志、拴标签、组装等作业的过程。企业主要考虑流通加工方式、成本和效益、与配送的结合运用、废物再生利用等。

6）订单及信息处理

客户在考虑批量折扣、订货费用和存货成本的基础上，合理地频繁订货；企业若能为客户提供方便、经济的订货方式，就能引来更多的客户。

7）销售物流网络规划与设计

销售物流网络是以配送中心为核心，连接从生产厂出发，经批发中心、配送中心、中转仓库等，一直到客户的各个物流网点的网络系统。企业主要考虑市场结构、需求分布、市场环境等因素。

8）客户服务

销售物流是企业为客户服务的对外接口，企业建立物流服务网络，便于客户进行业务咨询、价格查询、电子订货、货物跟踪、售后服务等，由于减少了中间环节，提高客户服务水平，促进产品销售。

3. 销售物流的模式

1）传统送货模式

销售企业自己送货，或委托运输，或企业按照订单约定用户自提的方式将货物发往用户。特点是随机的、零散的、非组织化的送货。

2）配送模式

指在局部范围内实行的有组织、有计划、有效率的送货活动。如单一品种多用户联合送货、多品种单用户联合送货、多品种多用户联合送货。销售物流按配送主体的不同有以下两种方法。

(1) 生产企业自己配送。生产企业自己配送，需要自设仓库，自己运输，是许多资金雄厚的大企业采取的配送模式，适合于连锁经营的企业。

(2) 生产企业委托第三方物流公司或配送中心进行配送(外包配送)，企业不用自设仓库、自己运输。产成品下线以后直接由配送中心装运发走，或者存放到配送中心仓库，或者直接配送到用户，这种配送方式可以实现生产企业供应的零库存。

3) JIT 模式

JIT 模式即准时化送货，又可称作同步生产，看板供应。特点是客户企业和供应商都实行零库存生产。

4) VMI 模式

VMI 模式即供应商管理库存。供应商掌管用户库存，这是供应链管理下出现的分销物流新方式。特点是对于用户来说，更大程度降低了库存风险(甚至完全没有了库存风险)，增加了市场响应速度，提高了经营效率。对于供应商来说，则承受着库存风险，承担着库存积压和库存缺货所造成的损失，还要采取高频次小批量的送货方式，增加了物流成本。

3.3.2 销售物流渠道的结构和类型

1. 销售物流渠道的概念

销售物流渠道，是指产品从生产企业运送到消费者或客户手中所经过的路线及经营机构。研究销售物流渠道的目的是为了在企业生产出产品之后，能将产品及时、安全、经济地送到消费者或客户手里，以提高生产企业的经济效益和满足客户的需求。

在商品从生产领域转移到消费领域过程中，不仅包括各种专业商业机构和生产企业的销售机构，以及为商品流通服务的各种仓储、运输、金融及保险机构等，而且还必须把最终用户包括在内，才能组成一个完整的销售物流渠道系统，才能更好地制定企业的销售物流渠道策略。

2. 销售物流渠道的结构

销售渠道是商品流通环节、流通空间和流通时间的总体架构。

商品的流通环节表现为两种形式：一是商品的经营形式；二是商品流通的形式，指商品的运输、储存等形式。

商品的流通空间包括渠道的长度和宽度两个方面。渠道的长度是商品流通中所经过的路线或途径的长短，流通环节多，渠道就长，反之就短。渠道的宽度指商品流通中，在同一环节上要经过多少种形式。如图 3. 14 所示，制造企业典型的销售渠道一般是从制造商起，经过批发商，最后到零售商。

可以看出，产品从生产者到消费者的流通过程中有各种销售物流渠道，有的销售物流渠道环节多，路线长；有的销售物流渠道中间环节少，甚至没有中间环节，路线就短。而且，不同国家、不同区域、不同行业的销售物流渠道模式也有着很大的不同。

3. 销售物流渠道的类型

一般商品销售物流渠道有以下三种基本形式。

1) 直接销售物流渠道(也称零阶渠道)

直接渠道是指不经过任何中间环节，由生产者直接把产品服务转移到最终消费者(也包

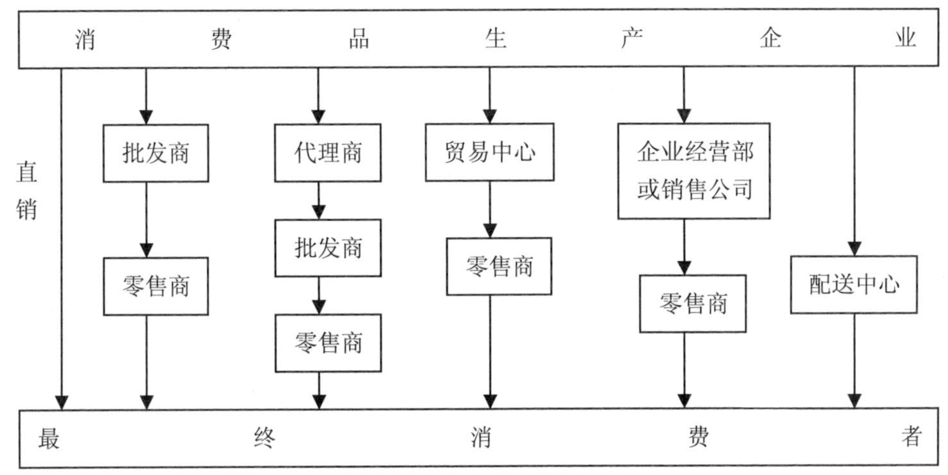

图3.14　销售物流渠道结构

括工业用户)的方式。采用直接渠道，不仅可以缩短运输时间，节约运输费用，还可以保证产品的质量。特别是鲜活农产品、体积比较大的产品，采用直接渠道优点更为明显。

2）间接销售物流渠道

它指生产者把商品销售给消费者的过程中，加入了中间环节，把商品和服务销售给消费者的销售物流渠道。在现代经济条件下，中间商作为媒介的商品流通形式是商品流通的主要形式。中间环节一般是指配送中心、批发商和零售商(代理商)。根据所加入的中间环节的多少，有以下几种具体形式。

(1）一阶渠道，是指在生产者和消费者中间只加入一个中间环节的销售物流渠道，即由生产者把商品出售给一个中间商，再由中间商把商品销售给顾客。

(2）二阶渠道，是指在生产者和消费者中间有两个中间环节的销售物流渠道。这种销售物流渠道在消费品市场中应用很广。

(3）三阶渠道，是指在生产者和消费者之间有三个中间环节的销售物流渠道。这三个中间环节一般是指代理商、批发商和零售商(或经销商)。

3）代销物流渠道

它指生产者和消费者之间有代理商为之服务的销售物流渠道。它既不同于直接销售物流渠道，又不同于间接销售物流渠道，它与生产者之间并不是商品买卖关系，在商品流通中它不属于中间环节，而只是接受顾客(客户)的委托，办理代购、代销、代储、代运及代存等业务，以佣金或手续费方式赚取报酬，没有商品的所有权。如贸易中心、贸易货栈、贸易信托公司等的代营业务。

3.3.3　销售物流的管理

1. 信息系统管理

1）接受订货系统

办理接受订货手续是交易活动的始发点，为了迅速准确地将商品送到，必须准确迅速地办理接受订货的各种手续。

2）订货系统

订货系统是与接受订货系统、库存管理系统互动的，库存不仅应防止缺货、断货，还应在库存过多或库存不合理时，根据订货情况适时适量地调整订货系统。

3）收货系统

收货系统是根据预定信息，对收到的货物进行检验，与订货要求进行核对无误之后，计入库存，指定货位等的收货管理系统。

4）库存管理系统

要想正确地把握商品库存，制订恰当的采购计划、接受订货计划、收货计划和发货计划是不可或缺的，所以，库存管理系统是物流信息的中心。

5）发货系统

通过迅速、准确的发货安排，将商品送到顾客手中。发货系统是一种与接受订货系统、库存管理系统互动，向保管场所发出拣选指令或根据不同的配送方向进行分类的系统。

6）配送系统

降低成本对于高效配送计划是重要的，将商品按配送方向进行分类，制订车辆调配计划和配送路线计划的系统。企业销售渠道的组成情报系统应畅通，企业应建立起高效、快速的信息情报系统。

2. 需求计划管理

1）需求的概念

销售物流首要任务是进行销售预测，然后在此基础上制订生产计划和存货计划。

销售预测的一项重要指标是市场需求。市场需求是指一定的顾客在一定的地理区域、一定的时间、一定的市场营销环境和一定的市场营销方案下购买商品的总量。随市场变化，市场需求不是一个固定的数值，是一个变量。

需求预测是一项十分复杂的工作，在需求趋势相对稳定或没有竞争时都要进行需求预测。在竞争条件比较稳定时预测需求是较易于操作的，但在市场环境不断变化条件下，需求预测也变得复杂起来，应根据市场需求的不断变化，做好需求趋势预测。

2）市场需求测量

（1）市场潜量，是指在一定时间内，在一定水平的行业市场营销努力下，在一定的环境条件下，一个行业中所有企业可能达到的最大销售量。

（2）区域市场潜能。

① 市场累加法。该法是先识别每个市场的所有潜在顾客，并估计每个潜在顾客的购买量，计算出每个市场的购买潜量，然后把每个市场的购买潜量加起来。

② 多因素指数分析法。描述区域需求的最重要的指数是购买力指数，是一个受多因素影响的指数。各个因素的重要性一般是不同的，必须给每个因素以一定的权数，从而使计算较为合理。计算并分析其中各影响因素的变动对需要量的影响程度。

3.3.4 配送需求计划

1. 配送需求计划的概念

配送需求计划(Distribution Requirement Planning，DRP)是指“一种既保证有效地满足市

场需求，又使得物流资源配置费用最省的计划方法，是 MRP 原理与方法在物品配送中的运用(GB/T 18354—2006)”。它主要解决分销物资的供应计划和调度问题，达到保证有效地满足市场需要又使得配置费用最省的目的。

2. DRP 的运用

DRP 主要应用于两类企业。一类是流通企业，如储运公司、配送中心、物流中心、流通中心等。另一类是具有流通部门承担分销业务的企业。这两类企业的共同之处是：以满足社会需求为自己的宗旨；依靠一定的物流能力(储、运、包装、搬运能力等)来满足社会的需求；从制造企业或物资资源市场组织物资资源。

3. DRP 的原理

1）输入文件

(1) 市场需求文件，是指所有的用户订货单、提货单或供货合同，以及下属各子公司、企业的订货单。将这些需要按品种、需求日期进行统计构成一个文件，制定出市场需求文件，如图 3.15 所示。

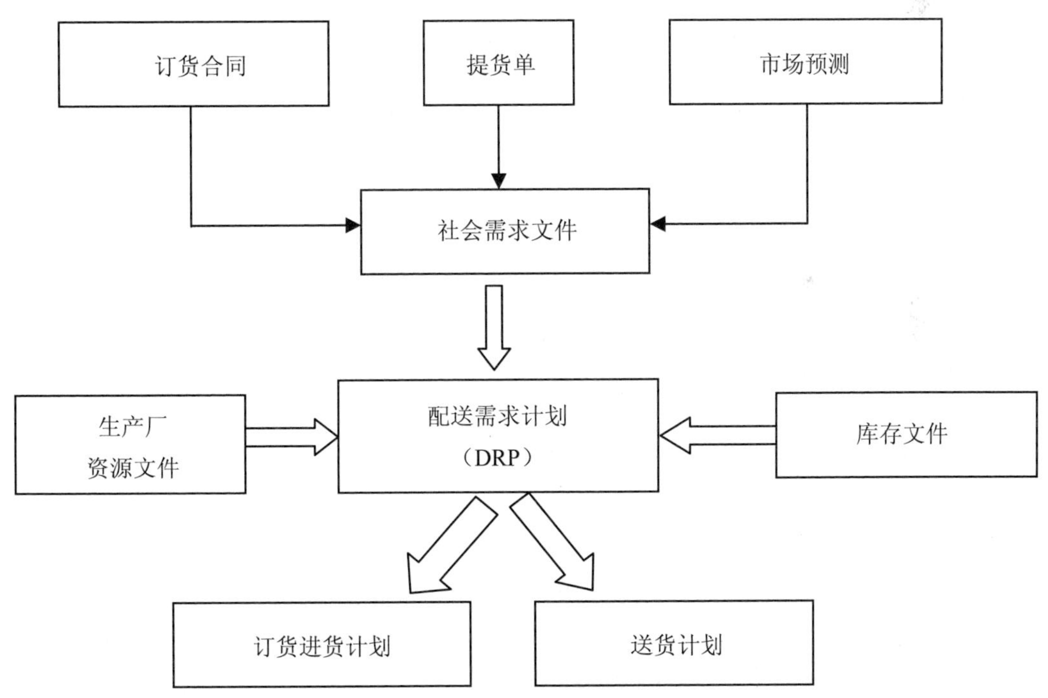

图 3.15　配送需求计划(DRP)流程图

(2) 库存文件，是对仓库里所有库存物品量的列表。以便针对市场需求，确定什么物品可以从仓库里提货送货、送多少，什么物品需要订货进货。

(3) 供应商资源文件，这是物资供应商的可供资源文件。该文件包括可供物品品种，也包括供应商的地理位置等情况。此文件主要是为 DRP 制定订货计划用的。

2）输出文件

(1) 用户送货计划。对于客户需求的物品，如果仓库里有，就由仓库里提货送货。由于仓库与客户、下属子公司(统称需求者)有一定距离，所以提货送货需要一个提前时间，才可以保证货物能按需求时间及时送达。送货分直送和配送。

(2) 订货进货计划。对于客户需求的物品，如仓库没有库存量，则需要向供应商订货进货。因为订货进货也需要花时间，所以也需要设定订货提前期。要根据具体的供应商来设定提前期，这由供应商资源文件提供。

4. DRP 的优、缺点

1) 优点

(1) 由于协调装运，降低了配送中心的运输费用。

(2) 因为 DRP 能够准确地确定何时需要何种产品，降低了存货水平。

(3) 由于延交订货现象的减少，降低了顾客的运输成本。

(4) 改善了物流与制造之间的存货可视性和协调性。

(5) 提高了预算能力，因为 DRP 能够在多计划远景下有效地模拟存货和运输需求。

2) 缺点

(1) 存货计划系统需要每一个配送中心精确的、经过协调的预测数。在任何情况下，使用预测数去指导存货计划系统时，预测误差就有可能成为一个重大问题。

(2) 存货计划要求配送设施之间的运输具有固定而又可靠的完成周期，而完成周期的不确定因素则会降低系统的效力。

(3) 由于生产故障或递送延迟，综合计划常易遭受系统紧张的影响或频繁改动时间表的影响。

3.4 回收物流与废弃物流

3.4.1 回收物流与废弃物流的概述

1. 回收物流与废弃物流的产生

企业在生产过程中，除了生产出产成品供客户使用和消费外，还有在生产、流通和消费过程中产生出排放物，或者是进入市场的问题物品。

这些物资，一部分可以回收并再生利用，称为再生资源，它们形成了回收物流；另一部分在循环利用过程中，基本或完全失去了使用价值，成为无法再利用的废弃物，它们形成了废弃物流。排放物和问题物主要来自以下几个方面。

1) 生产过程产生的排放物

(1) 工艺性排放物。如在生产过程中产生的废气、废水、废渣，其排放时间、数量、种类有一定规律性，能形成稳定的物流系统。

(2) 生产过程中的废品、废料。在生产过程中，由于原材料、管理等原因，而产生的不合格品、边角余料，这些废品重新纳入生产流程中，因而很少进入社会物流系统。

(3) 生产中损坏和报废的机械设备。造成其报废的主要原因是：机械设备寿命的终结或意外损坏，或者由于生产率的提高和科技的进步进行设备更新与淘汰，这些排放物需要随时进行处理。

2）流通过程中产生的排放物

流通过程中已经使用过的包装材料或废弃捆包材料，如集装箱、托盘、周转箱、编织带、纸箱、塑料或金属捆带、捆绳等。有的可以直接回收重复使用，有的要进入物料大循环再生利用。

流通过程中发错货，或者送错货物返回。

3）消费后产生的排放物

这类排放物一般称为垃圾，有家庭垃圾、办公室垃圾等混合组成的城市垃圾，包括破旧衣物、已失去使用价值的家用电器、玻璃和塑料容器、办公废纸以及食物残渣等，其中有许多可以回收利用的。

4）问题物品

消费者对已经购买的商品不满意，或者对有质量问题的商品退货。

商品进入市场待销，或者销售后消费者已经使用，商家对存在安全隐患的商品召回。

2. 回收物流与废弃物物流的概念

1）回收物流的概念

回收物流(Returned Logistics)指“退货、返修物品和周转使用的包装容器等从需方返回供方或专门处理企业所引发的物流活动(GB/T 18354—2006)”。

2）废弃物物流的概念

废弃物物流(Waste Material Logistics)指“将经济活动或人民生活中失去原有使用价值的物品，根据实际需要进行收集、分类、加工、包装、搬运、储存等，并分送到专门处理场所的物流活动(GB/T 18354—2006)”。

3.4.2　回收物流与废弃物流的意义

1. 社会意义

人类只有一个地球，由于废弃物的大量产生，严重影响到人类赖以生存的环境。因此，人们必须有效地利用和处理回收物流和废弃物流。废弃物中有一部分资源是可再生利用的，通过回收再利用，不仅减轻了大自然承受的污染压力，增加了社会的资源总量，在一定程度上缓解资源危机，而且有利于改善人们的生存环境，提高生活质量。

2. 经济意义

世界上一切资源都是稀缺的。废弃物中的可回收的物资作为原材料重新进入生产领域，产生新的产品，能有效地降低企业生产成本，提高产品的竞争力。据统计，废纸回收已成为造纸业原料供应不可缺少的一环。我国每年钢铁产量有近1/3来自回收的废钢铁。

3. 树企业形象

一个现代化的国家不仅在经济上高速发展、技术领先，而且也非常重视对环境保护，环境保护得好有利于提升国家的形象。同样，一个世界知名的品牌企业，也是非常重视对环境保护，重视售后服务，如退货、换货、商品修理和召回等，售后服务做得好，有利于企业树立良好的社会形象、赢得市场。

知识链接

废弃资源的价值

废弃物资是一种资源，但和自然资源不同，它们曾有过若干加工过程，本身凝聚着能量和劳动力的价值，因而常被称为载能资源。回收物资重新进入生产领域作为原材料会带来很高的经济效益。如回收利用1吨废钢铁，可炼出好钢900千克，节约铁矿石2吨、石灰石600千克，优质煤1吨或焦炭0.68吨、可节约能源75%、节约水40%；回收1吨废杂铜，可提炼电解铜860千克，节约铜矿石60吨，节约电能50%左右；回收利用1吨废纸，可造新纸张800千克，可节约煤500千克，节电500千瓦；回收1吨废玻璃，可生产出好玻璃900千克，或生产500克装瓶子2 000个，节约纯碱2吨、石英砂720千克、长石60千克、煤1吨、电400千瓦、降低成本20%等。

3.4.3 回收物流与废弃物流的处理

对排放物处理主要有两种方法。

(1) 将其中有再生利用价值的部分加以分拣、加工、分解，净化，使其成为有用的物料重新进入生产或消费领域。例如，废纸被加工成纸浆，又成为造纸的原材料；废钢铁被分拣加工后，又进入冶炼炉变成新的钢材；废水经净化处理后，又被循环使用，橡胶、塑料、纤维的再生产利用等，这类物质的流动形成回收物流。

(2) 对已丧失再生利用价值的排放物，从环境保护的目的出发将其焚烧、化学处理，或送到指定地点堆放掩埋，对于有放射性的物质或有毒物质的工业废弃物，还要采取特殊的处理方法。有的还可变废为宝，如灰渣制成空心砖，在建筑行业可替代普通红砖，节约大量建筑材料。这类物质的流动形成了废弃物流。这两类物质的流向形成了回收物流和废弃物流，它们的处理方法如图3. 16所示。

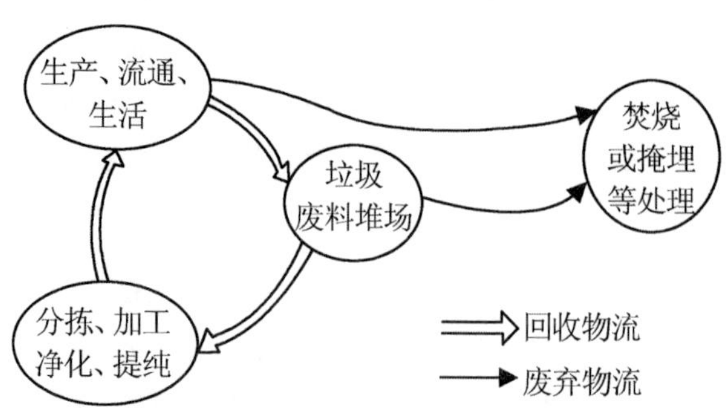

图3. 16 回收与废弃物料处理流向图

本章小结

企业物流可以分为：供应物流、生产物流、销售物流、回收与废弃物物流。企业物流管理就是针对企业内部和外部的相关物流活动，进行科学、合理的计划、组织、协调与控制，以最适合的物流成本达到顾客满意的服务水平。

供应物流是为组织生产所需要的各种物品供应而进行的物流活动，是企业生产活动所需生产资料的供应。企业不仅要保证生产正常连续进行，还要控制成本，因此要做好采购决策和控制库存。

生产物流指生产过程中，原材料、在制品、半成品及产成品等，在企业内部的实体流动。生产过程中的物流是否合理，直接影响到生产的进程和生产所消耗的时间和质量等。

销售物流直接影响到客户对产品的满意程度，因此，在最短的时间、以最少的成本把适当的商品送达用户手中是很多企业为销售物流制定的最终目标。为达此目的必须选择合适的销售渠道，对销售物流服务实施有效管理。

回收物流是不合格物品的返修、退货以及周转使用的包装容器从需方返回到供方所形成的物品实体流动。

废弃物物流是将经济活动中失去原有使用价值的物品，根据实际需要进行收集、分类、加工、包装、搬运及储存等，并分送到专门处理场所时形成的物品实体流动。

回收物流及废弃物流是为了节约企业的相关成本以及节约国家有限资源，保护环境而进行的。

知识拓展

JIT法则的运用

1. JIT 产生的背景

在 20 世纪中叶以前，世界汽车制造业均采用福特式的“总动员生产方式”。这种生产方式以其规模性制造的成本优势为企业创造了巨大的收益，然而随着经济的不断发展，需求的异质性暴露了“福特式”生产模式的缺陷。20 世纪后半期，整个汽车市场进入了一个市场需求多样化的新阶段，不久汽车制造业开始围绕如何有效地组织多品种、小批量生产进行探讨。

日本丰田汽车公司副总裁大野耐一意识到这种生产方式的缺陷，他认为需采取一种更灵活、更能适应市场需求变化的生产方式。在这种历史背景下，大野耐一于 1953 年综合了批量生产和单件生产特点和优点，创造了一种在多品种小批量混合生产条件下高质量、低消耗的生产方式，即适时生产(Just in Time，JIT)。

JIT 促进了日本汽车制造业的飞速发展，JIT 被当作日本企业成功的秘诀在世界范围内受到广泛尊崇。JIT 随后便在欧洲和美国的一些企业中推广开来，并与源自日本的其他生产、流通方式一起被西方企业称为“日本化模式”。

2. JIT 的基本思想

适时生产，即“只在需要的时候，按需要的量生产所需的产品”，这就是 JIT 一词所表达的含义。

从这个含义我们知道 JIT 的核心是追求一种无库存的生产系统，或使库存最小化的生产

系统，即消除一切只增加成本，而不向产品中增加价值的过程。从这一基本的生产哲学出发，形成了完备的JIT生产体系，这个体系包括：实行生产同步化；提高生产系统灵活性；减少不合理生产过程；推行标准化作业；追求产品零缺陷；保持库存最优化；推行人本管理。

JIT的最终目标是利润最大化，基本目标是努力降低成本，因此JIT还要求实现“四低两短”的具体生产目标：

(1) 废品量最低。消除各种不合理因素，并对加工过程中每一工序的精益求精。

(2) 库存量最低。库存是生产计划不合理、过程不协调、操作不规范的表现。

(3) 减少零件搬运量。零件搬运是非增值操作，减少零件和装配件运送量与搬运次数，可以节约装配时间，并减少这一过程中可能出现的问题。

(4) 机器故障率低。低的机器故障率是生产线对新产品方案做出快速反应的保障。

(5) 生产提前期最短。短的生产提前期与小批量相结合的系统，应变能力强，柔性好。

(6) 准备时间最短。准备时间长短与批量选择有关，如果准备时间趋于零，准备成本也趋于零，就有可能采用极小批量。

3. 如何运行JIT

有了一个明确的目标，JIT生产方式还需要相应的手段来确保各目标的实现，通常有以下三种手段。

1）适时适量生产

即“在需要的时候，按需要的量生产所需的产品”。对于企业来说，各种产品的产量必须能够灵活地适应市场需求量的变化，否则就会造成资源的浪费。为了降低甚至避免这种无谓的浪费，实施适时适量生产必不可少。

(1) 为了实现适时适量生产，首先需要致力于生产环节的同步化，即工序之间不停留，一道工序加工结束后，立即转到下一工序，装配线与机械加工几乎同步进行。

(2) 要注意对产品的合理设计。具体方法包括模块化设计，设计的产品尽量使用通用件、标准件，设计时应考虑有助于实现生产自动化以降低时间成本。

(3) JIT要求均衡化生产，即总装配线在向以前工序领取零部件时应均衡地使用各种零部件，来生产各种产品。在制订生产计划时就必须考虑均衡化生产，将其体现于产品实现计划中，使物流在各作业、生产线、工序、工厂之间均衡地流动。为了达到均衡化生产，JIT采用月计划、日计划，并根据需求的变化及时对计划进行调整。

2）弹性配置作业人员

劳动费用是成本的一个组成部分，要求企业要根据生产量的变动，弹性地增减各生产线的作业人数，以求尽量用较少的人员完成较多的生产活动。这种人员弹性配置的方法一反历来生产系统中的“定员制”，对作业人员提出了更高的要求，即为了适应这种变化，工人必须成为具有各种技能的“多面手”。

3）质量管理贯穿其中

JIT生产方式打破传统生产方式认为质量与成本之间成反比关系，通过将质量管理贯穿于每一工序中来实现产品的高质量与低成本，具体方法包括以下几个方面。

(1) 纠正措施。生产第一线的设备操作工人发现存在产品或设备问题时，有权自行停止生产，这样便可防止次品的重复出现，并杜绝类似产品的再产生，从而避免了由此可能造成的大量浪费。

（2）预防措施。安装各种自动停止装置和加工状态检测装置，使设备或生产线能够自动检测次品，一旦发现异常或不良产品可以自动停止设备运行。

通常的质量管理方法只是在最后一道工序对产品进行检验，不能有效预防不合格的再次发生。因为发现问题后如不立即停止生产的话，难免会持续出现类似的问题，同时还会出现“缺陷”的叠加现象，增加最后检验的频次，无形中使成本增加。JIT 生产方式中发现问题就会立即停止生产并进行分析改进。久而久之生产中存在的问题就会越来越少，企业的产品质量就也逐渐增强。

4. JIT 是长期行为

1982 年，日本本田汽车制造公司采用看板取货的零件数已达到其生产零件总数的43%。不久该方法在其他一些行业和企业得到推广，更多的汽车制造企业也开始采用这种管理方法，一些企业更是结合自身情况创造性地应用了 JIT 生产方式，成效显著。

实施 JIT 使很多企业获得了良好的效益，但也暴露出一个共同的弊病，即它们不能有效地将 JIT 继续深入贯彻下去。这说明它们需要在以下方面进行改善和提高，以便可以真正做到对适时管理的理解和运用。

1）JIT 贵在坚持

推行 JIT 是一个系统过程，是企业的长期战略行为，要求全员参与、思想统一、持续改进。不能从形式上去效仿看板管理，企业不仅要坚持从局部试点出发，更要坚持长期发展。

2）贯穿 JIT 产生、成长、成熟整个发展过程的便是不断地改善

这要求企业必须具有高水平的管理作为基础和保证，努力做到以高管理推动改善，以改善促进管理，二者相辅相成必然会使企业灵活地把握 JIT 的精髓。高水平的管理包括先进的操作方法、合理的物流系统以及科学的定额。

3）质量管理是企业整体的一个有机组成部分

传统质量管理模式使质量管理停留在质检阶段，质检部门因此难以真正融入整个产品生产过程。

以质量管理为基础的 JIT 生产方式，将使企业拥有更加灵活的市场反应能力，通过小额生产满足需求的多样性，使企业在竞争中立于不败之地。

（资料来源：http：//www. lang - zhong. cn）

知识链接

几种先进的生产模式

1. 工业 4.0

1）“工业 4.0”含义

“工业 4.0”（Industrie 4.0），源于 2011 年汉诺威工业博览会，是德国政府《德国 2020 高技术战略》确定的十大未来项目之一，并已上升为国家战略，旨在支持工业领域新一代革命性技术的研发与创新。

德国学术界和产业界认为，“工业 4.0”概念即是以智能制造为主导的第四次工业革命，或革命性的生产方法。该战略旨在通过充分利用信息通信技术和网络空间虚拟系统——信息

物理系统相结合的手段，将制造业向智能化转型。

2）“工业4.0”的特点

“工业4.0”项目主要分为两大主题，一是“智能工厂”，重点研究智能化生产系统及过程，以及网络化分布式生产设施的实现；二是“智能生产”，主要涉及整个企业的生产物流管理、人机互动以及3D技术在工业生产过程中的应用等。

2. 精益生产

1）精益化生产含义

精益生产(Lean Production，LP)就是及时制造，消灭故障，消除一切浪费，向零缺陷、零库存进军。它是美国麻省理工学院在一项名为“国际汽车计划”的研究项目中提出来的。他们认为日本丰田汽车公司的生产方式(JIT)是最适用于现代制造企业的一种生产组织管理方式，称之为精益生产。

精益生产是通过系统结构、人员组织、运行方式和市场供求等方面的变革，使生产系统能很快适应用户不断变化的需求，并能使生产过程中一切无用、多余的东西被精简，最终达到包括市场供销在内的生产的各方面最好的结果。

2）精益生产的特点

精益生产的特点是拉动式准时化生产，他以最终用户的需求为生产起点，强调物流平衡，追求零库存，要求上一道工序加工完的零件立即可以进入下一道工序。组织生产线依靠看板，即由看板传递下道工序对上道工序的需求信息(看板的形式不限，关键在于能够传递信息)。生产中的节拍可由人工干预、控制，但重在保证生产中的物流平衡(对于每一道工序来说，即为保证对后退工序供应的准时化)。由于采用拉动式生产，生产中的计划与调度实质上是由各个生产单元自己完成，在形式上不采用集中计划，但操作过程中生产单元之间的协调则极为必要。

3. 敏捷制造

1）敏捷制造的含义

进入20世纪90年代，由于准时制生产和精益生产在美国取得了明显的效益，美国制造业认识到在市场竞争中只是降低成本和提高产品质量是不够的，还必须缩短产品开发周期、加速产品更新换代，提出了敏捷制造的概念。

敏捷制造(Agile Manufacturing)是指制造系统在满足低成本和高质量的同时，能够对多变的市场需求做出快速反应。所谓敏捷性，是指企业对市场变化、技术发展以及社会环境变化做出反应的速度与能力。一方面，不论是全球性或是地区性市场，在众多竞争者的角逐中，处于不断分割、快速变化的状态；另一方面，用户的需求也越来越苛刻，需要不断提供高质量、高性能的新产品。敏捷制造能使企业在激烈的竞争环境中生存和发展。

敏捷制造的能力主要体现在以下方面：第一，快速反应能力。能够随市场变化做出判断与预测，并能做出正确反应。第二，竞争力。企业具有一定的生产能力、工作效率以及有效参与竞争所需的技能。第三，柔性(灵活性)。以同样的人员与设备生产不同产品或实现不同目标的能力。第四，快速性。以最短的时间执行任务的能力(最短的产品开发周期、最短生产周期、供货准时等)。

2）敏捷制造的特点

敏捷制造的主要特点是注重速度。比如两个企业同时开发某种新产品，其中一家是敏捷

企业，可以在较短的时间内率先将新产品推向市场，从而占领市场并使对方处于劣势；或者一家企业开始研制一种新产品，一段时间以后，另一家敏捷企业也开始开发这种新产品，这两家企业可能同时将新产品投放市场。因敏捷企业开发较晚，对市场需求预测较准确，也可以采用更新的技术；又因开发周期短，耗费较少，新产品的性能与价格将优于对方从而取得市场竞争的胜利。

3）敏捷制造企业的竞争战略

敏捷竞争战略一般可归结为以下几个方面：

(1) 以顾客为中心，以用户为上帝。要让用户需求通过敏捷企业的产品与服务得到满意。为了平衡产品批量和生产成本之间的制约关系，可以实行敏捷定价，同一产品对于不同顾客可实行不同定价。

(2) 通过合作增强竞争能力。为了尽快向市场推出低成本和高质量的产品，敏捷企业必须充分利用现有资源，而不论这些资源在何处，或属于谁。

(3) 具有灵活重组的能力。敏捷企业为了保证在多变的市场环境中发展，组织结构必须具有高度的灵活性，能够迅速地重组人力和物力。

(4) 重视人才培养和信息交流。在敏捷企业中，管理人员必须培养一种企业家精神，学会分权，强调共同责任感，奖励革新，激发员工的积极性与创造性，培育具有竞争力的员工队伍。

4. 约束理论

1）约束理论的产生

约束理论(Theory of Contraint，TOC)是以色列物理学家及企业管理顾问高德拉特于20世纪70年代提出的，是继MRP和JIT后的又一项组织生产的新方式。该理论最初被称作最优生产时间表，后又改称为最优生产技术，最后发展成为约束理论，在20世纪90年代逐渐形成完善的管理体系。美国生产及库存管理协会非常关注TOC，称其为“约束管理”。它是一种持续改善、解决“瓶颈约束资源”的管理哲学，已在制造企业、钢铁、纺织、电子等盈利行业广泛应用。

2）约束理论的核心内容

约束理论把企业看作是一个完整的系统，认为任何生产系统都会产生约束因素。就像一条链子，瓶颈好像是链条中最薄弱的那一个环节决定着整个链条作用一样。正是由于各种各样的约束因素，限制了企业产品的数量和利润的增长。因此，企业在实现其目标过程中，应逐个识别和消除这些约束因素，从而实现其“有效产出”的目标。

为了达到这一目标，约束理论强调，首先要在能力和现场作业管理方面寻找约束因素(市场、物料、能力是主要约束)；其次，应把重点放在瓶颈工序上，保证瓶颈工序不发生停工待料，提高瓶颈工作中心(机器设备)的利用率，从而得到最大的有效产出；最后，应根据不同的产品结构、工艺流程和物料流动的总体情况，设定管理的控制点。

3）打破生产系统的约束瓶颈

约束理论认为，在生产系统中，有效产出最低的环节(瓶颈)，决定着整个系统的产出水平。因此，任何一个环节(瓶颈)只要它阻碍了企业去更大程度增加有效产出，或阻碍减少库存和运行费，那它就是一个约束。所以，要找出生产系统的瓶颈，最大限度地利用瓶颈上的设备，由非瓶颈(非关键路线)设备支持配合瓶颈(关键路线)上的设备，打破约束，再找出下一个新瓶颈，别让惰性成为最大的约束。

思考与练习

一、判断题

1. 企业采购中的适价原则是指在保证同等品质情况下，不高于同类物资的价格。（　）
2. 在总需要量一定条件下，订购批量越少，订购次数就越多，订购费用和储存费用都会增加。（　）
3. 采购管理包括：业务支持、业务审核、优化调整、批准实施、进货入库。（　）
4. 单件小批量生产是在接受单件或小批量订货后，才开始组织生产活动的生产方式，如汽车制造、服装加工等。（　）
5. 销售物流渠道是商品流通环节、流通空间和流通时间的总体架构。（　）

二、填空题

1. 企业物流包括________、________、________和________。
2. 企业生产过程的物流大体为________、________、________、________等的物料流动。
3. 供应物流系统由________、________和________所构成。
4. 采购管理的内容包括________、________、________和________。
5. 生产物流具有________、________、________、________和________的特征。
6. MRP 的特点是需求的________、________、________和________。
7. 企业销售物流通过________、________、________等一系列环节实现物质的销售。
8. ________和________是企业生产物流的循环结束点。

三、简答题

1. 什么是生产物流？生产物流特征？
2. 怎样理解经济订购批量公式？
3. 何谓准时制生产？准时制生产的目标是什么？
4. 什么是销售物流？配送需求计划的原理有哪些？
5. 什么是回收物流？什么是废弃物流？它们各有什么意义？

四、计算题

某企业每年需要耗用1 000件的某种物资，现已知该物资的单价为20元，同时已知每次的订货成本为5元，每件物资的年存储费率为20%，试求经济订货批量、年订货次数、年订货总成本以及年存储总成本。

五、论述题

如何认识企业的生产管理思想和物流活动的关系？

【实践教学】

实训名称	企业生产物流调研
教学目的	了解企业生产物流流程与特点
实训条件	选择一家大型生产企业实地调研，或网上调研

续表

实训名称	企业生产物流调研
实训内容	① 调研目标企业供应物流、生产物流、销售物流及回收物流废弃物流 ② 了解该企业物流流程、模式、特点、优势与不足 ③ 分析该企业物流存在的问题，拟定一份解决问题的方案，并且提出合理化的建议
教学组织及考核	① 学生6~8人一组，教师进行具体指导 ② 学生根据实训内容，结合调研资料，以小组为单位，自拟一份调研报告 ③ 将调研报告，制作成PPT，以小组为单位，进行交流、分享(一位同学主讲，其他同学补充) ④ 学生和教师对每一组汇报点评

第4章 物流外包与物流企业

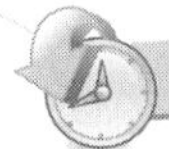

教学目标

知识要点	能力要求	相关知识
物流外包	(1) 掌握核心竞争力的内涵 (2) 理解企业核心竞争力构成的要素 (3) 理解物流外包的含义 (4) 理解物流外包对企业的作用 (5) 能够分析物流外包的风险	(1) 核心竞争力的概念 (2) 构成企业核心竞争力的要素 (3) 物流外包的概念 (4) 物流外包对企业的作用 (5) 物流外包的风险及控制
第三方物流	(1) 掌握第三方物流的概念、分类及特征 (2) 理解第三方物流的服务性 (3) 能够分析第三方物流的价值优势 (4) 理解第三方物流的战略内涵	(1) 第三方物流的定义、分类、特征 (2) 第三方物流服务内容 (3) 第三方物流的价值优势 (4) 第三方物流 SWOT 分析、发展战略
第三方物流供应商的选择与管理	(1) 理解物流供应商选择的原则 (2) 理解物流供应商选择的方法	(1) 物流供应商选择的原则 (2) 物流供应商选择的方法
第四方物流	(1) 掌握第四方物流的概念及特征 (2) 理解第四方物流的价值和运营模式 (3) 能够分析第四方物流与第三方物流异同	(1) 第四方物流的概念、特征 (2) 第四方物流的价值、运营模式 (3) 第四方物流与第三方物流区别

教学重点、难点

核心竞争力、物流外包；第三方物流的特征、服务及价值优势；第四方物流特征、与第三方物流区别

案例导入

夏晖集团，麦当劳冷链物流供应商

夏晖集团(HAVI Group，以下简称夏晖)是麦当劳“御用的第三方”冷链物流供应商，它与麦当劳的合作超过40年之久。麦当劳没有把物流业务分包给不同的供应商，夏晖也从未“移情别恋”，这种独特的合作关系，不仅建立在双方诚信的基础上，还在于夏晖为麦当劳提供了优质的物流服务。夏晖与麦当劳联盟基础如图4.1所示。

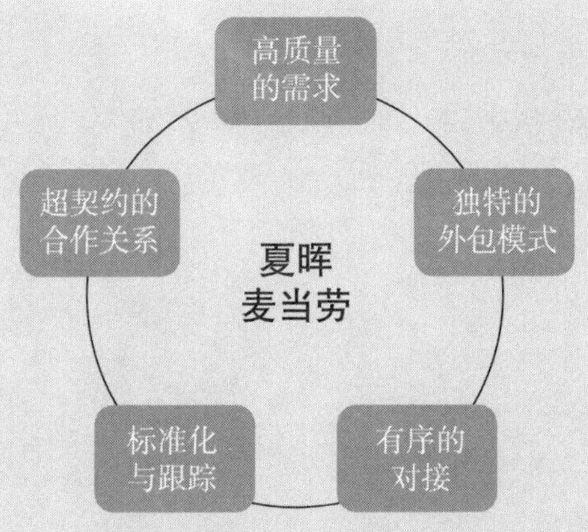

图4.1　夏晖－麦当劳联盟的基础

1. 夏晖集团

1974年，夏晖集团成立于美国芝加哥，是应麦当劳的需求而产生的公司。现在，它是世界上冷链物流以及控温式配送中心的龙头企业，在供应链管理和冷链物流方面处于领先的地位。

目前，夏晖集团在44个国家拥有7 600名员工，在美国、欧洲、中国(包括香港和台湾地区)及东南亚地区为8 000多家麦当劳餐厅提供高质量的供应链管理服务，其中也包括多温度食品物流服务。现在夏晖将业务扩展到一流的连锁咖啡店、现购自运式卖场、酒类及高级食品以及其他快餐连锁店。公司主要客户还有必胜客、星巴克、海底捞等。2008年，夏晖承接了第29届北京奥运会所有食品存储和配送的业务。

夏晖拥有世界上领先的多温度食品分拨物流中心，配备专业的三温度(冷冻、冷藏、常温)运输车辆。中心内设有冷藏库、冷冻库及干货库，各个库区都有极其严格的温度、湿度的要求，从而保证食品的品质。

2. 夏晖集团的一站式物流服务

只要麦当劳在哪里开店，夏晖就会把自己的冷链配送体系覆盖到哪里。40年来，夏晖主要为麦当劳提供一站式综合冷链物流服务，包括运输、仓储、信息处理、存货控制、产品质量安全控制等，并且根据麦当劳的店面网络，建立了分拨中心和配送中心。这种为冷链物流需求方提供高效完善的冷链方案，全程监控冷链物流，整合冷链产品供应链的企业就是第三方冷链物流企业。夏晖的冷链物流运作模式如图4.2所示。

麦当劳利用夏晖建立的物流中心，为其各个餐厅完成订货、储存、运输及分拨等一系列工作。并通过它的协调与连接，使每一个供应商与每一家餐厅供需达到畅通与和谐，为麦当劳餐厅的食品供应提供最佳的保证。设立至今，麦当劳的近60家供应商的商品都是通过夏晖建立的物流体系分拨到各个门店。

此外，夏晖还负责为麦当劳上游的蔬果供应商提供咨询服务。

3. 夏晖精益求精的冷链物流

夏晖通过与麦当劳长期合作，形成了如图4.3所示的冷链物流营运流程。

1) 订单管理

麦当劳餐厅的经理需要预先估计安全库存，一旦库存量低于安全库存，便进入订货程

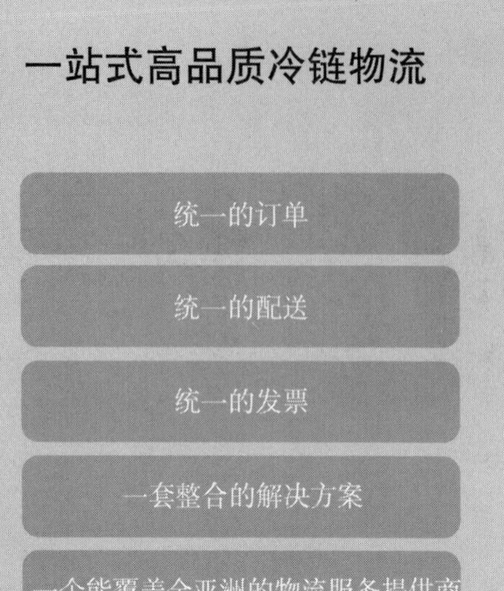

图4.2 夏晖的冷链物流运作模式

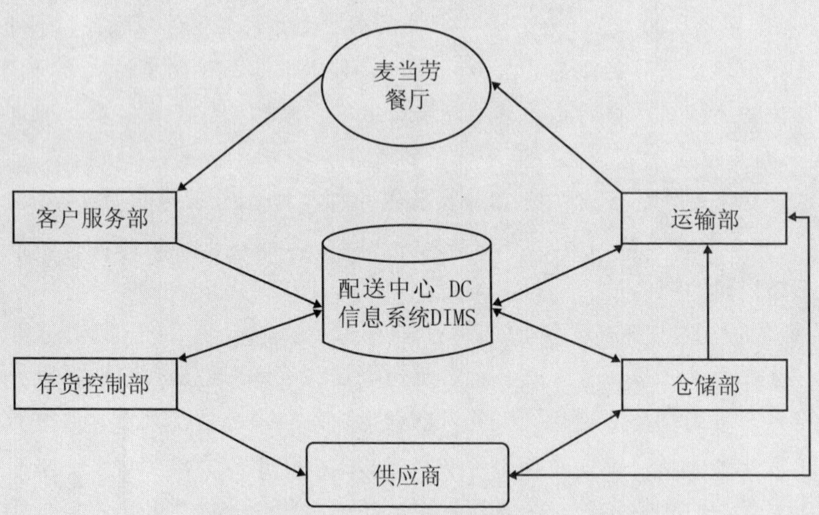

图4.3 夏晖-麦当劳冷链物流营运流程图

序。麦当劳采取在网上下订单，将订单发往配销中心。夏晖在接到订单之后，便能够在最短的时间内完成装货，在优化完行驶的路线后，冷藏车就会按照事先制订好的路线和要求将货物送到指定的餐厅。每天，餐厅经理都要把订货量与进货周期对照，一旦发现问题，立刻进入紧急订货程序。虽然紧急订货不被鼓励，但一经确认，2小时后货品就会被送到餐厅门口。麦当劳通过对其订单的有效管理，实现了仓库储备的货物总能保证在安全库存之上，保证随时能够满足消费者对食品的任何要求。

2）库存与配送管理

麦当劳对夏晖的库存与配送提出了更高的要求。

(1) 保证准时送达率。夏晖的配送车队每天晚上在11点到凌晨1点之间必须完成送货，

准点率在98%以上才算符合服务质量的要求，因为麦当劳的员工是按小时付薪的，如果在这个时间内不能将货送到，员工的超时工资要由夏晖承担。

(2) 保证麦当劳的任何一个餐厅不断货。麦当劳在全国各地有近千家连锁店，尽管通过POS机能够实时知道每一种商品的销售情况，但是如何运输、怎样在区域范围内建立物流中心，如何协调社会性物流资源并不是简单问题。这些非常复杂的工程，需要有极好的供应链管理能力以及供应链网络建设的能力。

(3) 保持每一件货物的质量处在最佳状态。在接到订单后，夏晖就开始准备装车的工作。在装货的过程中，印有夏晖标志的冷藏冷冻运输车辆整齐地停靠在装货的车道内，使得冷藏冷冻运输车辆与夏晖的冷库实现完全的密封性对接。两个公司为了保证营业期间食品的新鲜，冷藏库坚持"先进、先出"的进出货物方式。

物品入库也有标准化的规定，在冷藏库外搬送物品的服务员编上号，按顺序将物品搬至库外，按照原材料放置的先后顺序和各种品种的不同规定，将物品整齐地放入库内。每次的进货都必须由经理亲自检查货物的温度和质量。货物从冷藏库或冷冻库提出来后，要通过一个宽为6米左右的缓冲区才能到达冷藏冷冻运输车辆，在这个缓冲区中，温度被保持到1～10℃之间，很好地实现了封闭的自动化操作。

对于装货时间，夏晖物流也严格按照麦当劳的规定进行。比如一台8吨标准的冷冻车，装车和卸车的时间被严格限制在5分钟之内，根据货品的需要，还会使用一些专用的搬运器械，以避免在装卸过程中出现意外的损失。在冷冻冷藏车内，能按照货物所需要的温度实现货物的分区存储。

当所运输的食品到达麦当劳餐厅时，麦当劳餐厅经理首先会提前检查冷藏和冷冻车的温度是否正常，记录接货的时间和地点，检查单据是否齐全，抽查产品的接货温度，检验产品有效期，检查包装是否有破损和污染等情况，最后才是核对送货数量，签字接收。如果任何一个环节不符合要求，货品要退给夏晖。

在卸货的过程中，最先卸下来的是像牛肉饼、鸡翅这样的冷冻食品，然后是大包薯条，最后是面包坯这样的常温食品，在整个卸货过程中，最关键的一点是快，像苹果派这样的食品，对温度的变化是十分敏感的。卸下来的货物，如果是需要冷冻、就直接放进位于餐厅内的冷库中，使冷链的最后一个环节依然是有保证的。

3) 保持世界前沿的食品安全管理

对于夏晖来说，在严格地执行麦当劳标准的同时，自己也在不断地、积极地研究冷链配送的管理，并将危害分析和关键控制点(简称HACCP)管理体系应用于冷链物流。HACCP是目前全世界范围内应用最广泛的解决食品安全问题的管理体系，将其在冷链物流中应用实施能有效地使冷链物流在食品安全方面有一个大的提升。

4) 保持良好的行业操作规范

一台8吨标准的冷冻车的冷机价值48万元，使用500小时后就必须进行一次大修。货车从配送中心出发到指定的店铺送货，为了防止只有一头一尾冷机是开放的，而中间则被关闭，可以用温度跟踪器和货物跟踪器进行监控。夏晖在中国并没有使用昂贵的跟踪手段，而是选择了一种类似于民航飞机上黑匣子的技术。不仅可以记录车的位置，也可记录车的状态。只要是事后打开记录，有关车辆的开与停时间、温度变化等数据就会尽收眼底，从而保证了食品的质量安全。

4. 夏晖－麦当劳共赢发展

1) 夏晖管理麦当劳库存

在麦当劳和夏晖的伙伴关系中，夏晖物流不仅扮演了第三方物流公司的角色，而且还承担着供应商的责任。麦当劳采用了供应商管理库存的策略，由夏晖掌握麦当劳的库存与采购，这样使得夏晖的库存保持在较低水平。

2) 夏晖是麦当劳的战略投资人

夏晖既是麦当劳的战略投资人，也是风险承担者。为了满足麦当劳冷链物流的要求，夏晖在北京地区投资5 500多万元人民币，建立了一个占地面积达12 000平方米、拥有世界领先技术的多温度食品分发物流中心，其中干库容量为2 000吨，里面存放麦当劳餐厅用的各种纸杯、包装盒和包装袋等不必冷藏冷冻的货物。冻库容量为1 100吨，设定温度为－18℃，存储着派、薯条、肉饼等冷冻食品。冷藏库容量超过300吨，设定温度为1～4℃，用于存储生菜、鸡蛋等需要冷藏的食品。物流中心5吨到20吨多种温度控制的运输车约40余辆。冷藏和常温仓库设备都是从美国进口的设备，设计细致，最大限度地对麦当劳产品进行保鲜，保持麦当劳产品的物流损耗率控制在万分之一之内。

(资料来源：博瑞汇驿供应链)

本章主要介绍企业的核心竞争力、物流外包，第三方物流特点及其价值优势，第四方物流崛起、特点以及与第三方物流关系，并且通过案例分析使大家能够更好地了解物流外包和物流企业服务的相关知识。

4.1 物流外包

4.1.1 核心竞争力

1. 核心竞争力的含义

开放和竞争已经成为当今经济发展的主流，特别是全球经济的一体化和互联网技术的广泛应用，企业之间的竞争日益加剧。企业要在激烈的市场竞争中立于不败之地，并且不断发展，唯有确立和发展自己的竞争优势，这种具备竞争优势的能力称为核心竞争力。

1) 核心竞争力

核心竞争力(Core Competence)是指企业在经营过程中形成的不易被竞争对手效仿的能够带来超额利润的独特的能力。它是企业在生产经营、新产品研发、售后服务等一系列营销过程和各种决策中形成的，具有自己独特优势的技术、文化或机制所决定的巨大的资本能量和经营实力。核心竞争力是企业获得长期稳定的竞争优势的基础。

核心竞争力主要包括核心技术能力、组织协调能力、对外影响能力和应变能力，其本质内涵是让消费者得到真正好于、高于竞争对手的不可替代的价值、产品、服务和文化。其中创新是核心竞争力的灵魂，主导产品(服务)是核心竞争力的精髓。

2) 核心竞争力具备的条件

一项竞争优势要成为核心竞争力，必须具备以下几个条件。

(1) 具备充分的用户价值。它必须能够为用户提供根本性的好处或效用。

(2) 具备独特性。如果企业专长很容易被竞争对手所模仿，或通过努力就可以很快建立，它就很难给企业提供持久的竞争优势了。

(3) 具备一定的延展性。就是说，它能为企业打开多种产品市场提供支持，对企业一系列产品或服务的竞争力都有促进作用。

3) 战略意义

核心竞争力对一个寻求长远发展的企业来说，具有不同寻常的战略意义。

(1) 核心竞争力超越了具体的产品和服务，以及企业内部所有的业务单元，将企业之间的竞争直接升华为企业整体实力之间的对抗，一个企业如果关注自己的核心竞争力，则能更准确地把控企业长远发展的战略目标。

(2) 核心竞争力可以增强企业在相关产品市场上的竞争地位，其意义远远超过单一产品市场上的胜败，对企业的发展具有更为深远的意义。例如，摩托罗拉公司建立在其无线电通信技术专长基础之上的核心竞争力，不仅使其在核心业务交换机等通信产品市场上享有持久的优势地位，在BP机、双向移动无线装置和手机等产品领域也遥遥领先。

(3) 企业核心竞争力的建设，更多的是依靠经验和知识的积累，而不是某项重大发明导致的重大跃进。因此，核心竞争力很难“压缩”或“突击”，即使产品周期越来越短，核心竞争力的建设仍需要数年甚至更长的时间，使竞争对手很难模仿。

2. 构成企业核心竞争力的因素

核心竞争力主要来源于以下几个方面。

(1) 人力资本。在知识与资本日益对等，甚至是知识雇用资本的时代，人力资本对企业竞争力的作用已毋庸置疑。问题是对于企业的拥有者来说，进行怎样的机制设计将人力资本与企业有机地结合在一起，使特殊人才竭力为企业奉献才能。

(2) 核心技术。核心技术包括虽然公开但受法律保护的专利技术以及一系列技术秘密。拥有自己的核心技术是企业获得核心竞争力的必要条件，但不是充分条件。关键是拥有持久保持和获得核心技术的能力。

(3) 企业声誉。在产品市场上，声誉是卖者对买者做出的不卖假冒伪劣产品的承诺；在资本市场上，声誉是企业家、经营者对投资者(股东、债权人)做出的不滥用资金的承诺。这种承诺通常不具有法律上的可执行性，但如果卖者、企业家不履行这种承诺，就要失去买者的光顾和投资者的青睐。因此，声誉是企业获得核心竞争力甚至生存的根本和生命线。

(4) 营销技术。营销技术即企业通过高效的产品、价格、促销和营销渠道整合向顾客提供满足其个性化需求的商品和劳务。营销技术既取决于企业人力资本和经验的积累，技术手段和营销信息系统的应用也起到基础性作用。在消费者主权的时代，营销技术甚至是比制造技术更重要的竞争力因素。

(5) 营销网络。营销网点是企业推销产品和服务的前沿阵地，其主要功能是产品销售、市场调查、营销宣传、技术支持和市场开拓。营销网络是通过一定的管理技术将配送中心、营销网点、信息体系和信息系统等联系在一起，形成覆盖较大区域市场的营销网络。从企业竞争力的角度分析，企业一旦在消费者中形成了营销网络，将成为后来者进入该市场的壁垒，从而在相当长的时期内获得超额利润。

(6) 管理能力。管理能力是企业竞争力的核心内容，包括企业获得信息能力、推理能力、决策能力和迅速执行决策的能力，也可以理解为狭义的“企业核心能力”。在一定意义上，企业的管理能力取决于企业是否拥有一支特殊组织管理才能的经理队伍。

(7) 研发能力。原创性研究开发能力是企业竞争力的重要组成部分。研究开发能力可由企业研究人员的数量和素质、研发投入经费总额及研发经费占企业销售收入的比例等指标来表示。研究开发能力使企业获得持久制造技术或专利技术从而获得长期利润的源泉。

(8) 企业文化。企业文化实际上是企业经营理念及其具体体现的集合。从概念上看，企业文化非常简单，而通常的难度在于找到适合企业特色的文化理念和具体落实。良好的企业文化是企业整合更大范围资源、迅速提高市场份额的重要利器。

企业核心竞争力，最终体现为获利能力、市场份额、企业形象及公众对企业产品和服务的认同等。

4.1.2 物流外包

1. 物流外包的含义

现代企业管理尤其是供应链管理特别重视企业的核心竞争力，企业根据自身的特点，将企业经营的重点放在某一特殊的领域或者是某种专项业务上，在特定行业的市场中占领某个细分市场，在某一点形成企业自身的竞争优势。为了取得这样的竞争优势，企业通常会选择将其主要的资源和人力投入在其主营业务上，而将其他非核心的业务外包给其他企业，这也就是经常提到的企业业务外包。

物流外包(Logistics Outsourcing)，是指生产或销售企业为集中精力增强核心竞争力，而以合同的方式将其物流业务部分或完全委托于专业的物流公司(第三方物流，3PL)运作。物流外包是一种长期的、战略的、相互渗透的、互惠互利的业务委托和合约执行的方式。

2. 企业物流业务外包的动因

企业的物流业务外包前提条件一般都是一样的，那就是物流不是企业的核心业务，企业要把时间、资源和精力放在自己的核心业务上，以提高供应链管理和企业运作的效率。物流外包的动因如图4.4所示。

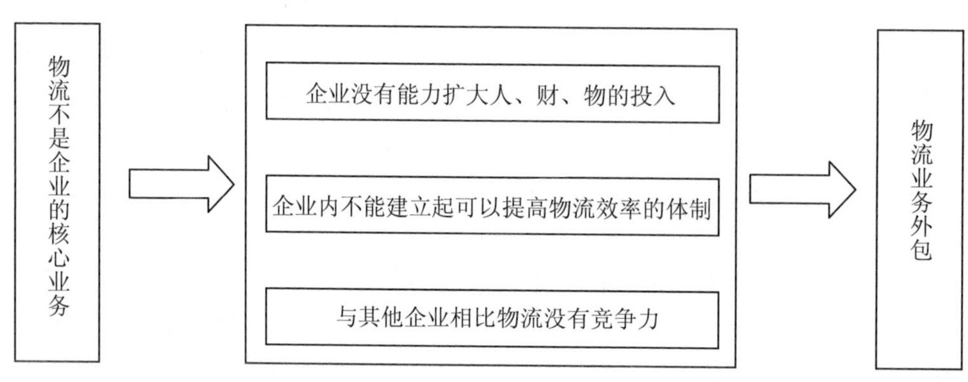

图4.4　物流外包的动因

1）企业没有能力扩大在物流方面的投入

它包括：企业人力资源的限制，如缺乏有关物流方面的人才；企业自身资金的限制；企业自身物流设施和信息系统的限制。当企业的核心业务迅猛发展时，由于资源的限制，实施物流外包是一项很好的策略。

2）企业不能建立起高效率物流体制

随着经济的发展，生产和服务的模式发生了很大变化：从大规模、标准化生产到个性化、柔性化小规模生产，物流的复杂性突现；从产品导向到客户服务导向，门到门服务，物流网络覆盖面越来越大，越来越细致。企业要完成从原材料采购到产品送达顾客的整个物流过程，难度越来越大，而且也不经济。例如，亚马逊公司虽然目前已经拥有比较完善的物流设施，但对于“门到门”的配送业务，始终都坚持外包，因为“最后一公里配送”是一项极其烦琐、覆盖面极广的活动，不是其优势所在。物流外包既降低了物流成本，又增强了企业的核心竞争力。

3）企业自营物流没有竞争力

现在企业之间的竞争主要是时间和速度上的竞争，企业物流系统在竞争中如呈现劣势，物流外包则是明智的选择。第三方物流业作为专门从事物流工作的行家，具有很丰富的专业知识和经验，有利于提高货主企业的物流水平。

企业外包物流首先是为了降低物流成本，其次是为了强化核心业务，最后是为了改善和提高物流服务水平与质量。企业利用外部资源发展自己的核心竞争力是市场经济发展的必然趋势，物流外包和物流社会化是市场经济发展的必然结果。

3. 物流业务外包对企业的作用

1）优化企业内部资源配置，强化企业核心能力，提高企业整体效益

从稀缺经济学的角度看，无论企业规模有多大，它的资源总是有限的。不属于核心能力的功能（物流在多数企业是非核心业务）被弱化或者外包，可使企业将主要资源投入到其核心业务上，集中企业的人力、物力、财力，进行重点技术、新产品研究开发，保持企业竞争优势，达到资源利用的最佳化，取得整体最优的效果。像人们熟知的耐克、IBM、惠普、康柏等都是通过多种业务（不局限于物流）外包而成长起来的国际著名品牌。

与企业自营物流相比，许多第三方物流服务供应商在国内外都拥有良好的运输和服务网络，在组织企业的物流活动方面更有经验、更专业化。企业将物流业务外包，不仅可减少企业资金投放和积压，还可降低企业物流运作成本，提高企业效率。

2）充分利用企业外部资源，提升企业形象，分散企业经营风险

企业通过物流业务外包，利用第三方物流企业全球性的物流网络、完备的设施和训练有素的员工，可提高企业的柔性，快速响应需求，改进服务，树立品牌形象，增强企业信誉；同时，避免了物流设施、设备投资风险、存货积压风险以及由政府、经济、市场、财务等因素产生的各种风险。

4.1.3　物流外包风险与控制

1. 企业物流业务外包的风险

企业物流业务外包会给企业带来积极作用，但其可能产生的负面效应和风险也不能忽视。

(1)物流控制风险。第三方物流介入企业的采购、生产、分销、售后服务的各个环节，成为企业的物流管理者，企业对物流的控制力大大降低，在双方信息沟通、业务协调出现问题的情况下，可能出现物流失控的现象，即第三方物流企业不能完全理解并按企业的要求去做，从而降低了客户服务指标。

(2)客户关系管理风险。企业物流业务外包后，第三方物流企业拥有全面的客户信息，甚至是潜在的客户信息，它们直接与客户接触，完成产品的递送、售后服务，倾听客户意见等，这会弱化企业与客户稳定而密切的关系；同时，有关客户信息的安全性也存在一定风险。

(3)连带经营风险。企业物流业务外包一般基于长期合同，一旦物流服务提供商经营上出现问题，直接影响企业的生产经营，而与之解除合同关系对企业而言也要付出很大的代价。

2. 企业物流业务外包的障碍

(1)传统经营模式遗留问题。我国国有大中型生产与流通企业有较大的物流能力，物流外包就意味着裁员和资产出售。

(2)保守、封闭式经营观念。部分企业管理者本着“肥水不流外人田”的狭隘经营观念，对长期、稳定、互利的合作经营方式持怀疑态度。

(3)对第三方物流缺乏认识和了解。对现在的第三方物流企业能否降低成本，能否提供优质服务缺乏信心。

3. 企业物流自营还是外包的权衡比较

物流外包首先要考虑的三个问题是：物流外包是否符合企业的发展战略；物流外包是否影响企业的核心竞争力；物流外包是否能够提高物流经济效益。企业自营物流还是外包物流主要取决于两个因素：一是关键物流活动对企业成功的影响；二是企业管理物流运作的能力。

(1)物流在企业总体战略经营中的地位及自营能力水平。企业物流外包所推崇的理念是：如果我们在产业价值链的某一环节上不是世界上最好的，如果这也不是我们的核心竞争优势，如果这种活动不至于把我们与客户分开，那我们应当把它外包给世界上最好的专业企业去做。

(2)第三方物流能否达到企业要求的服务质量与反应速度。一方面是企业(外包方)要求的质量与反应速度，另一方面是外包方的顾客所需要的服务质量与反应速度。

(3)物流外包成本与自营成本的全面、科学比较。企业物流选择外包还是自营，与其整体战略规划有关，但根本点还是要看外包是否能以更低的成本获得比自制更高价值的资源。那些对客户服务水平要求高，在企业运营总成本中物流成本占大头，以及自身物流管理能力比较强的企业往往倾向于自营物流。换句话说，如果企业确实要把开发供应链管理的功能作为自己的核心竞争力，它就不应当外包物流服务，如沃尔玛公司。

企业根据自身情况，可以选择以下四种渐进的物流开发战略：①偶然外包一些物流职能；②在某一时候外包某一物流职能；③外包两项或三项物流功能，然后跨越到把整个供应链管理外包出去以获取系统收益；④基于评估外包的整体节约和收益，启动完全的供应链外包。

4. 企业实施物流外包的注意事项

为了防止物流外包流于形式或失败，物流业务外包企业需要注意以下几点。

（1）物流服务供应商精益化。许多领先的公司在物流方面要么选择 1 ~2 个供应商，要么是很有限的供应商，这样可简化流程的管理，有利于规模经济的实现。

（2）在互信的基础上，协同完成项目的实施。视第三方物流服务供应商的人员为内部人员，与第三方物流服务供应商分享公司的业务计划，让它了解公司的目标及任务。为了保证物流服务的质量，双方要各自设立项目经理，并在相关功能上配备相应人员以便及时处理日常运作中的问题，共同商定绩效监测与评估制度，使合作关系透明化，通常应保持作业层每天的交流、管理层每月的绩效评估以及不定期的检查与年度评估。

（3）确定具体、详细、可操作性的工作范围。工作范围即物流服务要求明细，它对服务的环节、作业方式、作业时间及服务费用等细节做出明确的规定，这是决定物流外包成败的关键要素之一。而服务要求模糊是许多物流外包合作关系不能正常维持的主要原因。

（4）建立冲突处理方案。与第三方物流服务供应商的合作关系并不总是一帆风顺的，为避免冲突的发生，事前就应该规划出当冲突发生时双方如何处理的方案，一旦有一方的需求不能得到满足时，即可加以引用并借此改进彼此之间的关系。

（5）随时发现问题，不断进行调整。市场就是战场，形势千变万化，所以物流业务外包后，仍要亲自视察和监督，因为唯有亲自看到，才知道问题所在，才能及时要求物流服务供应商加以纠正和调整。

（6）保持弹性。物流外包的项目应该是慢慢扩展的，要注意到第三方物流服务供应商所能提供服务的宽度，让其保持一定的弹性，以最灵活的方式为企业提供最佳的服务。

4.2　第三方物流

4.2.1　第三方物流概述

第三方物流，源自于管理学中的业务外包(Out Souring)。我国物流标准术语对业务外包定义为："企业为了获得比单纯利用内部资源更多的竞争优势，将其非核心业务交由合作企业完成(GB/T 18354—2006)"。将业务外包引入物流管理领域，产生了第三方物流的概念。

1. 第三方物流的概念

第三方物流(Third－Party Logistics，3PL/TPL)，是 20 世纪 80 年代中期由欧美学者提出的。在 1988 年美国物流管理委员会的一项顾客服务调查中，首次提到"第三方物流服务提供者"一词。

2006 年，我国发布的《物流术语》中，对第三方物流定义为："接受客户委托为其提供专项或全面的物流系统设计以及系统运营的物流服务模式(GB/T 18354—2006)"。对定义作进一步分析。

（1）从物流服务的提供者角度界定：第三方物流是指物流的实际供给方(第一方)和物流的实际需求方(第二方)之外的第三方通过合约，向第二方提供部分或全部的物流服务(强调物流服务的提供者是实物交易之外的第三方)，如图4.5所示。

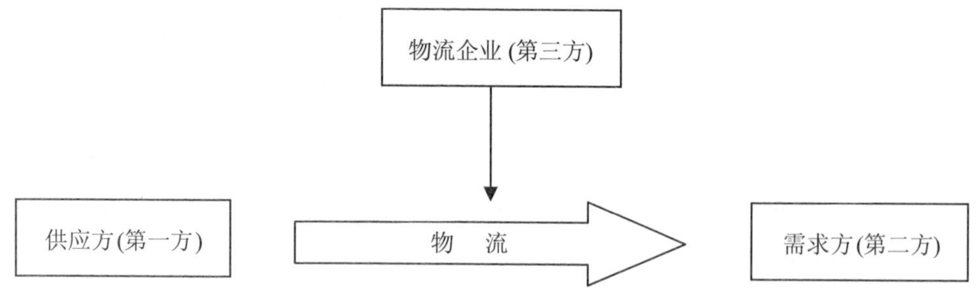

图4.5　3PL概念理解图

(2) 从物流服务的提供者与客户达成物流服务交易的形式界定：第三方物流又称为合同物流、契约物流，是第三方物流提供者按合同在特定时间内向使用者提供个性化的系列服务(强调物流服务的提供者与客户是基于合同的长期合作)。

(3) 从物流服务的提供者所提供的物流服务功能范围界定：第三方物流是提供全部物流业务服务的一站式、一体化综合物流服务(强调物流服务的提供者提供的是全程物流服务)。

2. 第三方物流产生的原因

(1) 社会分工的结果。在业务外包等新型管理理念的影响下，各企业为增强市场竞争力，寻求社会化分工协作带来的效率和效益的最大化。专业化分工的结果，导致企业许多非核心业务，从生产经营活动中分离出来，如物流业务。将物流业务委托给专业的第三方物流公司负责完成。

(2) 新型管理理念的要求。进入20世纪90年代后，信息技术特别是计算机技术的高速发展与社会分工的进一步细化，由此产生了供应链、虚拟企业等一系列强调外部协调和合作的新型管理理念，既增加了物流活动的复杂性，又对物流活动提出了零库存、JIT、QR的要求。一般企业很难承担此类业务，由此产生了专业化物流服务的需求。第三方物流的出现，一方面迎合了个性需求时代企业之间专业合作(资源配置)不断变化的要求；另一方面实现了物流的整合，提高了物流服务质量和效率。

(3) 要求改善物流与强化竞争力相结合。物流研究与物流实践经历了成本导向、利润导向、竞争力导向等几个阶段。将物流改善与企业竞争力提高的目标是物流理论与技术成熟的标志。

(4) 竞争激化要求综合物流业务的发展。随着经济自由化和贸易全球化的发展，物流领域的政策不断放宽，同时也导致物流企业自身竞争的激化，促进物流企业不断地拓展服务内涵和外延，从而导致第三方物流的出现。

3. 我国第三方物流的分类

市场上专业化、社会化的第三方物流企业种类繁多，我们从以下几方面进行分类。

1) 按我国第三方物流企业来源分类

(1) 从传统仓储、运输、货代等企业改造转型而来。目前，我国由传统仓储、运输、货代企业经过改造转型而来的物流企业在第三方物流中占主导地位，占据较大市场份额。起源于运输业的，如中国远洋物流有限公司；起源于仓储业的，如上海商业物流公司；起源于货

运代理业的，如华润物流有限公司；锦程国际物流集团股份有限公司的前身是大连锦联进出口货运代理公司，它是中国最大的国际物流企业之一，主要为客户提供门到门的全程国际物流服务。

传统仓储、运输企业发展第三方物流有以下几方面的优势。

一是客户资源。这些企业掌握大量的、稳定的客户源，随着客户需求的不断扩展，企业提供更加完整和个性化的服务，客户驱动企业向第三方物流发展。

二是网络资源。传统仓储、运输企业大都拥有相对比较健全的物流服务网络资源，这是网络化第三方物流服务的基础。

三是运作能力。现代物流服务内容丰富，但核心物流活动依然是信息、运输、仓储。这些能力往往是衡量物流企业运作和管理水平的最重要指标。由传统仓储、运输、货代企业改造转型而来的第三方物流在这些方面具有得天独厚的优势。

（2）从工商企业原有物流服务职能剥离形成。传统工商企业对物流的控制方式是企业自建的物流系统，所有的物流资源属于企业拥有。随着加强核心竞争力的管理理念的普及，部分企业将原属第三产业的物流以外包的形式剥离，由原企业的子公司逐步独立并社会化，如海尔物流。

这类物流企业利用原有的物流网络资源，依靠与客户“先天”的亲密合作关系，运用现代经营管理理念，逐步走向专业化、社会化。

（3）不同企业、部门之间物流资源互补式联营，主要有以下两种情况。

第一种情况：企业与第三方物流公司联营设立第三方物流公司。企业一般以原有物流资源入股，企业对新的第三方物流公司有一定的控股权，并在一定程度上参与经营。如，中外运敦豪国际航空快递有限公司。

第二种情况：能够资源互补的不同部门联手进军物流领域。2003 年 9 月铁道部和国家邮政局签署战略合作框架协议，双方约定打破部门分割，铁路将列车运输能力向邮政开放，邮政将仓储、分拣、配送能力向铁路开放。双方约定共同出资成立股份有限公司，以整合铁路的运输优势和邮政的网络优势，形成利益共同体，提高核心竞争力。

（4）新创办的第三方物流公司。近年来，随着我国经济的发展，我国出现大量新创立的现代物流企业。例如宝供物流、顺丰速运快递公司等。

2）按我国第三方物流企业的资本归属分类

我国第三方物流企业主要分为独资和中外合资物流企业、民营物流企业和国有物流企业。

（1）独资和中外合资物流企业。随着中国的经济开放，国外物流公司逐渐向中国物流市场渗透。它们以独资或合资方式进入中国物流领域，独资或合资物流企业一方面为原有客户，即跨国公司进入中国市场提供延伸服务，如丹麦有利物流公司，主要为马士基船运公司及其货主企业提供物流服务。另一方面用它们的经营理念、经营模式和优质服务吸引中国企业。它们有丰富的行业知识和实际运营经验，与国际物流客户有良好关系，有先进的 IT 系统，还有来自总部的强有力的财务支持。

（2）民营物流企业。我国民营物流企业多产生于20 世纪 90 年代以后，是物流行业中最具朝气的第三方物流企业。它们的业务地域、服务和客户相对集中，效率相对较高，机制灵活，发展迅速，例如天津大田物流、珠海九川物流等。

(3) 国有物流企业。我国多数国有物流企业是借助于原有物流资源发展而来的。近年来，也产生一些新的国有第三方物流公司。如浙江杭钢物流有限公司是由杭钢集团公司、浙江杭钢国贸有限公司等八家单位联合出资成立的致力于发展现代物流服务的企业。它们拥有全国性的网络和许多运输和仓储资产，与中央或地方政府有良好的关系。不足之处是冗余人员比例很高，效率低，绩效较差。

3) 按第三方物流企业服务某项主要功能分类

(1) 运输型物流企业。运输型物流企业是指以从事货物运输服务为主，包含其他物流服务活动，具备一定规模的实体企业。企业的主要业务活动为客户提供门到门运输、门到站运输、站到门运输、站到站运输等一体化运输服务。根据客户需求，运输型物流企业还可以提供物流一体化的服务功能。

(2) 仓储型物流企业。仓储型物流企业是指以从事区域性仓储服务为主，包含其他物流服务活动，具备一定规模的实体企业。企业以为客户提供货物存储、保管、中转等仓储服务，以及为客户提供配送服务为主；企业也可以为客户提供其他仓储增值服务，如商品经销、流通加工等。

(3) 综合服务型物流企业。综合服务型物流企业是指从事多种物流服务活动，并可以根据客户的需求，提供物流一体化服务，具备一定规模的实体企业。其业务经营范围广泛，可以为客户提供运输、货运代理、仓储、配送等多种物流服务项目，并能够为客户提供一类或几类产品契约性一体化物流服务；为客户制定整合物流资源的解决方案，提供物流咨询服务。

4) 按第三方物流企业资源占有标准分类

(1) 资产型第三方物流企业。这类企业有自己的运输、仓储设施设备，包括车辆、仓库等，为各个行业的用户提供标准的运输和仓储服务，在现实中它们实际掌握物流作业的操作，如基于仓储服务的第三方物流企业、基于运输服务的第三方物流企业。

(2) 非资产型第三方物流企业。这类企业是一种物流管理公司，不拥有自己的运输、仓储设施设备，可以通过租赁方式取得这类资产，只利用企业员工为客户提供物流咨询、物流管理系统设计、专业客户管理等物流功能，这类物流企业在国外很多。

5) 按第三方物流企业经营的方式分类

(1) 企业独立经营型。在物流服务中，实施单一物流服务的企业几乎是独立经营型的。而实施综合物流服务的物流企业尽管从总体上讲是独立经营的，但内部各个环节则相当复杂，尤其在涉及仓储、运输、联运甚至国际联运时。一般在类似的情况下，企业在各服务全程的两端及中间各转接点处，均设有(或派)自己的子公司或办事处等形式的派出机构或分支机构，作为全权代理揽货、交接货、订立运输合同协议，处理有关业务和衔接中的一系列事务。

(2) 大型企业联营型。涉及综合的跨地区或跨国的物流时，各物流服务企业往往采用这种形式，即采用位于服务全程两端的地区或国家的两个(或几个)类似的企业联合经营的方式，联营的双方互为合作人，分别在各自的地区或国家内开展业务活动，揽到货物后，按货物的流向及运输区段划分双方应承担的工作。

(3) 代理经营型。此种方式与第二种类型的情况相似，即在服务全程的两端和中间各衔接地点委托外地区或国外同业作为物流服务代理，办理或代安排全程服务中的分运工作和交

接货物，签发或回收联运单证，制作有关单证，处理交换信息，代收、支费用和处理货运事故或纠纷等。这种代理关系可以是相互的，也可是单方面的，在这种情况下，一般由物流服务商向代理人支付代理费用，不存在分利润、分摊亏损问题。

第一种方式一般适用于货源数量较大，较为稳定的线路。一般要求企业具有较强的实力和业务基础。这种方式由于全部工作是由自己雇用的人员完成，工作效率较高，利润也可能较高。第二种和第三种（特别是第三种）方式，多适用于公司的经济实力不足以设立众多的办事处和分支机构，或线路的货源不够大，不太稳定，或企业开展国际物流服务业务的初期阶段，工作效率及利润率要低一些。大多数无船承运人型的物流服务企业均采用后两种形式。

4. 第三方物流的特征

第三方物流在发展中已逐渐形成鲜明特征，突出表现在以下六个方面。

（1）关系契约化。首先，第三方物流是通过契约形式来规范物流经营者与物流消费者之间关系的。物流经营者根据契约规定的要求，提供多功能直至全方位一体化物流服务，并以契约来管理所有提供的物流服务活动及过程。其次，第三方物流发展联盟也是通过契约的形式来明确各物流联盟参加者之间权、责、利相互关系的。

（2）服务个性化。一是，不同的物流消费者存在不同的物流服务要求，第三方物流需要根据不同物流消费者在企业形象、业务流程、产品特征、顾客需求特征及竞争需要等方面的不同要求，提供针对性强的个性化物流服务和增值服务。二是，从事第三方物流的物流经营者也因为市场竞争、物流资源、物流能力的影响需要形成核心业务，不断强化所提供物流服务的个性化和特色化，以增强物流市场的竞争能力。

（3）功能专业化。第三方物流所提供的是专业的物流服务。从物流设计、物流操作过程、物流技术工具、物流设施到物流管理必须体现专门化和专业水平，这既是物流消费者的需要，也是第三方物流自身发展的基本要求。

（4）管理系统化。第三方物流应具有系统的物流功能，是第三方物流产生和发展的基本要求，第三方物流需要建立现代管理系统才能满足运行和发展的基本要求。

（5）信息网络化。信息技术是第三方物流发展的基础，具体表现为物流信息的商品化、物流信息收集的数据化和代码化、物流信息处理的电子化和自动化、物流信息传递的标准化和实时化、物流信息储存的数字化等。在物流服务过程中，信息技术的发展实现了信息实时共享，促进了物流管理的科学化，极大地提高了物流效率和物流效益。

（6）利益一体化。第三方物流公司追求的不是短期的经济效益，更确切地说是以一种投资人的身份为客户服务，它既是客户的战略投资人，也是风险承担者。第三方物流公司为了适应客户的需要，往往自行投资或合资为客户建造现代的专用仓库、个性化的信息系统，以及特种运输设备等，这种投资少则几百万元，多则上亿元，直接为客户节省了大量的建设费用。第三方物流公司与客户的合作方式还有双方互认股权、相互融资等形式，这就形成了双方利益一体化的牢固基础。如麦当劳与夏晖之间的战略同盟关系。

物流4.0时代

随着互联网电子信息技术的快速发展，物联网、云计算、大数据等现代信息技术逐渐深入到物流应用领域，物流行业经过传统的2.0时代和互联网化的3.0时代，已经向着以数据为主导的4.0时代转变，数据化打通信息链，促进系统交易、提高效率、降低成本无疑会成为城市物流未来发展的走向。

4.2.2 第三方物流的服务性

1. 物流服务的概念

物流服务(Logistics Service)是指："为满足客户需求所实施的一系列物流活动产生的结果(GB/T 18354—2006)"。

物流服务以客户满意为第一目标，客户包括企业内部和外部客户。物流服务本身并不创造商品的形质效用，而是产生空间效用和时间效用。

对于专门提供物流服务的企业来说，物流服务本身就是企业的产品，产品内容就是物流服务的内容。

从工商企业营销的角度看，企业物流服务属于客户服务的范畴，是客户服务的主要构成部分。

2. 物流服务的特性

1）从属性

由于货主企业的物流需求是以商流为基础，伴随商流而发生。因此，物流服务必须从属于货主企业要求，表现在流通货物的种类、流通时间、流通方式、提货配送方式都是由货主选择决定，物流企业只是按照货主的需求，提供相应的物流服务。

2）即时性

物流服务是属于非物质形态的劳动，它生产的不是有形的产品，而是一种伴随销售和消费同时发展的即时服务。

3）移动性和分散性

物流服务的对象具有分布广泛、多数是不固定的客户，导致物流活动具有移动、面广和分散的特性。由于物流的移动性和分散性，会使产业局部的供需不平衡，也会给企业物流经营管理带来一定的难度。

4）需求波动性

由于物流服务是以数量多而又不固定的客户为对象，客户的需求在方式上和数量上是多变的，有较强的波动性，为此容易造成供需失衡，成为在经营上劳动效率低、费用高的重要原因。

5）可替代性

由于一般企业都可能具有自营运输、保管等自营物流的能力，使得物流服务从供给力方面来看富于替代性，这种自营物流的普遍性，使物流经营者从量和质上调整物流服务的供给力变得相当困难。

正是物流服务特性对物流业经营管理的影响，要求企业经营者的管理思维和决策必须以服务为导向，把物流服务作为一个产品，关注物流服务质量。

3. 第三方物流企业服务的内容

1）提供基本的仓储和运输服务。企业提供诸如货代、运输、仓储，配送中的某一项或几项服务，以资产密集和标准化服务为标志。这些功能通过对货主企业物流的优化整合，降低物流成本费用，增加商品价值。

2）提供仓储和货运管理等增值服务。企业在提供基本物流服务的基础上，根据客户需求提供的各种延伸业务活动。如为客户集货配送，提供货物拆拼箱，包装、分类、并货，零部件配套，配件组装、测试和修理，重新贴签、重新包装等服务。并可为客户选择承运、协议价格、安排货运计划、优选货运路线和货运监测。这些服务增加了商品的价值，创造了新的利润源。

3）提供一体化物流服务和供应链管理服务

一体化物流服务(Integrated Logistics Service)指："根据客户需求对整体的物流项目进行规划、设计并组织实施的过程及产生的结果"，即为客户提供需求预测、物流规划设计、自动订单处理、客户关系管理、存货控制和返回物流支持等。并且这种创新型物流活动已经深入到货主供应链的内部，通过对客户的无形服务，巩固了货主企业和消费者的密切关系，扩大了商品的市场需求，创新了物流的服务价值。

4.2.3 第三方物流的价值优势

第三方物流是为客户提供服务的，其创造的利润和价值优势源自于以下几方面。

1. 成本价值优势

专业化带来的规模经济是第三方物流的基本特征。

(1) 规模经济提高设施利用率。第三方物流集中配送，动态管理；快速反应，用时间消灭空间；产品周转次数加快，设施利用率高，提高了资金周转速度，节约大量库房、场地、人员费用的支出。

(2) 规模运输提高运输效率。第三方物流由于为众多的生产厂家和销售企业服务，客户多，运量大，可利用现代管理理念、技术、方法，对不同货物、运输工具、运输线路、运输方式等充分整合，如实行轻重配装，提高车皮标重利用率和容积利用率；铁路一个流向合装整车；汽车可以安排回头货。

(3) 规模加工节约原材料。生产企业对某些材料自行加工时，材料利用率仅达到60%左右，给企业造成极大的浪费，第三方物流配送中心可以按不同客户的不同需求，统一加工、套裁，提高材料利用率，降低了边角余料浪费。

(4) 规模采购获得优惠价格。第三方物流采购可以集零为整，获得批量大，价格上的优惠，批量运输还能降低运输成本，不仅使客户满意，也使企业自己获得可观得利润。此外，由于第三方物流与供应商建立了稳定的供应关系，能够保证产品质量，杜绝假冒伪劣产品的产生。

2. 服务价值优势

第三方物流企业拥有专门的物流管理人才、先进的物流设施、设备，具备高度系统化、集成化和信息化的管理体系，通过自建或整合社会资源，建立企业之间、跨行业、跨区域的物流系统网络，为企业快速的占领市场，拓展业务提供优质的服务。

(1) 高效率的物流网络。第三方物流企业利用信息网络和实体网络，将原材料生产企业、产品生产企业、批发零售企业等生产流通全过程上下游相关企业的物流活动有机结合起来，形成企业之间物流系统网络，加快订单处理速度，缩短从订货到交货的时间，进行门对门运输，实现货物的快速交付。同时，通过其先进的信息和通信技术，加强对在途货物的监控，及时发现、处理配送过程中的意外事件，保证货物及时、安全送达目的地，帮助企业提高自身服务水平。

(2) 提供专业化、个性化服务。不同的企业在产品特性、市场策略、采购策略、生产计划及客户服务水平等方面各不相同，从服务内容到服务方式，从实物流动到信息传递，各具特色，物流体系呈现很强的个性化特征。第三方物流企业在系统策划的基础上为客户提供量身定做的个性化服务方案，使客户满意。

(3) 持续改进服务能力。对第三方物流企业而言，就是要对物流活动进行创新整合，创造新的物流服务理念，创造新的物流功能。竞争和技术进步是第三方物流创新的动力，因此第三方物流企业会不断地引进新的技术手段、设备，并不断改进自己的管理和运作模式，以提高服务水平并降低成本，这种持续改进能力使客户可以在不投入过多精力和资源的基础上保持物流运作的先进性，提升客户的竞争力。

3. 社会价值优势

在发达国家第三方物流有着广泛的应用，物流成本占 GDP 总额的 10% 左右，而我国近三年社会物流总成本占 GDP 总额的 18.0% 左右。第三方物流的社会价值有以下几点。

(1) 第三方物流将社会上众多的闲散物流资源有效整合、充分利用起来。

(2) 第三方物流集中运输与配送有助于缓解城市交通压力，减少废气的排放量。

(3) 第三方物流的成长和壮大可带动中国物流业的发展，对中国产业结构的调整和优化有着重要的意义。

4. 提高企业竞争力价值

世界上任何资源都是稀缺的，企业将有限的资源集中在核心业务上，而将非核心业务，如物流外包给第三方物流企业完成，这可以使企业实现资源的优化配置，减少用于物流业务方面的车辆、仓库和人力的投入，将有限的人力、财力、物力集中于核心业务上，巩固和扩张自己的核心竞争力，从而建立自己的竞争优势。

5. 提升企业形象价值

通过第三方物流对企业需求进行有效的资源整合，运用第三方物流完成逆向物流活动，这不仅降低了企业的物流成本，提高了物流效率，也是提升了企业在市场上、用户中的形象，为企业占据和扩大市场份额提供了重要的支持和保障作用。

4.2.4 第三方物流的战略

1. 第三方物流组织结构

1) 物流组织结构概述

组织结构是描述组织的框架体系，一个组织通过对任务和职权进行分解、组合就形成了

一定的组织结构。组织结构设计方面的理论称为组织设计理论。组织结构的设计过程也就是一个组织的组织化过程。组织化的目的是协调组织内部各种不同的活动，使组织整体达到最优化。一个组织只有不断适应市场环境的变化，才能得以生存。这里的“组织”是指具有独立法人地位的企业、厂商或公司。

物流组织从属于整个组织或公司，是组织中的一部分。对物流的任务和职权进行分解、组合，就形成了一定的组织结构，称为物流组织结构。由于受公司背景、行业特征、信息化水平、企业规模等各种因素的影响，各公司的物流组织结构千变万化，不尽一致，物流活动的规模和水平也相差很大。这里，我们只探讨一些典型的物流组织结构。

2）典型的物流组织结构

（1）顾问式结构。顾问式结构是一种过渡型、物流整体功能最弱的物流组织结构，物流部门在企业中只是作为一种顾问的角色，它只负责整体物流的规划、分析、协调和物流工程，并产生决策性的建议，对各部门的物流活动起指导作用，但物流活动的具体运作管理仍由各自所属的原部门负责，物流部门无权管理。顾问式结构如图4.6所示。

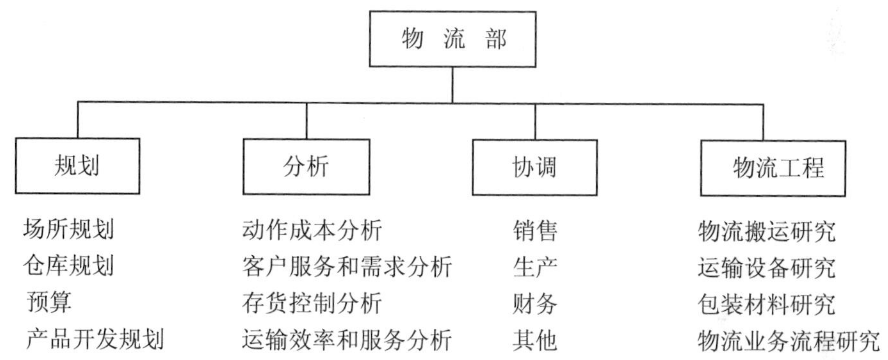

图4.6　顾问式结构

顾问式结构带来的问题是：物流部门对具体的物流活动没有管理权和指挥权，物流活动仍分散在各个部门，所以仍会出现物流效率低下、资源浪费以及职权不明等弊病。

（2）直线式结构。直线式结构是物流部门对所有物流活动具有管理权和指挥权的物流组织结构，是一种较为简单的组织结构形式。其结构如图4.7所示。

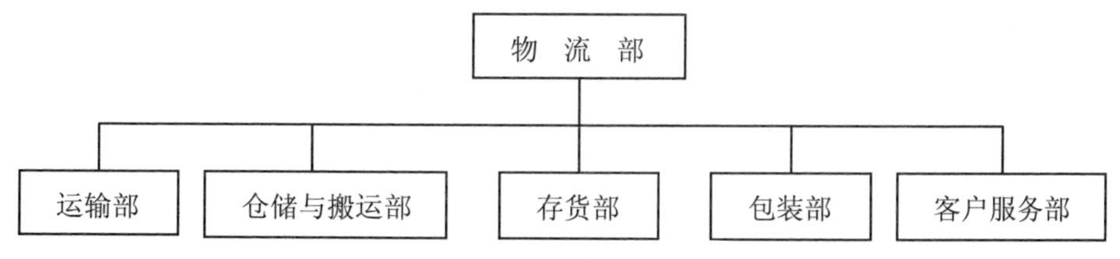

图4.7　直线式结构

在直线式物流组织结构下，物流经理一方面管理下属各部门日常业务的运作，同时又兼顾物流系统的分析、设计和规划，这对物流经理的业务水平提出了较高的要求。直线式组织结构的优点是：物流经理全权负责所有的物流活动，先前出现的互相牵制现象不再出现，物流活动效率较高，职权明晰。缺点是：物流经理的决策风险较大。

（3）直线顾问式结构。单纯的直线式或顾问式物流组织结构都存在一定的缺陷，逻辑上

的解决办法是将这两种组织结构形式合二为一，变成直线顾问式的物流组织结构。直线顾问式结构如图 4.8 所示。

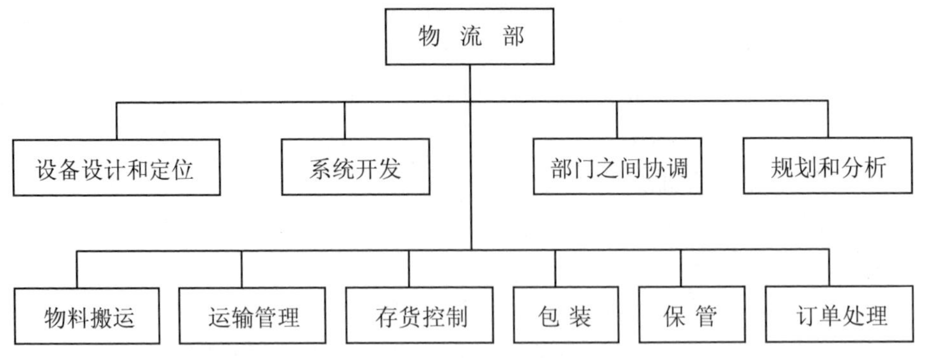

图 4.8 直线顾问式结构

在直线顾问式结构中，物流部对业务部门和顾问部门均实行垂直式领导，具有指挥和命令权利。处于图中第一层的子部门是顾问部门，其职责是对现存的物流系统进行分析、规划和设计并向上级提出改进建议，它们对图中下层的业务部门没有管理和指挥权，只起到指导和监督的作用。图中第二层的子部门是业务部门，负责物流业务的日常运作并受物流(总)部的领导。

这种组织结构方式消除了物流在企业中的从属地位，恢复了物流部门功能上的独立性。当然，这并不意味着物流部门可以与企业其他部门隔绝而独自运作。物流部门中诸如规划、协调等顾问性功能仍有必要与其他部门紧密配合，才能使企业作为一个整体得到改进，而不仅仅是企业的物流功能得到改进。

(4) 矩阵式结构。矩阵式物流组织结构，由美国学者丹尼尔·W. 蒂海斯和罗伯特·L. 泰勒于 1972 年提出，它的设计原理是将物流作为思考问题的一种角度和方法，而不把它作为企业内的另外一个功能。

一个典型的物流业务通常包括预测、订单处理、产品到客户之间的运输和报关、产品存活控制、配送中心仓储、车间到配送中心的运输、包装、生产计划、车间储备、生产物料控制、原材料保管、原材料搬运、原材料存货控制及采购等活动。履行这样一个物流业务需要跨越多个部门，历时较长，涉及的人和事较多，所以在某种程度上，一个物流业务也可看作是一个项目。泰勒和蒂海斯提出了矩阵式的物流组织结构，其大体内容是：履行物流业务所需要的各种物流活动仍由原部门(垂直方向)管理，但水平方向上又加入类似于项目管理的部门(一般也称为物流部门)，负责管理一个完整的物流业务(作为一个物流“项目”)，从而形成了纵横交错的矩阵式物流组织结构。矩阵式结构如图 4.9 所示。

在矩阵式结构组织结构下，物流项目经理在一定的时间、成本、数量和质量约束下，负责整个物流项目的实施(水平方向)，传统部门(垂直方向)对物流项目起着支持的作用。

矩阵式物流组织结构有三个优点：①物流部门作为一个责任中心，允许其基于目标进行管理，可以提高物流运作效率；②这种形势比较灵活，适合于任何企业的各种需求；③它可以允许物流经理对物流进行一体化的规划和设计，提高物流的整合效应。

矩阵式组织结构的缺点是：由于采取双轨制管理，职权关系受“纵横”两个方向上的控制，可能会导致某些冲突和不协调。

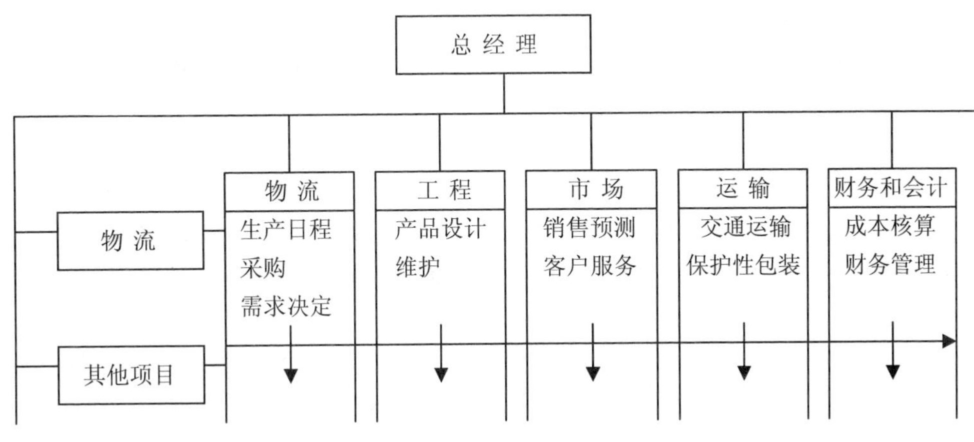

图4.9　矩阵式结构

2. 我国第三方物流发展战略

1）SWOT 分析

我国第三方物流企业面对激烈的市场竞争，应当清楚地认识自身的优势(Strength)、劣势(Weakness)、机会(Opportunity)、威胁(Threat)，即进行 SWOT 分析，从而选择适合自身发展的战略。

(1) 优势。在我国第三方物流市场，已出现中远集团、中外运集团、中海物流等一批既有规模又有效益且能够有效提供第三方物流服务的企业集团。它们熟知国内的物流市场特点，建有遍布全国的网络系统、较低的运营成本以及与政府和相关企业的良好关系，具有一些国外企业不能比拟的优势。当然，这些优势只是在一段时间内能够发挥作用，我国的第三方物流企业如果想在国际物流市场中取得一席之地，还需要不断地提高管理、服务和信息化水平，大力培养专业人才。

(2) 劣势。一是服务项目单一。目前，我国大多数第三方物流企业只能提供单项或分段的物流服务，物流功能主要停留在储存、运输和城市配送上，相关的包装、加工和配货等增值服务不多，不能形成完整的物流供应链。二是信息技术水平落后。信息技术落后主要表现为：缺乏现代化的物流设施、设备，机械化程度不高，GPS 全球定位系统、电子数据交换、自动化仓储系统(自动化库存定位及货品分拣等)、计算机辅助运输线路设计和车辆配载等现代科技手段没有得到充分的应用。信息技术水平落后导致所提供的物流服务在及时性、准确性、可靠性和多样性等方面都很难满足客户的需求，使得企业和客户不能充分共享信息资源，没有结成相互依赖的伙伴关系，严重制约了第三方物流企业的发展。三是缺乏现代物流知识和专业物流管理人才。尽管国内已有一些专家在对第三方物流进行研究，一些大专院校也开设了某些与物流相关的课程，但物流知识，尤其是现代综合物流知识远未得到普及，许多人只是知道物流能提供运输和仓储服务，而不知道它是对这些传统业务进行新的整合。此外，一些物流企业对人才没有足够的重视，缺乏专业性的物流管理人才，没有对企业员工进行相关的业务知识、业务技能培训，使企业不能得到有效的管理。

(3) 机会。一是巨大的潜在市场需求。从市场需求看，我国目前是全球最富有经济活力的国家之一，是全球最大的消费市场，许多跨国企业正在将更多的业务转向中国，并通过外包物流来降低供应链成本，如在北京、上海、天津、广州、深圳、沈阳、武汉等中心城市，

IBM、联想、三星等众多跨国企业已经进入了我国市场，这无疑会给我国物流业带来巨大的机遇和丰厚的利润。二是政府的重视。国家出台了一系列促进物流业发展的政策，如《国务院关于印发物流业发展中长期规划的通知(2014—2020年)》《国务院关于深化流通体制改革加快流通产业发展的意见》《国务院办公厅关于深入实施“互联网+流通”行动计划的意见》《降低流通费用提高流通效率综合工作方案》《国务院关于促进快递业发展的若干意见》等文件。三是“入世”后的机遇。“入世”后，国内市场的逐步开放，我国企业在降低成本和提升核心竞争力的压力下，将加大对物流外包的需求；国外物流公司的涌入，也将激发本土企业借鉴和学习先进的经营理念，寻求新的发展空间。

(4) 威胁。一是来自国外物流企业的挑战。“入世”后，国外物流企业纷纷看好我国物流市场，不仅已有部分世界知名的第三方物流企业先期进入了我国市场，更多的国外第三方物流企业也将陆续进军我国物流市场。我国的物流企业面临着国外物流企业的巨大挑战。二是第四方物流企业初现端倪。第四方物流的出现势必在经营理念上带给第三方物流企业一定的冲击，是保持企业现有的管理模式不变，还是寻求新的体制创新，或者是在两者之间寻求协调发展，将是企业管理者们亟待思考的问题。

2) 发展战略

物流企业通过SWOT分析法，应该在成本控制、业务拓展、理性竞争等方面进行战略选择和战略调整。

(1) 成本领先战略。成本领先战略是指当企业和竞争对手提供相同的产品和服务时，只有设法使产品和服务的成本长期低于竞争对手，才能在市场竞争中最终取胜。对于第三方物流企业而言，必须通过建立一个高效的物流操作平台来分摊管理和信息系统的成本。在一个高效的物流操作平台上，当加入一个相同需求的客户时，其对固定成本的影响几乎可以忽略不计，自然可变成本具有成本竞争优势。

一般物流操作平台构成有：相当规模的客户群体形成的稳定的业务量、稳定实用的物流信息系统、广泛覆盖业务区域的网络。

(2) 集中化战略。依据自身的优势及所处的外部环境，确定一个或几个重点领域，集中企业资源，打开业务突破口。集中化战略不仅仅指企业业务拓展方向的集中，更需要企业在人力资源的招募和培训、组织架构的建立、相关运作资本的取得等方面都要集中。充分把握市场机会，有效利用企业的现有资源。

(3) 企业联盟战略。企业联盟一方面是指我国第三方物流企业间的联盟；另一方面是指物流企业与货主企业之间建立的战略伙伴关系。有专家认为“小”“少”“弱”“散”是我国大多数传统物流企业的通病。因此，通过建立物流联盟、搭建信息共享平台、整合各企业的核心能力、扬长避短、优势互补是我国第三方物流企业求得多赢的理想之路。

(4) 差异化战略。差异化战略是指企业针对客户的特殊需求，向客户提供不同于竞争对手的产品或服务，这种差异是竞争对手短时间内难于复制的。企业集中于某个领域发展，就应该考虑怎样把自己的服务和该领域的竞争对手区别开来，打造自己的核心竞争力。只要特殊需求的客户形成足够的市场容量，差异化战略就是一种可取的战略。如医药行业对物流环节GMP标准的要求，化工行业危险品物流的特殊需求，VMI管理带来的生产配送物流需求，都给物流企业提供差异化服务提供了空间。

4.3 第三方物流供应商的选择与管理

4.3.1 第三方物流供应商的评估

1. 第三方物流供应商的信息收集与分析

1）第三方物流供应商的信息收集

首先，企业可以通过各种公开信息和公开的渠道得到第三方物流供应商的联系方式。这些渠道包括第三方物流供应商的主动问询和介绍、专业媒体广告、互联网搜索等方式。

其次，是审查第三方物流供应商的基本信息，寻找合格的第三方物流供应商。在这个步骤中，最重要的是第三方物流供应商做出初步的筛选。建议使用统一标准的第三方物流供应商情况登记表来管理第三方物流供应商提供的信息。这些信息应包括第三方物流供应商的注册地、注册资金、主要股东结构、生产场地、设备、人员、主要产品、主要客户及生产能力等。

2）第三方物流供应商的信息分析

企业可以评估第三方物流供应商的运作能力、供应的稳定性、资源的可靠性，以及其综合服务能力。在这些第三方物流供应商中，剔除明显不适合进一步合作的第三方物流供应商后，就能得出一个第三方物流供应商考察名录。派出由相关人员组成的团队对其进行现场审查，做详细的认证，并可从不同方面进行列表评估得出选择结果。

2. 第三方物流供应商的评估

企业可以通过商贸期刊、出版物、网站等方式列出潜在物流供应商名单，采取方案评估、现场参观、获取介绍等方式从以下几方面对第三方物流服务供应商进行全面评估。

（1）第三方物流服务供应商的规划能力：物流系统规划，解决方案设计，供应链优化。

（2）第三方物流服务供应商的物流网络：合理分布的区域物流中心与城市配送中心。

（3）第三方物流服务供应商的运输能力：包裹、零担、整车多种运输模式，铁路、公路、航空等多种运输方式，费率谈判及与承运人的关系，集货运输与货运代理。

（4）第三方物流服务供应商的仓储能力：进、存、出货作业设施、设备、人员，贴条码、贴标签、包装、装配及退货处理等增值服务。

（5）第三方物流服务供应商的信息水平：计算机、网络设备与应用，物流软件，呼叫中心，信息服务。

（6）第三方物流服务供应商的管理水平：管理层，标准业务流程(SOP)，质量体系(如ISO 9002)，员工培训，企业文化。

（7）第三方物流服务供应商的服务水平：绩效评价体系(KPI)，客户群，客户评价。

物流外包点落在物流服务整体价值实现上，即除了对运输、配送、仓储、采购与补货业务的保证外，侧重对物流时间、速度以及效率、服务水平、延伸能力等多方面的综合测评。其具体表现为：有效的物流时间是多少，同期相比物流速度提高的程度，同等货物量下的搬运与装卸频次，时间和人力消耗量，储存空间的负荷量和有效利用面积，准时服务的质量水平和有效保障，流通损失比例等。

4.3.2 第三方物流供应商的选择

现代物流企业高效率运作，需要有优秀的物流合作伙伴提供运作资源支持。第三方物流供应商就是指提供物流作业运作资源保障的企业或个体，包括各种类型的运输企业或车主，仓库业主，装卸设备、包装设备拥有者，物流 IT 企业等。

1. 第三方物流供应商选择的基本原则

第三方物流供应商选择的基本原则是“QCDS”原则，也就是质量、成本、交付与服务并重的原则。

在这四者中，质量因素是最重要的。首先，要确认第三方物流供应商是否建立了一套稳定有效的质量保证体系。其次，是成本与价格，通过双赢的价格谈判实现成本节约。再次，在交付方面，需确认第三方物流供应商是否具有物流所需的特定设施设备和运作能力，人力资源是否充足，有没有扩大产能的潜力。最后，也是非常重要的是第三方物流供应商的物流服务的记录。

具体来讲，选择第三方物流服务供应商时要遵循以下原则。

1）适应本企业战略目标要求

物流外包是一种主要的经营策略，在选择第三方物流服务供应商的过程中，必须适应企业的整体经营战略。比如 Huber 工程材料公司（该公司是合成无机物的主要供应商），公司战略是在保证不增加职工人数和成本的前提下，提高运输和物流效率，这样在选择第三方物流供应商时就要注重最大限度地满足企业的这种战略需要。

2）具有业务集中控制能力

第三方物流服务商必须具备先进的技术和操作手段来管理物流网络。企业可以利用第三方物流服务商集中对分散在不同地点的厂房与分支机构进行控制。通过第三方物流公司的参与使企业改进和适应新的经营运作模式，实现企业物流运行的高效稳定。

3）有与企业物流业务相关的经验

大多数企业选择第三方物流服务的核心目的是要获得高水平的运营能力。在第三方物流供应商选择的过程中，第三方物流企业不但要显示满足企业所运作需要的经验，更重要的是这些经验如何能够帮助企业实现更高的经营水平。

4）适应企业发展的物流技术水平

注意第三方物流公司要拥有与公司发展相适应的不断进步的技术。科技在今天已经成为企业发展最重要的动力之一，第三方物流公司的技术水平进步能否与企业需求同步并及时为你所用关系到企业整体的发展。

5）主要业务与企业物流业务的兼容性

虽然，第三方物流企业宣称自己能够服务任何客户，但每一个物流企业都有自己的核心竞争能力，企业应尽量选择其核心能力与企业外包业务一致或相近的物流服务供应商。可以参考第三方物流企业的客户名单，考察客户名单中是否有与你的企业物流需求相近似的。

6）具备企业需求的真实能力

除了考察第三方物流企业的销售和市场表现外，更要考察企业的真正实力所在。该公司到底有多强大；该公司有多大份额的资源用于技术开发；有多少人从事核心业务等。

7）建立信任关系

良好的业务关系是建立在相互信任的基础上，随着时间的推移，稳定良好的合作关系可使企业减少经营风险，提高竞争力。

8）企业文化相似

企业在选择第三方物流服务商的最后阶段要对合作双方企业文化是否相似的问题进行考虑。例如，成本管理使 Huber 公司的核心理念，所以它需要与一个认同这种观点并能够把这种观点应用到运输服务中去的物流公司进行合作。

9）企业经营不断改善的支持者

在当今这个时代，企业要想在全球范围内保持竞争力，经营管理的改进是随时的、必需的，企业必须遵循六西格马管理原则和 ISO 9000 质量体系认证规定。第三方物流供应商至少能够提供标准的考核指标来保证和促进企业改善管理。

10）不过分强调成本最低

毫无疑问，第三方物流公司提供物流服务的成本是必须考虑的，但这绝不能是首要考虑因素。第三方物流供应商选择过程的目的是要达到公司重要的战略目标，而不是为了寻找最便宜的第三方物流供应商。

美智（Mercer）管理顾问公司调查了中国第三方物流市场，并写出了中国第三方物流市场的调查报告，该报告指出：客户在选择第三方物流企业时，首先注重行业与运营经验，即服务能力，其次注重品牌声誉，再次注重网络覆盖率，最后注重较低的价格。

2. 第三方物流供应商选择的方法

企业选择第三方物流供应商的方法有许多种，要根据第三方物流供应商的数量、企业对第三方物流供应商的了解程度、企业需要的物流服务的特点和规模以及物流服务的时间性要求等具体确定。下面列举几种常见的选择方法。

1）直观判断法

直观判断法是指通过调查、征询意见、综合分析和判断来选择第三方物流供应商的一种方法，是一种主观性较强的判断方法，主要是倾听和采纳有经验的物流管理人员的意见，或者直接由物流管理人员凭经验做出判断。这种方法的质量，取决于对第三方物流供应商资料掌握得是否正确、齐全和决策者的分析判断能力与经验。这种方法运作方式简单、快速、方便，但是缺乏科学性，受掌握信息的详尽程度限制。常用于选择企业非主要物流业务的供应商。

2）评分法

评分法是指依据第三方物流供应商评价的各项指标，按第三方物流供应商的优劣档次，分别对各第三方物流供应商进行评分，选得分高者为最佳供应商。

3）物流成本比较法

对于物流服务质量、时间等均满足要求的供应商，通常是进行物流成本比较，即分析物流费用的各项支出，以选择物流成本较低的供应商。

4）招标法

招标是由物流服务需求方提出招标条件，各投标单位进行竞标，然后物流服务需求方评标、定标，最后根据自身情况与提出最有利条件的第三方物流供应商签订协议。招标方法可以是公开招标，也可以是选择性招标。招标方法竞争性强，物流服务需求方能在更广泛的范围内选择供应商，以获得供应条件有利的、切合企业自身实际需求的物流服务。但招标方法手续繁杂，时间长，不能适应物流服务需求紧急的情况；订购机动性差，有时订购者了解不够，双方未能充分协商，导致供应方提供的物流服务与需求方的实际需求不一致。

5）协商选择方法

在物流服务可供单位多，需求方难以抉择时，也可以采用协商选择的方法，即由物流服务需求方选出供应条件较为有利的几个供应商，同他们分别进行协商，再确定合适的供应商。和招标方法比较，协商选择的方法因双方能够充分协商，在物流服务质量和价格等方面较有保证；但由于选择范围有限，不一定能够得到最便宜、供应条件最有利的供应商。当物流服务需求时间紧迫，投标单位少，供应商竞争不激烈，物流服务较为烦琐时，协商选择方法比招标方法更为合适。

3. 第三方物流供应商的选择流程

物流企业供应商的选择分为五个阶段，即初始准备、识别潜在的供应商、供应商初选和精选、建立供应商关系以及供应商关系评估，如图4.10所示。

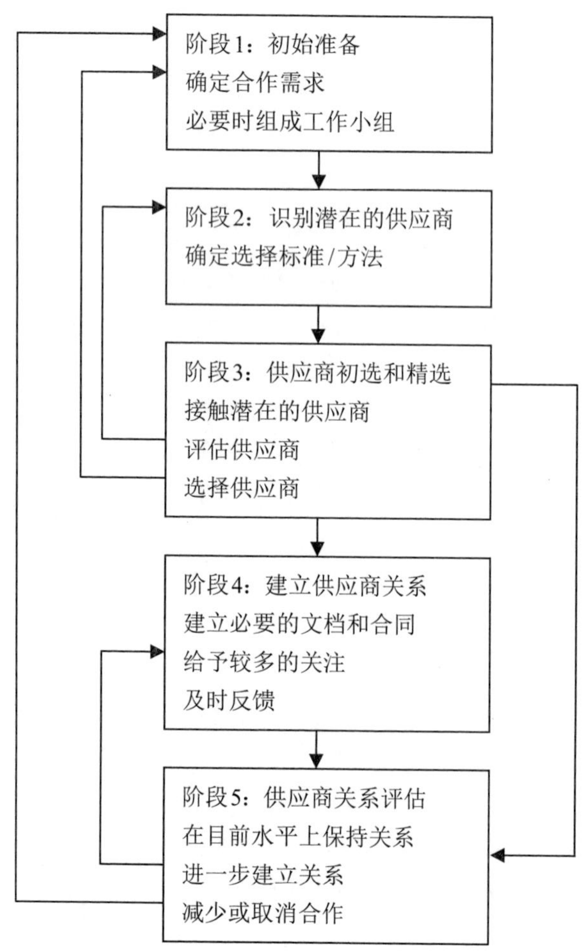

图4.10　第三方物流供应商的选择流程

4.3.3　第三方物流供应商的管理

企业物流外包，不仅要重视选择优秀的第三方物流供应商，还应当加强对第三方物流供应商的管理，以提升物流服务的质量和水平。对第三方物流供应商的管理主要有以下几点。

1. 合同关系管理

对第三方物流供应商可按行业、地区、资源类型等进行分类，而后确定合同关系管理制度。

第三方物流供应商的合同关系管理包括：合同与协议、合作模型、合同管理、合同关系、法律关系、违约责任、赔偿损失条款、担保条款、保密条款、资产保存和维修条款、价格变动条款及索赔条款等。

合约管理，是指交易双方或多方以口头或书面形式，对将要发生的交易行为所做出的承诺和对各自的职责与权益的约束行为。合约条款具有法律效力。

2. 绩效管理

对第三方物流企业的服务质量，如何科学、全面、有效地分析和评价，这是一个非常重要的问题。可以建立关键业绩指标(Key Performance Indicators，KPI)体系来评价。

确定KPI指标系统的一个重要原则是：SMART原则。即S代表具体(Specific)，指绩效考核要切中特定的工作指标，不能笼统；M代表可度量(Measurable)，指绩效指标是数量化或者行为化的，验证这些绩效指标的数据或者信息是可以获得的；A代表可实现(Attainable)，指绩效指标在付出努力的情况下可以实现，避免设立过高或过低的目标；R代表实现性(Realistic)，指绩效指标是实实在在的，可以证明和观察的；T代表有时限(Time Bound)，注重完成绩效指标的特定期限。

3. 网络化管理

网络化管理主要是指在管理组织架构配合方面，将不同的信息点连接成网的管理方法。网络化的管理也体现在业务的客观性和流程的执行监督方面。

4. 双赢供应关系管理

双赢关系已经成为供应链企业之间合作的典范，对第三方物流供应商的管理，就应集中在如何与第三方物流供应商建立双赢关系以及维护和保持双赢关系上。

4.4　第四方物流

1998年，美国埃森哲咨询公司率先提出了第四方物流(Fourth Party Logistics，4PL)。第四方物流是专门为第一方物流、第二方物流和第三方物流提供物流规划、咨询、物流信息系统、供应链管理等活动，见表4-1。其与第三方物流的最大区别是：第三物流主要提供物流服务，而第四方物流是提供物流系统设计，是第三方物流服务的集成商。

表4-1 物流类型及内容

物流分类	内 容
第一方物流	指供方物流，即生产者或供应商组织的物流活动
第二方物流	指买方物流，即分销商组织的物流活动
第三方物流	指供方与需方之外的第三方组织的物流活动
第四方物流	供应链的集成商，提供一套完整的供应链解决方案

4.4.1 第四方物流的概念

随着科学技术的进步，供应链中的很多供应商和大企业为了满足市场需求，将物流业务外包给第三方物流服务商。但是，由于大多数第三方物流企业缺乏系统而全面的整合能力，加之全球化趋势导致的供应链网络范围的不断扩展，使得企业在外包物流时不得不将业务外包给多家第三方物流服务商。这一做法无疑会增加供应链的复杂性和管理难度。

市场的这些变化给物流和供应链管理提出了更高的期望，在客观上要求将现代网络技术、电子商务技术和传统的商业运营模式结合起来，以便在供应链中构造一个将物流外包行为进行链接的统一主体，而不是以前的分散无序状态。

从管理的效率和效益看，对于将物流业务外包的企业来说，为了获得整体效益的最大化，他们更愿意与一家公司合作，将业务统一交给能提供综合物流服务和供应链解决方案的企业。而且，由于在供应链中信息管理变得越来越重要，也有必要将物流管理活动统一起来，以充分提高信息的利用率和共享机制，提高外包的效率。

供应链管理中的这些变化，促使很多第三方物流企业与咨询机构或技术开发商开展协作，以增强竞争能力，由此而产生了第四方物流(Fourth Party Logistics，4PL)。第四方物流的架构如图4.11所示。

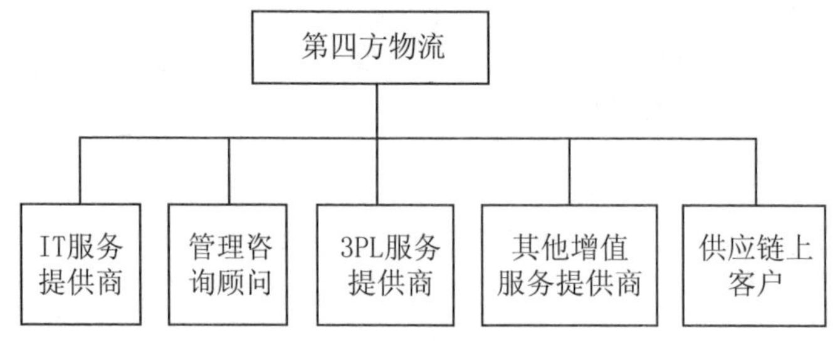

图4.11 第四方物流的架构

埃森哲公司对第四方物流的定义：第四方物流供应商是一个供应链的集成商，它对公司内部和具有互补性的服务供应商所拥有的不同资源、能力和技术进行整合和管理，提供一整套供应链解决方案。

事实表明，第四方物流的发展可以满足整个物流系统的要求，很大程度地整合了社会资源，减少了货物的物流时间，节约了资源，提高了物流效率，也减少了环境污染。

4.4.2 第四方物流的特征

1. 第四方物流是一个集成商

它集成了管理咨询和第三方物流服务商的能力，利用分包商来控制与管理客户公司的点到点式供应链运作流程。

2. 第四方物流提供一整套供应链解决方案

它能够有效地适应客户的多样化和复杂化需求，集中所有资源为客户完美地解决问题，有效地组织并实施供应链解决方案。第四方物流的供应链解决方案共有四个层次，即执行、实施、变革和再造。

1）执行——需要承担多个供应链职能和流程的运作

第四方物流开始承接多个供应链职能和流程的运作。其工作范围远远超越了传统的第三方物流的运输管理和仓库管理的运作，具体包括：制造、采购、库存管理、供应链信息技术、需求预测、网络管理、客户服务管理和行政管理等。尽管一家公司可以把所有的供应链活动外包给第四方物流，但通常的第四方物流只是从事供应链功能和流程的一些关键部分。

2）实施——进行流程一体化、系统集成和运作交接

一个第四方物流服务商帮助客户实施新的业务方案，包括业务流程优化、客户公司和服务供应商之间的系统集成，以及将业务运作转交给第四方物流的项目运作小组。项目实施过程中应该对组织变革多加小心，因为“人”的因素往往是把业务转给第四方物流管理成败的关键。实施的最大目标就是要避免一个设计优良的策略和流程的无效实施，结果使方案的有效性受到局限，影响项目的预期成果。

3）变革——通过新技术实现各个供应链职能的加强

变革的努力集中在改善某一具体的供应链职能上包括销售和运作计划、分销管理、采购策略和客户支持。在这一层面上，供应链管理技术对方案的成败变得至关重要。领先和高明的技术，加上战略思维、流程再造和卓越的组织变革管理，共同组成最佳方案，对供应链活动和流程进行整合和改善。

4）再造——供应链过程协作和供应链过程的再设计

第四方物流最高层次的方案就是再造。供应链过程中真正的显著改善，一是通过各个环节计划和运作的协调一致来实现，二是通过各个参与方的通力协作来实现。再造过程就是基于传统的供应链管理咨询技巧，使得公司的业务策略和供应链策略协调一致。同时，技术在这一过程中又起到了催化剂的作用，整合并优化了供应链内部和与之交叉的供应链的运作。

3. 第四方物流通过对整个供应链管理来增加价值

第四方物流充分利用了一批服务提供商的能力，包括第三方物流、信息技术供应商、合同物流供应商、呼叫中心和电信增值服务商等，再加上客户的能力和第四方物流自身的能力，为顾客提供最佳的增值服务，即迅速、高效、低成本和个性化服务等。

4. 第四方物流强调技术外包

第四方物流外包的主要是无形的技术，而第三方物流外包的主要是有形的物流业务。

5. 第四方物流对员工的素质要求很高

由于第四方物流公司是提供技术服务的咨询公司，因此其员工不仅要具有丰富的现代管理技术和知识，而且还需要对环境变化有超强的预见能力及应变能力。

4.4.3 第四方物流的运营方式

第四方物流的运营方式主要有三种形式，即协同运作型的第四方物流、方案集成型的第四方物流和行业创新型的第四方物流。

1. 协同运作型的第四方物流

第四方物流和第三方物流共同开发市场，第四方物流向第三方物流提供一系列服务，包括技术、供应链整合策略、进入市场的能力和项目管理的能力等。第四方物流在第三方物流公司内部工作，第三方物流成为第四方物流思想与策略的具体实施者。第四方物流和第三方物流一般会采用商业合同的方式或者战略联盟的方式进行合作，其运作模式如图4.12所示。

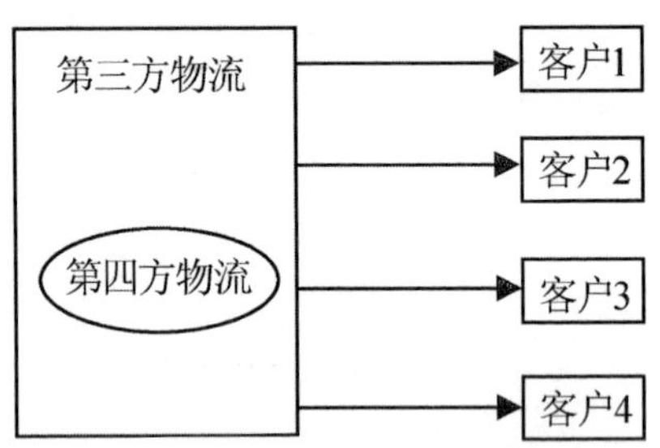

图4.12 协同运作型的第四方物流

2. 方案集成型的第四方物流

第四方物流对自身以及第三方物流的资源、能力和技术进行综合管理，借助第三方物流为客户提供全面的、集成的供应链解决方案。第三方物流通过第四方物流的方案为客户提供服务，第四方物流作为一个枢纽，可以集成多个服务供应商的能力和客户的能力，其运作模式如图4.13所示。

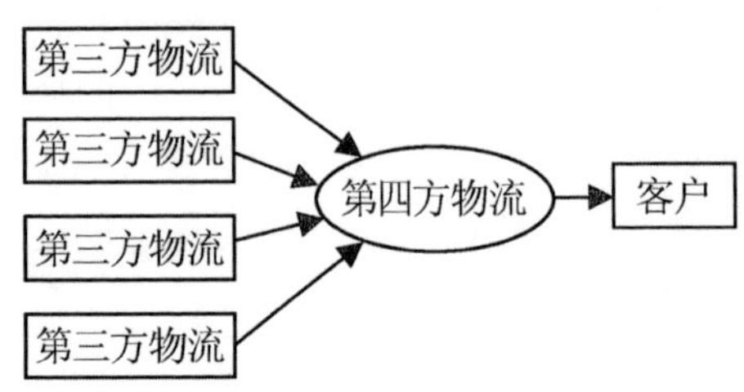

图4.13 方案集成型的第四方物流

3. 行业创新型的第四方物流

第四方物流为多个行业的客户开发和提供供应链解决方案。在这里，第四方物流是“上游”第三方物流的集群和“下游”客户集群的纽带，行业解决方案会给整个行业带来最大的利益，其运作模式如图4.14所示。

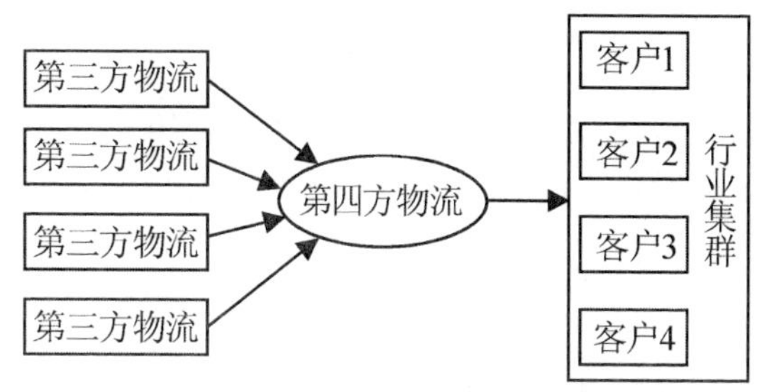

图 4.14　行业创新型的第四方物流

第四方物流无论采取哪一种模式，都突破了单纯发展第三方物流的局限性，能真正的低成本运作，实现最大范围的资源整合。因为第三方物流缺乏跨越整个供应链运作以及真正整合供应链流程所需的战略专业技术，第四方物流则可以不受约束地将每一个领域的最佳物流提供商组合起来，为客户提供最佳物流服务，进而形成最优物流方案或供应链管理方案。而第三方物流要么独自，要么通过与自己有密切关系的转包商来为客户提供服务，它不太可能提供技术、仓储与运输服务的最佳结合。

4.4.4　第四方物流的价值

1. 通过提升服务水平带来收益的增加

传统的物流解决方案往往过于注重运输成本和仓储成本的最小化，而第四方物流服务提供商更注重强调对客户的服务水平，这必将导致整体收益的提高。

2. 通过过程优化提升运作效率

为了弥补传统的物流运作功能方面的缺陷，第四方物流提供商强调过程优化，减少供应链上的不确定因素与非增值环节，不仅为控制和管理特定的物流服务，而且为整个物流过程提出策划方案，并通过电子商务将实现过程集成，从而带来物流运作效率的提升。

3. 实现最大范围的社会资源整合

第三方物流缺乏跨越整个供应链运作以及真正整合供应链流程所需的战略专业技术，而第四方物流可以不受约束地将每一个领域的最佳物流供应商集成起来，为客户提供最佳物流服务，进而形成最优物流方案或供应链管理方案，而且能使所有的物流信息充分共享，实现全部社会资源的充分利用。

4. 实现供应链一体化

第四方物流向用户提供更加全面的供应链解决方案，并通过第三方物流企业、信息技术企业和咨询企业的协同化作业来实现，使物流的集成化一跃成为供应链一体化。

5. 实现用户企业业务流程再造

第四方物流将改变用户原来的物流业务流程，并通过业务流程再造使用户的物流流程得以优化。

6. 优化用户企业组织结构

物流外包的不断扩大以及业务流程的优化，必然给用户企业带来组织结构的变革。

4.4.5 第四方物流与第三方物流的区别

第三方物流和第四方物流都是随着市场需求，而产生的一种专业化的物流运作方式，是物流发展到一定阶段的表现形式。但是，它们却在产生的基础、物流服务覆盖的范围、提供物流服务产品等方面存在区别。

1. 产生基础上的区别

第三方物流、第四方物流都是企业物流业务外包的产物，更重要的是第四方物流建立在高度发达和具有强大竞争力第三方物流的物流活动基础上。第四方物流和第三方物流的关系是：第四方物流是第三方物流的领导者、管理者和集成者。

2. 服务范围的区别

第四方物流比第三方物流服务覆盖的范围更广。第三方物流是为单个企业提供某个环节或全过程的物流服务，第三方物流从解决一定范围内的企业物流来说是有效的。但是从地区和国家整体来说，第三方物流企业各自为政，不能最优整合社会资源，造成社会资源的浪费。

第四方物流则解决整个社会物流的主要问题，它不仅能整合单个供应链核心企业和所有节点企业的物流活动，而且能最大限度地整合社会资源，解决物流信息充分共享、使社会物流资源得以充分利用等问题，还能为客户提供最佳的增值服务。

3. 物流服务产品的区别

第三方物流是物流硬件的提供者，第四方物流是物流软件的提供者。

第三方物流是物流业务具体活动的操作者，第四方物流主要是对整个供应链的物流系统进行设计、整合、规划、管理等服务，它不需要从事具体的物流活动，更不用建设和购买物流基础设施。

4. 功能互补

第四方物流领导第三方物流，是第三方物流的管理者和集成者。

虽然第四方物流比第三方物流具有更先进的物流服务形式，但是在物流服务功能上，第三方物流是第四方物流物品流动的基础。

总之，第四方物流与第三方物流在运作上应该是互补合作、协同发展，才能达到物流成本的最低、服务质量最优。

第五方物流

第五方物流(Fifth Party Logistics)，第五方物流是指在实际运作中提供电子商贸技术去支持整个供应链，并且能够组合各接口的执行成员，为企业的供应链提供协同服务。

第五方物流以IT技术为基础，着眼于整个供应链。它与第四方物流的区别在于，第五方物流是一种标准化物流信息系统的提供者，只要是这个供应链上的任何一个环节，都可以安装这个物流信息系统与自己的上下游进行无缝对接。在这个系统平台上的任何信息都是公开的和透明化的，它是一个层面对一个层面的物流系统。

本章小结

本章主要介绍了核心竞争力、第三方物流、物流业务外包、第三方物流企业、物流服务和第四方物流等相关知识。

通过对本章的学习，能够对第三方物流的含义、功能及价值优势有一个初步的认识；理解物流业务外包对企业的作用，同时也存在的风险，因此对企业物流自营还是外包进行权衡比较；熟悉物流服务的具体内容，了解物流组织结构和经营策略；在学习第三方物流知识的基础上，认识第四方物流的概念、特征、价值贡献、运营方式以及第四方物流和第三方物流的区别。

知识拓展

KPI 绩效指标系统

与第三方物流企业物流项目运作相关的 KPI 绩效指标系统可以分为五大块：运输计划、运输过程、库存过程、客户服务、财务指标。各大部分又可分为几个小块。

1. 运输计划

需求满足率。客户的物流需求(包括一些额外的物流需求，比如不常见路线的运输、零星的货物运输、增值服务要求等)能够及时满足的比率。

需求满足率 = 需求得到满足的次数/总的需求次数

2. 运输过程

(1) 货物及时发送率。可用一定时期内第三方物流企业接到客户订单后，及时将货物发送出去的次数与总订单次数的百分比来表示。假设在时段 T 内，及时发货次数为 N_i，总的订单次数为 N_t，则及时发货率为：$P_i = N_i/N_t \times 100\%$。

(2) 货物准时送达率。准时送达率，可用一定时期内准时送到次数与总送货次数的百分比来表示，所谓准时送达，是指按照客户的要求在规定的时间内，将产品安全准确地送达目的地。假设在时段 T 内，准时送达次数为 N_d，总的订单次数为 N_t，则准时送达率为：$P_d = N_d/N_t \times 100\%$。

(3) 货物完好送达率。货物完好送达率，可用一定时期内货物无损坏的送到次数与总送货次数的百分比来表示，所谓完好送达是指，按照客户的要求在规定的时间内，将客户订购的产品无损坏的送达客户手上。假设在时段 T 内，完好送达的次数为 N_w，总的订单次数为 N_t，则完好送达率为：$P_w = N_w/N_t \times 100\%$。对这个指标要求应该是很高的，应该达到 100%。

(4) 运输信息及时跟踪率。运输信息及时跟踪率是指每一笔货物运输出去以后，第三方物流企业向客户反馈运输信息的比率。在物流服务中对信息的跟踪以及反馈是很重要的，客户将物流业务交给了第三方物流企业，它对物流信息的掌握很大程度上就是依靠第三方物流企业来提供了。这样，它对运输信息反馈与跟踪的要求就高了。这个数据的计算可以根据在时段 T 内，跟踪了运输信息的次数为 N_n，总的订单次数为 N_t，则运输信息及时跟踪率为：$P_n = N_n/N_t \times 100\%$。

这个指标要求也比较高，应该是 100%，长途运输的物流信息跟踪应该每天的上、下午各一次，对短途和市内配送的物流信息跟踪，应该发生在预计物流业务完成时间之后。

3. 库存过程

(1) 库存完好率。库存完好率是指某段时间内仓库货物保存完好的比率。具体计算为T时间内，完好库存为n，总库存数为N，则库存完好率$=n/N\times100\%$。

对库存完好率，客户要求是比较高的，一般为100%。

(2) 库存周报表准确率。每周的库存周报表的准确率也是物流服务绩效的KPI指标之一。对这个指标的具体计算为：在T时间段内，库存报告的准确次数除以总的库存报告次数就是库存周报表准确率。

(3) 发货准确率。发货准确率也是库存过程的一个重要指标。指仓管人员根据订单准确发货的百分数。具体计算为：

发货准确率=1-在T时间段内错误的发货次数/在T时间段内的发货总数

4. 客户服务

(1) 客户投诉率。指在T时间段内，没有收到(或没有准时收到)货物的客户投诉第三方物流企业的次数与第三方物流企业向客户送货的总次数的比率。这是体现物流服务中客户服务的重要KPI指标，体现了第三方物流企业的物流服务质量的好坏。该指标的具体计算为：

客户投诉率=客户投诉次数/总的送货次数

(2) 客户投诉处理时间。指每一次客户投诉后，第三方物流企业所能做出的及时反应时间，以处理客户的投诉，并且保证以后此类问题不再出现。该投诉处理时间一般为2小时。可以根据行业情形，适当调节。但如果客户重复投诉，则此权重应该加大。

(3) 回单返回及时率。回单返回及时率是指运输单据在完成每笔业务后，运输单据返回客户的比率。一般客户会每月要收回一次运输单据以备查。

5. 财务指标

(1) 失去销售比率。该指标反映了客户未满足既定需求的情况。如果是由于第三方企业的原因，导致客户的某些销售业务无法进行，就损害了客户的利益。我们这里用失去销售比率来表示。该指标可用失去销售额占总销售额的百分比来表示。

(2) 第三方物流企业利润率。指在T时间段内客户支付给第三方物流企业的物流费用减去第三方物流企业为完成这些物流业务所支出的成本的差比上T时间段内客户支付给第三方物流企业的物流费用的比率。

具体计算为：

第三方物流企业利润率=(收入-成本支出)/收入

(3) 运输、库存破损赔偿率。指在T时间段内由于运输、仓储所造成的货物破损赔偿占在T时间段内的物流业务收入的比率。

具体计算为：

运输、库存破损赔偿率=货物破损赔偿费用/业务收入

思考与练习

一、判断题

1. 第三方物流是由供方与需方以外的第三方物流企业提供专业物流服务的业务模式。（　）
2. 业务外包是指企业将自己的核心业务外包出去，交给其他企业来完成。（　）
3. 核心竞争力可解释为企业的一般竞争优势，例如，价格优势。（　）
4. 专业货运代理企业是一种以非资产为基础的物流企业。（　）
5. "SWOT"中的"O"指的是 Organization。（　）
6. 企业物流指的是专业物流企业提供的物流服务。（　）
7. 直线顾问式物流组织结构方式消除了物流在企业中的从属地位，恢复了物流部门功能上的独立性。（　）
8. 物流服务具有可储存性，因为储存是物流的基本功能之一。（　）
9. 第三方物流具备整合供应链的能力，提供完整的供应链解决方案，并且逐步成为帮助企业实现持续运作成本降低的有效手段。（　）
10. 第三方物流外包的主要是无形的技术，而第四方物流外包的主要是有形的物流业务。（　）

二、填空题

1. 物流服务是属于非物质形态的劳动，它生产的不是有形的产品，而是一种伴随销售和消费同时发展的________服务。

2. ________的第三方物流企业只利用企业员工对物流的专业知识和管理系统，专业管理顾客的各种物流功能。

3. ________是企业为了获得比单纯利用内部资源更多的竞争优势，将其非核心业务交由合作企业完成。

4. ________，即态势分析，就是将与研究对象密切相关的各种主要因素通过调查列举出来，并依照矩阵形式排列，然后用系统分析的思想，把各种因素相互匹配起来加以分析，从中得出一系列相应的结论，而结论通常带有一定的决策性。

5. 与传统储运业相比，第三方物流与货主企业之间的关系是________。

6. ________的第三方物流企业有自己的运输、仓储设施设备，包括车辆、仓库等，为各个行业的用户提供标准的运输和仓储服务，在现实中它们实际掌握物流作业的操作。

7. 第四方物流的供应链解决方案共有四个层次，即________、________、________和________。

8. 第四方物流的运营方式主要有三种形式，即________的第四方物流、________的第四方物流和________的第四方物流。

三、单选题

1. 西方国家的物流业分析证明，独立的第三方物流至少占社会的________时，物流产业才能形成。

   A. 50%　　B. 40%
   C. 30%　　D. 20%

2. 第三方物流的英文称谓是________。

   A. MRP　　B. CLM
   C. TPL　　D. IL

3. ________是指通过调查、征询意见、综合分析和判断来选择第三方物流供应商的一种方法。

   A. 评分法　　B. 直观判断法

C. 招标法　　D. 协商选择方法

4. 下列对第三方物流公司的描述中，只有________是正确的。
   A. 第三方物流公司控制着运输设备、仓库等设施，并为第三方物流公司所拥有
   B. 第三方物流公司本身也可以拥有货物
   C. 第三方物流公司只能成为第三方物流的服务者
   D. 专业化的物流服务提供者称为第三方物流公司
5. 物流企业在市场的竞争中取得并扩大优势的决定力量是________。
   A. 核心竞争力　　B. 差异化的服务
   C. 低成本的服务　　D. 灵活化的运作模式

四、多选题

1. 物流业务外包对企业的作用有________。
   A. 优化企业内部资源配置，强化企业核心能力
   B. 提高企业整体效益
   C. 充分利用企业外部资源，提升企业形象
   D. 分散企业经营风险
2. 下列属于企业核心竞争力因素的是________。
   A. 核心技术　　B. 企业声誉
   C. 企业文化　　D. 企业的人力资本
3. 第三方物流的特征有________。
   A. 关系契约化　　B. 服务个性化
   C. 功能专业化　　D. 管理系统化
   E. 信息网络化
4. 第三方物流供应商选择的方法有________。
   A. 直观判断法　　B. 协商选择方法
   C. 评分法　　D. 招标法
   E. 物流成本比较法
5. 下列属于物流服务的特性的是________。
   A. 移动性和分散性　　B. 从属性
   C. 即时性　　D. 可替代性
   E. 需求波动性

五、名词解释

1. 核心竞争力　2. 物流外包　3. 第三方物流　4. 物流组织结构　5. 物流服务

六、简答题

1. 第三方物流的功能有哪些?
2. 简述第三方物流的价值优势。
3. 简述企业物流业务外包的风险。
4. 简述构成企业核心竞争力的因素。
5. 第四方物流的价值表现在哪些方面?

七、论述题

1. 试论述第三方物流供应商选择的原则。

2. 试论述企业实施物流外包的注意事项。

【实践教学】

实训名称	第三方物流企业经营管理
教学目的	① 了解第三方物流企业经营模式、组织结构、发展战略 ② 熟悉第三方物流企业业务流程及其管理
实训条件	选择一家大型第三方物流企业进行参观调研；教材及图书资料；公司网站及网上相关资料；多媒体教室
实训内容	① 物流企业概况：公司规模、公司资质、组织结构、业务类型、发展规划 ② 物流企业战略：战略的制定与实施 ③ 物流企业的设施、设备及信息系统 ④ 企业文化、员工素养
教学组织及考核	① 学生6~8人一组，教师进行具体指导 ② 学生根据实训内容，结合调研资料，以组为单位，自拟一份调研报告 ③ 座谈、交流，分享研究成果

第5章 现代物流与电子商务

教学目标

知识要点	能力要求	相关知识
电子商务	(1) 掌握电子商务的基本知识 (2) 熟悉电子商务业务流程 (3) 能够在网上进行购物	(1) 电子商务的概念、功能 (2) 电子商务的主要模式 (3) 电子商务的基本业务流程
电子商务与现代物流	(1) 认识物流是电子商务的重要组成部分 (2) 理解物流会制约电子商务的发展	(1) 电子商务模型 (2) 物流对电子商务的影响
电子商务环境下物流的特征	(1) 认识电子商务环境下物流的特点 (2) 能够分析电子商务环境下物流的模式	(1) 电子商务环境下物流的特点 (2) 电子商务环境下物流的模式

教学重点、难点

电子商务概念及主要模式；电子商务环境下物流的特点及模式。

案例导入

阿里在快递物流领域的发展战略

物流、资金流和信息流是电子商务发展的三大要素，也往往会成为制约电子商务公司进一步发展的三大瓶颈。京东顺应国家振兴物流发展的政策之势，在2009—2010年大力自建物流，在随后的几年经营中，物流成效日益凸显，送货速度明显提升。

对于阿里巴巴而言，他的信息流是强项，资金流问题已经随着旗下第三方支付平台——支付宝公司的成立得以改善，而物流则成为其在电子商务发展道路上的软肋。虽然马云一直宣称，阿里不会做快递物流，而是搭建平台，从天网、地网、人网三个维度组建物流生态圈，但是他在这方面的投资布局却在不断的推进。

1. 注资入股

(1) 入股百世集团。2008年，百世汇通成立之初，便获得阿里巴巴和富士康投资1 500万美元。2015年1月，阿里巴巴投资约为5.5亿美元，获得了20.5%的股权。2016年1月6日，百世集团融资计划书显示，百世集团估值27亿美元，阿里巴巴为其第一大股东，持股27.43%。2016年9月初，百世集团宣布，又完成新一轮总计7.6亿美元(约合50.7亿元)的

融资，阿里巴巴作为本轮新投资者进行跟投。虽然不清楚阿里巴巴在百世集团董事会中的席位，但是毫无疑问其在百世集团中有很大话语权。

(2) 7 000 万投资星晨急便。星晨急便成立于2009年，是原宅急送总裁陈平创立，于2010年3月获得阿里7 000万元人民币投资。据悉阿里巴巴首次投资是5 000万元，拥有星晨急便30%的股份，之后又增资2 000万元，总持股不超过40%。尝试性地在物流领域投资，以便阿里巴巴以后对整条供应链的整合。2012年3月初，这家新星企业由于加盟制的混乱陷入空前危机、高管失联，最后倒闭，阿里巴巴的7 000万投资也打了水漂。

(3) 投资海尔电器，意在日日顺物流。2013年12月9日，海尔电器公布了阿里巴巴战略投资一事，本次阿里巴巴与海尔电器战略合作涉及的金额高达28.22亿港元，折合人民币22.13亿元。其中，阿里对海尔电器旗下日日顺物流投资18.57亿港元，共同设立合资公司。阿里获得海尔电器2%的股份，以及旗下日日顺9.9%的股权。

(4) 菜鸟入股卡行天下。2014年5月5日，上海卡行天下供应链管理有限公司正式对外宣布：菜鸟网络科技有限公司已经正式入股卡行天下，成为卡行天下的第二大股东。

卡行天下是一家为中小物流企业提供服务的交易网络平台。在线上用信息系统连接物流需求主体，使成员在系统内交易、结算、监督、评价；线下建立城市物流节点，利用社会运力，建设全国运输网络，以线下网络支持线上交易，并融合手机APP、金融扶持、保险理赔、卡车服务，培训支持等产品。

(5) 云峰基金亿元注资全峰快递。2014年5月中旬，云峰基金数亿元入股全峰快递，但并没有透露获得注资的具体金额和持股比例，不过获得注资之后，公司管理层依然保持控股地位。

云锋基金成立于2010年4月，是中国一家由成功创业者、企业家等共同发起创立的私募基金，阿里巴巴董事局主席马云，正是云峰基金的创始人之一。虽然这次入资不是马云的个人行为，但是也可以说是阿里在物流领域的布局。

(6) 投资入股圆通。2015年5月14日，阿里巴巴联合云峰基金入股圆通，成为圆通新的股东，收购圆通速递17%股份。收购完成后，阿里成为圆通速递新的股东，其中蛟龙集团持股比例为51.18%，为第一大股东。

(7) 云峰再投干线物流。2015年8月中旬，干线物流O2O平台运满满宣布，获得马云旗下云峰基金领投的数亿元C轮融资。

上海细微信息咨询有限公司(运满满)成立于2013年8月，创始人张晖。运满满是一家基于移动互联网技术开发的免费手机管车配货平台，为公路运输物流行业提供高效的管车配货工具，同时为车找货(配货)、为货找车(托运)，提供货主和车主全面的信息及交易服务。

2. 建仓建店

阿里旗下的菜鸟平台也“不负众望”，在马云的强势带领下，在国内征地建仓：

(1) 2011年年底，阿里在天津京滨工业园投资建设华北电子商务物流中心项目，总投资30亿元，总占地1 500亩，其中一期投资10亿元。

(2) 菜鸟网络成立后，看中的第一个地块，是武汉江夏区金口街道旭光村的2 200余亩土地。随后在国内十几个城市拿下了多个地块，包括杭州、金华、海宁、广州、武汉、天津等，北京项目也在推进。据一位长期跟踪电商物流业的业内人士称，“菜鸟”在300多个城市布点，往往一个项目占地就是千亩。

(3) 根据罗兰贝格的报告，菜鸟在郑州拿地投入建仓储的投入是47亿元，武汉拿地建仓储的投入是60-80亿元，成都双流拿地建仓储的投入是20亿；

(4) 除了建仓之外，菜鸟网络还将建立商业项目，鼓励租户在园区内开设类似于品牌旗舰店的O2O体验店。

阿里不做快递物流，但是通过他在这些方面的投资布局可以看出，阿里是要整合社会资源，将社会第三方运力整合到菜鸟平台上，通过大数据实施管理，实现快速、高效的物流运作，而这些举措可以省去自建物流的一系列弊端。

(资料来源：http://www.ebrun.com)

5.1 电子商务概述

5.1.1 电子商务的概念

1. 电子商务内涵

由于20世纪90年代，互联网的高速发展，使电子商务迅猛发展。电子商务是信息化在商务过程的集中体现，成为人类交换活动的最新方式。

对于很多人来说，电子商务就是互联网上的购物，但电子商务的业务领域并不局限于网上购物，它包括很多商业活动。

(1) 从通信的角度看，电子商务是通过电话线、计算机网络或其他方式实现的信息、产品、服务和结算款项的传送。

(2) 从业务流程的角度看，电子商务是实现商务活动和工作流程自动化技术的应用。

(3) 从服务的角度看，电子商务是要满足企业、消费者和管理者的愿望，降低服务成本，改进服务的质量，提高商品的质量和流通速度。

(4) 从在线的角度看，电子商务是指提供在互联网和其他联机服务上，购买和销售产品的能力。

总之，电子商务强调“创造商业价值”或“用更少的钱办更多的事”。

2. 电子商务的概念

电子商务是20世纪90年代在美国、欧洲等发达国家开始兴起的一个新概念。目前，人们对电子商务的概念存在不同的理解。国际会议或组织、各国政府、IT企业、国内外学者等不同行业的人们都根据自己所处的地位和对电子商务的参与程度，给出了电子商务许多表述不同的定义。比较这些定义，有助于我们更全面地了解电子商务的本质。

1) 国际会议或组织给出的定义

(1) 1997年11月6日至7日在法国首都巴黎，国际商会举行了世界电子商务会议。全世界商业、信息技术、法律等领域的专家和政府部门的代表，共同探讨了电子商务的概念问题。

电子商务，是指对整个贸易活动实现电子化。从涵盖范围方面可以定义为：交易各方以电子交易方式而不是通过当面交换或直接面谈方式进行的任何形式的商业交易；从技术方面可以定义为：电子商务是一种多技术的集合体，包括交换数据(如电子数据交换、电子邮

件)、获得数据(共享数据库、电子公告牌)以及自动捕获数据(条形码)等。电子商务涵盖的业务包括：信息交换、售前售后服务、销售、电子支付、运输、组建虚拟企业、公司和贸易伙伴可以共同拥有和运营共享商业方法等。

(2) 经济合作组织于1999年10月在加拿大渥太华有关电子商务的报告中给出的定义：电子商务是通过数字通信进行商品和服务的买卖以及资金的转账，包括E-mail、文件传输、传真、电视会议、远程计算机联网所能实现的全部功能。在此次会议上还通过了全球电子商务行动计划和OECD国家电子商务行动计划。

2) 政府部门的定义

欧洲议会给出的定义：电子商务是通过电子方式进行的商务活动。它通过电子方式处理和传输数据，包括文本、声音和图像。它涉及许多方面的活动，包括货物电子贸易和服务、在线数据传递、电子资金划拨、电子证券交易、电子货运单证、商业拍卖、合作设计和工程、在线资料、公共产品获得。

美国政府在其“全球电子商务纲要”中给出的定义：通过互联网进行的各项商务活动，包括广告、交易、支付、服务等活动。全球电子商务将涉及世界各国。

3) IT行业的定义

(1) HP公司。电子商务是以现代扩展企业为信息技术基础结构，电子商务是跨时域、跨地域的电子化世界(E-World)。该概念的含义在于：电子商务指在从售前服务到售后支持的各个环节实现电子化、自动化；电子商务是电子化世界的重要组成部分，它使我们可以利用电子交易手段完成物品和服务等价值交换；电子商务通过商家及其合作伙伴和用户建立不同的系统和数据库，使用客户授权和信息流授权方式，应用电子交易支付手段和机制，保证整个电子商务交易的安全性。

(2) SUN公司。电子商务是指利用互联网进行的商务交易，在技术上可以给出如下定义：在现有的Web信息发布的基础上加上Java网上应用软件以完成网上交易；在Intranet的基础上，开发Java的网上应用，进而扩展Extranet，使外部用户可以使用该企业的应用软件进行交易；电子商务客户将通过包括PC、STB(Set Top Box)、电话、移动电话(手机)、PDA等的Java设备进行交易。三方统一为：Java电子商务的企业和跨企业应用。

(3) COMPAQ公司(现已和HP公司合并)。电子商务是一个以Internet/Intranet为构架，以交易双方为主体，以银行支付和结算为手段，以客户数据库为依托的全新商业模式。

(4) IBM公司。该公司提出的电子商务的定义公式为：电子商务=Web+IT。它所强调的是在网络计算机环境下的商业化应用，是把买方、卖方、厂商及其合作伙伴在Intranet和Extranet结合起来的应用。它更强调电子商务是利用互联网技术变革企业核心业务流程，同时提出电子商务的三要素理念：基础设施(Infrastructure)、创新(Innovation)、整合(Integration)。

4) 从宏观和微观角度看电子商务

宏观上，电子商务通过电子手段建立一种新的经济秩序，它不仅涉及电子技术本身，而且涉及诸如金融、税务、教育等社会其他层面。

微观上，电子商务是指各种具有商业活动能力的实体(生产企业、商贸企业、金融机构、政府机构、个人消费者等)利用网络和先进的数字化传媒技术进行的各项商业贸易活动。

5) 从广义和狭义角度看电子商务

广义(E-business)指利用IT技术对整个商务活动实现电子化，包括利用互联网、Intranet、Extranet、局域网、广域网等不同形式的计算机网络以及信息技术进行的商务活动。

狭义(E-commerce)仅指利用互联网开展的交易或与交易有关的活动。

江苏省电子商务发展概况

江苏省是电子商务大省，2014年实现电子商务交易额约15 000亿元，居全国第三位；其中网络零售额约2 900亿元，居全国第四位，同比增长超过60%。江苏电商企业和平台迅速增长，应用领域不断拓展，国家级电商示范基地有7个，居全国第一位，国家级电商示范企业12家，同样领先全国，涉农电子商务发展迅猛，跨境电商试点稳步推进。电子商务已成为城乡劳动者创业首选行业和就业重要渠道。前11个月，全省以互联网为代表的新业态就业约11.7万人，占全省新增就业比重为9.1%，按季度呈逐步提高态势。

5.1.2 电子商务的功能

电子商务在不同交易阶段，具有不同的功能，如表5-1所示。电子商务可提供网上营销、服务、交易和管理等全过程的服务，因此它具有业务组织与运作、信息发布、网上订购、网上支付、网上金融服务等各项功能。

表5-1 电子商务的服务功能

阶段	主要内容	典型服务功能
交易前	卖方发布产品的有关信息，买方寻找适合自己的商品交易机会；买卖双方通过网络交换信息，比较价格和交易条件，并了解对方国家、地区的有关贸易政策	网上广告宣传服务；网上咨询服务
交易中	主要指签订合同、进行交易的过程，本过程涉及面很广，如与金融机构、运输部门、税务机关、海关等方面进行电子单证的交换和实现电子支付等	网上交易洽谈服务；网上产品订购服务；网上货币支付服务；交易活动管理服务
交易后	当交易双方完成各种交易手续之后，商品交付运递部门投送，或直接通过电子化方式传送信息产品或提供服务，并向用户提供方便、实时、优质的售后服务等	网上信息商品传递及查询服务；用户意见征询服务；商品操作指导及管理服务

(1) 交易管理。电子商务是一种基于信息的商业进程。在这一过程中，企业内外的大量业务被重组而得以有效运作。它从根本上改变了企业传统的封闭式生产经营模式，使产品的开发和生产可根据客户需求而动态变化。

(2) 信息发布。在电子商务中，信息发布的实时性和方便性是传统媒体无可比拟的。

(3) 网上购物。对个人而言，电子商务最为直观和方便的功能就是网上购物，还可借助网上的邮件交互传送实现网上的订购。

(4) 网上支付。电子商务要成为一个完整的过程，网上支付是重要环节。

(5) 网上金融服务。电子商务的发展为金融业提供了新的服务领域和服务方式，网上金融服务包括了人们需要的各种内容，如网上消费、家庭银行、个人理财、网上投资交易、网

上保险等。这些金融服务的特点是通过数字货币进行及时的电子支付与结算。

5.1.3 电子商务的主要模式

电子商务涵盖的范围涉及制造厂商、零售商、市场中介、银行、政府有关部门及消费者等几乎社会各个领域。目前，较为成熟并广泛使用的电子商务模式主要有以下几种。

1. 企业对企业的电子商务

企业对企业的电子商务(Business - to - Business，B2B)，也称为商家对商家或商业机构对商业机构电子商务，它是指从事生产和流通活动的企业之间，为了获得采购和销售产品以及得到相关信息进行的以电子和网络为媒介的商务活动。B2B 电子商务的基本形态有网上采购、网上销售和网上市场。

企业对企业的电子商务发展最快，特别是通过增值网络(Value Added Network，VAN)上运行的电子数据交换(EDI)，使企业对企业的电子商务得到了迅速扩大和推广。这种技术的使用能够从根本上改变企业的计划、生产、销售的运行模式，提高交易效率，降低交易成本。

2. 企业对消费者的电子商务

企业对消费者的电子商务(Business - to - Consumer，B2C)，也称商家对个人客户或商业机构对消费者电子商务，它是指公司企业为了实现商品销售，依靠电子技术和网络所从事的向消费者销售商品和提供服务的商务服务。这类电子商务主要是借助互联网所开展的在线式销售活动，基本等同于电子零售商业。目前，互联网上被遍布各种类型的商城，提供各种商品和服务，如鲜花、书籍、计算机、汽车等商品和咨询服务。

B2C 的电子商务是近年来各类电子商务中发展较快的一种模式，主要原因是互联网的发展为公司和消费者之间开辟了新的交易平台。互联网所提供的搜索浏览功能和多媒体界面，使消费者容易查找适合自己需要的产品，并能够深入地了解产品，为消费者带来了极大的便利。

3. 企业与政府机构的电子商务

企业与政府机构的电子商务(Business - to - Government，B2G)，这类电子商务包括政府通过互联网实现政府采购、利用网上方式进行工程的招标以及政府通过电子商务实施对企业的行政事务管理，如开展统计工作、征税业务等。

B2G 电子商务可以树立良好的政府形象，提高政府工作的效率。近年来，欧、美、日等发达国家为了提高国际竞争优势，积极进行政府网络建设，构建“电子化政府”，以提升政府工作效率和为人们提供更广泛的、更便捷的信息和服务。

4. 线上对线下的电子商务

线上对线下的电子商务(Online - to - Offline，O2O)，是指消费者在线上订购商品，再到线下实体店进行消费(大众点评网)或体验(苏宁易购 + 实体店体验)后，再购买的电子商务新模式。这种商务模式能够吸引更多热衷于实体店购物的消费者，因为传统的网购会有以次充好，图片与实物不符等虚假信息的缺点，而且 O2O 经过改良后，把在线支付变成线下体验后再付款，消除了消费者对网购诸多的不信任的心理，他让消费者在享受线上优惠价格的同时，又可享受线下贴心的服务。

5. 移动电子商务

移动电子商务，是电子商务新模式，不仅提供电子购物环境，还提供一种全新的销售和信息发布渠道。从信息流向的角度，移动电子商务提供的业务可分为以下三个方面。

(1) “推(Push)”业务：主要用于公共信息发布。应用领域包括时事新闻、天气预报、股票行情、彩票中奖公布、交通路况信息、招聘信息和广告等。

(2) “拉(Pull)”业务：主要用于信息的个人定制接收。应用领域包括服务账单、电话号码、旅游信息、航班信息、影院节目安排、列车时刻表、行业产品信息等。

(3) “交互式(Interactive)”业务：包括电子购物、博彩、游戏、证券交易、在线竞拍等。

5.1.4 电子商务的基本业务流程

电子商务的交易过程大致分为以下几步。

(1) 浏览选购。交易的一方通过浏览另一方的网站，寻找需要的产品或服务信息，发现产品的各种相关信息，并进行各种信息的比较，最后在网上选定自己满意的商品。

(2) 选择付款方式并订购商品。交易双方进行价格、交货时间等具体内容的谈判，最后正式给卖方发出订单。因支付环境的问题，在一段时期内，传统邮购和上门收款等支付方式将和在线支付形式并存。

(3) 在线支付。根据SET协议，通过一定程序付款。SET(Secure Electronic Transaction)是由VISA、Master、IBM等金融卡发卡机构和IT厂家共同开发的安全电子交易协议，为保证互联网上在线交易支付安全，应根据SET协议，卖方在收到订单后，即通过支付网关得到对方所选支付银行的确认，银行即将货款在买方账号中扣除，待确认客户收到商品后，再将货款划入卖方账号。

(4) 送货及退货等售后服务。物流配送将商品送到用户手中，并有一整套的售后服务支撑体系。电子商务的基本业务流程如图5.1所示。

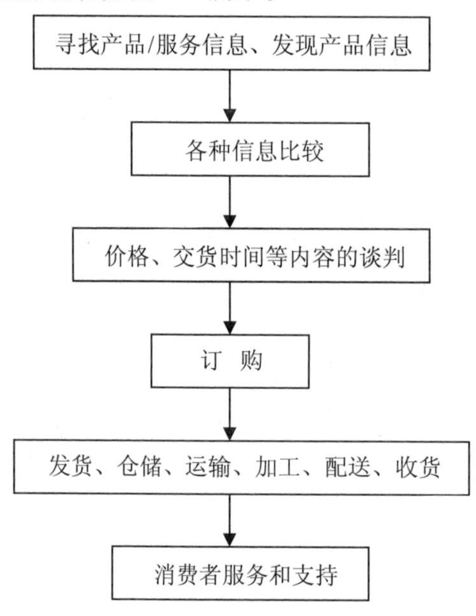

图5.1 电子商务的基本业务流程

5.2　电子商务与现代物流

5.2.1　物流是电子商务的重要组成部分

电子商务模型如图5.2所示，它由电子商务主体、电子市场、交易事务以及信息流、商流、物流、资金流等基本要素构成。

在电子商务模型中，电子商务实体是指能够从事电子商务的客观对象，它可以是企业、银行、商店、政府机构和个人等。电子市场是指电子商务实体从事商品和服务交换的场所，它由各种各样的商务活动参与者利用各种通信装置，通过网络连接成一个统一的整体。交易事务是指电子商务实体之间所从事的具体的商务活动的内容，例如询价、报价、转账支付、广告宣传及商品运输等。

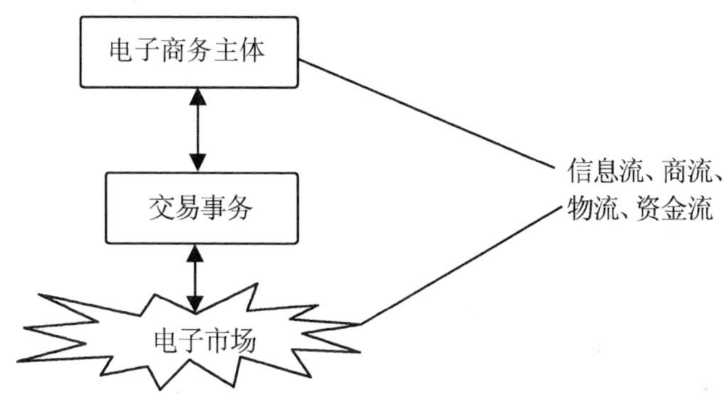

图5.2　电子商务模型

电子商务的本质是商务，商务的核心内容是商品的交易，而商品交易会涉及四方面：商品所有权的转移、货币的支付、有关信息的获取与应用、商品本身的转交，即商流、资金流、信息流、物流。其中商流是指产品在购、销之间进行交易及其所有权转移的运动过程，具体是指产品交易的一系列活动。资金流主要是指资金的转移过程，包括付款、转账等过程。信息流既包括商品信息的提供、分销促销、技术支持、售后服务等内容，也包括诸如询价单、报价单、付款通知单、转账通知单等贸易单证，还包括交易方的支付能力、支付信誉等。

在电子商务中，以上的三种流的处理都可以通过计算机和网络通信设备实现。物流中最特殊的是产品实体的流动过程，具体由运输、储存、装卸、保管、配送、物流信息管理等各种活动有机结合。在电子商务环境下，要求物流系统机械化、自动化、智能化、信息化，使物品流动速度加快、准确率提高，控制库存，降低成本，缩短订货到收货的时间。

5.2.2　物流对电子商务的影响

1. 物流是实现电子商务的保证

1）物流保障生产

无论在传统的贸易方式下，还是在电子商务下，生产都是商品流通之本，而生产的顺利进行需要各类物流活动支持。生产的全过程涉及供应物流、生产物流、销售物流、回收物流和废弃物物流。可见，缺少了现代化的物流，生产将难以顺利进行，那么无论电子商务是多么便捷的贸易形式，仍将是无米之炊。

2）物流服务于商流

在电子商务交易模式下，消费者通过上网购物，完成了商品所有权的交割过程，即商流过程。但电子商务的活动并未结束，只有商品和服务真正转移到消费者手中，商务活动才告以终结。在整个电子商务的交易过程中，物流实际上是以商流的后续者和服务者的姿态出现的。假如没有现代化的物流，任何轻松的商流活动都将成为空谈。

3）物流是实现“以顾客为中心”理念的根本保证

电子商务的出现，在最大程度上方便了消费者。他们不必再跑到拥挤的商业街，一家又一家地寻找挑选自己所需要的商品，可以随时随地在互联网上搜索、查看、挑选，就可以完成他们的购物过程。如果他们所购的商品迟迟不能送到，或者商家所送并非自己所购，那消费者还会选择网上购物吗？因此，物流是电子商务实现“以顾客为中心”理念的最终保证，缺少了现代化的物流技术，电子商务给消费者带来的购物便捷就等于零。

2. 突破传统物流配送的瓶颈

网络购物需要完善的物流配送。单就某一个网上购物的网站而言，一般自己是无法组建一支庞大的物流配送队伍的，公司只有依托于社会上的配送部门。由于网络公司与送货公司是各自独立的，它们无法相互制约，缺少必要的监督和约束，相应的法律法规不完善，即使网络公司明知道送货公司的服务不好，也束手无策，这严重地影响了电子商务的效率与质量。如何突破物流瓶颈呢？

1）一体化管理

物流配送定位为电子商务的客户提供服务。根据电子商务的特点，对整个商务、物流配送体系实行一体化管理，网上交易平台、订单管理、拣货、包装、货交物流公司、送货、货物跟踪、售后服务等环节。这种先进又合理的方式对提高企业的服务质量、降低物流成本、优化社会资源、提高企业的经济效益及社会效益都具有重大意义。

2）构建虚拟仓库

传统的物流配送企业需要置备大面积的仓库，而电子商务系统网络化的虚拟企业，将散置在各地的分属不同所有者的仓库通过网络系统连接起来，使之成为“虚拟仓库”，进行统一管理调配使用，这样仓库的服务半径和货物集散空间就放大了。这样的企业在组织资源的速度、规模、效率和资源的合理配置方面都是传统的物流和配送不可比拟的。

3）提升网络环境

传统的物流和配送过程是由多个业务流程组成的，受人为因素和时间的影响很大。网络的应用可以实现整个过程的实时监控和实时决策。新型的物流和配送的业务流程都由网络系统连接。当系统的任何一个神经末端收到一个需求信息的时候，该系统都可以在极短的时间内做出反应，并拟定详细的配送计划，通知各环节开始工作。这一切都是由计算机根据人们事先设计好的程序自动完成的。

5.3　电子商务环境下物流特征

5.3.1　电子商务环境下物流的特点

电子商务时代，给全球物流带来了新的发展机遇，使物流具备了一系列新特点，这些特点主要表现为如下几个方面。

1. 信息化

电子商务时代，物流信息化是电子商务的必然要求。物流信息化表现为物流信息收集的代码化、物流信息处理的电子化、物流信息传递的标准化和实时化、物流信息存储的数字化以及物流信息自身的商品化等。因此，条码技术(Bar code)、数据库技术(Database)、电子订货系统(Electronic Ordering System，EOS)、电子数据交换(Electronic Data IntercHange，EDI)、快速反应(Quick Response，QR)及有效客户反应〔Effective Customer Response，ECR)、企业资源计划(Enterprise Resource Planning，ERP)等技术在物流领域得到普遍的应用。

2. 自动化

自动化的基础是信息化，自动化的核心是机电一体化，自动化的外在表现是无人化。物流自动化可以扩大物流作业能力，提高劳动生产率、减少物流作业的差错等。物流自动化的设施非常多，如条码/语音/射频自动识别系统、自动分拣系统、自动存取系统、自动导向车及货物自动跟踪系统等。

3. 网络化

当今世界互联网等全球网络资源的可用性及网络技术的普及为物流的网络化提供了良好的外部环境。这里指的网络化有两层含义：一是物流配送系统的计算机通信网络，包括物流配送中心与供应商或制造商的联系要通过计算机网络，另外与下游顾客之间的联系也要通过计算机网络通信。比如物流配送中心向供应商提出订单这个过程，就可以使用计算机通信方式，借助于增值网(VAN)上的电子订货系统(EOS)和电子数据交换技术(EDI)来自动实现；物流配送中心通过计算机网络收集下游客户的订货过程也可以自动完成。二是组织的网络化，即所谓的组织内部网(Intranet)。

4. 智能化

这是物流自动化、信息化的一种高层次应用，物流作业过程大量的运筹和决策，如库存水平的确定、运输(搬运)路径的选择、自动导向车的运行轨迹和作业控制、自动分拣机的运行、物流配送中心经营管理的决策支持等问题都需要借助于大量的知识才能解决。为了提高物流现代化的水平，物流的智能化已成为电子商务下物流发展的一个新趋势。

5. 柔性化

柔性化本来是为实现“以顾客为中心”理念而在生产领域提出的，但需要真正做到柔性化，即真正地能根据消费者需求的变化来灵活调节生产工艺，没有配套的柔性化的物流系统是不可能达到目的的。20 世纪 90 年代，国际生产领域纷纷推出弹性制造系统(Flexible Manu-

facturing System，FMS)、计算机集成制造系统(Computer Integrated Manufacturing System，CIMS)、制造资源系统(Manufacturing Requirement Planning，MRP－Ⅱ)、企业资源计划(Enterprise Resource Planning，ERP)以及供应链管理的概念和技术，这些概念和技术的实质是要将生产、流通进行集成，根据需求端的需求组织生产，安排物流活动。因此，柔性化的物流正是适应生产、流通与消费的需求而发展起来的一种新型物流模式。这就要求物流配送中心要根据消费需求“多品种、小批量、多批次、短周期”的特色，灵活组织和实施物流作业。

6. 虚拟化

随着全球卫星定位系统(GPS)的应用，社会大型物流系统的动态调度、动态储存和动态运输将逐渐代替企业的静态固定仓库。由于物流系统的优化目的是减少库存直到零库存，而这种动态仓储运输体系借助于全球卫星定位系统，充分体现了未来宏观物流系统的发展趋势。

7. 一体化

物流一体化是以物流系统为核心的，由生产企业经过物流企业、销售企业直至消费者的供应链整体化和系统化。物流一体化是物流产业化的发展形势，它必须以第三方物流充分发展和完善为基础。物流一体化的实质是物流管理的问题，即专业化物流管理人员充分利用专业化物流设备、设施，发挥专业化物流运作的管理经验，以取得最佳效果。

8. 国际化

物流国际化，即物流设施国际化、物流技术全球化、物流服务全球化、货物运输国际化、包装国际化和流通加工国际化等。物流国际化的实质是按照国际分工协作的原则，依照国际惯例，利用国际化的物流网络、物流设施和物流技术，实现货物在国际的流动和交换，以促进区域经济的发展和世界资源的优化配置。国际化物流正随着国际贸易、跨国经营和电子商务的发展而飞速发展。

另外，物流设施、商品包装的标准化，物流的社会化、共同化也都是电子商务下物流模式的新特点。

互联网＋物流

“互联网＋物流”的本质是物流行业经过互联网改造后的在线化、数据化，其前提是互联网作为一种基础设施的广泛安装。“互联网＋”依赖的新基础设施，可以概括为云(云计算和大数据基础设施)、网(互联网＋物联网)、端(直接服务个人的设备)三部分，这三个领域的推进将决定“互联网＋”计划改造升级物流产业的效率和深度。

5.3.2 电子商务环境下物流的模式

现阶段，电子商务企业采取的物流模式一般有：自营模式、传统流通渠道模式、联盟模式及第三方物流模式。

1. 自营模式

电子商务企业自身经营物流称为自营物流。电子商务企业自身组织商品配送，能掌握交

易的最后环节，有利于控制交易时间。特别是在市内的配送上，电子商务企业自行组织配送队伍可以减少向其他配送公司下达配送任务的手续，在网上接受订购后，可以立即进行简单的分区处理，然后立即配送。这样往往使得当日配送、限时配送成为可能，如苏宁易购。

对于任何一个企业而言，拥有一支自己的配送队伍都将是一笔庞大的开支，不是所有的电子商务企业都有必要、有能力自行组织商品配送的。

2. 传统流通渠道模式

已经开展传统商务的企业可以建立基于网络的电子商务销售系统，同时，也可以利用原有的流通渠道承担电子商务的物流业务。传统流通渠道在电子商务环境下依然有其不可替代的优势。目前，从事传统销售业务的企业主要包括供应商、批发商、零售商等，但是这些企业在信息交换、反应速度上与电子商务的要求还有一定差距，他们要么借助电子商务改造信息处理系统，要么就要忍受一些效率上的不足。

3. 第三方物流模式

常见的第三方物流流程包括：开发物流系统、货物集运、选择承运人、货运代理、海关代理、进行运费谈判和支付、仓储管理、物流信息管理和咨询等。

第三方物流服务内容大都集中于传统意义上的运输和仓储范畴内。因此，运输、仓储企业向第三方物流企业转变比较容易，关键是要突破以往单项业务的思维方式，将多项服务内容有机地组合起来，提供物流运输的整体方案。

4. 联盟模式

物流企业联盟模式是指电子商务企业与物流企业通过签署合同形成优势互补、要素双向或多向流动、相互信任、共担风险、共享收益的物流合作伙伴关系。物流联盟的各个组成企业明确自身在整个物流联盟中的优势及担当的角色，各自发挥自己的优势，明确分工，使供应商把注意力集中在提供客户定制的服务上，最终提高企业的竞争力，满足跨地区、全方位物流服务的要求。加盟形式有以下几种。

(1) 快递加盟。近几年，我国电子商务特别是网络购物的发展，极大地带动了我国第三方物流，尤其是民营快递的发展，以顺丰、“四通一达(申通快递、圆通速递、中通速递、汇通快运、韵达快运)”为代表的民营快递公司，支撑了我国电子商务的高速发展。

这种以加盟模式为主的快递经营模式，使民营快递企业迅速扩张，市场份额不断扩大，与国营邮政EMS形成了强有力的竞争。但是，这种发展模式也带来了很多问题，服务质量的问题，送达时间问题，加盟店侵吞代收货款问题等。

(2) 便利店加盟。便利店一般开设在居民区内，这对订购商品的客户提供了取货和送货的方便，能够充分体现出网络购物方便和快捷的特点。便利店模式大体可分为两种：一是提供虚拟网络商家消费者到店付款、取货的便利店。便利店与网站业者相互合作、各司其职，消费者在网站上点选欲购买之项目，并输入相关个人资料，下单、付款(亦可货到付款)等，最后一个步骤则进入选择取货地点，这个部分会连接到便利店所提供的网站地图(Webmap)上，让消费者可以自行选择距离自己最近的便利商店，而消费者只要在指定日期内到指定的便利店取货即可。二是便利商店自营电子商务，如日本7－11集团。

本章小结

本章介绍了电子商务的定义、电子商务功能、电子商务发展是主要类型、电子商务业务流程，在此基础上，分别介绍物流是电子商务的重要组成部分、物流对电子商务的影响，重点介绍电子商务环境下物流的特点和模式。

对现代物流与电子商务二者之间的关系，首先通过电子商务模型认识分析物流是电子商务的重要组成部分；其次介绍了物流对电子商务的影响，主要从物流是实现电子商务的保证及物流和配送是制约电子商务发展的瓶颈两个方面进行了分析；然后介绍了电子商务环境下物流的特点；最后介绍了电子商务环境下物流业发展的模式。

知识拓展

沃尔玛推出大卖场 O2O 服务平台 “速购”

2015 年 5 月 26 日，为了让顾客随时随地、便利省心地享受到与实体店同样的优质购物体验，沃尔玛在深圳宣布推出大卖场 O2O 服务平台“速购”，该平台包括同时宣布推出的“沃尔玛”手机 APP、供顾客自提货的门店“速购服务中心”，以及线上线下多种移动电子支付方式。沃尔玛将率先在拥有门店数量最多的深圳市进行试点，借由 23 家大卖场的门店网点覆盖全市(除盐田和大鹏外)，为顾客提供便利优质的电商体验，同时根据顾客反馈来不断调整和升级速购服务，再逐步推广到全国。

即日起在苹果 IOS 和安卓系统的 APP 商城上搜索“沃尔玛”即可下载沃尔玛手机 APP，上线初期涵盖生鲜食品、粮油干货、个护美妆、家居清洁等过万件商品，包括约 1 000 件时令生鲜、乳制品和冷冻食品，并将逐步增加更多门店在售商品。为了给速购打下沃尔玛优质服务的品牌烙印，从顾客手机下单的一刻起，无论是门店货架直接拣货备货，还是物流配送到家或顾客到店提货，全程都将由沃尔玛门店的专门团队提供的贴心服务。沃尔玛强调，沃尔玛速购服务是实体店的有益补充和延伸，希望通过线上线下的无缝融合，不仅满足到不同消费群体优质优价的基本购物需求，更要让顾客体验到与实体店一样的省心购物体验，无论线上线下都要成为消费者最值得信赖的零售商。

沃尔玛中国总裁兼首席执行官柯俊贤(Sean Clarke)表示：“随着科技的发展，没有纯粹的传统零售商，注重顾客体验的电商也不会只固守互联网和移动互联网。沃尔玛速购平台的推出是一个重要的里程碑，它是实体店业务的有益补充和延伸，我们将实体店与电子商务服务进行无缝对接，希望成为真正的 O2O 公司。未来，沃尔玛将继续打通线上线下的渠道，满足顾客不断变化的购物需求，成为中国顾客最值得信赖的全渠道零售商。”

为了从一开始就给中国消费者提供最好的配送服务体验，沃尔玛借鉴了其在美国、英国等更为成熟电商市场的经验。沃尔玛深圳的每一家门店都是一个独立的客服运营中心，有专门的团队负责沃尔玛 APP 的订单，从商品的拣货、包装到配送，以及最终将一篮子商品交到顾客手里，全部流程均由沃尔玛的员工参与完成。为了保证食物的新鲜，对于有储存温度要求的鲜食，沃尔玛配送团队将使用专门开发的冷藏保鲜袋，以保证商

品到达消费者手里时就像与其在门店直接选购时一样新鲜高品质。

同时，沃尔玛选择与专业的物流配送公司进行合作，建立独立的配送团队，只负责沃尔玛的配送，每辆配送车辆外车身均有速购醒目的标识。如果顾客选择送货上门，早上11点前下单，所购商品当天到家，所购商品达到188元或以上免收运费。顾客也可选择到其指定的任何一家门店提货，门店将在大约4小时内根据顾客选择提货的时段备好商品，顾客收到温馨提示短信后，即可凭订单号到门店速购服务中心提货。比如：家住南山区但在深圳福田区写字楼工作的白领可以在中午想好晚上吃什么，然后登陆沃尔玛APP下单，下班后路过住所附近的沃尔玛门店便可顺便提货，回家做饭，省时又省心。

沃尔玛APP上的商品都是直接从门店货架挑选，保证来自正规采购渠道，经过实体店严格的质量检测标准和流程，此外，消费者还可享受到与门店一样的价格，使用APP的顾客与门店顾客享受一样的沃尔玛优质售后服务。例如：顾客可以将在APP购买的商品带回任何一家沃尔玛门店，凭送货单退货，退款将返回至该顾客的付款账号。沃尔玛门店的省心新鲜100%退款服务同样适用于APP，也就是说，顾客在沃尔玛APP购买了鲜食商品，有任何不满意，均可于购买后14天内进行退款。

沃尔玛的省心购物体验除了体现在随时随地下单、品质质量的保障等方面，还体现在灵活的支付方式。目前，沃尔玛APP上的支付平台接受银联、支付宝和电子购物卡等支付方式，同时实体门店也将开通移动电子支付专门通道，接受支付宝等多种电子支付方式。今后，沃尔玛门店和APP将不断增加新的支付方式，提供更高效快捷的支付服务。

思考与练习

一、填空题

1. 电子商务是20世纪90年代在________、________等发达国家开始兴起的一个新概念。
2. B to B电子商务的基本形态有：________、________和________。
3. 电子商务实体是指能够从事电子商务的客观对象，它可以是________、________、________和________等。
4. 电子商务是20世纪信息化、网络化的产物，由于其日新月异的发展，已广泛引起了人们的注意。电子商务中的任何一笔交易，都包含着________流、________流、________和________流。
5. 物流信息化表现为________、________、________、________等。
6. 第三方物流是指由物流劳务的________、________之外的第三方去完成物流服务的物流运作方式。

二、简答题

1. 电子商务的概念？
2. 电子商务的主要模式有哪些？
3. 电子商务环境下物流的特点有哪些？
4. 电子商务环境下物流主要模式有哪些？

三、论述题

电子商务下物流业的发展趋势？

【实践教学】

实训名称	电子商务与现代物流
教学目的	① 在电子商务网站上进行具体的网上购物，体会电子商务的业务流程 ② 了解电子商务环境下，物流企业是如何在网上开展物流、配送业务的
实训条件	多媒体网络实训室
实训内容	① 学生上网查找一些知名电子商务网站及物流企业网站并进行网上购物 ② 了解电商网站经营业务及各自有什么特点 ③ 了解物流企业是如何在网上开展物流配送业务
教学组织及考核	① 学生个人为主，教师进行具体指导 ② 学生根据实训内容，完成实训报告

第6章 供应链管理

知识要点	能力要求	相关知识
供应链	(1) 掌握供应链的内涵、特征 (2) 掌握供应链的结构模型 (3) 熟悉供应链的类型	(1) 供应链定义、特征 (2) 供应链的结构模型 (3) 供应链的类型
供应链管理	(1) 掌握供应链管理的含义 (2) 理解供应链管理的内容、特征及原则 (3) 熟悉供应链管理的目标	(1) 供应链管理的定义 (2) 供应链管理的内容、特征及原则 (3) 供应链管理的目标
供应链管理下物流管理	(1) 熟悉供应链管理与物流管理二者之间的关系 (2) 理解物流管理在供应链管理中的重要性 (3) 掌握供应链管理模式的物流管理特征	(1) 供应链管理与物流管理二者之间的关系 (2) 物流管理在供应链管理中地位 (3) 几种供应链管理模式的物流管理特征

教学重点、难点

供应链的结构模型；供应链管理的内容；供应链管理模式的物流管理特征。

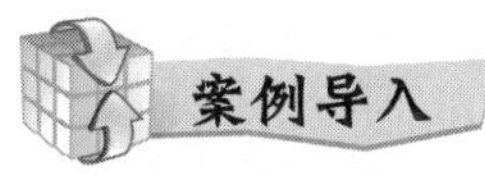

苹果供应商管理解析

苹果成功的秘密究竟是什么？人们都慨叹：那是因为苹果拥有乔布斯，一个深谙商业哲学和引导消费者需求的天才。然而，苹果成功实际上应归因于两点：一是革命性的创新产品，二是卓越的供应链管理。

1. 供应链的简洁性

为了实现供应链的极简化，苹果采取了两个措施。

1) 简化公司业务

苹果以前是一个自给自足的保守者，自己生产芯片、主板等零部件，自己组装产品，但这种供应链在IT产业分工精密、技术和设备要求日渐提高、从纵向产业结构演化为横向产

业结构的情况下早已不合时宜。在蒂姆·库克进入苹果之前，苹果公司库存臃肿、制造部门效率低下，1997 财年苹果损失超过 10 亿美元。

蒂姆·库克开始大规模削减公司的制造资产，将一些简单的非核心业务外包给其他公司。这样，苹果能够将自己最擅长的设计和营销的价值发挥到极致。苹果公司只负责设计，而将生产交给其他公司来完成。苹果过去一直生产 PC 机主板，但在 1998 年的调查中，苹果发现，一些生产商的主板已经好于苹果生产的主板。因此，苹果决定将这一业务卖掉，并将生产外包给这些生产商。

现在，苹果将全部精力都投入整个产品链中的设计和品牌两个关键环节，从世界各地网罗零部件厂商以及组装厂商进行生产。这一举措不仅给苹果带来巨大利润，而且强化了苹果的竞争优势，使得强者越强。

2）简化产品线

1997 年乔布斯回归苹果时，苹果仅台式电脑就有 12 种。乔布斯画了一个象限，横轴的一端是高端用户，另一端是一般消费者；纵轴的一端是台式机，另一端是笔记本，每个象限只有一种电脑，将 12 种简化成 4 种。苹果还尽可能使用更多标准化部件，从而大大减少了产品生产所需的备用零部件数量和半成品数量，能够将精力集中于定制产品，而不是搬运存货。例如，iPod 实用了通用 IC，减少了元件准备上的时间和库存。2007 年，苹果的存货周转水平达到 50. 8 次，业绩增长 38. 6%。

简化产品线有三个好处。

（1）至繁归于至简。产品线越简单，制造就越容易，供应链就越简洁，管理就越容易做好。从供应链管理的角度来看，产品简化之后计划、执行、采购、物流等环节的管理也会随之简化。

（2）苹果产品高度定义，型号非常单一，让苹果在供应链上获得其他厂商难以获得的规模优势，使其成为各个供应商的最高规格客户，议价权远高于其他订货商。得益于庞大的采购量，苹果在零部件成本、制造费用以及空运费用中获得了巨大的折扣，从而获得较高的利润率。

（3）客户需求是企业价值实现的源泉，是供应链一切活动的起点。供应链最难的是需求的预测和计划，远远不是目前的技术可以解决的。无论采用多么先进的模型和方法，都只能是获得接近准确的结果。因此，产品线太长就增加了预测的难度，从而产生供应链中魔鬼般可怕的存货。像苹果这样引领消费需求、产品线短、销量巨大的产品，销量的预测和计划就变得比较容易，剩下的只是低成本高效率地实现原材料的供应、产品生产和最迅速的全球铺货。

2. 供应链的集优性和协调性

供应链实际运行的效率取决于供应链合作伙伴关系是否和谐，因此建立战略伙伴关系的合作企业关系模型是实现最佳供应链管理的保证。只有充分发挥系统中成员企业和子系统的能动性和创造性，实现系统与环境的总体协调，供应链生态系统才能发挥最佳的效能。

从挑选代工制造商开始，苹果就秉持了极其审慎的态度和超高的标准。在选择供应商的时候，苹果美国总部会派出专门团队到工厂考察，考核评估项目众多，要求严格。零部件的生产工艺要求非常高，供应商要具备一定的生产实力，产量要稳定、充足。因此苹果只对占据所属加工业前五名地位的制造商感兴趣。苹果对企业是否注重信息系统建设很重视，因为如果一个制造企业有信息系统，那么就证明这个企业实力很强，对流程管控也比较重视。通过信息系统，苹果公司的美国总部就能通过远程控制获得工厂的产品信息。

苹果的供应链中包括三种类型的供应商——负责组装生产的富士康、负责生产IPS屏幕的供应商LG及夏普、负责CPU内存等配件生产的三星电子等。其中，富士康负责组装生产，但苹果其实把很多零部件的谈判权和定价权都交给了富士康，充分发挥了富士康集成组装的能力。因此，在苹果公布的全球156家官方产品和零部件供应商之外，还有很多我们看不见的供应商，有的甚至只生产一个螺丝钉或者一种特殊涂料。苹果通过这样有层次的供应链结构，减少了管控幅度和难度，提高了供应链的运行效率。

现在，苹果的供应链已经演化成一个由芯片、操作系统、软件商店、零部件供应厂商、组装厂、零售体系、APP开发者组成的、高度成熟和精密的强大生态系统。在这个相对封闭的生态系统中，苹果几乎可以控制供应链从设计到零售的方方面面。

3. 供应链的敏捷性

为使苹果和供应商能获得准确的信息流，苹果设置了与富士康等零部件供应商共享的关于生产计划和进程的数据库。这样，供应商的交货管理人员不用等待苹果的通知，就可以直接在网上获取苹果的最新需求，直接投入生产；生产管理人员不断将交货日程和数量等关键信息传到数据库中，苹果的少量管理人员只要根据关键指标，就能利用数据库的信息对供应商进行管理和评估。信息的集成化打破了传统供应链的线性和多层结构，形成了一种端对端的、共享、动态的伙伴关系网络，极大地加速了苹果和供应商之间的沟通，使得苹果的供应链具备更大的伸缩性和敏捷性。

4. 供应商管理

苹果的全球化供应链是一个层次分明的结构。苹果作为整个供应链的“链主”，主导着整个供应链的价值分配和运行协调。在保证供应链成员企业之间合作关系的基础上，苹果还有一整套管理和控制措施，以对整个供应链的运行质量和标准进行管理，帮助各个环节优化、创造价值。这套制度现在看来还是行之有效的。在苹果美国总部总揽大权的情况下，苹果克服了一对多的管理难题，实现了多年的高品质、高出货量、高创新频率。

一旦选择了供应商，苹果对代工厂商的控制力就开始体现出来。从厂房的规划建设到如何培训工人，再到生产监控所需的计算机系统和软件、原材料，代工厂都会得到苹果的建议，而且这种建议是带有强制性的。有时，苹果甚至会指定原材料的供应商和尾端外包的代工厂。

一般公司下单后就等着对方满足自己的要求，苹果则深入生产过程中的每一个环节，事无巨细，都要过问。IT产品的生产过程繁复而精密，牵涉数万零件和设备，其中只要一个环节出问题，就会导致最后产品的不合格。苹果相信，只有了解一线的情况，才能保证产品质量，并防患于未然，及时应对。苹果有一支非常庞大的驻厂工程师队伍，仅在富士康工厂就有近5 000名驻厂工程师负责保障苹果产品一流质量和生产效率。

每个季度，苹果会对所有供应商进行打分、排名。排名靠后的，未来获得的订单配额将会越来越少。

5. 合作共赢

苹果是如何发挥系统成员企业的积极性和创造性，建立协调的伙伴关系的呢？苹果的关键就是“共赢”。

(1) 苹果将资金流前移，为供应商提供了足够的资金保障。这对于接下一笔订单就要提前付出一大笔采购成本和人工成本的供应商来说简直是福音。苹果对工厂说，所有设备我来买，但只能干我的活。这样一来，供应商就免除了设备和折旧的投资风险，消除了业务的不确定性。以富士康为代表的大型代工厂，70%~80%的设备是自费购买，而对于规模较小的代工厂商，苹果会购买其中50%的设备，免费提供给这些代工厂使用。

(2) 服务于苹果具有很强的稳定性，这对于制造商来说十分重要。对于供应商来说，客户的稳定订单流至关重要。如果供应商刚刚为一个客户扩充了产能，而客户产品销售出现大的波动，那么供应商的投资就是打了水漂，利润率就会随之下降。而苹果的销量很大，订单流比较稳定。尽管为苹果打工的利润较低，但是苹果的每一款产品的销售周期较长，因此一旦生产线开动，利润就源源不断，管理上也更容易、更清晰。相比之下，如果给三星供应元器件，三星的手机型号众多，每款产品的市场反应各不相同，这对供应商的生产管理十分不利。即使暂时没有活干，工人也可以不离岗，因为苹果为他们开工资。如果在产能上有瓶颈，苹果情愿等待也不愿意为了抢时间把订单交给临时找的工厂。

(3) 获得的利润较高。尽管苹果对供应链的整合，给苹果带来巨大的利润，其代工厂商分得的利润份额相对渺小，但在绝对额上并不低。以iPhone4为例，中国公司(包括中国台湾企业)在产业链条上所占的份额都非常小，而且多是在芯片(台积电)和组装(鸿海精密、富士康)等环节，仅占iPhone4总成本187.51美元中的6.54美元，不到零售价的1%。据此，很多评论认为苹果是在压榨供应链利润以自肥。但他们没有看到为什么供应商对苹果的召唤趋之若鹜，对苹果给的价格甘之如饴。实际上，苹果给供应商的价格都是允许他们有合理利润的价格。对于享有下层供应商谈判权的富士康，利润空间还要更大一些。

(4) 和苹果这样的强者合作，能够大大提高供应商的水平。苹果通过严格的标准控制，提高了代工厂商的生产水平和技术开发水平，教会了他们如何生产一个高质量的产品。同时，与苹果合作将极大地提升厂商在业界的地位：如果它们是苹果的供应商，那么它们就会被看作业界一流的厂商。替苹果做过代工的工厂，由于发展出了顶尖的设备和流程控制，所以也比较容易接到其他品牌的订单。

著名供应链管理专家马丁·克里斯多弗曾说：“市场上只有供应链没有企业”“真正的竞争不是企业与企业之间的竞争，而是供应链和供应链之间的竞争”。随着经济全球化的到来，用户需求和经济不确定性日益增加，任何一个企业只有建立有效的供应链系统才能取得市场竞争的主动权。本章介绍供应链和供应链管理的基础知识，分析供应链、供应链管理的特征，最后介绍了供应链管理环境下物流特征。

6.1 供 应 链

6.1.1 供应链概述

1. 供应链的内涵

“供应链”一词源于英文“Supply Chain”，也有人称其为“供应链锁”。要准确理解供应链的内涵，就必须从价值链谈起。1985年，哈佛商学院教授迈克尔·波特提出了价值链分析方法，以价值链分析作为一种寻求企业竞争优势的工具，广为运用。价值链理论告诉我们，企业与企业的竞争，不只是某个环节的竞争，而是整个价值链的竞争。随着价值链理论

的应用推广以及对其深入的研究，“产业链”“营销链”“供应链”“服务链”“需求链”“利润链”等概念陆续推出，形成一个庞大的“链式家族”。

关于供应链的定义，早期的观点认为供应链是生产企业中的一个内部过程，从企业内部采购原材料开始，通过生产转换和销售等活动，一直到零售商和用户的一个过程。

20 世纪 80 年代，供应链所涉及的不仅是企业的内部活动，而是涵盖了企业的整个价值创造活动。它所涉及的范围也不仅仅是企业与其供应商之间的关系，而是横跨整个价值链过程。

21 世纪，供应链的概念开始转向以核心企业为中心的网链关系，如核心企业与供应商、供应商的供应商乃至与一切上游企业的关系，与用户、用户的用户及一切下游企业的关系。

我国国家标准《物流术语》对供应链(Supply Chain)定义：“生产及流通过程中，为了将产品或服务交付给最终用户，由上游与下游企业共同建立的需求链状网(GB/T 18354—2006)”。

分析上述对供应链的解释，供应链主要涉及以下几方面的内容。

(1) 供应链是一种企业组织结构模式。它包含供应链上所有加盟的节点企业，从原材料的供应开始，经过链中不同企业的制造加工、组装、分销等过程直到最终用户。可以把它看作是一个范围更广的企业组织结构模式。

(2) 供应链是一条增值链。它不仅是一条连接供应商到用户的物料链、信息链、资金链，也可以认作是一条增值链，物料在供应链上因加工、包装、运输等过程而增加其价值，给相关企业和顾客都带来收益。

(3) 供应链中供应商与客户互为伙伴。在这个网络中，每个贸易伙伴既是其客户的供应商，又是其供应商的客户，他们既向上游的贸易伙伴订购产品，又向下游的贸易伙伴供应产品。

2. 供应链的结构模型

作为运作过程中的供应链，一般都会有一个企业处于主导地位，进行供应链的设计、管理和实施，以实现整条供应链上各节点企业间的多赢合作，最终达到综合资源的最优配置，实现整个供应链的不断增值。

在此，这个处于主导地位的企业就被称为供应链的核心企业。由此，供应链就是围绕核心企业，通过对信息流、物流和资金流的控制，把供应商、制造商、分销商、零售商和用户连接成一个整体的网链结构，如图 6.1 所示。核心企业，可以是产品制造企业，也可以是大型零售企业。

3. 供应链的特征

从供应链的内涵和网链结构来分析，供应链主要有以下特征。

(1) 复杂性。因为供应链节点企业组成的跨度(层次)不同，供应链由多个、多类型甚至多国企业构成，所以供应链结构模式比一般单个企业的结构模式更为复杂。因此，构建供应链结构时，要注意各节点企业目标的协调一致性，节点企业的数量要做到少而精。

(2) 动态性。供应链的动态性，一是企业经营战略要适应市场需求变化的动态需要，二是供应链上节点企业会随着市场变化呈动态地更新，这就使得供应链具有明显的动态性。

(3) 面向用户需求。供应链的形成、存在、重构，都是基于一定的市场需求而发生，并

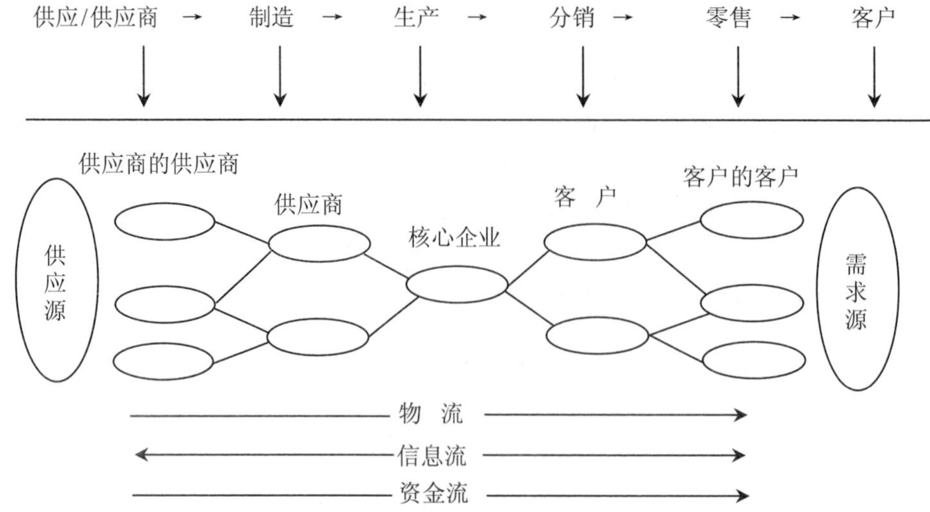

图6.1 供应链的网络结构模型

且在供应链的运作过程中，用户的需求拉动是供应链中信息流、物流、资金流运作的驱动力。因此，准确、及时、有效地搜索用户需求信息，并且快速、高效地满足用户需求，就是供应链管理的主要目标。

(4) 交叉性。根据市场环境和产品特点，节点企业会存在于不同的供应链系统中，也就是说节点企业可以是这个供应链的主体，同时又可能是另一个供应链的主体，众多的供应链形成交叉结构，这样明显会增加供应链协调管理的难度。

(5) 多级性。随着供应、生产和销售关系的复杂化，供应链的成员越来越多。如果把供应链中相邻两个业务实体的关系看作是“供应-购买”关系，那么这种关系是多级的，而且涉及的供应商、购买商也是多个的。

(6) 增值性。增值性是指产品从供应链的上游到下游的过程中获得了价值，它有赖于每个环节中不同企业的贡献。

(7) 跨地域性。供应链网络中的业务实体超越了空间的限制，在业务上紧密合作，共同加速物流和信息流，创造了更多的供应链效益。最终，世界各地的供应商、制造商和分销商被连接成一体，形成全球供应链。

(8) 利益的对立统一性。供应链中所有成员企业在共同利益的前提下，还有各自不同的主体利益，这些利益在很大程度上会相互冲突，所以协商和利益分享是供应链永恒的话题。

(9) 协调整合性。供应链本身就是一个群体合作、协调一致的整体，每个节点企业都是供应链中的一个结点，都要与整条供应链的动作协调一致，不能只强调自我，而要服从于全局。

(10) 虚拟性。虚拟性主要表现在它是一个协作组织，依靠信息网络的支撑和相互信任的关系结合在一起，为了共同的利益而优势互补、强强联合、协调运转。

由此可见，供应链是一个非常复杂的大系统。企业必须认清不同情况下的供应链系统的特征，这样才能有目的地选择适合本企业的运作模式。

6.1.2　供应链的类型

1. 根据产品的类别划分供应链的类型

产品通常分为两种：功能型产品和创新型产品。从需求端看，对功能型产品的需求是稳定的。而创新型产品的生命周期短暂，需求难以预测，比如时装、计算机游戏、高端计算机等都属于这一类产品。从供应端看，也有两种类型，一种是稳定的，一种是变化的。稳定的供应背后，是成熟的制造流程和技术、完备的供应基地。而在变化的供应背后，制造流程和技术都处于早期开发阶段，处于迅速变化的时期，而供应商可能在数量和应对需求变化的经验上都有限。因此，企业在确定了自己的产品需求和供应类型各属于哪一种类型之后，就需要不同类型的供应链满足本企业的运作需要，具体如下所述。

（1）高效型供应链。具备稳定供应流程的功能型产品，就是追求规模经济，应用最佳技术，将产能和分销能力都发挥到最大限度。同时，企业还必须重视与供应链中的各方保持有效、准确的信息沟通。如丰田汽车就属于这一类型的供应链，它的特性是遵循精益原则。

（2）风险规避型供应链。针对供应流程变化不定的功能型产品，需要通过弹性设计或者共同经营和共享资源来减轻因供应不稳定而带来的风险。如诺基亚就是这一类型的供应链。2000 年，飞利浦的半导体工厂突发大火，RFC 芯片供应中断，诺基亚迅速改变了芯片的设计，利用飞利浦在荷兰和新加坡的工厂，得到足够的芯片供应。

（3）响应型供应链。针对具备稳定性供应流程的创新型产品，比如 PC 或者笔记本电脑公司的供应链，需要快速和灵活地满足多样且多变的顾客需求，就是这一类型的供应链。惠普、思科等公司都建立起了响应型的供应链，公司通过按订单生产或者大规模定制来达到快速响应。

（4）敏捷型供应链。针对供应流程变化不定的创新型产品，这种类型的供应链结合了第二种和第三种供应链的长处，它对于顾客的需求反应迅速而且灵活，同时也通过共享库存或者其他的能力资源规避了风险。如全球领先的可编程逻辑解决方案生产商赛灵思公司，就是依靠这一类型供应链赢得竞争。它与铸造工厂结成紧密的合作伙伴关系，对方负责为其制作晶片并将之存在芯片仓库中。当从顾客订单中得知有对于特殊芯片的需求后，赛灵思就会运送裸片(由晶片组成)到韩国和菲律宾的合作伙伴处做最后的测试和组装。

2. 根据动力来源划分供应链的类型

1）推式供应链

这种传统的推式供应链是以产品为中心，以生产制造商为驱动原点，以提高生产率，降低单件产品成本来获得利润为目的，如图 6.2 所示。通常，生产企业根据自己的 MRP－Ⅱ/ERP 计划来安排生产。

然而，由于生产商在供应链上远离客户，对客户的需求远不如流通领域的零售商和分销商了解得清楚，这种供应链上企业之间的集成度较低，反应速度慢，在缺乏对客户需求了解的情况下，生产出的产品和驱动供应链运作的方向往往是无法匹配和满足客户需求的。

同时，由于无法掌握供应链下游，特别是最末端的客户需求，一旦下游有微小的需求变化，反映到上游时这种变化将被逐级放大，这种效应被称为牛鞭效应。为了应对这种牛鞭效应，整条供应链上节点企业，只好提高库存储备。

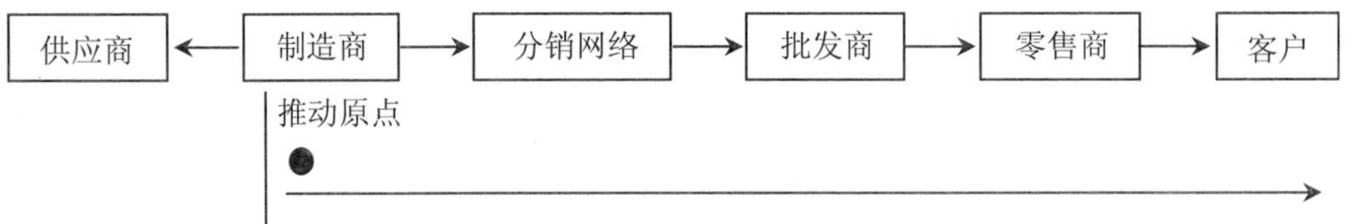

图6.2 推式供应链

2）拉式供应链

拉式供应链的理念是以顾客为中心，通过对市场和客户的实际需求以及对其需求的预测来拉动产品的生产和服务。因此，拉式供应链需要整个供应链能够更快地跟踪、甚至超前于客户和市场的需求，来提高整个供应链上的产品和资金流通的效率，减少流通过程中不必要的浪费，降低成本，提高市场的适应力，特别是对下游的流通和零售行业，更是要求供应链上的成员间有更强的信息共享、协同、响应和适应能力，如图6.3所示。例如，目前发达国家采用协同计划、预测和补货(CPFR)策略和系统，来实现对供应链下游成员需求拉动的快速响应，使信息获取更及时，信息集成和共享度更高，数据交换更迅速，缓冲库存量及整个供应链上的库存总量更低，获利能力更强等。该供应链虽然整体绩效表现出色，但对供应链企业的管理和信息化程度要求较高，对整个供应链的集成和协同运作的技术和基础设施要求也较高。

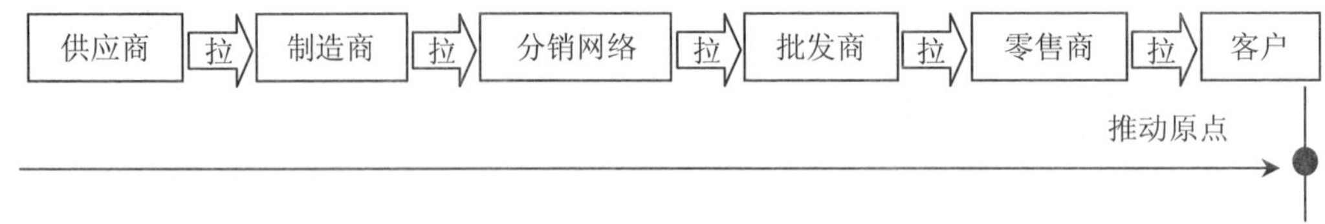

图6.3 拉式供应链

3）推式和拉式方式共存

戴尔计算机公司的PC生产线，既有推式运作又有拉式运作，其PC装配的起点就是推和拉的分界线，在装配之前的所有流程都是推式流程，而装配和其后的所有流程是拉式流程，完全取决于客户订单。这种推拉共存的运作对制订有关供应链设计的战略决策非常有用。例如，供应链管理中的延迟生产策略就很好地体现了这一点，通过对产品设计流程的改进，使推和拉的边界尽可能后延，便可有效地解决大规模生产与大规模个性定制之间的矛盾，在充分利用规模经济的同时实现大批量客户化生产。

3. 根据供应链的形状划分供应链的类型

1）直线型供应链

直线型供应链是一种最简单的供应链结构，即每一个节点成员只与一个上游成员和一个下游成员相连接，这样连接而成的供应链，它在企业外部供应链、产业链和全球网络供应链中较少出现，较常见的是在企业内部和动态企业联盟中，如图6.4和图6.5所示。动态企业联盟供应链的直线型结构常常是由于市场的某种需求机会而产生的、临时满足这些需求的企业动态组织联盟，一旦需求得到满足，这种供应链也就不复存在，而随着新的需求机会出现还将产生新的动态企业联盟。

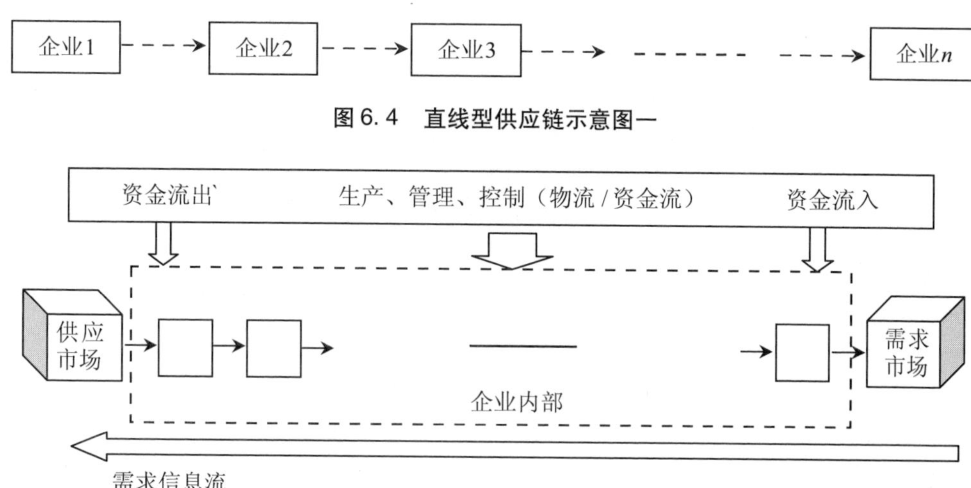

图6.4　直线型供应链示意图一

图6.5　直线型供应链示意图二

2）网状型供应链

网状型供应链多存在于产业供应链和全球网络供应链中，这种结构中的每一个节点成员至少与一个上游成员和一个下游成员相连接，这样连接而成的供应链是一个网状型的供应链，每一个环节上都有至少一个或多个供应链成员，如果在某一环节上只有一个成员，则该成员一定是这个供应链上的核心成员，它对整条供应链将起到重要的作用，如图6.6和图6.7所示。

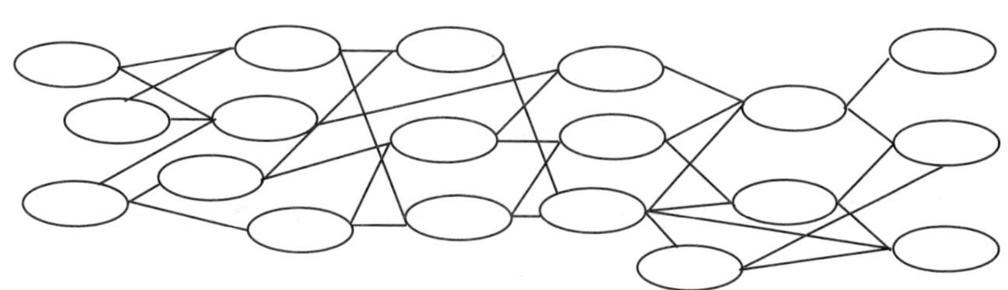

图6.6　网状供应链示意图一

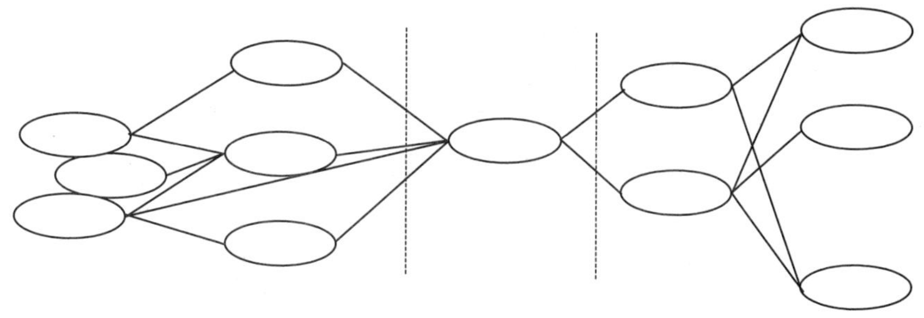

图6.7　网状供应链示意图二

4. 根据供应链主体的不同划分供应链类型

1）以生产商为主体的供应链

一般情况下，以生产商为主导的供应链模式更为普遍。生产商与其供应商、中间商(零售商)以及第三方物流公司等服务提供商都有着广泛的业务接触，这使得生产商汇集了比较多的关于供应链整体情况的信息，而成为供应链中的核心企业。

2）以中间商为主体的供应链

如果供应链中的核心企业很难明确界定其身份，可笼统称为以中间商为主体的供应链管理模式。相对于其他的供应链管理模式，以中间商为主导的供应链数量较少。比如著名运动品牌耐克(Nike)，作为供应链的核心企业，除了从事供应链管理，它只担任开发设计和市场营销的职能，而把制造等其他职能全部外包，因此很难称其为生产商，它只是把部分职能专业化而独立出来。

3）以零售商为主体的供应链

如果零售商有深远的市场洞察力、可观的销售额、深厚的财务基础和先进的技术平台，则零售商在供应链中必然会处于主导地位，从而形成以零售商为主体的供应链。如零售巨头沃尔玛。

6.2 供应链管理

6.2.1 供应链管理概述

供应链管理是现代管理的一种创新思维，有效的供应链管理已经成为企业赢得竞争优势的重要源泉。

1. 供应链管理的内涵

20世纪80年，供应链管理首先由咨询业界提出来的。20世纪90年代，学术界才真正从理论的角度来定义供应链管理。

最早人们把供应链管理的重点放在库存管理上，仓库作为平衡有限的生产能力和适应客户需求变化的缓冲手段，它通过各种协调手段，寻求把产品迅速、可靠地送到客户手中所需要的费用与生产、库存管理费用之间的平衡点，从而确定最佳的库存投资额。因此其主要的工作任务是管理库存和运输。

现在的供应链管理则把供应链上的各个企业作为一个不可分割的整体，使供应链上各企业分担的采购、生产、分销和销售的职能成为一个协调发展的有机体。

美国供应链协会认为“供应链管理包括贯穿于整个渠道来管理供应与需求、原材料与零部件采购、制造与装配、仓库与存货跟踪、订单录入与管理、分销以及向顾客交货。”

我国国家标准《物流术语》对供应链管理(Supply Chain Management，SCM)定义：“对供应链涉及的全部活动进行计划、组织、协调与控制(GB/T 18354—2006)”。

2. 供应链管理的内容

1）供应链管理的领域

供应链管理主要涉及四大领域(图6.8)：供应、生产计划、物流、需求。供应链管理是

以同步化、集成化生产计划为指导，以各种技术支持，尤其以 Internet/Intranet 为依托，实现从原材料供应商、制造商、分销商、零售商直到用户的商流、物流、信息流、资金流在整个供应链上流动，最终达到双赢甚至多赢的目的。

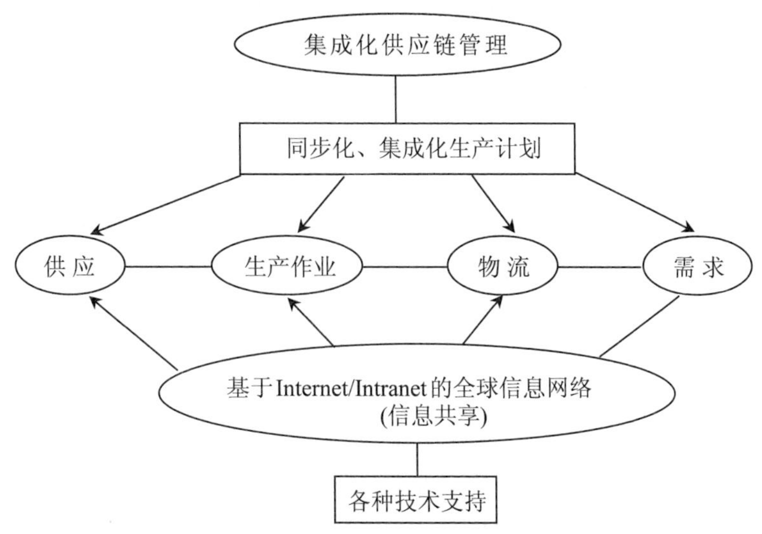

图 6.8 供应链管理涉及的领域

2）从生产作业管理分

供应链管理可以分为职能领域和辅助领域，职能领域主要包括产品工程、产品技术保证、采购、生产控制、库存控制、仓储管理、分销管理。辅助领域主要包括客户服务、制造、设计工程、会计核算、人力资源、市场营销。

3）从战略管理分

供应链管理涉及的主要内容如下。

（1）供应链管理策略制定(不同行业、不同产品类型要求采用不同的供应链管理策略)。

（2）推动式(Push)或牵引式(Pull)供应链运作方式的确定(不同企业有不同的管理文化，企业应选择适合于自己实际情况的运作方式)。

（3）战略性供应商和客户合作伙伴关系管理。

（4）供应链产品需求预测和计划。

（5）供应链的设计(全球节点企业的定位、资源的集成化计划、跟踪、控制和评价)。

（5）企业内部与企业之间物料供应与需求管理。

（6）基于供应链管理的产品设计与制造管理、生产集成化计划、跟踪．基于供应链的客户服务和物流(运输、库存、包装等)管理。

（7）企业之间资金流管理(汇率、成本等问题)。

（8）供应链管理环境下的绩效测量与评价。

（9）基于 Internet/Intranet 的供应链运作的信息支持平台及信息管理。

3. 供应链管理的特征

供应链管理始终以客户为中心，强调供应链上企业是伙伴间的合作与“多赢”，具体供应链管理有以下特点。

(1) 以客户为中心

供应链管理首要目标是提高客户的满意程度，它通过降低供应链成本的战略，实现对客户的快速反应，以此提高客户的满意度，从而提升企业的信誉度，在市场上获得竞争优势。

(2) 强调物流、信息流、资金流、工作流和组织流的集成。这几个流在企业日常经营中都会发生，但过去是间歇性或者间断性的，因而影响企业间的协调，最终导致整体竞争力下降。供应链管理则强调必须要把这几个流集成起来，只有实现跨企业流程集成化，才能实现供应链上企业协调运作的目标。

(3) 强调伙伴之间的合作与共享。在供应链管理中，企业强调提升核心竞争力，而非核心的业务外包给业务伙伴，与伙伴间强调的是战略联盟，强调利益共享和风险共担。合作更需要依赖供应链成员之间对业务过程一体化的共识，需要建立相应的信任机制和协商机制。信任是信息增值交换的基础，只有实现增值信息的共享才能放大供应链上的利润。协商机制是解决核心企业与客户利益冲突关系的基础，包括利益的合理分配、高效的合作和风险共担。

(4) 强调一体化的精细管理。供应链上的核心企业，除了核心业务外，其余的各种业务都是来自于外部，即按照市场规则将内部业务社会化，按照核心企业需求，将具有不同核心能力的企业及资源整合起来，使组织边界变得更加模糊，供应链管理则成了一项高度互动而复杂的系统工程。它强调的是一体化的精细的管理，以保证在延迟生产环境下整个供应链的协同运作，各环节的无缝对接。

(5) 注重信息技术的集成应用。信息技术是提升整个供应链运作效率的重要保障之一。在这个多节点、多合作伙伴组成的复杂网链上，信息技术的支撑，降低了伙伴间的交易成本，可使合作伙伴及时获取有效信息，快速反应，来满足客户的需求。同时，基于 Internet 的信息技术的集成(如 GIS、GPS)，又可随时对在途物品进行管理，满足物流的个性化需求。

(6) 更加关注物流企业的参与。过去一谈到物流，好像就是搬运东西。在供应链管理环境下，物流的作用特别重要，因为缩短物流周期比缩短制造周期更关键。

过去谈到快速响应市场时，企业会把大部分注意力放在制造业上，似乎能够快速制造出来产品，就能快速响应客户的需求。实际上，最终给客户的产品不是由单独一家企业完成的，而是从原材料开始一级一级制造并传递过来的，响应周期是多级的“链式周期”，而不是点式周期(单个企业的制造周期)。因此，供应链管理强调的是一种从整体上响应最终客户的协调性，如果没有物流企业的参与，快速反应是不可实现的。

(7) 注重供应链的动态优化管理。供应链的整体效率和价值创造能力，是链条上合作伙伴基于一种战略型的亲密关系协同产生的。战略型的亲密关系，是供应链是取得竞争优势的原动力。要长期保持这种关系，就要注意对伙伴关系的不断优化。这种优化体现在管理与伙伴的关系，对合作伙伴进行阶段性的绩效评估，及时优化关系结构。管理与伙伴的关系，首先在于核心企业与伙伴的诚信交易，共同制定发展目标和行为计划，提供相应的技术支持等，其次以自己的经营理念、价值观、文化观影响伙伴，创造和谐氛围，形成团队合作竞争机制，从而提升和发展伙伴关系。

6.2.2 供应链管理的目标

供应链管理的目标是在总成本最小化、客户服务最优化、总库存最少化、总周期时间最

短化以及物流质量最优化等目标之间寻找最佳平衡点，实现供应链绩效的最大化。

（1）总成本最小化。采购成本、运输成本、库存成本、制造成本以及供应链的其他成本费用都是相互联系的。为了实现有效的供应链管理，必须将供应链各成员企业作为一个有机整体来考虑，并使实体供应物流、制造装配物流与实体分销物流之间高度均衡，使整个供应链运作与管理的成本的总和最小化。

（2）客户服务最优化。而由于服务水平与成本费用之间的悖论关系，要建立一个效率高、效果好的供应链网络结构系统，就必须考虑总成本费用与客户服务水平的均衡。供应链管理最终以客户为中心，客户的满意是供应链赖以生存与发展的关键。因此，供应链管理的主要目标是要以最低的总成本费用，实现整个供应链客户服务的最优化。

（3）总库存最小化。在实现供应链管理目标的同时，要使整个供应链的库存控制在最低的程度，“零库存”反映的即是这一目标的理想状态。所以，总库存最小化目标的达成，有赖于实现对整个供应链的库存水平与库存变化的最优控制，而不只是单个成员企业库存水平的最低。

（4）总周期时间最短化。从某种意义上说，供应链之间的竞争实质上是基于时间的竞争，如何实现快速有效的客户反应，最大限度地缩短从客户发出订单到获取满意交货的整个供应链的总周期时间已成为企业成功的关键因素之一。

（5）物流质量最优化。供应链物流服务质量的好坏直接关系到供应链的存亡。如果在所有业务过程完成以后，发现提供给最终客户的产品或服务存在质量缺陷，就意味着所有成本的付出将不会得到任何补偿，供应链的所有业务活动都会变为非增值活动，从而导致整个供应链的价值无法实现。因此，达到与保持物流服务质量的高水平，必须从原材料、零部件供应的零缺陷开始，甚至供应链管理全过程、全人员、全方位质量的最优化。

6.3 供应链管理下的物流管理

6.3.1 供应链管理与物流管理关系

供应链是商流、物流、信息流、资金流四流的统一体，物流自然成为供应链管理体系的重要组成部分，并且在供应链管理中发挥着极为重要的作用。供应链管理与物流管理的关系体现在以下几点。

1）供应链是物流发展到集约化阶段的产物

现代供应链管理即通过综合从供应者到消费者的供应链活动，使物流达到最优化追求整体的系统的综合效果，而不是单一的、孤立的、片面的观点。

2）物流管理贯穿于整个供应链

物流连接供应链的各个企业，是企业之间合作的纽带，它从供方开始，沿着各个环节向需方移动。每一环节都存在“需方”与“供方”的对应关系，即供应链是一条从供应商到用户的物流链。

3）增值是两者的共同目标

作为一种战略概念，供应链的目的不仅是降低成本，更重要的是提供用户期望以外的增值服务，以产生和保持竞争优势，而增值也是物流管理所追求的目标。

4）供应链管理是物流管理的最新理念

从1998年起，美国物流管理协会对物流管理的定义中就加入了供应链的概念，将供应链管理看作是物流管理的最新理念。

6.3.2 物流管理在供应链管理中占重要地位

1）物流管理是提升供应链管理的关键

面对市场的激励竞争，企业被迫采取一系列新的生产过程，并实施不同的制造战略。同时，制造商也意识到提高整个供应链的管理，既要快速交货，还要缩短从产品订购到支付款项的周转时间，才是企业提高竞争力的最佳手段。这些战略的实施，都需要物流做保障。

2）物流系统保证供应链的敏捷性与适应性

由于现代企业的生产方式的转变，即从大批量生产转向精细的准时化生产，这时的物流，包括采购与供应，都需要跟着转变运作方式，实行准时供应和准时采购等。

另一方面，顾客需求的瞬时化，要求企业能以最快的速度把产品送到用户的手中，以提高企业的快速响应市场的能力。所有的这一切，都要求企业的物流系统具有和制造系统协调动作的能力，以提高供应链的敏捷性和适应性。

3）物流管理在供应链管理中的作用

（1）创造用户价值，降低用户成本。

（2）协调制造活动，提高企业敏捷性。

（3）提供用户服务，塑造企业形象。

（4）提供信息反馈，协调供需矛盾。

6.3.3 供应链管理下物流管理特点

供应链管理的对象主要涉及企业经营的两个领域：一个是生产制造领域，包括产品企划、开发、设计等业务环节；另一个领域是生产-流通（物流）-销售，即物流业环节。

从物流系统的角度看，供应链物流管理是将供应链中的上下游企业作为一个整体，通过相互合作、信息共享，实现库存的合理配置，提高物流的快速反应能力，降低物流成本的一种物流管理方式。以下介绍供应链管理环境下物流管理的特点。

1. 供应链管理环境下的库存管理

供应链管理环境下的库存管理与传统的库存管理有许多不同的地方。传统的企业库存管理是站在单一企业的立场上，以企业物流成本最小化为原则，而供应链管理环境下的存管理则是以整个供应链整体物流效果为追求目标的，以信息化的手段准确地控制库存，消除库存的“牛鞭效应”。

2. 快速反应

快速反应（Quick Response，QR），是1986年由美国的平价连锁店及成衣制造共同推动下的产物，当时的成衣业遭受到外国成衣低价销售到美国的打击，于是QR系统应运而生，推动商家降低库存成本、增加周转率及降低零售店的缺货率。

我国国家标准《物流术语》对快速反应的定义：“供应链成员企业之间建立战略合作伙伴关系，利用EDI等信息技术进行信息交换与信息共享，用高频率小数量配送方式补充商

品，以实现缩短交货周期，减少库存，提高顾客服务水平和企业竞争力为目的的一种供应链管理策略(GB/T 18354—2006)”。

QR 的基本思想是，为了在以时间为基础的竞争中占据优势，建立一整套对供应链能够反应敏捷和迅速的系统。

QR 主要依靠信息技术，特别是电子数据交换(Electronic Data Interchange，EDl)、条形码和带有激光扫描仪的电子销售点(Electronic Point - Of - Sales，EPOS)系统等工具的使用。从根本上说，QR 的含义就是需求信息的快速获取、及时供应并且贴近用户。QR 系统通过信息处理速度的加快，减少订货的前置期，使库存量减少，并且可以进一步减少反应次数。

3. 有效客户反应

有效客户反应(Efficient Consumer Response，ECR)是 20 世纪 90 年代在美国兴起的。当时的杂货零售行业存在一定变化，要求对上游供应商进行了纵向整合，并实现了信息在产品配送的各环节的不间断流动。

我国国家标准《物流术语》对有效客户反应的定义：“以满足顾客要求和最大限度降低物流过程费用为原则，能及时做出准确反应，使提供的物品供应或服务流程最佳化的一种供应链管理策略(GB/T 18354—2006))”。

在这种模式下，零售企业通过使用 POS(Point Of Sales)系统，借助条形码技术和光学扫描仪对客户的每一笔购买信息进行自动化采集和录入。这些信息被定时汇总传输到零售商的主服务器，再被进一步传输到供应商的信息终端。供应商随时可以了解各零售商的销售情况及其变化情况。

当零售商的库存水平下降到某一预先设定的订货点时，新的订单自动生成，供应商就可以通知其下属的仓库安排向零售商的各门店发货了。在整个过程中信息都是自动采集和传输的，供应商与零售商服务器之间、零售商主服务器与和零售点(门店)的计算机之间都实现了联网，信息通过网络实现瞬时传递。

QR 与 ECR 的不同点在于，QR 是纺织服装业整体为了摆脱危机而采取的一项策略，而 ECR 是为了战胜行业竞争对手作为差别化战略采取的一项策略。

4. 供应商管理库存

基于 JIT 供应链运作要求，供应商管理库存已经成为一个新的发展趋势。供应商管理库存(Vendor Managed lnventory，VMI)是企业供应链环节的重要创新。采用这种管理模式可以减少整个供应链上的库存积压，缩短采购和供应提前期，削弱“牛鞭效应”效益，提高企业对市场需求波动的承受能力。实施供应商管理库存的基本方法有以下几方面。

(1) 采购方的库存由供应商管理，仓库设施为供应商所有，但必须建设在采购方周围，以便于满足采购方的及时要货请求。

(2) 加强与供应商的关系管理，与供应商在“共赢”机制的基础上构筑战略合作关系，供供应商对基于 JIT 的供应链管理能够充分理解并积极参与和支持。

(3) 采购方需提供未来一段时间的需求情况，供应商据此进行持续补充，双方必须在采购数量、最高库存量、最低库存量、存储期限和费用分摊等方面达成一致，以保障采购方的采购要求为目标，供应商设定缓冲库存量和补给策略。这种方法需要双方具有很高的信任度，能够相互开放、共享彼此的资源和信息。

(4) 企业内部供应链各节点部门不断加强交流与协作，克服部门主义，尽量消除供应链中的不合理业务环节及浪费现象，能够通过流程实现对需求的高效快速响应。

(5) IT技术的支持。基于JIT的供应商管理库存的成功运作，离不开具有增值功能的信息网络，这是成功的关键。因此，企业应拥有一套能够满足基于JIT的供应链运作要求的信息系统，并且能够实现供应链各节点环节间信息的便利交流与共享。

本章小结

本章主要从供应链、供应链管理、供应链管理下模式物流管理特征三个方面展开介绍。首先，介绍供应链的定义、特征和模型；第二，介绍供应链管理的定义、内容、特征和管理目标；最后介绍供应链管理与物流管理的管理二者的关系，物流在供应链管理中扮演着重要的角色以及供应链管理环境下物流管理的特征。

知识拓展

不同行业供应链结构特点

随着对供应链管理认识的深入，人们对不同的行业构造了不同的供应链系统，以便有针对性地进行管理。

1. 便利店的供应链

典型的便利连锁店经营5 000～10 000种商品，具体可分为五大类：不易腐烂的食品、冷冻食品、奶制品、烘烤食品和报刊，如图6.9所示。

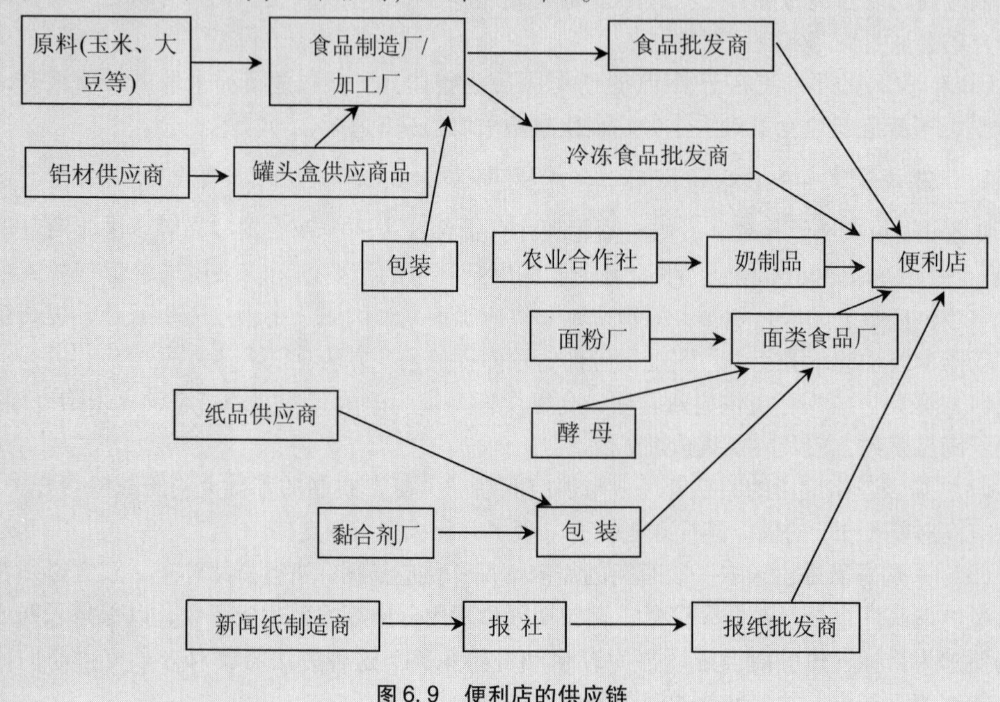

图6.9 便利店的供应链

2. 时装零售行业的供应链

时装零售行业从服务制造商或配送中心处进货，服装制造商从其他制造商处购买布匹和其他辅料，而后者从上一级制造商处购买原料，如图6.10所示。

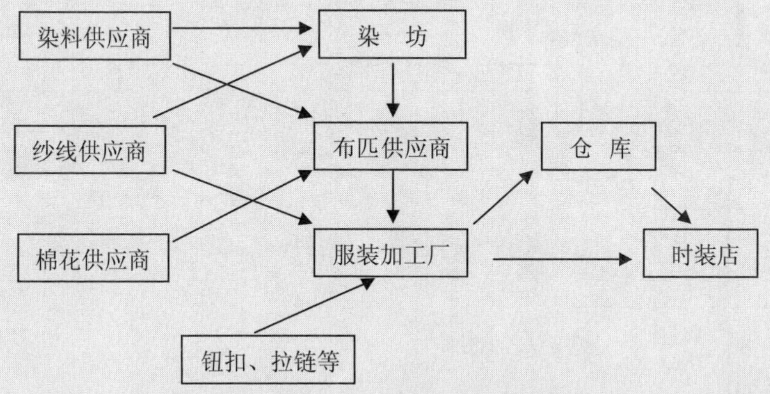

图6.10 时装零售行业的供应链

3. 日化用品行业的供应链

日用化妆品是一种日用消费品，其流通渠道，即供应链的构造十分重要，必须以多品种、少量化的配送为其营销服务。如日本著名的化妆品生产企业资生堂的供应链，如图6.11所示。

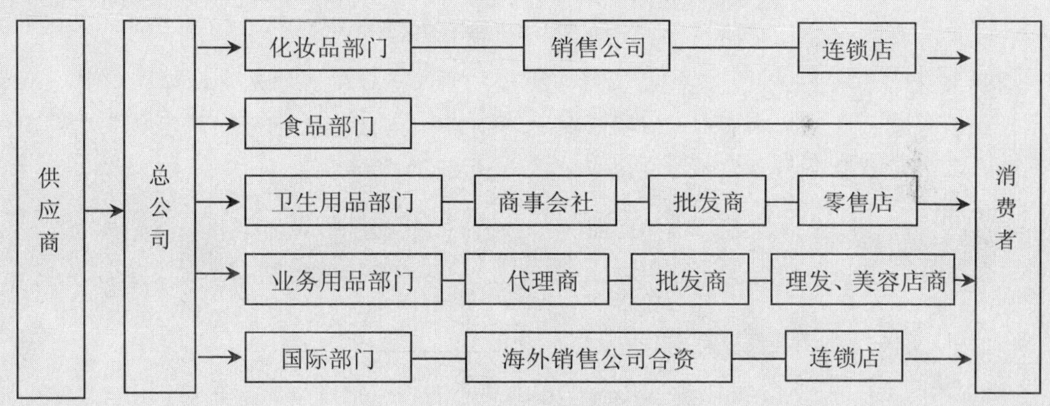

图6.11 日本资生堂公司的供应链

4. 图书出版物行业的供应链

图书出版物的供应链一般都是采取中间环节的方式，即将图书批发给批发商，再由图书批发商分销给最终用户或书店，如图6.12所示。但也有的出版社采取排除中介商，直接面对消费者的供应链管理，这是一种相当独特的供应链结构，需要有良好的物流体系，即能否将读者或用户所需要的图书及时送到顾客手中，是决定这种供应链结构的成败关键，如图6.13所示。

5. 汽车行业的供应链

汽车工业从专业化的原材料供应，如汽车零件加工、零部件配套、整车装配到汽车供应、分销乃至售后服务已经形成了一整套汽车制造-销售-服务供应链。在汽车供应链的上游是汽车原材料生产、零部件配套行业。在供应链的中游是整车生产企业。整车生产厂

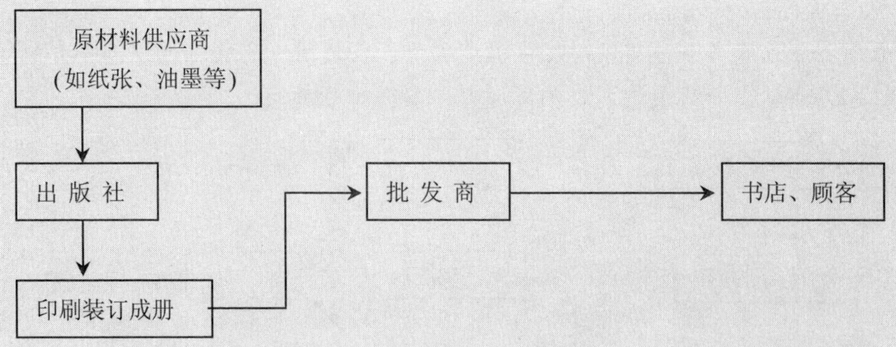

图 6.12　图书出版物一般的供应链

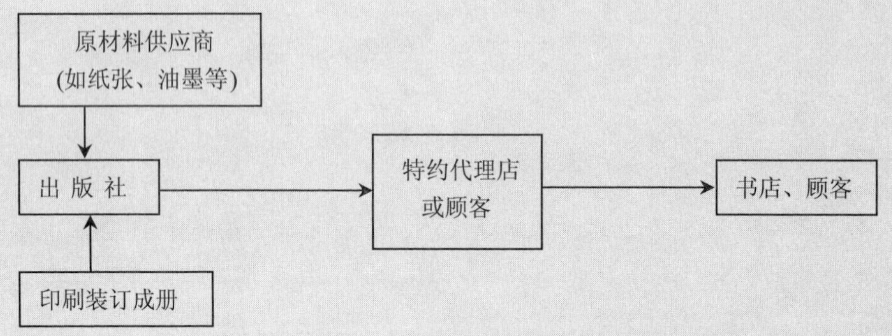

图 6.13　图书出版物独特的供应链

为了增强自身的市场竞争力，不但要将产品的研发纳入全球化共享研发网络，而且还要在零部件配套供应上实施全球采购。在供应链的下游是汽车销售服务行业，其实质就是围绕着汽车产品的售后服务而形成的综合服务业，如图 6.14 所示。

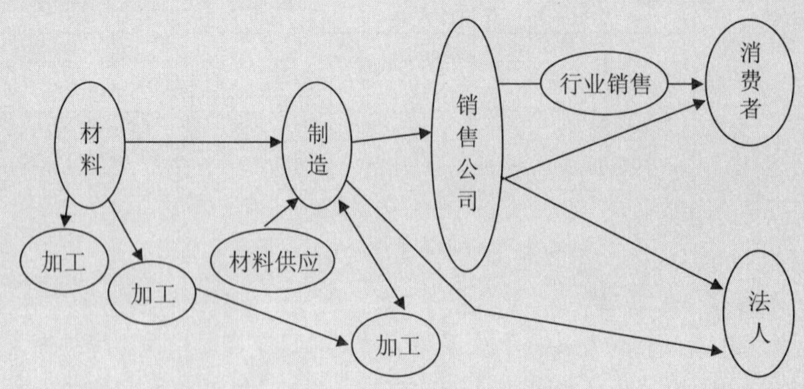

图 6.14　汽车行业的供应链

6. 食品水产行业的供应链

食品水产行业的供应链是指食品从产地收购或捕捞之后，在产品加工、储藏、运输、分销、零售、直到转入到消费者手中，如图 6.15 所示。

7. 日用杂货行业的供应链

顾客对日用杂货，现货提供的要求极高，再加上这些产品具有标准化且生命周期长。要满足这样的市场需求，日用杂货品的供应链基本上均属于推式的供应链，如图 6.16 所示。

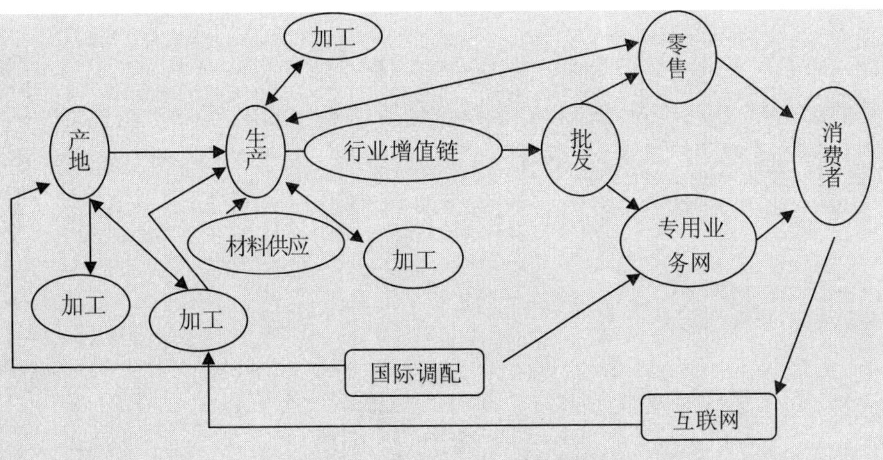

图6.15　食品水产行业的供应链

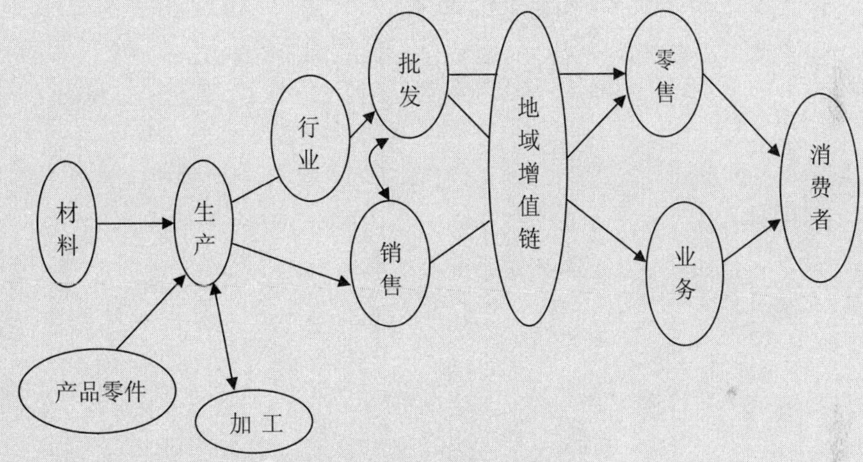

图6.16　日用杂货行业的供应链

8. 家电行业供应链

我国的家电行业已进入微利时代，为了在竞争中保持优势，家电厂商纷纷联合经销商建立信息流、资金流、物流于一体的家电生产、流通、消费的新型家电供应链体系来降低成本，如图6.17所示。

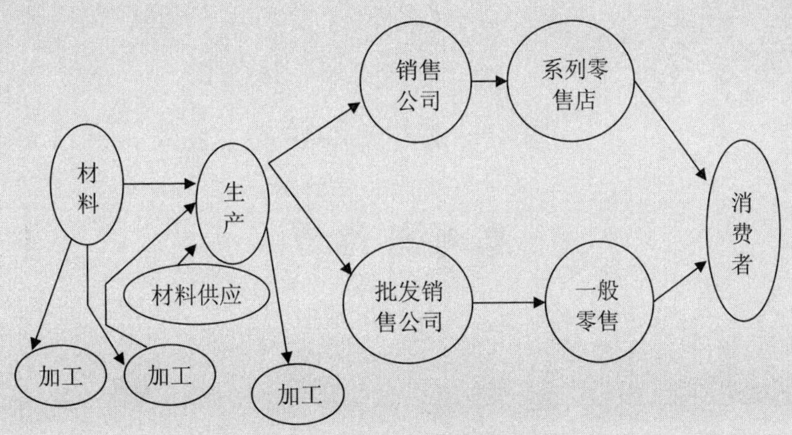

图6.17　家电行业的供应链

9. 建筑行业的供应链

建筑业不同于制造业，是一种生产过程相似，但产品种类截然不同的订单式生产活动，即仅由材料供应商/分包商根据需要负责工程物料的供应、运输与现场储存。这种供应链上的节点企业实际上是建材厂或建材供应商，其内容单一，易于协调管理，如图6.18所示。

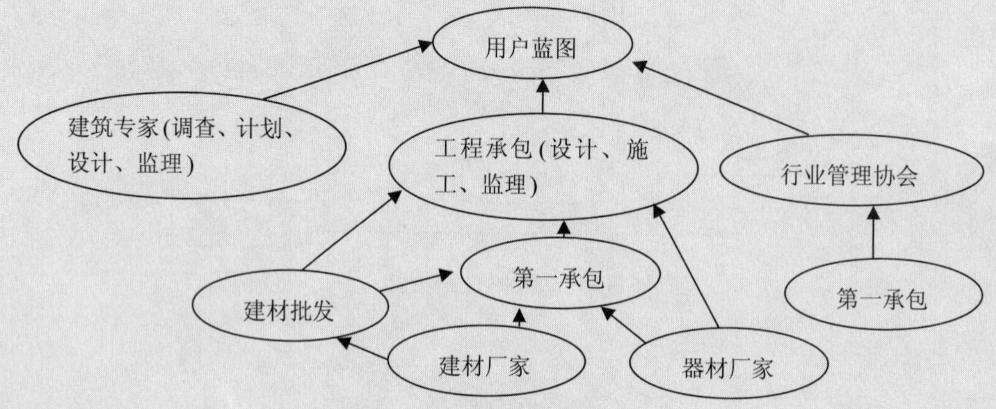

图6.18　建筑行业的供应链

10. 医药行业的供应链

医药行业供应链系统，就是要全面整合商流、信息流、资金流和物流，实现“四流”在系统内的有序流动、协调运转。厂家往往要设立办事处，与各级批发商及医院或零售药店打交道。通常，各级批发商和厂家办事处都可直接对医院和零售药店进行销售，如图6.19所示。

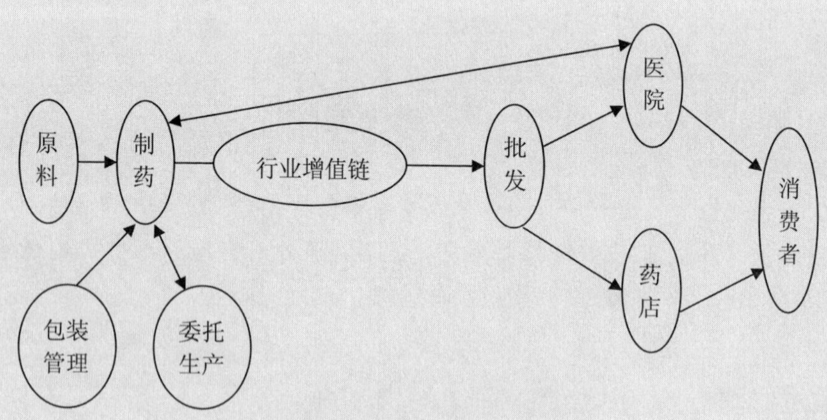

图6.19　医药行业的供应链

思考与练习

一、填空题

1. 供应链通过对________、________和________的控制，实现整条链的增值，给________带来收益，实现多赢。

2. 在整条供应链中，每个节点企业既可能是其客户的________，又可能是其________的客户，每个节点形成需求和供应的关系。

3. 供应链就是围绕________，通过对信息流、物流和资金流的控制，把________、________、________、________和________连接成一个整体的网链结构模式。

4. 通过判断需求及供应的不稳定性的程度，产品通常分为________和________。

5. 现在企业间的竞争，不再仅仅是两个企业之间的竞争，而是________与________之间的竞争。

6. 马士华教授认为供应链管理是一种集成的管理思想和方法，它把________上的各个企业作为不可分割的一个整体，使供应链上各企业分担的________、________、________和________的职能成为协调发展的有机体。

7. 关于供应链管理的目的，一种比较经典的说法是在供应链上，企业“________、________、________，用最低的成本生产________”。

二、单选题

1. 成功的供应链管理是基于对三种“流”或基本流程的整合与管理。以下哪一个不属于上述的“流”________。

A. 物流　　B. 资金流
C. 信息流　　D. 时间流

2. “拉式”供应链管理，管理的出发点是以________为中心的管理，以客户需求为原动力的管理。

A. 利润指标　　B. 销售业绩
C. 客户及客户满意度　　D. 战略目标

3. 英国著名供应链管理专家马丁·克里斯托弗说：“21 世纪的竞争不是企业和企业之间的竞争，而是________之间的竞争。”

A. 企业内部　　B. 供应链内部
C. 供应链与供应链　　D. 供应链与企业

4. 供应链的形成使供应链上各个企业间建立了战略合作关系，通过快速反应致力于________的大幅度降低，库存是供应链管理的平衡机制。

A. 核心企业库存　　B. 总体库存
C. 上游企业库存　　D. 下游企业库存

5. 基于需求驱动原理的供应链运作模式是一种________运作模式，与传统的推动式运作模式有着本质的区别。

A. 顺式拉动　　B. 顺式推动
C. 逆向拉动　　D. 逆向推动

三、多选题

1. 供应链是围绕核心企业，通过对________的控制。

A. 信息流　　B. 物流
C. 资金流　　D. 业务流

2. 以下属于供应链具有的特征是________。

A. 复杂性　　B. 动态性
C. 面向客户需求　　D. 交叉性

3. 供应链根据动力来源可以划分为________供应链。

A. 推式　　B. 拉式
C. 挤式　　D. 压式

4. 根据供应链的形状划分，供应链可以划分为________。

A. 直线型供应链　　B. 网状型供应链

C. 推式供应链　　D. 拉式供应链

5. 供应链管理的目的在于追求________，总是力图使系统总成本降至最低。

A. 整个供应链的整体效率　　B. 整个系统费用的有效性

C. 各节点企业各自利润最大　　D. 各节点企业各自费用最小

四、名词解释

1. 供应链　2. 核心企业　3. 牛鞭效应　4. 供应链管理　5. 供应链结构模型　6. 快速反应　7. 有效客户反应

五、简答题

1. 简述供应链的特征。
2. 简述供应链管理的内容与目标。
3. 简述供应链管理与物流管理二者的关系。

六、论述题

几种供应链管理模式下物流管理的特征。

【实践教学】

实训名称	供应链管理与物流管理
教学目的	① 了解供应链结构 ② 熟悉供应链管理下物流管理特征
实训条件	选择学院图书馆，或卫生所，或超市为调研对象，分析其供应链架构
实训内容	① 构建图书供应链、医药供应链、零售供应链（选择其中一种） ② 了解其供应链管理，物流管理情况 ③ 分析您调研对象供应链管理的特征、优势与不足
教学组织及考核	① 学生独自完成调研，教师进行具体指导 ② 学生根据实训内容，完成调研报告 ③ 提交调研报告

第7章 国际物流

教学目标

知识要点	能力要求	相关知识
国际贸易与国际物流	(1) 理解国际物流与国际贸易的关系 (2) 掌握国际物流的特点 (3) 能够熟练运用贸易术语	(1) 国际物流与国际贸易概念 (2) 国际物流的特点 (3) 贸易术语
国际物流业务	(1) 了解国际物流的运输方式 (2) 熟知国际物流运输单证 (3) 理解仓储在国际物流中的作用 (4) 掌握租船业务的流程	(1) 国际货物运输的概念 (2) 国际货物运输方式及主要单据 (3) 保税仓库的概念及管理 (4) 货运代理的概念、租船
国际多式联运与口岸	(1) 掌握多式联运业务的内容 (2) 掌握多式联运与单据流转与控制 (3) 熟悉海关的主要业务及制度	(1) 国际多式联运的概念及特点 (2) 国际多式联运业务与单证 (3) 口岸概念，海关的主要业务及制度

教学重点、难点

国际物流特点、国际多式联运、国际货物运输单证。

案例导入

“一带一路”建设，给我国国际物流发展带来新机遇

改革开放之初，我国优先开放东南沿海地区，并在东南沿海大规模进出口货物，带动东南沿海地区物流发展。随着我国加快沿边开放步伐、扩大内陆地区对外开放以及推进“一带一路”建设，将会增加我国西向国际物流规模和一些重要节点城市物流发展机会，为我国的国际物流发展带来新的战略机遇。

1. “一带一路”建设，增加我国西向国际物流规模

1）加强与沿线国家的经贸合作，增加我国西向物流规模

“一带一路”建设的重点内容就是深化与沿线国家的经贸合作。我国与沿线国家经贸合作具备坚实基础。目前，我国是不少沿线国家的最大贸易伙伴、最大出口市场和主要投资来源地。沿线国家的要素禀赋各异，发展水平与阶段不一样，比较优势有所差异，具有较强

的互补性。推进"一带一路"建设，加强政策沟通、设施联通、贸易畅通、资金融通、民心相通，积极与沿线有关国家和地区发展新的经贸关系，将有助于形成稳定的贸易、投资预期，进一步深化沿线国家的经贸合作，增加我国经中亚、俄罗斯至欧洲（波罗的海）和我国经中亚、西亚至波斯湾、地中海的贸易规模，并由此带动我国西向物流规模。

2）推进国际骨干通道建设，降低物流成本

虽然我国与中亚国家的互联互通基础设施方面有了很大进展，但是相对运输需求的增长还有很大的差距，比如：我国与中亚国家铁路技术标准不统一；道路运输运力有限；除了在铁路、公路等主要交通基础设施上实现了基本连接以外，其他方面的基础设施连接情况相对较差，有的还未起步，在民航方面中国具备与中亚国家通航条件的大型机场少，直航线路少，这都严重影响物流的快速发展。基础设施水平不高，导致了运输成本偏高，制约了中欧陆上通道贸易。基础设施互联互通是"一带一路"建设的优先领域。推进"一带一路"建设，推进国际骨干通道建设，抓住交通基础设施的关键通道、关键节点和重点工程，优先打通缺失路段，畅通瓶颈路段，加快互联互通、大通关和国际物流大通道建设，提升道路通达水平和贸易便利化水平，将会降低物流成本，有助于我国西向物流发展。

2. "一带一路"建设，为我国重要节点城市带来物流发展新机遇

以"一带一路"引领与周边国家经贸合作，把"一带一路"建设与区域开发开放结合起来，加强新亚欧大陆桥、陆海口岸支点建设，将会为一些重要的节点城市带来物流发展机遇。

1）给与周边国家接壤、相邻的城市物流发展带来新机遇

我国与周边国家接壤、相邻的节点城市，与周边国家经贸合作已有一定的基础。随着"一带一路"建设推进、东南沿海部分产业转移到中西部地区以及我国加快沿边开放步伐，必然会深化与周边国家经贸合作，并带动我国与周边国家接壤、相邻的东北、西北、西南、东南地区节点城市的经贸发展，形成一批商贸物流枢纽中心。

2）陆海统筹，为内陆重要节点城市物流发展带来新机遇

推进"一带一路"建设实施陆海统筹，构筑东中西部联动发展新模式，建设连接南北东西国际大通道。建立中欧通道铁路运输、口岸通关协调机制，打造"中欧班列"品牌，建设沟通境内外、连接东中西的运输通道。支持郑州、西安等内陆城市建设航空港、国际陆港，加强内陆口岸与沿海、沿边口岸通关合作。这将为"一带一路"重要节点城市物流发展带来新机遇。

3. "一带一路"建设，促进我国制造业、能源、资源和电子商务等物流发展

1）给制造业物流发展带来新机遇

我国劳动力成本上升，东部沿海地区制造业熟练工人平均工资大约已相当周边发展中国家的2~7倍。我国低廉劳动力的因素正在逐渐弱化，综合比较优势正在形成。因为劳动力成本提升，使得我国部分劳动密集型制造业转移到东南亚国家，但是我国拥有的经济规模居世界第二、国内市场不断扩大、人力资源不断提升等优势，转移到东南沿海及周边国家的劳动密集型的产业，市场可能还在国内；虽然我国有些产业附加值低端的环节转移出去了，但是高端环节仍需要在我国境内完成，这都将会深化我国与周边国家在制造业上合作，促进制造业物流发展。

2）给能源、资源物流发展带来新机遇

"一带一路"沿线国家大多数与中国具有经济互补的合作基础，尤其是具有较强的资源

互补性。比如：中亚国家的油气，印尼、菲律宾的镍、铁，越南的铝土、铁，泰国、老挝的钾盐等，都是中国急需进口的大宗矿产品。推进一带一路建设，加强能源基础设施互联互通合作，共同维护输油、输气管道等运输通道安全，推进跨境电力与输电通道建设，积极开展区域电网升级改造合作，将会推进中国与一带一路沿线国家能源、资源合作，带来能源、资源物流发展。

3）加快电子商务物流发展

在全球化的时代背景下，电子商务和物流成为各国企业参与全球化的重要方式。各国将高度重视电子商务和物流发展，推动电子商务和物流跨区域、跨经济体延伸。跨境电子商务活动日益频繁和活跃，对跨境电子商务物流从体系到能力都提出更高要求。我国新一轮的对外开放、构建丝绸之路经济带和 21 世纪海上丝绸之路、自贸园区建设、积极参与全球经济治理等为跨境电子商务物流发展带来重大历史发展机遇。例如，据不完全估计，到 2020 年，我国港、澳、台及国际快递业务收入将突破 1 000 亿元，跨境电子商务交易额将超过 15 万亿元。

4. “一带一路”建设，自我强化效应

目前，我国与欧洲陆上通道贸易面临物流费用偏高等问题，从欧洲很难揽到足够的回程货物，货源供应不足，空箱返运费用高，两次换轨拖延运行时间，口岸通道运力不足等。随着“一带一路”建设推进，将会增加我国与欧洲陆上通道贸易，并会降低陆上通道物流成本。一旦陆上通道物流成本降低，就会形成良性循环，促进推动陆上通道贸易和物流进一步发展，催生出物流相关的物流信息、物流大数据、物流金融等高端行业发展。

（资料来源：物流时代周刊）

7.1 国际贸易与国际物流

7.1.1 国际物流概述

1. 国际物流的概念

我国国家标准《物流术语》对国际物流(International Logistics)定义是“跨越不同国家或地区之间的物流活动(GB/T 18354—2006)”。国际物流的物品有：国际贸易物品、进出口商品转关、过境运输货物、加工装配业务进口的料件设备、国际展品、捐赠、援助物资及邮件等。

国际物流活动包括货物包装、仓储运输、分配拨送、装卸搬运、流通加工以及报关、商检、国际货运保险和国际物流单证制作等。

国际物流和国内物流一个最基本的区别就在于生产与消费的异国性。只有当生产和消费分别在两个或两个以上国家或地区独立进行时，为了消除生产者和消费者之间的时空距离，才产生了国际物流的一系列活动。

2. 国际物流的特点

与国内物流相比，国际物流存在以下几个特点。

1）国际物流经营环境存在较大的差异

国际物流的一个显著特点就是各国的物流环境存在着较大的差异。这种差异来自方方面面的因素。除了由于生产力及科学技术发展水平、既定的物流基础设施各不相同外，各国文化历史及风俗人文的千差万别以及政府管理物流的适用法律的不同等，物流软环境的差异尤其突出，由此相对于国内物流来说，国际物流要形成完整、高效的物流系统难度较大。

2）国际物流系统存在较高的风险性

物流本身就是一个复杂的系统工程，而国际物流在此基础上增加了不同的国家要素，这不仅仅是地域和空间的简单扩大，而且涉及了更多的内外因素，广阔范围带来的直接后果是不确定性增强和风险增大。

3）国际物流中的运输方式具有复杂性

国内物流，主要的运输方式是铁路运输和公路运输。国际物流，由于货物运送路线长、环节多、气候条件复杂，对货物运输途中的保管、存放要求高，因此，海洋运输方式、航空运输方式尤其是国际多式联运是其主要运输方式，具有一定的复杂性。

4）国际物流必须依靠国际化信息系统支持

国际物流的发展依赖于高效的国际化信息系统的支持，国际信息系统建立有一定的难度。一是管理困难，由于参与国际物流运作的物流服务企业及政府管理部门众多，使国际物流的信息系统更为复杂。二是投资巨大，而且由于各国物流信息水平的不均衡以及技术系统的不统一，在一定程度上阻碍了国际信息系统的建立和发展。目前，在国际物流领域，EDI（电子数据交换）得到了较广泛的应用，还有条码技术、GPS等。

5）国际物流的标准化要求较高

国际物流统一标准，有助于国际物流的畅通运行。国际物流是国际贸易的衍生物，它是伴随着国际贸易的发展而产生和发展起来的，是国际贸易得以顺利实现的必要条件。如果贸易密切的国家在物流基础设施、信息处理系统乃至物流技术方面不能形成相对统一的标准，就会造成国际物流资源的浪费和成本的增加，最终影响产品在国际市场上的竞争能力，而且国际物流水平也难以提高。目前，美国、欧洲基本实现了物流工具及设施的统一标准，如采用1 000mm×1 200mm规格托盘、20’或40’的标准集装箱及条码技术等。

3. 国际物流的作用

国际物流的存在与发展不仅可以促进世界范围内物资的合理流动，还可以使国际物资或商品的流动路线优化、流通成本最低、服务最优、效益最高。同时，由于国际化信息系统的支持和世界范围的物资交流，国际物流可以通过物流的合理组织促进世界经济的发展和国际友好交往，并由此推进国际政治、经济格局的良性发展，从而促进整个人类的物质文化和精神文化的发展。

7.1.2 国际贸易与国际物流

1. 国际贸易的概念

国际贸易是指各国间的商品、劳务和技术交换活动。它是伴随着国际分工的出现和世界市场的形成而产生和发展起来的。国际贸易反映了世界各国的经济相互依赖关系。对一个国家而言，国际贸易也称为对外贸易。

2. 国际贸易的分类

国际贸易根据不同的标准可进行如下分类。

1）出口贸易、进口贸易和过境贸易

根据货物的流向不同，国际贸易可分为出口贸易、进口贸易和过境贸易。出口贸易是指将本国加工生产的产品销往他国市场的贸易活动；进口贸易是指将外国的商品运往本国市场销售的贸易活动。一个国家在一定时间内的进出口总额之间的差额称为贸易差额，出口总额大于进口总额为贸易顺差，进口总额大于出口总额为贸易逆差，当两者相等时称为贸易平衡。过境贸易是指贸易货物通过一国国境时未经任何加工而运往第三国的贸易活动。

2）总贸易和专门贸易

根据划分进出口的标准不同，国际贸易可分为总贸易和专门贸易。

总贸易是指世界上有些国家将进出国境作为划分进出口标准的对外贸易统计用语。许多西方国家划分进出口是以国境为标准的，凡是进入国境的商品一律列为进口；凡是离开国境的商品一律列为出口。前者叫作总进口，后者叫作总出口。在总出口中分为本国产品的出口(国内出口)和未经国内加工的进口商品的出口(复出口)。总进口额加总出口额就是一国的总贸易额。

以关境为标准划分进出口而统计的国际贸易称为专门贸易。只有从外国进入关境的商品或从保税仓库提出转关入境的商品，才列为进口，称为专门进口。从国内运出关境的本国产品以及进口后未经加工又运出关境的商品，列为出口，称为专门出口。专门出口额加专门进口额就是专门贸易额。过境贸易不列入专门贸易。

3）有形贸易和无形贸易

根据进出口商品的形态与内容不同，国际贸易可划分为有形贸易和无形贸易。

（1）有形贸易是指国际贸易中的实物商品的进出口，即通常意义上的商品购销活动。在国际贸易中有形商品的种类繁多，海关监管的进出口贸易商品，一般也为看得见的有形实物。

（2）无形贸易是指非实物形态的进出口。知识产权、劳务或其他非实物形态的商品进出口都是非实物形态的无形商品。在无形贸易中，服务贸易是其最重要的组成部分，除此之外，无形贸易还包括跨国投资的利息、利润、股息等收付及政府和个人款项的国际转移。

4）直接贸易、间接贸易和转口贸易

按照贸易过程中有无第三国参与，可将国际贸易划分为直接贸易、间接贸易和转口贸易。

（1）直接贸易是指商品从生产国直接销往消费国，没有第三国参与的贸易活动。

（2）间接贸易是指通过第三国或其他贸易环节将商品从生产国销往消费国的贸易活动。

（3）转口贸易是指国际贸易中进出口商品的买卖，不是在生产国与消费国之间进行，而是通过第三国所进行的贸易。这种贸易在生产国为间接出口，在消费国为间接进口，都是间接贸易，在转手国即为转手贸易。它属于再出口，是过境贸易的一部分。

5）陆路贸易、海路贸易、空运贸易和邮购贸易

按照国际贸易的运输方式的不同，可以将国际贸易划分为陆路贸易、海路贸易、空运贸易和邮购贸易。

(1) 陆路贸易是指运用陆路运输方式将国际贸易的货物运送到指定地点的贸易方式，常见的陆路运输方式有铁路运输和公路运输。

(2) 海路贸易是指通过海洋和内河的运输方式将货物运送到指定地点的贸易方式，国际贸易的大部分货物都是通过海运方式实现的。

(3) 空运贸易是指运送货物到指定地点，是由航空运输的运输方式来实现，适合于贵重的或时间要求急的商品。

(4) 邮购贸易是指通过邮政这种特殊的运输方式实现的贸易活动。

3. 国际贸易与国际物流的关系

国际物流是随着国际贸易的发展而产生和发展起来的，并已成为影响和制约国际贸易进一步发展的重要因素。它们之间是相互依存、相互促进和相互制约的关系。

1) 国际贸易是国际物流产生的基础和条件

国际物流的产生和发展离不开国际贸易，它是伴随着国际贸易的发展而产生和发展起来的。随着国际分工的不断深化，国际贸易有了空前的发展，对国际物流的服务需求日渐增加。国际上的商品和劳务流动是由商流和物流组成的，前者由国际交易机构按照国际惯例进行，后者由物流企业按各个国家的生产和市场结构完成。为了克服他们之间的矛盾，就要求开展与国际贸易相适应的国际物流。

2) 国际物流的高效有序是国际贸易发展的重要条件

近年来，国际贸易的格局发生变化，交易的商品品种、数量成倍增长，技术含量复杂多样，对国际物流的运作提出了新的要求。国际物流经营者应在降低成本以及在不增加客户费用的基础上，实现跨国交付货物的准确性和安全性，保证国际贸易的顺利进行，提高商品在国际市场的竞争力。

4. 贸易术语及其对国际物流运作的影响

1) 贸易术语的概念

贸易术语(Trade Terms)又称价格术语，在我国也称为“价格条件”。它是用三个不同的英文字母缩写来表示买卖双方所承担的费用、风险和责任的划分，确定买卖双方在货物交接方面的权利和义务。

2) 国际贸易术语

《2010年国际贸易术语解释通则》分成两大类，11种。第一类适用于任一种或者多种运输方式(前提是存在船舶作为运输工具之一的情形)，第二类只适用于海运或者内河运输方式。

第一类，适用于任一或多种运输方式的规则

EWX 工厂交货

FCA 货交承运人

CPT 运费付至

CIP 运费及保险费付至

DAT 目的地交货

DAP 所在地交货

DDP 完税后交货

第二类，只适用于海运及内河运输的规则

FAS 船边交货

FOB 船上交货

CFR 成本加运费

CIF 成本、保险费加运费

3）贸易术语对国际物流运作的影响

（1）贸易术语规定了物流过程中的主要运输方式。

（2）贸易术语规定了物流的路线。

（3）大部分贸易术语决定了货物的交付过程通常是分段运输。

（4）贸易术语提供了划分物流费支付的界限。

知识链接

《2010年国际贸易术语解释通则》

自1936年国际商会创制国际贸易术语以来，这项在全球范围内普遍被接受的合同标准经常更新，以保持与国际贸易发展步调一致。国际贸易术语解释通则2010版，考虑到了全球范围内免税区的扩展，商业交往中电子通信运用的增多，货物运输中安保问题关注度的提高以及运输实践中的许多变化。

2010年版《国际贸易术语解释通则》，规则的总数从13降到11，两个新的贸易术语：DAT(运输终点交货)和DAP(目的地交货)，取代了2000年国际贸易术语解释通则中的DAF、DES、DEQ和DDU规则。

2010年版《国际贸易术语解释通则》，为每一规则提供了更为简洁和清晰的解释，清晰地界定各方义务并降低法律纠纷的风险。

7.2　国际物流的业务

7.2.1　国际物流货物运输业务

1. 国际货物运输的概念和特点

国际货物运输是指国家与国家、国家与地区之间的货物运输。国际货物运输包括国际贸易物资运输和国际非贸易物资(如展览品、援外物资、个人行李、办公用品等)运输。由于在国际货物运输中一般主要是以国际贸易物资运输为主，因此国际货物运输通常也称为国际贸易运输，对一个国家而言，就是对外贸易，简称外贸运输。它具有以下特点。

（1）国际货物运输路线长，环节多。

（2）国际货物运输涉及面广，情况复杂多变。

（3）国际货物运输是一项涉外工作，政策性强。

（4）国际货物运输时效性强。

(5)国际货物运输风险大。

2. 国际货物运输方式的分类及选择

1)国际货物运输的主要方式

(1)水上运输。它又可分为内河运输和海洋运输。

(2)陆上运输。它又可分为铁路运输和公路运输。

(3)航空运输。

(4)邮政运输。

(5)集装箱运输。

(6)国际多式联运。

(7)管道运输。

2)国际货物运输方式的选择

国际运输的任务之一就是要正确地选择运输工具和运输方式，组织最佳的运输路线及方案，实现国际货物的实体转移。国际物流对运输方式的选择主要从以下几个方面考虑。

(1)国际货物运输成本。这是运输方案制定时对运输方式的首要考虑因素。一般而言，海运成本低于陆运成本，但如果海运有大迂回则选用大陆桥运输方式，这在运载成本方面有一定优势。

(2)国际货物运输速度。运输速度是选择运输方式时的又一重要因素，主要有两个原因：一是运距长，所需时日多，资金占用时间长，加快速度有利于解放占用的资金；二是市场价位，由于速度慢错过了好的价位，使经济效益下降。

(3)货物的特点及性质。货物特点及性质有时对物流方式选择起决定作用。经常是由于国际物流方式的限制，有些货物无法进入国际物流中而失去了市场时机。

(4)货物的数量。由于国际物流距离长，使大量货物运输受到了限制。因为国际物流流通距离往往超出汽车等运输工具的经济里程，大量货物也不可能选择航空运输，因为航空运输不具备那样大的运输能力，更不用讲价格了。

(5)不同国家之间的物流基础设施条件。由于国家之间发展的不平衡，在一国可以使用的物流方式到另一个国家便不能采用，原因在于另一个国家缺乏采用这种方式的必要基础设施，因此，全球物流基础设施存在的差异制约了国际运输方式的选择。

3. 国际货物运输对象

国际货物运输对象的种类繁多，大致可分为以下几类。

1)按货物装运方式分

(1)散装货物，简称散货，以重量承运，是无标志、无包装、不易计算数件的货物，以散装方式进行运输。一般批量较大，种类较少。

(2)件装货物，简称件杂货、件货，以件数和重量承运，一般批量较少、票数较多。有标志，包装形式不一，性质各异。

(3)成组装货物，是指用托盘、网袋、集装袋和集装箱等将件杂货或散货组成一个大单元进行运输的货物。

2)从货物形态的角度分

(1)包装货物。为了保证货物在长途运输过程中的安全和装卸过程中的便利，通常采用

一些材料加以保护，这种货物就叫包装货物。按包装货物的形式和材料，可分为箱装货物、桶装货物、袋装货物、捆装货物和其他形态的包装货物。

（2）裸装货物，指不加包装而成件的货物，如钢材、生铁及一些设备、车辆等。它们在运输过程中需要采取防止水湿锈损的安全措施。

（3）散装货物，指一些低价值货物，不加任何包装，以散装的方式，使用机械装卸作业进行大规模运输，把运费降低到最低程度。这种货物称为散装货物，包括干质散装货物和液体散装货物。

3）从货物重量的角度分

（1）重量货物。凡 1 吨重量的货物，体积小于 1 立方米则称重量货物。

（2）体积货物。凡 1 吨重量的货物，体积大于 1 立方米则称体积货物，也称为轻泡货物。

此外，还有从货物价值的角度来分，分为高价值货、低价值货和贵重货物。还有从货物运输工具与载量关系来分，即整箱货物、拼箱货物和零担货物。

4. 国际物流运输的主要单证

国际物流实践中运输路线长，环节多，涉及面广，情况复杂多变，因此需要大量的有关订货项目、运输方式、资金融通等方面的单证和文件相支持，实现国际物流作业。

1）银行汇票(或汇票)

汇票是进出口交易的一种支付工具，由出票人签发，委托付款人在见票时或在指定日期无条件支付确定金额给收款人或持票人的票据。

2）运输单据

运输单据是指承运人在装货完毕后签发给出口人的货物接受证明文件，它通常是出口商向银行进行议付或办理货款托收的重要凭证。它包括海运提单、铁路提单、航空提单、承运货物收据和多式联运单据等。

3）商业发票

商业发票简称发票，由出口方书写的，准确记载了货物和贸易条款的单证，它是卖方对装运货物的品名、规格、数量、价格等内容所列的清单。发票一般包括：名称、合同号码、品名、规格、数量、金额、唛头等内容。

4）海关发票

海关发票是一种特殊的物流单据，它是以商业发票为基础，但从性质到功能作用、填制方法都和商业发票有很大的区别。海关发票的格式是由进口国的海关统一制定的，由出口人填写的。海关发票是海关审定完税价格或征收差别待遇关税或编制海关统计资料的基础，是货主及其代理人报关纳税的重要依据。

5）装箱单/重量单

这两种单据都是用以补充发票的内容的，以便进口时对货物进行商检和进口国的海关查验货物。在编制时应注意装箱单上的货物总件数和总重量应与发票上的总件数和总重量一致，且单据名称需与信用证规定相符。单据的日期应与发票的日期相同或略迟，而不能早于发票上的日期。

6）保险单证

保险单证是保险公司和投保人之间的保险合同，也是保险公司对投保人的承保证明，被保险人索赔和保险人理赔以此为主要的依据。常用的保险单证有：

(1) 保险单。保险单又称大保单，是使用最普遍的保险单证。保险单是一种正规的保险合同，承保某一个指定航程内某一批货物的运输责任，具有法律上的效力。

(2) 保险凭证。保险凭证俗称小保单。该凭证除没有列明承保人与投保人之间的权利与义务等方面的详细条款外，其余内容与保险单相同，并且与保险单具有同样的法律效力。

7) 商检证明

用以证明商品的品质和数量是否符合合同规定的重要依据。

8) 产地证明

用以证明某些产品的原产国别，它指明了货物的生产地，也是政府对贸易的其他限制的重要依据。

9) 进出口货物报关单

进出口货物的收发货人或其他代理人在货物进出境时必须向海关进行申报并递交进出口货物报关单、提单、装箱单、商业发票、商检证明以及海关认为必要的证明文件及有关单证。

政策解读

2020年，中欧班列将年开5 000列左右

国家发改委印发的《中欧班列建设发展规划(2016—2020年)》提出，作为“一带一路”建设的重要平台，中欧班列到2020年将实现年开行5 000列左右，并力争在集装箱铁路国际联运总量中占比达到80%。未来5年的主要任务是解决无序竞争、提高便利化，最终成为中欧贸易的新增长点。

中欧班列是指中国开往欧洲的快速货物班列，适合装运集装箱的货运编组列车。主要有西、中、东3条通道的运行线。截至2016年6月底，中欧班列累计开行1 881列，其中回程502列，国内始发城市16个，境外到达城市12个，运行线达到39条，实现进出口贸易总额约170亿美元。

7.2.2 国际物流货物仓储业务

1. 仓储在国际物流中的地位和作用

国际物流仓储业务是由于国际商品的交换而产生和发展而发展起来的，可以说没有商品的存储，就没有国际货物的流通。所以，仓储在国际物流中有着重要的地位和作用。

1) 仓储在国际物流中的地位

(1) 仓储是物流的主要功能要素之一。在物流中，运输承担了改变空间状态的重任，而储存则承担改变“物”的时间状态。所以，在物流系统中，仓储和运输是并列的两大主要功能因素。

(2) 仓储是社会物质生产的必要条件。仓储作为社会再生产各环节之中，以及社会再生产各环节之间的“物”的停滞功能，构成了上一步活动和下一步活动的必要条件，具体表现在衔接及调节作用上。

2）仓储在国际物流中的作用

（1）调整生产在时间上的间隔。由于许多商品和消费都存在着时间间隔与地域差异，因此必须设置仓库将这些商品存储起来，使其发挥时间效应的作用，从而更好地促进国际商品的流通与贸易。

（2）保证进入市场的商品质量。商品从生产领域进入流通的过程中，通过仓储的两个环节：一是商品入库保管期间的质量检查；二是商品出口前的检验检查，对即将进入市场的商品在仓库进行检验，可以防止质量不合格的伪劣商品混入市场。

（3）加速商品的周转和流通。随着仓储业的发展，仓储越来越多地承担着具有生产特性的加工业务，使仓储过程与生产过程有机结合在一起，从而增加商品的价值。而随着流通领域物流业的发展，仓储业在货物储存过程中，为物流活动提供更多的服务项目，为商品进入市场缩短后续环节的作业过程和时间，加快了商品的销售。

（4）调节商品价格。国际商品的仓储业务可以克服国与国之间巨大的供求矛盾，以调节供求关系，调节由于供求矛盾而造成的价格差异。

（5）调节运输工具运载能力的不平衡。在各种运输工具中，由于其运载能力的差别很大，容易出现不平衡状态，外贸商品无论在进口或出口仓储，在船舶运输与国际运输之间都起着缓冲调节作用，保证国际货物运输顺利畅通。

（6）减少货损货差。如果发生海关、检验检疫手续的延误等各种原因，货物可暂存在库场，避免货损发生。库场还可提供暂时堆存、分票、包装等方面的业务。

2. 外贸仓库的分类

仓库是组织开展业务必不可少的物质技术基础。按照仓库在商品流通中的分类，可分为以下几种。

1）口岸仓库

口岸仓库又称周转仓库。口岸仓库的特点是商品储存期短，商品周转快。仓库大都设在商品集中的发运出口货物的沿海港口城市，仓库规模大。

2）中转仓库

中转仓库也称转运仓库，特点是大都设在商品生产集中的地区和出运港口之间。主要职能是按照商品的合理流向，收储、转运经过口岸的商品。

3）加工仓库

加工仓库的特点是将出口商品的储存和加工结合在一起。除商品储存外，还兼营对某些商品挑选、整理、分级等简单加工业务，以适应国际市场的需要。

4）储存仓库

主要用于储存待销的出口产品、援外的储备物资等需要长期储存的储备商品。这类仓库所储存的商品要定期检查，加强商品养护。

3. 保税仓库

保税仓库是保税制度中应用最为广泛的一种形式，具有比较强的服务功能和较大的灵活性，在促进国际贸易和开展加工贸易方面起到了非常重要的作用。

1）保税仓库的定义及种类

（1）保税仓库（Boned Warehouse）的定义。保税仓库是指："经海关核准的并在海关监管下，专门存放已入境但暂时未纳进口税或者未领进口许可证(能制造化学武器的和易制毒化学品除外)的货物，在海关规定的存储期内复运出境或办理正式进口手续的专用仓库(GB/T 18354—2006)”。

根据国际上通行的保税制度要求，进境存入保税仓库的货物可暂时免纳进口税款，免领进口许可证或其他进口批件，在海关规定的存储期内复运出境或办理正式进口手续。但对国家实行加工贸易项目下，某些应事先申领配额许可证的商品，存入保税仓库时，应事先申领进口许可证。

(2) 允许存放在保税仓库中的货物。根据我国实际情况，海关允许存放的货物有以下三类。

① 供加工贸易(来料加工、进料加工)加工成品复出口的进口料件。

② 经外贸主管部门批准暂缓办理纳税手续进口储存待销的业务。

③ 转口贸易货物以及外商寄存、暂存货物以及国际船行船舶所需的燃料、物料和零配件等。

(3) 保税仓库的类型。国际上一般将保税仓库分为公用型和自用型两类，公用型保税仓库是根据公众需要设立的，可供任何人存放保税货物；自用型的保税仓库是指只有仓库经营人才能存放货物的保税仓库，但所存货物并非必须归仓库经营人所有。目前，我国保税仓库主要有以下类型。

① 加工贸易备料保税仓库。这是一种为来料加工、进料加工等加工贸易储备进口原料等物资提供服务的保税仓库。一般为开展加工贸易的经营单位申请设立的，属于自用型保税仓库。经营单位为了加工产品出口的需要，不断地从国际市场上购进所需原材料、零部件等物资，储存在保税仓库以备随时加工成品出口。目前加工贸易备料保税仓库在我国保税仓库中是主要类型。

② 寄售、维修、免税商品保税仓库。这一类保税仓库是为国外产品在我国内寄售及维修进口机器设备所需要零部件和进口外汇免税商品服务的，也属于自用型保税仓库。外国商品进境时存入保税仓库，待销售、维修或供应时，海关按规定予以征税或免税。

③ 公共保税仓库。这一类保税仓库可供各类型进口单位共同存放货物，如转口贸易货物、外商暂存货物等。也可供加工贸易经营单位存放加工贸易进口料件，属公用型保税仓库，一般由该仓库的经营单位申请设立。

2) 保税仓库的设立

(1) 设立保税仓库的条件。在我国，设立保税仓库应具有以下条件。

① 保税仓库应设置与非保税区域之间的安全隔离设施，并且配备保证货物存储和保管安全的设施。

② 必须健全符合海关要求的仓储管理制度，建立详细的仓库账册。

③ 保税仓库应配备经海关培训认可的专职人员。

④ 保税仓库的经营人须具有向海关交纳有关税款的能力。

(2) 设立保税仓库的申请文件。仓库经营人申请设立保税仓库，应向主管海关提供下列文件。

① 经营单位的工商营业执照，如果是租赁仓库的，还应提供仓储人的营业执照。

② 经营单位填写“保税仓库申请书”，应注明仓库名称、地址、负责人、管理人员、储存面积及存放何类保税货物等内容。

③ 对外贸易主管部门批准开展有关业务的批件，如仓储、寄售、维修等。

④ 其他有关资料，如租赁仓库的租赁协议、仓库管理制度等。

（3）设立保税仓库海关的审批。主管海关在审核上述申请文件后，派员到仓库实地验库，检查仓储设施，核定仓储面积，对符合海关监管条件的，区别不同类型的保税仓库，分别办理审批手续。对设立公共保税仓库的，由直属海关审核同意后报海关总署审批；对设立加工贸易备料保税仓库的，由直属海关负责审批，并报海关总署备案。经批准设立的保税仓库，由海关颁布“保税仓库等级证书”。

（4）保税仓库设立程序。

① 项目立项。保税仓库项目立项时，要申报保税仓储项目建议书并具备带文号的申报项目函、投资企业营业执照、投资企业章程、开户银行资信证明、法人代表身份证明、可行性报告及工商名称等级核准通知书等；并办理申领土地使用证、建设用地规划许可证以及工程规划许可证。

② 工商注册。保税仓库投资企业在收到项目建议书批复后，可到工商行政管理部门办理名称登记，申请开业登记，在企业提供材料齐全的情况下，工商行政管理部门在规定的期限内核发营业执照。

③ 海关登记。保税仓库投资企业持上述有关部门的批文和工商行政管理部门颁发的营业执照，向当地海关办理登记注册和报关登记备案手续。

④ 商品检验检疫登记。如果保税仓储企业存储的货物属于“商检机构实施检验的进出口商品种类表”内所列范围，或其他法律、法规规定须经商检部门检验的进口商品，应向商品检验检疫部门注册登记。

⑤ 税务登记。经工商行政管理部门批准开业的投资企业，应在领取营业执照后的期限内向税务机构申报办理税务登记。税务机构审核有关文件后予以登记，并在限期内核发税务登记证。

⑥ 外汇登记和银行开户。保税仓储业在领取工商营业执照之日起的一定期限内，应向当地国家外汇管理部门办理登记手续；并持有关文件到银行办理开户手续，分别设立人民币账户和外汇账户。

7.2.3 货运代理的租船业务

1. 国际货运代理的概念

国际货运代理(International Freight Forwarding Agent，简称货运代理)，他们替发货人或货主安排货物的运输，付运费、保险费、包装费及海关税等，然后收取费用，所有的成本开支由客户承担。

联合国亚太经合会对“货运代理”的解释是：货运代理代表其客户完成运输业务，而本人并不起承运人作用。货运代理在不同国家有不同的名称：关税行代理人、清关代理人、关税经营人及海运与发运代理人等。

国际货运代理协会联合会对“货运代理”下的定义是：货运代理是根据客户的指示，并为客户的利益而揽取货物运输的人，其本人并不是承运人。货运代理也可以依这些条件，从事与运送合同有关的活动，如储存(也含寄存)、报关、验收、收款。

我国国家标准《物流术语》国际货运代理指："接受进出口货物收货人、发货人的委托，以委托人或自己的名义，为委托人办理国际货物运输及相关业务，并收取劳务报酬的经济组织（GB/T 18354—2006）"。

但近来，货运代理有时已经充当了合同的当事人，并且以货运代理人的名义来安排属于发货人或委托人的货物运输。尤其是当货物代理执行多式联运合同时，作为货运代理的"标准交易条件"就不再适应了，它的契约义务受它所签发的多式联运提单条款的制约，此时货运代理已成为无船承运人，也将像承运人一样作为多式联运经营人，承担所负责运输货物的全部责任。

2. 租船运输的概念与特点

租船运输又称不定期船运输，通常是指租船人向船东租赁船舶用于运输货物的业务。所谓租船有租赁整船和租赁部分舱位两种，一般以租赁整船为多。其特点如下。

（1）定航线，不定船期。

（2）租船运输适宜大宗货。

（3）租金率或运费率是根据租船市场行情来决定。

（4）装卸费的分担根据租船合同商定的条款决定何方支付。

（5）一般通过船东的经纪人和租船人的代理人洽谈成交租船业务。

（6）各种租船方式均有相应的标准合同格式。

（7）租船合同条款由船东和租船人双方自由商定。

（8）租船合同条款涉及法律性的较少，大多数为技术性的条款。

3. 租船运输的经营方式

在国际海运业务中，租船方式主要有定程租船和定期租船两种。

（1）定程租船又称程租船和航次租船，是指以航程为基础的租赁方式。定程租船又有单程航次、来回式航次，连续单程航次、连续来回行航次。

定程租船的特点是：以运输货值较低的大宗货物为主；无固定航线、固定装卸港口与固定的船期，而是根据货主的需要和船东的可能，经双方洽商，以租船合同形式加以肯定；规定装卸率和滞期速遣费；运价受租船市场供需法则的制约。

（2）定期租船又称期租船。在这种租船方式下，依照租船合同的规定，船舶出租人向租船人提供约定的由出租人配备船员的船舶，由租船人在约定的期间内按照约定的用途使用并支付租金。租期短的仅几个月，长的可达几年或十几年甚至一直到船舶报废时为止。除租船合同另有规定外，租船人可将租赁的船舶作为班轮营运，或作为程租船使用，或将其转租给第三者。

此外，还有一种定期租船方式，即光船租船。它与一般定期租船不同的是，船舶出租人向租船人提供不配备船员的船舶，在约定的期间内由租船人占有、使用和营运，并向出租人支付租金。

近年来，国际上发展起一种介于航次租船和定期租船之间的组成方式，即航次期租，这是以完成一个航次运输为目的，按完成航次所花的时间，按约定的租金率计算租金的一种租赁方式。

4. 租船业务的执行程序

常规情况下，船东和租船人通过经纪人洽谈租船交易，从租船人提出租船要求到最终与船东拍板成交，签署合同需要一个过程，常见的程序如下。

1）询价(Order/Enquiry)

租船人根据自己对货物运输的需要或对船舶的特殊要求，将基本租船要求和货物信息用传真或电传通过经纪人转送到租船市场上，寻找合适的船东，并要求感兴趣的船东答复能否提供合适船舶以及报价。

（1）航次租船询价。航次租船询价一般包括下列内容。

① 租船人姓名全称和地址 (The Charterer's Full Name and Domicile)

② 货物名称和数量 (Cargo Description and Quantity)

③ 装货港和卸货港 (Loading and Discharging Ports)

④ 船舶受载期和解约期 (Laydays and Canceling Date)

⑤ 装卸时间 (Laytime)

⑥ 装卸费负担 (Loading and Discharging Cost)

⑦ 运费率 (Freight Rate)

（注：有些询价中不报运费率，而写明请船东包运费率。）

⑧ 对船舶类型和尺码特殊要求 (Special Requirements Regarding Type or Size of Ship)

⑨ 租方建议的标准合同范本 (Charter Party Form)

（注：有些询价补体标准合同范本，将由船东在报价时提出。）

⑩ 佣金 (Commissions)

（2）定期租船询价。定期租船询价一般包括下列内容。

① 租船人全称和地址 (Charterer's Full Name and Domicile)

② 船舶吨位和船型 (Ship's Size and Type)

③ 租船期 (Charter Period)

④ 交/还船地点 (Places for Delivery and Redelivery)

⑤ 交船日期和解约日 (Laycan)

⑥ 对船舶的特殊要求 (Special Requirements Regarding the Ship)

⑦ 租船人建议的标准合同范本 (Charter Party Form)

（注：也有不提标准范本，由船东在报价时提出。）

⑧ 佣金 (Commissions)

租船人发出的询价中的措辞往往能反映货物买卖合同是否已签署，还是在谈判过程中。船东当然愿意与货物买卖合同签署完毕的租船人洽谈。

2）报价(Offer)

船东收到租船人询价后，经过估算或对照其他询价条件，认为可以考虑该询价，接着通过经纪人向租船人报价，报出所能提供的船舶，运费率或租金等条件。若船东几乎同时收到几位经纪人发来的内容同一的询价，应该与最接近租船厂的那位经纪人联系，通过他向租船人发出报价。报价也叫发盘。

若是货物买卖已落实的询价，船东可以立即报实盘，或者航运市场不景气，船东面临激励竞争时，为争取揽到这笔租船业务，也应立即报实盘。租船实务中，常见的做法是船东发出意向性报价，尤其当租船人发出的是意向性询价时更是如此。这种意向性报价仅提供的船舶概况、运费或租金率意向以及其他能满足询价中要求的意向。意向性报价一般不附有应予答复的时间限制，因此不约束谈判当事人，仅为继续谈判打下基础。

船东和租船人洽谈租约条款一般分两步，首先洽谈主要条款，谈妥主要条款后再进一步谈细节。船东第一个主要条款报价一般包括下列内容。

(1) 航次租船报价。

① 船东全称 (Shipowner's Full Name)
② 船名和规范 (Ship's Name and Particulars)
③ 运费率和运费支付条件 (Freight Rate and Conditions for Payment of Freight)
④ 受载期和解约日 (Laycan)
⑤ 装卸港 (Loading and Discharging Ports)
⑥ 装卸时间 (Laytime)
⑦ 装卸费负担 (Loading and Discharging Costs)
⑧ 滞期/速遣费率 (Demurrage and Dispatch Rates)
⑨ 佣金 (Commission)
⑩ 采用的合同范本 (Charter Party Form to Be Used)
⑪ 报价有效时间 (Period for Which the Offer is Valid)

有些主要条款报价还可以包括战争风险条款、燃油条款、附加保险费条款、税收条款等。

(2) 定期租船报价。

① 船东全称 (Shipowner's Full Name)
② 船名和规范 (Ship's Name and Particulars)
③ 租期形式等 (Description of the T/C Engagement)
④ 交/还船地点 (Places of Delivery and Redelivery)
⑤ 交船期和解约日 (Laycan for the Delivery)
⑥ 航行区域 (Trading Limits)
⑦ 租金率和支付条件 (Hire Rate and Conditions for Hire Payment)
⑧ 交还船时船上剩油数量和价格 (Quantity and Price for Bunkers on Board On Delivery and Redelivery)
⑨ 其他船东愿作主要条款谈判的条款 (Other Clauses Which the Owner Wishes to Negotiate as Main Terms)
⑩ 采用的合同范本 (Charter Party Form to Be Used)
⑪ 佣金 (Commissions)

3) 还价(Counter Offer)或称还盘

租船人接到船东主要条款报价后，极少有全部接收报价的情况。经常是接收部分内容，对其他条款提出还价。然后，租方在还价中列出还价内容，与船东继续谈判。当然，船东对租船人的还价可能全部接收，也可能接收部分还价，对不同意部分提出再还价或重新报价。

若全部不接受还价，有可能终止谈判。还价时常附有答复期限。

4）受盘(Acceptance)及编制订租确认书(Fixture)

船东和租船人经过反复多次还价后双方对合同主要条款意见一致，租方接收全部主要条款。这时船东根据双方成约的主要条款，编制一份主要条款确认书，即将双方共同承诺的主要条款汇总，发给租船人。由于双方此时只谈妥主要条款，细节还未谈判。因此，不论是在受盘中还是在订租确认书中都加有"Subject to details"（另定细节）。这种附带条件的受盘并不构成真正的受盘，是指上述发盘的还价或称还盘。受盘必须是没有任何附带添加条件，接受对方发盘的全部内容。若提出附带条件的一方不能在规定期限内放弃这些条件，另一方可以终止谈判，不受任何约束。

5）编制、审核、签署租船合同

租约谈妥后，船东或者船东经纪人按照已达成协议的内容编制正式的租船合同，并送交租船人审核。若租船人发现与原协议内容有不符合的地方，应及时向船东提出异议，要求改正。如果租船人对编制的合同没有什么异议，就可签字。

有些航次租约下的装货日期较近，往往还未编制和让双方签字正式租约，船舶早已在装货港开始装货。因此，船公司管理人员和船长仅凭订租确认书内容履行，这也是常见的情况。

7.3　国际多式联运与口岸

7.3.1　国际多式联运概述

1. 国际多式联运的概念

国际多式联运(International Multimodal Transport)是"按照多式联运合同，以至少两种不同的运输方式，由多式联运经营人将货物从一国境内的接管地点运至另一国境内指定交付地点的货物运输(GB/T 18354—2006)"。

这种打破传统的海、陆、空互不连贯的新型运输方式在20世纪50年代后期的美国被使用，随后在美洲、欧洲和亚洲、非洲的某些地区得到推广。国际多式联运是一种综合性的连贯运输方式，它一般是以集装箱为媒介，把各种单一的运输方式有机地结合起来，组成一种国际性的连贯运输。

2. 国际多式联运应具备的条件

（1）必须有一份多式运输合同。

（2）必须使用一份包括全程的多式运输单据。

（3）必须至少有两种不同运输方式的连贯运输。

（4）必须是国际货物运输。

（5）必须由一个多式联运经营人对全程运输负责。

（6）必须是全程单一的运费费率。

多式联运合同(Multimodal Transport Contract)是指多式联运经营人与托运人之间订立的凭

以收取运费、负责完成或组织完成国际多式联运的合同。它明确规定了多式联运经营人与托运人之间的权利、义务、责任和豁免。

多式联运经营人(Multimodal Transport Operator)是指其本人或通过其代表订立多式联运合同的任何人，他是事主，而不是发货人的代理人或代表或参加多式运输的承运人的代理人或代表，并且负有履行合同的责任。他可以充任实际承运人，办理全程或部分运输业务，也可以是无船承运人(Non - Vessel Operating Common Carrier，NVOCC)，即将全程运输交由各段实际承运人来履行。

多式联运单据(Multimodal Transport Document，MMTD)是指证明多式联运合同以及证明多式联运经营人接管货物并负责按照合同条款交付货物的单据。根据发货人的要求，它可以做成可转让的，也可做成不可转让的。它应由多式联运经营人或经他授权的人签署。

国际多式联运具有简化运输手续、加快货运速度、方便运输费用计算、缩短发货人收回货款时间的优点，而且还有助于货运质量的提高。货物的交接方式也可以做到门到门、门到港站、港站到港站、港站到门等。

目前，我国已开办的多式运输路线可到达欧、美、非洲的港口或内陆城市，形式也多种多样。货物的交接方式有门到门，门到港站，也有港站到港站、港站到门等。办理此项业务的地区由原来仅限于沿海港口城市及其周围地区，现已发展到内地各省市的许多城市及附近地区。

3. 国际多式联运的特点

国际多式联运的主要特点是，由多式联运经营人对托运人签订一个运输合同，实行运输全程一次托运、一单到底、一次收费、全程负责，以及统一理赔的一种国际货运组织形式。

7.3.2 国际多式联运业务与单证

1. 国际多式联运业务及相关关系

1) 国际多式联运业务

多式联运业务，从多式联运经营人角度，主要包括：与发货人订立多式联运合同，组织全程运输，完成从接货到交货过程的合同事项等基本内容。由于多式联运是依托不同运输方式、跨国跨地区的物质流通业务，如把多式联运从货物接收到最后交付这一过程进行分解，则具体业务主要包括以下几项。

(1) 出运地货物交接，即托运人根据合同的约定把货物交至指定地点。

(2) 多式联运路线和方式的确定，与分包方签订货物联运合同。

(3) 货物出口安排。对货物全程运输投保货物责任险和集装箱保险。

(4) 通知转运地代理人，与分包承运人联系，及时做好货物过境、进口换装、转运等手续的申办和业务安排。

(5) 货物运输过程的跟踪监管，定期向发货人或收货人发布货物位置等信息。

(6) 通知货物抵达目的地时间，并要求目的地代理人办理货物进口手续。

此外，还有计算费用、集装箱跟踪管理、租借与归还业务以及货物索赔和理赔业务等。

2) 国际多式联运业务关系方

多式联运业务的参与方比较复杂，主要的相关关系方有以下几类。

（1）多式联运经纪人。他是与托运人进行签约，负责履行或组织履行联运合同，并对全程运输负责的企业法人和独立经营人。实务中，以船舶运输公司为多式联运经营人和货运代理人已无船承运人的身份从事多式联运经营活动者居多。他们在国际多式联运业务活动中，以本人或委托他人以本人的名义，与有关区承运人订立分合同，安排相关货物交接、装卸、存放与保管等相关业务。

（2）货物托运人与收货人。他们在国际货物多式联运公约中已有清除定义。但这里所述托运人和收货人，是指货物实际托运人和实际收货人。在与多式联运经营人的关系，前者是多式联运的业务委托关系和合同当事方；后者是多式联运合同涉及的第三方和在目的地享受货物提运权的关系人。

（3）分合同方，包括区段承运人。如船舶所有人或经营人，铁路、公路、航空和江河运输经营人，以及非运载工具经营人，如集装箱场站、仓储经营人和转运代理人等。与多式联运经营人签订分合同的当事人应承担合同中所约定的责任部分。

（4）其他有关方，主要指那些与货物和国际多式联运业务相关的其他关系方，包括与货物进出口业务相关的货物保险与货物检验，以及其他责任保险方，进出口贸易监管、外汇控制机构、海关和理赔行等。

2. 国际多式联运单据

多式联运单据是国际货物多式联运合同以及多式联运经营人接管货物并负责按照合同条款交付货物的证明。单据的使用，须符合有关法规的规定。我国《国际集装箱多式联运管理规则》规定，多式联运单据实行登记编号制度。凡在我国境内签发的多式联运单据必须有多式联运经营人或其代理人报以有关部门登记，并在单据右上角注明许可证编号。当头程运输是海运时，多式联运单据常表现为多式联运提单。

1）多式联运单据表面内容及缮制要求

为了方便货物国际流通、体现单据的作用及具有的法律效力，根据多式联运公约和我国有关管理规则的规定，多式联运单据应当载明下列事项。

（1）货物品类、识别货物所必需的主要标志（如属危险货物，应当包括危险特性的明确声明）、包装形式、件数、货物的毛重、尺寸、外表状况等。若是集装箱货物，则箱主、箱型、箱号数量、铅封号等，所有这些事项均由发货人提供。

（2）多式联运经营人的名称和主要营业所。

（3）托运人、收货人的名称、地址。

（4）多式联运经营人接管货物的地点、日期。

（5）约定交付货物的地点，如经双方明确协议，也可包括在交付地点交货的日期或期限。

（6）表示该多式联运单据可转让或不可转让的声明。

（7）多式联运经营人或其授权人签报单据的签发地点、日期。

（8）如签约时已确知，应包括运输方式、预期运输线路、转运地点、约定运达期限及说明。

（9）如经双方明确协议，应包括每种运输方式的运费或应由收货人支付的运费，用以支付的货币或关于运费由收货人支付的其他说明。

（10）有关声明。

（11）在不违背签署多式联运单据所在国法律、法规的前提下，双方同意列入多式联运单据的任何其他事项。

多式联运单据有多式联运经营人或其授权的人签发。在不违背多式联运单据签发国法律规定的前提下，多式联运单据可以是手签、盖签单章或双方确定的电子数据。

2）多式联运单据流转和控制的一般程序

（1）多式联运经营人或其代理人在合同约定地点接受货物并装运后，应及时缮制和签发多式联运单据给托运人。托运人通过银行或直寄方式转交收货人。

（2）多式联运单据上的收、发货人是实际收、发货人，通知方可以是多式联运经营人在目的地指定的代理人或发货人在合同中指定的人。正本单据签发后，副本单据三份，一份由多式联运经营人留底，另两份连同有关分承运单据及货运单、装箱单等交送最终目的地的代理人作为代理接货、交货或转运等工作。

（3）多式联运经营人缮制统一套货运单据交沿途各区段代理人，作为向该区段承运人或其代理人提货的凭据，区段承运人或其代理人一般为多式联运经营人的分合同方，他们根据多式联运经营人的指示放货给指定收货人或其代理人。

（4）每一程货运单据中，发货人均是多式联运经营人在该区段的代理人或分合同方，收货人是多式联运经营人在下一程的代理人或作为分合同方的区段承运人或其代理人。各程代理人在货物出运后均须以最快的通讯方式告知多式联运经营人有关运输资料、货名、重量、尺码、签单日期、运载工具及其发运和预计抵达时间等。多式联运经营人接到发运地代理人或分合同方有关货物发运资料后同时通知其把货交给下一程指定收货人或其代理人，以此类推。

（5）货物运至目的地，区段承运人或其代理人按多式联运经营人的指示放货给多式联运经营人在目的地的代理人，多式联运经营人在目的地代理人凭货运单或提单办理手续提取货物的同时，通知目的地实际收货人凭多式联运正本单据前来其处办理提货手续，在交纳了各项应交费用和收回多式联运正本单据后放货给实际收货人，并完成交货义务和终止货运责任。一般情况下，目的地区段的承运人或其代理人在放货完毕后应及时通知多式联运经营人，并汇总收回单据交多式联运经营人，若有待结费用，则应按规定及时进行清算。

3. 货物接管和交付

接管货物是多式联运经营人责任的开始。多式联运经营人可以从发货人或其代理人手中接管货物，或根据接管货物地点适用的法律或规章，必须从负责管理运输的当局或其他第三者手中接收货物。

多式联运经营人接管货物、安排全程运输、签发多式联运单据，在货物抵达目的地时有义务通过其代理人按多式联运单据中收货人的地址通知收货人货物已抵达目的地，并按多式联运单据载明的交接方式交付货物给多式联运单据持有人。多式联运经营人向收货人交付货物时和在交货后规定时间内，收货人未将货物灭失或损坏的情况书面通知多式联运经营人的，则此项交付视为多式联运经营人已经按照多式联运单据的记载交付货物的初步证据。除非货物在交付时已经当事各方或其授权在交货地的代表联合调查或检验，则无须就调查或检验所运货物的灭失或损坏送交书面通知。

4. 索赔与诉讼

货物在多式联运过程中发生损害，受损人按照国际公约和有关法规规定可以进行索赔。

实际业务中，一般做法是，收货人发现货物损害后，首先向多式联运经营人或区段承运人进行书面通知，同时通知货物投保公司，根据货物本身的保险范围，向保险公司索赔；保险公司赔付后再凭权益转让书所取得的代位权责任范围向责任区段的承运人或分合同方追偿。多式联运经营人若已投保货物责任险，则在赔付后可向所投保的保险公司索赔，其中所有责任属于区段承运人或分合同方责任者，保险公司再向他们追偿。

索赔不成可以按规定进行诉讼，依照公约与法规规定，索赔和诉讼都有一定程序和时效。《中华人民共和国海商法》第八十一条和《国际集装箱多式联运管理规则》第三十三条的规定是：货物灭失或者损坏的情况非显而易见的，整箱货物交付的次日起连续十五日内，货物拆箱交付的次日起连续七日内提交书面索赔通知。否则，所做的货物交付视为多式联运经营人已经按照多式联运单据的记载交付以及货物状况良好的初步证据。

诉讼，应依照公约或法规规定在具有管辖权或双方协议地点的法院进行。诉讼时效，多式联运公约的规定是 2 年，与汉堡规则(全称《联合国海上货物运输公约》)规定相同但与海牙规则(全称《统一提单的若干法律规定的国际公约》)和维斯比规则(全称《修改统一提单若干法律规定的国际公约议定书》)的规定不同。如果自货物交付之日起 6 个月没有提出书面索赔通知，则会失去诉讼时效。我国《国际集装箱多式联运管理规则》规定对多式联运全程经营人诉讼时效期限是：若多式联运全程包括海运段的为 1 年；若多式联运全程未包括海运段的则按民法通则的规定为 2 年。时效时间从多式联运经营人交付或应当交付货物的次日起计算。

7.3.3　国际贸易口岸

1. 口岸概述

1）口岸的概念

口岸是由国家指定的对外经贸、政治、外交、科技、文化、旅游和移民往来的，并供往来人员、货物和交通工具出入国(边)境的港口、机场、车站和通道。因此，口岸是国家指定的对方往来的门户。

随着社会经济的发展，口岸已不仅是指设在沿海的港口，国家在开展国际联运、国际航空、国际邮包邮件交换业务的内陆腹地和其他有外贸、边贸活动的地方也设置了口岸。在我国，口岸已由沿海逐步向沿边、沿江和内陆城市发展，国境线上对外开放的山口，国际铁路、国际公路上对外开放的火车站、汽车站、国界河流和内河上对外开放的水运港口。

2）口岸的分类

依据不同的分类标准，口岸可以分为不同的类别，我们按批准权限和运输方式两种标志进行分类，可以分为一类口岸和二类口岸；港口口岸、陆地口岸、航空口岸等，如表 7－1 所示。

表 7－1　口岸的分类

分类标志	批准开放权限	交通运输方式
类别	一类口岸 二类口岸	港口口岸 陆地口岸 航空口岸

(1) 按批准开放的权限分为：①一类口岸。一类口岸，指由国务院批准开放的口岸，包括中央管理的口岸和由省、自治区、直辖市管理的部分口岸。②二类口岸。二类口岸，是指由省级人民政府批准开放并管理的口岸。

(2) 按出入国境的交通运输方式分为：①港口口岸。港口口岸指国家在江河湖海沿岸开设的供人员和货物出入国境及船舶往来停靠的通道。它包括港内水域及紧接水域的陆地。港口水域包括进港航道、港池和锚地。港口口岸包括海港港口口岸和内河港口口岸。内河港是建造在河流(包括运河)、湖泊和水库内的港口，为内河船舶及其客货运输服务。②陆地口岸。陆地口岸指国家在陆地上开设的供人员和货物出入国境及陆上交通运输工具停站的通道。陆地口岸包括国(边)境以及国家批准内地直接办理对外进出口经济贸易业务往来和人员出入境的铁路口岸和公路口岸。③航空口岸。航空口岸又称空港口岸，是指国家在开辟有国际航线的机场上开设的供人员和货物出入国境及航空器起降的通道。

2. 口岸的地位与作用

(1) 口岸是国家主权的象征。口岸权包括口岸开放权、口岸关闭权、口岸管理权。其中口岸管理权包括口岸行政权、关税自主权、检查权及检验权等，这些都是国家主权的一部分。

(2) 口岸是对外开放的门户。对外开放表现为政府间或民间在政治、经济、军事、文化、资源保护、制止国际犯罪及世界和平等领域的广泛合作和交流，而这种国际交流与合作是通过口岸得以实现的。因此，口岸是对外开放的门户。

(3) 口岸是国际货运的枢纽。口岸是国际往来的门户，是对外贸易货物、进出境人员及其行李物品，邮件包裹进出的通道，因此，口岸的设置必须充分发挥交通基础设施的作用，与交通运输发展规划配套，口岸作为国际物流系统中的重要关口，是国际货物运输的枢纽。

3. 中国口岸

(1) 我国的主要港口口岸：大连港、秦皇岛港、天津港、青岛港、连云港、上海港、宁波港、厦门港、广州港、深圳港、湛江港、香港港、高雄港、基隆港、澳门港。

(2) 我国的主要边境口岸：满洲里铁路、公路口岸，二连浩特公路、铁路口岸，绥芬河铁路、公路口岸，阿拉山口铁路、公路口岸，凭祥铁路、公路口岸，瑞丽公路口岸，霍尔果斯公路口岸，图珲铁路口岸。

(3) 我国主要空港口岸：北京首都国际机场、上海浦东国际机场、广州白云国际机场、香港新机场。

4. 世界港口

目前，世界上著名的港口主要有鹿特丹港、汉堡港、安特卫普港、马赛港、伦敦港、神户港、横滨港、新加坡港、纽约港、巴尔的摩港、新奥尔良港。

7.3.4 海关业务

1. 海关的概念与性质

1) 海关的概念

海关是依法执行进出关境监督管理的国家行政机关，是对进出关境货物、运输工具、行李物品、货币及金银等执行监督管理和稽征关税的国家行政机构。海关是国家主权的象征。

2）海关的性质

海关的性质体现在以下几个方面。

(1) 海关是国家的监督管理机关。海关体现的是国家的权力意志，对外维护国家的主权和利益；对内体现国家、全社会的整体利益。

(2) 海关监管的范围是进出关境活动。海关监管的对象包括进出关境的货物、货币、金银、证券、行李物品、邮递物品，以及与上述货物和物品有关的仓库场所和国内运输工具等。

关境通常是指适用于同一海关法或实行同一关税制度的领域。因此，关境可以大于或小于国境。海关法所指的关境范围是除享有单独关境地位的地区以外的中华人民共和国领土、领空和领海。本书所指的“出入境”均指“出入关境”。

2. *海关的主要业务制度*

海关的业务制度是海关为完成监管、征税、查缉走私、编制海关统计四项基本任务，依据《中华人民共和国海关法》（以下简称《海关法》）及有关法律法规制定的一套科学、规范的管理程序和管理方法。根据海关不同业务工作的特点，海关业务制度可以分为监管制度、关税制度、保税制度、稽查制度、统计制度五项主要业务制度。

1）监管制度

监管制度是海关依据《海关法》等有关法律法规的规定，在对进出境的货物、物品和运输工具进行监督管理的过程中形成一套科学、规范的管理程序和管理方法。

海关监管的对象分为贸易性的货物、运输工具和非贸易性的物品三部分，因而海关监管制度可分为货运监管制度、非贸易性物品监管制度和运输工具监管制度三大体系。虽然三个监管体系在具体监管对象、监管范围、监管手法等方面有所不同，但监管的工作程序和原则要求是基本一致的。

(1) 监管制度的主要内容。海关对进出境的货物、物品、运输工具进行监管的过程可分为申报、查验、征税和放行四个环节。为提高监督管理的质量，在实际工作中，这四个环节逐渐发展成为具有严格作业程序和工作方法的基本作业制度。其中申报、查验、放行构成海关监管制度的核心。

① 申报，即指货物、物品或运输工具的所有人或其代理人在货物、物品、运输工具进出境时，向海关提交有关单证，申请查验、放行的制度。海关在接受申报时，要审核有关单证是否齐全、正确、有效，确认进出境的货物、物品和运输工具是否符合海关和国家的有关政策、法令。申报可分为进口申报和出口申报。

② 查验，是指海关在接受申报后，对进出口的货物进行实际的核对、检验，以确定货物的物理性、化学性、数量、规格等是否与申报单证所列一致，确定进出口货物的收发货人及其代理人有无通过伪报、瞒报、藏匿等形式从事走私违规、逃漏关税活动。除特殊情况，即由收发货人申请并经海关总署特准免验的以外，所有进出口货物都应当接受海关的查验。查验一般在设有海关的码头、机场、车站、仓库等海关监管场所内进行，特殊情况下，经货主申请，海关也可以派员下厂或在装卸场所进行查验。

③ 放行，是指海关在对进出口货物予以查验、征税后，解除海关监管，予以签印放行的制度。在一般情况下，放行是通关的最后一个程序。如对一般贸易货物的放行表示海关监管的终结，货物可以由当事人自由处理，但对有监管时效的货物，如保税货物和减免税货物，

海关监管并未终结，该批货物在海关放行后转入海关的后续管理。

（2）监管制度的特点。海关监管制度是海关诸多业务制度中最基本、最核心的一项业务制度，是海关监督管理工作的基础。它通过对进出境活动的监管，保证一切进出境的活动符合国家政策和法律的规范，以维护国家主权和利益。海关征税、查私、编制海关统计等任务都是在监管工作的基础上进行的，如关税征、免、退、补，海关统计的准确及时，以及缉私工作中走私与非走私的界限等，都有赖于监管的实际审单、查验、后续管理等工作提供数据、资料和信息。

海关监管制度是国家对进出境活动实行行政管理的组成部分，带有对进出境活动再管理的性质和特点。海关监管制度除了通过审单、查验等方式对进出境的运输工具、货物和物品进行监管以外，还通过执行或监督国家其他对外贸易管理制度的实施，如知识产权保护制度、进出口货物许可证制度、外汇管理制度、商品质量检验制度及文物管理制度等，在政治、经济、文化道德、知识产权保护等方面贯彻对外贸易管理政策，维护国家利益。

此外，海关监管制度自始至终都是依照法律的规定，依法行政，并在整个管理过程中，严格贯彻党和国家对进出境活动的有关政策。因此，海关监管制度还具有法制性、政策性和涉外性的特点。

2）关税制度

关税制度是国家关税法令和关税稽征办法的具体化。关税立法是关税制度的核心。《中华人民共和国进出口关税条例》（以下简称《关税条例》）及其组成部分《中华人民共和国进出口税则》（以下简称《进出口税则》）是我国关税的基本法规。关税制度规定了纳税义务人、商品分类及编码、进出口税率结构、完税价格的审定、纳税期限、税款的增免退补及违规处理等原则和作业程序，从而使海关关税制度更具有法律规范性。

（1）关税制度的主要内容。根据《关税条例》的规定，我国关税制度的主要内容包括以下几个方面。

① 纳税义务人。进口货物的收货人，出口货物的发货人是关税的纳税义务人。

② 税率的适用。我国对进口商品依据原产国的不同设有普通税率和优惠税率两种税率。对原产于与我国未订有关税互惠协议的国家或地区的进口货物，按照普通税率征税；对原产于与我国订有关税互惠协议的国家或地区的进口货物，按优惠税率征税。

同时，我国还设有特别关税，使关税不仅在对外经济活动中发挥作用，而且在政治上起到配合我国外交政策的作用。我国还根据经济发展和对外开放的需要，设置了暂定税率和一系列减免税优惠措施。

③ 完税价格的审定。进口货物是以海关审定的成交价格为基础的到岸价格作为完税价格。出口货物以海关审定的货物售与境外的离岸价格扣除出口关税后，作为完税价格。

④ 关税的缴纳与退补。海关按《进出口税则》对进出口商品进行归类，再按照《关税条例》的有关规定，确定适用税率，审定完税价格，计算应纳税款额，予以征收并上缴国库。关税的纳税义务人应当在规定的期限内向指定的银行缴纳税款，逾期未缴者由海关征收滞纳金。对于多征、少征、漏征的税款，依法予以退还或追征、补征。

⑤ 纳税争议的处理。纳税义务人对海关确定的进出口货物的税费征缴有异议时，在缴纳税款之后，可以在一定的期限内向海关和海关总署申请复议，对海关的复议决定不服的，还可向人民法院起诉。关税制度对此做出了详尽的规定，明确了办事时限和办事程序。

（2）关税制度的特点。我国的关税制度是根据《海关法》和《关税条例》的有关规定制定的。近几年来，随着改革的深入，对外开放的不断扩大，我国的关税政策不断调整，关税制度更加适应我国对外贸易发展的需要。现行的关税制度呈现以下几个特点。

① 财政作用十分明显。关税和进出口环节税是国家的重要财政收入。因此，关税制度对征税和纳税双方的行为做了严格的规定，工作程序十分严谨，以保证国家税收能够准确、及时、足额解缴国库。

② 保护国家进出口商品在国际市场上进行公平竞争。关税制度还确立了差别税率的原则，使关税成为中国争取有利贸易环境和促进平等互利贸易关系的工具。利用差别税率，与贸易伙伴国家签订关税互惠条款，扩大双边贸易，利用法律授权的报复性关税措施，反对任何国家对我国出口商品的歧视性待遇，维护主权与平等。

③ 与国际惯例靠拢，方便货物进出。我国的关税制度在吸收国际先进经验的基础上，以国际通用的《商品编码和协调制度》为蓝本，编制《进出口税则》，统一了进出口商品的编码、名称、范围及解释，使我国的关税制度更加适应现代科技发展而带来的商品结构变化和国际贸易格局变化。

④ 保障纳税义务人的合法权益。纳税义务人对海关确定的进出口货物的征税、减税、补税、退税等有异议时，可在现行缴纳税款的情况下，向海关直至海关总署申请复议，纳税义务人对海关或海关总署的复议决定仍不服的，还可以向人民法院起诉，切实保护了纳税人的合法权益。

3）保税制度

保税制度是指经海关批准的境内企业所进口的货物，在海关监管下在境内指定的场所储存、加工、装配并暂缓缴纳各种进口税费的一种海关监管业务制度。

保税制度始创于英国，这种海关制度准予缓纳税赋，有利于贸易商降低贸易成本，提高贸易效率，极大地刺激各国经济和对外贸易的发展。

我国从 20 世纪 80 年代开始，陆续修订颁布了对来料加工、进料加工、外商投资企业加工贸易、保税仓库、保税工厂、保税集团、保税区等一系列管理办法和规定，大力推行保税制度，促进国内经济发展。经过一段时期的探索和实践，已逐步建立了以保税加工、保税仓库、区域保税为主要内容的具有中国特色的保税制度。

（1）保税制度的主要内容。

① 保税加工制度，指海关对境内企业承接境外商人提供的全部或部分料件，或直接从境外购进料件，在海关规定的期限内将有关料件加工装配为成品后复运出境进行监管的业务制度。保税加工业务主要包括来料加工、进料加工以及与之相应的保税工厂、保税集团开展的加工业务，即通常所指的加工贸易业务。

在保税加工制度下，对境内企业进口的料件，不论是用外汇购买或是由外商提供的，海关均准予暂缓征收关税和进口环节税，并根据出口成品实际耗用进口料件的数量，免征进口关税和其他进口环节税。加工的成品出口，海关一律免征出口关税。

为了保证这些政策的执行，海关在管理上制定了一系列严密而规范的程序，包括企业的注册、企业会计账册的规范，合同的登记和备案、加工贸易手册的发放和管理、转关运输、中期下场核查、出口核销等环节的手续、操作要求和工作标准。

② 保税仓储制度，指对经海关制定核准指定的场地、场所专门存放保税加工制度下的进

口料件、转口贸易货物、境外商人寄存、暂存货物以及经海关特准缓办进口纳税手续的货物，进行监管的业务制度。其核心内容是保税仓库监管制度。在保税仓储制度下，进口货物可缓办纳税手续并在境内指定场所存放，在规定的期限内既可提取加工成品或原状复运出口，也可按规定缴纳关税和进口环节税后在境内销售。

为保证这一制度的有效实施，海关对保税仓库经理人的资格认定、经营范围、纳税能力、内部管理以及货物的存放期限、堆放要求、进境申报、入库登记、储存保管、出库使用、复运出口及征免税条件等做了明确规定。保税仓储制度是世界海关通行的作业制度，既可为国外贸易商提供储存便利，也可为国内企业根据国际市场行情变化获取更大利润创造更大机会。

③ 区域保税制度，指为便利境内企业和国际商人开展商品储存和货物加工等商业活动，经国家批准，在境内划出一定范围的区域视同境外，允许贸易自主和贸易自由、由海关对指定区域进出口货物进行监管的业务制度。在这种制度下，海关对进口的元件、加工成品、暂存货物、用于区内基础设施建设的货物及机器设备等，均免征进出口关税和其他进口环节税。如上述货物销售、转移到规定区域以外的，必须按规定补增进口关税和其他进口环节税。

根据我国的实际情况，实行区域保税制度的区域主要包括：保税区、经济特区、经济技术开发区、高新技术开发区及工业园区等。与保税加工制度、保税仓储制度不同，区域保税制度进口的货物即可进行储存也可进行实质性加工，海关监管的重点是核查进口的货物是否按规定在指定的区域内使用。因此，海关对指定区域内的企业从事的加工贸易、进出口仓储、区域内自用物资的减免税条件、货物使用的跟踪核查、减免税证明的核发、监管年限等也做了明确规定。

(2) 保税制度的特点。保税制度的最大特点是境内企业经海关批准进口的货物可暂缓纳税，并在境内储存、加工、装配。如复运出境、可予免征进出口关税；如用于内销，则要补征关税和进口环节税。这可以减少企业资金占压和利息支出，有利于降低生产成本，提高产品竞争能力。

另外，保税制度还带有过程监管的特点。由于保税货物自放行到复运出境或内销补税往往需要在一段时间内进行存储、加工、装配，在这段时间内，保税制度对保管货物的管理是一个过程的监管。因此，如果说其他海关业务制度对进口货物的监管、征税、统计因带有即决性的特点而称之为“点”式管理的话，那么保税制度可称为“线”式管理。

4) 稽查制度

海关稽查制度是指海关在规定期限内依法对进出口经营企业及相关单位的会计账簿、凭证、报关单证及其他有关资料实施稽核，以审查有关企业、单位有无违反海关法规行为的一项海关业务制度。海关稽查制度是现代海关制度的重要内容，也是海关监管业务改革的一项重大举措。

(1) 稽查制度的主要内容。

① 稽查对象。海关稽查的对象是与进出口活动直接有关的企业、单位。这些企业包括：从事对外贸易的企业、单位；从事对外加工贸易的企业；经营保税货物的企业；使用或者经营减免税进口货物的企业、单位；从事报关业务的企业；海关总署规定的从事与进出口活动直接有关的其他企业、单位。

② 稽查范围。稽查范围包括上述企业、事业单位进出口经营活动及记录这些活动的会计

账簿、记账凭证、报关单证、财务报表和其他有关资料以及有关的进出口货物。

③ 稽查内容。海关稽查的内容是审查上述企业、单位进出口活动的真实性和合法性、包括国家的进出口许可制度和其他管制的履行，进口环节税款的缴纳，出口退税，保税货物的进口、存储、加工、销售、复出口和减免税货物的管理、使用以及报关企业在报关业务经营等方面的真实性和合法性，保障国家税收，引导企业守法经营。

④ 稽查时限。稽查时限是指进出口货物放行之日起三年内，或者保税货物进境之日起至结关后三年内，或者减免税进口货物在海关监管期限内。减免税进口货物的海关监管期限具体为船舶、飞机及建筑材料(包括钢材、木材、胶合板、人造板、玻璃等)为8年；机动车辆和家用电器为6年；机器设备和其他设备、材料等为5年。

⑤ 稽查程序。一般来说，稽查程序包括：一是稽查准备；二是通知被稽查人(即与进出口活动直接有关的企业、单位)；三是实施稽查；四是提出稽查报告；五是做出稽查结论；六是基础处理。

（2）稽查制度的特点。

① 稽查制度的指导思想是贯彻依法行政方针，方便企业合法进行进出口贸易和规范企业进出口行为。

② 稽查制度管理的对象是企业的进出口行为。

③ 稽查制度以核查企业的账簿、单证等资料为主要的工作手段和内容。

④ 稽查制度在对进出口活动进行管理上处于积极主动的地位。海关其他业务制度只有在发生货物、物品、运输工具进出境时才会开始运作，在管理上具有一定的被动性。稽查制度是海关的一项后续管理工作。因此，稽查制度具有管理上的相对积极主动的特点。

5）海关统计

海关统计是海关依法对进出口货物贸易的统计，是国民经济统计的组成部分，是《海关法》规定的海关四项任务之一，海关总署负责组织和管理全国海关统计工作。

当前，海关统计承担着对进出口货物贸易统计调查、统计分析和统计监督的任务，承担进出口监测预警，编制、管理和公布海关统计资料，提供统计服务等任务。

随着我国社会主义市场经济体制的不断完善与健全，海关统计为国家制定对外贸易政策，进行宏观经济调控，实施海关严密高效管理提供了重要的依据，同时海关统计信息也是我国研究对外贸易经济发展和国际贸易关系的重要资料。

大通关

大通关是指口岸各部门单位、企业等，采取有效的手段，使口岸物流、单证流、资金流、信息流高效、顺畅地运转，同时实现口岸管理部门有效监管和高效服务地结合。它是涉及海关、外经贸主管部门、运输、仓储、海事、银行、保险等个国家执法机关和商业机构的系统。

实施大通关，最直接的目的就是提高效率，减少审批程序和办事环节，口岸各方建立快捷有效的协调机制，实现资源共享，通过实施科学、高效地监管，以达到口岸通关效率的大幅度提高，真正实现“快进快出”。

本章小结

国际物流是指货物及物品在不同国家和地区之间的流动和转移。它是跨越国境物流活动方式，是国内物流的延伸。

与国内物流相比，国际物流具有经营环境复杂、物流系统广泛、运输风险较高等特点，必须依靠信息系统、标准化的支持。

国际物流是在国际贸易产生和发展的基础上发展起来的，其高效运作又促进了国际贸易的发展。

国际货物运输业务、国际货物仓储业务、国际货运和租船业务和国际多式联运业务是国际物流业务中的重要业务。口岸和海关在国际物流中均扮演着重要角色。

知识拓展

巴拿马运河扩建通航，推进国际航运新发展

2016年6月26日，巴拿马举行隆重庆典，庆祝巴拿马运河扩建后正式通航。中国远洋海运集团旗下的“中远海运巴拿马”号成为巴拿马运河扩建后首航船只。

1. 扩建运河通航概况

根据巴拿马运河管理局发布的数据，扩建后的巴拿马运河货物年通过量，将从目前的3亿吨增加至6亿吨，允许通过的各类型船舶尺寸大幅提升。

扩建后的运河将能容纳366米长的船舶，吃水深度则增加3.2～15.2米。扩建以前巴拿马运河只能通行最高装载5 000个集装箱的货轮，扩建后，容量最高达1.4万个集装箱的货轮。在船舶大型化的背景下，将有利于其与苏伊士运河等其他交通要道展开竞争。

2. 对世界货运影响

在通过巴拿马运河的货物中，有88%是美国与亚洲地区的贸易货物，与中国有关的贸易货物占38%，中国是仅次于美国的运河第二大用户。扩建后的巴拿马运河不仅有助于中美贸易活动的继续扩大，而且还有助于扩大中国和拉美国家的贸易渠道。

3. 对中国货运影响

(1) 运河扩建有利于中国石油进口来源多元化。以前，由于巴拿马运河通过能力有限，委内瑞拉原油通常是经大西洋和印度洋运往中国，运输时间长达45天，对交货时间和价格带来很大影响。巴拿马运河扩建后，委内瑞拉原油运抵中国港口的时间将缩短为24天。另外，近年来巴西和玻利维亚等国相继发现新油田，随着勘探和开采技术的提高，运河的扩建在未来也可以有利于中国与这些国家的石油贸易。”

(2) 运河扩建对散货运输市场的影响巨大。运河扩建后，大吨位的散货船将可以通过巴拿马运河，大大缩短了交易时间，提高了交易效率。比如中国从巴西、阿根廷进口的矿石、煤炭、大豆等货物，尤其是从巴西进口的铁矿石。

(3) 有利于中国与拉美国家的石油贸易。巴拿马运河是中国与拉美国家石油贸易的重要传统通道，在巴拿马运河扩建之后，中国－委内瑞拉的原油贸易运输也可直接通过巴拿马运河，横穿太平洋到达中国，运输效率得到极大提升。

思考与练习

一、判断题

1. 国际物流是国内物流的跨国延伸和发展。（ ）
2. 国际物流与国内物流相比其经营环境大致相当。（ ）
3. 国际物流与国际贸易是相互依存、相互促进和相互制约的。（ ）
4. 国际货物运输路线长、时效性强、风险较低。（ ）
5. 多式联运实行运输全程分次托运、一单到底、一次收费、全程负责。（ ）
6. 口岸按批准权限标志进行分类，可分为一、二类口岸。（ ）
7. 口岸是国家主权的象征，是对外开放的门户。（ ）
8. 海关是国家的监督管理机关，体现的是国家的权力意志。（ ）
9. 海关统计是对贸易货物实际进出口进行统计，是国家统计的重要组成部分。（ ）
10. 贸易术语规定了物流过程中的主要运输方式。（ ）

二、填空题

1. 贸易术语是用________个不同的________来表示，买卖双方所承担的权利和义务。
2. 国际货物运输包括________运输和________运输。
3. 国际物流中由于货物运送________、________、________对货物运输途中的保管、存放要求较高。
4. 根据进出口商品的形态与内容不同，国际贸易可划分为________和________。
5. 外贸仓库按照在商品流通的分类，可分为________仓库、________仓库、________仓库和________仓库。
6. 按运输方式标志进行分类，可分为________口岸、________口岸和________口岸。
7. 我国的主要港口有：________、________、________、________、和________。
8. 世界著名的港口主要有：________、________、________、________、和________。

三、多选题

1. 目前国际物流运输方式有________等多种。

   A. 国际海洋货物运输　B. 国际铁路货物运输　C. 国际航空货物运输
   D. 国际公路货物运输　E. 国际多式联运　F. 集装箱运输

2. 国际物流的特点是风险大、适应性强、获取信息手段新、有高级管理人才以及________。

   A. 路线长　B. 变化多
   C. 复杂性　D. 结算慢

3. 按照国际贸易的运输方式的不同，可将国际贸易划分为________。

   A. 陆路贸易　B. 间接贸易　C. 海路贸易
   D. 转口贸易　E. 空运贸易　F. 海运贸易

4. 国际物流的主要单证包括________。

   A. 银行汇票　B. 运输单据　C. 商业发票
   D. 海关发票　E. 保险单证　F. 商检证明

5. 按照仓库在商品流通中的分类，外贸仓库有以下几种________。

   A. 口岸仓库　B. 保税仓库　C. 加工仓库
   D. 中转仓库　E. 储存仓库

6. 我国的主要口岸有________。

A. 大连港　　B. 上海港　　C. 天津港

D. 满洲里口岸　　E. 北京首都国际机场　　F. 上海虹桥机场

7. 海关的业务制度包括以下内容________。

A. 监管制度　　B. 保税制度　　C. 关税制度

D. 保险制度　　E. 稽查制度　　F. 统计制度

8. 保税制度是指经海关批准的境内企业所进口的货物，在海关监管下在境内指定的场所________并暂缓缴纳各种进口税费的一种海关监管义务制度。

A. 加工　　B. 储存　　C. 销售

D. 装配　　E. 免税

四、名词解释

1. 国际物流　2. 国际贸易　3. 贸易术语　4. 国际货物运输　5. 国际货运代理
6. 保税仓库　7. 租船运输　8. 国际多式联运　9. 口岸　10. 海关

五、简答题

1. 国际物流的特点是什么？
2. 国际物流与国际贸易的关系是怎样的？
3. 国际货物运输的特点是什么？
4. 国际仓储的作用有哪些？
5. 租船业务的执行程序是什么？
6. 海关的业务制度包括哪些？

【实践教学】

实训名称	国际物流业务
教学目的	① 了解国际物流的流程 ② 熟悉国际物流涉及的单证
实训条件	选择一家海运公司，或外贸公司，或货代公司
实训内容	① 了解国际物流的流程、贸易术语的运用、运输方式、保税仓库和海关业务等 ② 熟悉国际物流的涉及的单证，了解单证的制作、特点和注意事项
教学组织及考核	① 学生 6 ~ 8 人一组，企业教师讲解、带领参观，教师进行具体指导 ② 学生根据实训内容，以组为单位，完成调研报告 ③ 组织学生交流、分享研究成果

第 8 章　物流企业管理

教学目标

知识要点	能力要求	相关知识
物流成本管理	(1) 能够分析物流成本构成、特性、分类 (2) 熟悉降低企业物流成本的途径 (3) 熟悉企业物流成本管理的方法	(1) 物流成本、特性、分类 (2) 企业物流成本降低的途径 (3) 物流成本管理要点与 ABC 法
物流质量管理	(1) 掌握物流质量管理的概念、内容、特点 (2) 熟悉物流质量管理体系 (3) 理解物流企业实施质量管理的重要性	(1) 物流质量管理的概念、内容、特点 (2) 物流质量管理指标 (3) 物流质量管理工作
物流人力资源管理	(1) 熟悉企业人力资源开发内容、方法 (2) 理解物流经理的岗位职责与作用	(1) 物流员工的招聘、培训和开发 (2) 物流经理的职责和素质要求

教学重点、难点

物流成本、物流成本管理的内容与 ABC 法，物流质量管理的方法，人力资源管理的重要性。

案例导入

解析全球物流企业管理

21 世纪，企业对物流管理将成为之企业管理的核心。以下 10 大趋势，将持续成为物流企业管理及运筹管理的发展主流。

1. 由顾客服务转向关系管理

过去，物流管理仍着重在企业内部作业与组织之间的整合和对下游顾客的回应，以服务品质为管理重心。因此，衡量管理绩效的指标多为订单周期时间、供品率、完美订单率等。然而，在供应链管理模式发展下，企业逐渐强调企业之间的整合，使得顾客关系的维护与管理变得愈来愈重要。物流管理已从物的处理，提升到物的附加值方案的管理，即须充分了解顾客需求，为其量身定做合其所用的物品与服务。

2. 由对立转向联合

传统商业渠道中，企业之间多半以自我为中心，追求对其自我利益最大的条款或方式，因此往往造成企业之间处于对立的局面，常有冲突产生。然而，在追求更大竞争力的驱使下，许多企业开始在各个商业流通机能上整合，通过联合规划与作业，流通渠道整体绩效大幅提升。

3. 由预测转向终测

传统的流通模式仍通过对下游客户内部的需求及生产进行预测而调整各项物流作业及活动，不幸的是，这种预测鲜有准确者，因而造成通路中没有需求的商品过多，而需求迫切的商品缺货的情况。新兴的物流管理趋势乃强调通路成员之间的联合机制，成员之间愿意交换营运面及策略面的信息，尤其是其内部需求及生产的资料，使得上游企业无须去猜测下游客户的所需。

4. 由经验累积转向持续变革

一直以来，经验曲线法是企业用来分析市场竞争趋势及发展对策的方法，并以企业长年累积的经验作为主要竞争武器。然而，科技的突飞猛进及新形态的商业模式不断发展，企业固守既有经验寻求突破的经营模式反而成为在新兴通路发展的障碍。例如，对传统零售业来说，网络兴起后所形成的网络购物通路，可能会在不久的将来会对传统业者带来极大的冲击。因此，在高度变化的环境下，经验及现存通路基础结构反而变成最难克服的障碍。成功企业唯有把握新的策略方向，并进行持续的管理变革，才能在新世纪中继续生存。

5. 由绝对价值转向相对价值

传统财务衡量只看一些绝对数值，如市场占有率，但是向高的市场占有率冲击的同时，相对应的成本可能极速增加，企业的整个利润可能不增反降。新的衡量成功的方法将着重创造相对价值，即在通路中提供附加值服务，顾客所增加的价值中，企业可占有多少的比例。换言之，成功指的是企业产品或服务的供应，可为顾客创造价值，而且其中有部分可以回馈给企业。基于相对价值的观念，许多物流上的创新的附加值服务不断产生，例如多家顾客货物合并、越库作业(Cross-docking)、在途混装等。

6. 由功能整合转向过程整合

传统组织结构依功能区分各部门，虽能获得各功能发展上的专业化，却也造成本位主义及信息传达上的拖延及失真问题。在通路竞争日趋激烈的环境中，企业必须更快速地回应上、下游厂商或顾客的需要，因而必须有效地整合各功能部门的营运，改以用作业程序系统来运作。物流作业与活动多半具有跨功能、跨企业的特性，故过程整合是物流管理成功的关键之一。

7. 由垂直整合转向虚拟整合

在传统通路中，不少大型企业往往会进行通路的垂直整合，以期对通路掌有更大的控制力量。然而这种模式的发展却不是很成功，反而将企业的资源稀释到它所不熟悉的领域，使企业的经营绩效受侵蚀。今日企业经营趋势则以专注核心能力，并将非核心业务或功能委托给外部专业公司管理的方式，即一家主体企业(例如制造业)，结合几家专业公司(例如专业物流公司、专业信息公司)，形成一虚拟整合体系，来提供主体企业能供应市场更好的产品及服务。

在虚拟整合趋势下，供应链体系得以成功发展，物流产业得以配合主体企业物流的需

要，不断开发出创新的附加值服务项目，形成更专业的物流服务业，为市场顾客提供更多、更好及更有价值的服务。

8. 由信息保留转向信息分享

在供应链管理架构下，供应链内的相关企业必须将供应链整合所需的信息与其他企业分享，否则将无法形成有效的供应链系统。然而许多企业仍然存有旧的管理思维，无法迅速转变观念，以信息保留为重，信息分享为辅，使得供应链的发展大打折扣。在资料库等新信息观念与技术的推动下，供应链中多家企业可进入资料库中获取作业决策所需的信息，使得联合行动更加有效。

9. 由培训转向知识学习

在可预见的未来，任何物流程序均仍须以人力完成。然而，物流作业多半须在各个物流据点及运输网络中进行，大约有90%的时间，物流主管无法亲自加以监控，例如卡车司机的工作，不但在路上跑，而且必须与顾客面对面互动，甚至这位送货司机可能不是卖方企业的员工。又如业务人员及存货规划人员，这些员工必须了解供应链的动态特性，同时要能善用信息工具协助制定有效的策略，并加以执行。同时，全球化的发展趋势，也增加物流人力资源管理的复杂程度。物流主管必须将原以个别人员技能培训方式转向以知识为基础的学习发展。再以卡车司机为例，他除了要具有驾驶所需的各项技能外，更须具有关于客服、企业资料库搜寻、配送决策支援系统的使用等相关知识。

物流的成功管理要求物流从业人员对关键知识能力的掌握，而此方面的发展却是十分不足的，有待企业及专业教育机构更多的努力。

10. 由管理会计转向价值管理

企业管理原本就须强调数字管理，但在一般接受会计准则的会计系统中，其显示的财务信息有极多的限制，无法提供有助于管理决策的信息。因此，当作业基础成本制出台后，许多企业愿意建立ABC管理会计系统。ABC管理会计系统虽已优于通用准则的会计系统，然而其仍以企业内之应用为主，且仍为成本导向的会计系统。在未来，价值管理将改良ABC管理会计系统，着重在提供价值创造、跨企业的管理信息上，以确认并支援可创造价值的作业，而非仅在于收益增加或成本下降上。基于物流乃是为价值链中创造附加价值的活动，价值管理的发展将促使物流的特性被企业所认知，进而大大提升物流管理在供应链中地位。

（资料来源：中商情报网）

8.1 物流成本管理

8.1.1 物流成本概述

1. 物流成本

物流成本(Logistics Cost)是指：“物流活动中所消耗的物化劳动和活劳动的货币表现(GB/T 18354—2006)”。

总之，现代物流成本是指从原材料供应开始一直到将商品送达到消费者手上，且包括物品回收在内所发生的全部物流费用。

2. 研究物流成本的意义

随着现代物流及其相关技术的不断推进和发展，物流成本已经作为衡量企业经营发展的重要指标之一。从企业流转的商品来看，一件普通商品的物流费用占最后成本价的30%～50%，对时间、空间要求苛刻的商品，物流费用占到成本价的70%～90%。从国家层面看，物流成本占GDP的比重，已经成为衡量一个国家物流业发展水平的重要指标。

因此，对物流成本的研究具有非常重要的意义，具体如下所述。

（1）通过对物流成本的设计，可以了解物流成本的大小和它在生产成本中所占的地位，从而提高企业内部对物流重要性的认识，并且从物流成本的分布，可以发现企业物流活动中存在的问题。

（2）根据物流成本的计算结果，制订物流计划，调整物流活动并评价物流活动效果，以便通过统一管理和系统优化降低物流费用。

（3）根据物流成本的计算结果，可以明确物流活动中不合理环节的主要责任者。总之，如果能准确地计算物流成本，就可以运用成本数据，配之以科学的管理方法大大提高物流管理的效率，降低物流成本。

3. 物流成本的特性

1）以客户服务需求为基准

因为物流成本不是面向企业经营结果，而是面向客户服务过程。所以，物流成本的大小就具有以客户服务需求为基准的相对性特点。这是物流成本与企业其他成本在性质上的最大区别。

2）难以归纳

虽然物流成本管理存在巨大的潜力，但物流成本管理的现实要求和现行会计制度之间存在着技术性冲突，物流成本在现行会计制度的框架内很难确认和分离。企业现有的会计核算制度是按照劳动力和产品来分摊企业成本的，所以在企业的“损益表”中并无物流成本的直接记录。如物料搬运成本常常包含在货物的购入成本或产品销售成本之中；厂内运输成本常常是计入生产成本的；订单处理成本可能包含在销售费用之中；部分存货持有成本又可能包含在财务费用之中。这些方面造成企业的物流成本难以归纳。

3）分散性

由于物流管理运作具有跨边界（由普遍的协同运作要求所决定）和开放性（由客户服务要求所决定）的特点，使得由一系列相互关联的物流活动产生的物流总成本，既分布在企业内部的不同职能部门中，又分布在企业外部的不同合作伙伴那里。从企业产品的价值实现过程来看，物流成本既与企业的生产和营销管理有关，又与客户的物流服务要求直接相关。

4）效益背反

物流成本之间存在效益背反规律，即物流成本中各功能间存在着此消彼长的关系，一种功能成本的削减会使另一种功能的成本增多。例如，物流成本与对顾客的服务水平之间就存在着效益背反，即提高物流服务，物流成本就会上升。又如，库存成本的降低就意味着运输成本的相对增加。从中可以看出，物流成本间各种费用是互相关联的，要想降低物流成本就必须考虑整体的最佳成本。

5）难以比较

对物流成本的计算和控制，各企业通常是分散进行的，也就是说，各企业根据自己不同的理解和认识来把握物流成本，这样就带来了一个管理上的问题，即企业之间无法就物流成本进行比较分析，也无法得出产业平均物流成本值。例如，不同的企业外部委托物流的程度是不一致的，由于缺乏相互比较的基础，因而无法真正衡量各企业相对的物流绩效。

6）削减物流成本具有乘数效应

物流成本类似于物理学中的杠杆原理，物流成本的下降通过一定的支点，可以使销售额获得成倍的增长。例如，如果销售额为100亿元，物流成本为10亿元，那么物流成本削减1亿元，不仅直接产生了1亿元的利益，而且因为物流成本占销售额的10%，所以，间接增加了10亿元的利益，这就是物流成本削减的乘数效应。

8.1.2　物流成本的分类

1. 按物流活动发生的领域分类

按物流活动发生的领域分类，可分为如下五类。

（1）采购物流费：从原材料(包括空容器、包装材料)的采购到送达到购入者为止的物流活动所发生的费用。

（2）工厂内物流费：从产成品包装时点开始到确定向顾客销售为止的物流活动所发生的费用。

（3）销售物流费：确定向顾客销售之后，到出库送达到顾客为止的物流活动所发生的费用。

（4）返品物流费：伴随着销售产品的返品物流活动所发生的费用。

（5）废弃物流费：为了处理已经成为废弃物的产品、包装物以及运输用容器、材料等物品所进行的物流活动发生的费用。

2. 物流费用的支付形式分类

按物流费用的支付形式分类，可分为如下七类。

（1）材料费：包装材料费、燃料费、消耗工具材料等物品的消费生成的费用。

（2）人工费：工资、奖金、退休金、福利费等。

（3）水电费：水费、电费、燃气费等。

（4）维持费：维修费、消耗材料费、房租、保险费等。

（5）一般经费：差旅费、交际费、教育费、会议费、杂费等。

（6）特别经费：折旧费等。

（7）委托物流费：包装费、运费、保管费、入出库费、手续费等委托企业外部承担物流业务支付的费用。

3. 按物流功能类别分类

按物流功能的类别分类，可分为如下三类。

（1）物资流通费：运输费、保管费、包装费、装卸费、流通加工费等。

（2）信息流通费：处理和传送物流相关信息发生的费用，包括库存管理、订单处理、顾客服务等相关费用。库存管理是指与库存的移动、计算、盘点等有关的信息处理、传达等相关的业务。订货处理是指顾客委托仓库出库的相关信息的处理业务，并不包括商流部分订货活动。顾客服务是指接受顾客的咨询和询问，提供有关信息的业务。以上业务的特点是离不开计算机和信息系统的支持，本质上属于信息活动。

(3) 物流管理费：物流的计划、协调、控制等管理活动方面发生的费用，不仅包括现场物流管理费，而且包括本部的物流管理费。现场物流管理费是指配送中心、仓库、物流网点等物流作业部门的人工费、事务费以及维持费等。本部物流管理费是指企业综合物流管理部门发生的上述费用。

4. 按不同的管理科目分类

按不同的管理科目分类，可分为如下四类。

(1) 部门类别物流费、商品类别物流费、销售地域类别物流费、顾客类别物流费。

(2) 直接物流费、间接物流费。

(3) 固定物流费、变动物流费。

(4) 管理可能物流费、管理不可能物流费。

8.1.3 物流成本计算的新方法——物流ABC法

1. 计算物流成本的目的

物流成本是伴随着物流活动而发生的各种费用，由三部分构成：①伴随着物资的物理性活动发生的费用以及从事这些活动所必需的设备、设施的费用。②物流信息的传送和处理活动发生的费用以及从事这些活动所必需的设备和设施的费用。③对上述活动进行综合管理的费用。

物流成本是客观存在的，但是，在对于物流成本的计算内容和范围没有一个统一的计算标准之前，不同的企业有不同的计算方法，企业之间千差万别，这给物流成本计算和成本管理带来很大的困难。随着物流成本管理必要性的提高，企业出现了统一物流计算标准的要求。在这种背景下，有关部门开始致力于物流成本计算标准的制定。例如，日本运输省于1977年制定了《物流成本计算标准》，为统一物流成本计算提供了依据。

从企业经营的总体上看，计算物流成本的目的主要是以下几个方面。

(1) 揭示物流成本的大小，提高企业内部对物流的重视程度。

(2) 发现物流活动中存在的问题。

(3) 对物流活动进行计划、控制和业绩评价。

(4) 指出由于其他部门引起的不合理物流活动。

为了达到以上目的，物流成本除了按物流活动领域、支付形态、物流功能类别分类外，还应根据管理上的需要进行分类，而且要通过不同期间成本的比较、实际发生费用与预算标准的比较，并结合销售额和物流服务水平，对物流成本进行分析比较。

2. 物流作业成本计算方法

1) 物流传统的成本核算方法的缺陷

(1) 传统的成本计算法，造成了所谓的“物流费用冰山说”。

(2) 传统物流成本计算法提供的物流成本信息失真，不利于进行科学的物流控制。在传统成本计算中，间接费用普遍采用与产量关联的分摊基础——直接工时、机器小时、材料耗用额等。这种计算方法使现代企业许多物流活动产生的费用处于失控状态，造成了大量的浪费和物流服务水平的下降。

(3) 传统的会计实践通常并不能提供足够的物流量度。①传统会计方法不能满足物流一体化的要求；②传统会计科目的费用分配率存在问题；③传统会计方法不能对物流和供应链改造工程活动进行物流成本核算。

2) 作业成本法

作业成本法(Activity - Based Costing，简称ABC法)，其理论基础是“产品消耗作业，作业消耗资源”，其本质是以作业为中心，通过对作业及作业成本的确认、计量，进而选择成本动因对资源费用进行分配，最终计算出相对真实的产品成本。用“ABC法”计算成本，其优点主要体现在以下几个方面。

(1) 能提供相对准确的成本信息。作业成本法克服了传统成本计算方法导致的成本信息失真问题，它不局限于传统会计的规定，因而能适应现代制造环境的变化，改变传统会计中标准成本背离实际成本的事实。

(2) 能加强企业的成本控制。作业成本法将作业区分为增值作业和不增值作业，强调事前、事中作业成本控制，尽可能消除不增值作业，并提高增值作业的效率和效益。把这一原则应用于物流成本控制，可以减少资源的浪费，进而有效降低物流成本。

(3) 有利于建立企业内部责任会计。按物流费用的发生情况划分责任中心，不仅便于分清低效和浪费的原因，也易于确定责任人。它所提供的成本信息有助于业绩的计量和考核。

(4) 适合现代生产方式。作业成本法使成本计算与适时制生产系统(JIT)相结合，可实现技术、管理和经济的统一，能加速高新技术产业的发展。

3) “ABC法”引入物流成本核算的可行性

我国《物流术语》中给物流作业(Logistics Operation)下的定义是：“为完成特定物流活动所进行的具体操作(GB/T 18354—2006)”。

企业的物流活动是由物品的包装、装卸、运输、配送、存储、流通加工、包装物和废品的回收以及与之相联系的物流信息等作业构成的，物流成本则是物流作业链各环节中所有成本之和。

如果企业采用作业成本法进行物流成本的核算，物流成本则可按物流作业进行分类，然后把企业物流活动消耗的资源，按资源动因分配计入各项物流作业中进行计算。这与传统成本核算方法相比，其分配的标准更符合客观情况，从而大大提高了物流成本信息的准确性，也为物流成本管理提供了可靠的依据；同时在企业的会计账簿中，各项物流作业的成本是由开设的物流作业成本单反映的，汇集这些成本单，就能很容易地计算出物流成本，从而不需要在大量的会计账目中，搜寻哪些费用是物流活动产生的，哪些费用不是物流活动产生的，简化了企业的核算工作。

4) 物流作业成本的计算

(1) 物流作业成本计算系统的构成。物流作业成本计算是以每一项物流活动的直接成本计算为依据，再加上物流间接成本和辅助资源成本。一个物流作业成本计算系统，包括物流资源、物流资源动因、物流作业、物流作业动因、物流成本对象和直接物流成本。

物流资源是物流作业所消耗的成本源泉；资源动因是分配资源耗费给各个作业形成作业成本库的依据，它在资源耗费和作业成本库之间建立起一个因果关系；物流作业是物流过程中的各种活动；依据物流资源动因将资源分配给作业就形成了作业成本库；物流作业动因是将物流作业成本库中的成本分配到成本对象的依据，它在成本库和成本对象间建立起了因果关系；物流成本对象是物流作业成本分配的归属，常见的成本对象有产品、服务、客户等；直接成本是那些易于追溯到成本对象的成本。

ABC 法系统中，先确定那些能直接追溯到成本对象的成本，然后再把其余成本分配给作业成本库。

（2）物流作业成本计算的步骤。应用作业成本法核算企业物流并进而进行管理可分为如下四个步骤。

① 界定企业物流系统中涉及的各个作业。作业是工作的各个单位（Units Of Work），作业的类型和数量会随着企业的不同而不同。例如，在一个顾客服务部门，作业包括处理顾客订单、解决产品问题以及提供顾客报告三项作业。

② 确认企业物流系统中涉及的资源。资源是成本的源泉，一个企业的资源包括有直接人工、直接材料、生产维持成本（如采购人员的工资成本）、间接制造费用以及生产过程以外的成本（如广告费用）。资源的界定是在作业界定的基础上进行的，每项作业必须涉及相关的资源，与作业无关的资源应从物流核算中剔除。

③ 确认资源动因，将资源分配到作业。作业决定着资源的耗用量，这种关系称作资源动因。资源动因联系着资源和作业，它把总分类账上的资源成本分配到作业。

④ 确认成本动因，将作业成本分配到产品或服务中。作业动因反映了成本对象对作业消耗的逻辑关系，例如，问题最多的产品会产生最多顾客服务的电话，故按照电话数的多少（此处的作业动因）把解决顾客问题的作业成本分配到相应的产品中去。

5）物流作业成本控制

物流作业成本控制，运用物流总体成本观，以达到客户满意的服务为前提，力图在总体成本最小的情况下，通过作业分析，将总体成本层层分解到各个物流作业上，形成系统的物流作业目标成本，并且把每个物流作业认为一个责任中心，对各责任成本考核，不断改进低效率的物流作业，从而降低企业的物流成本。

8.1.4 物流成本管理

1. 物流成本管理的概念

物流成本管理（Logistics Cost Control）是指：“对物流活动发生的相关费用进行的计划、协调与控制（GB/T 18354—2006）”。分析物流成本管理内涵，是通过成本去管理物流，即通过成本现象，发现物流活动中哪些环节存在问题，以便有针对性地去解决问题，达到降低物流成本的目的。

2. 物流成本管理原则

1）平衡物流成本与客户满意

物流成本随着所提供的客户服务质量水平的提高而成比例上升，服务质量水平设定过高，会使物流成本过于昂贵。这就是物流业中的服务与质量“二律背反规律”。因而物流成

本管理强调，在努力降低物流成本的同时，还要注意不能因为降低物流成本而影响对顾客服务的质量，而要实现两者的优化平衡。对企业物流经理来说，合理的控制存货与运输，既不能损害客户服务水平，也不能使企业因为持有过多的存货而增加成本，既要达到对顾客的及时送货，又要降低运输成本，这就成为物流管理或物流成本控制的主要任务。

2）以企业整体成本为管理对象

由于物流成本涵盖范围广，且物流成本之间存在着效益背反规律，因此要降低企业物流成本，不能仅从企业物流的某个部门出发，而是要以企业整体物流成本为对象。另一方面，追求成本的效率化不仅仅是企业中物流部门或生产部门的事，同时也是销售部门、采购部门的重要工作，即应将降低物流成本的目标及方法，贯彻到企业所有职能部门中去，并在部门间形成协调合作关系。

3）通过对流通全过程的管理降低物流成本

控制物流成本不单是本企业的事，仅本企业的物流体制具有高效率是不够的，还需要企业协调其他企业（如，供应商）以及顾客、运输业者之间的关系，实现整个供应链活动的高效率。

3. 物流成本管理要点

要加强物流成本管理，降低物流成本总水平，就必须把以下几个方面的工作落到实处，以发挥实效。

1）确定成本管理对象

物流成本与生产成本相比较具有连续性、不确定性、难以分解等特点，这就为物流成本管理与核算增加了一定的难度。因此，物流成本管理的前提是确定成本管理对象，使得成本管理与核算有据可依。每一企业可以根据本企业的性质和管理的需要来确定物流成本管理对象。但企业一旦选用一种物流成本为管理对象，就不要轻易改变，以保持前后各期的一致性和可比性。具体对象如下所述。

（1）以物流构成作为对象，可以计算供应物流成本、生产物流成本、回收物流成本及废品物流成本。

（2）以物品实体作为对象，可以计算每一种物品在物流通过程中（包括运输、验收、保管、维护、修理等）所发生的成本。

（3）以物流功能作为对象，计算运输、保管、包装和流通加工等诸种物流功能所发生的成本。

（4）以物流成本项目作为对象，计算各物流项目的成本，如运输费、保管费、折旧费、修理费、材料费及管理费等。

2）制定成本标准

确定物流成本管理对象，即把项目繁多的物流成本做了一个划分，在此基础上便可进行物流成本预算管理。其标准的制定有以下几种。

（1）按成本项目制定成本标准。企业内部每一物流成本项目，按其与物流成本流转额的成本水平为依据，再结合本企业现在的状况和条件，确定合理的成本标准。而对于可变项目，则着重于考虑近期及长远条件和环境的变化（如运输能力、仓储能力、运输条件及国家的政策法令等），制定出成本标准。

（2）按物流功能制定成本标准。不论是运输、保管还是包装、装卸成本，其水平的高低均取决于物流技术条件、基础设施水平。因此，在制定物流成本标准时应结合当时的生产任务、流转流通数量及其他相关因素进行考虑。

（3）按物流过程制定成本标准。是一种综合性的技术，要求全面考虑物流的每个过程。既要以历史成本水平为依据，同时又要充分考虑企业内外部因素的变化。制定这种成本标准需要多种技能相结合。

3）实行预算管理

成本标准确定后，企业应充分考虑其财力状况，制定出每一种成本的资金预算，以确保物流活动的正常进行。同时，按照成本标准，进行定期与不定期检查，评价与对比，以求控制物流活动和成本水平。

4）实行责任成本管理制度

物流成本遍布社会再生产的每一个环节和过程。同样，企业的每一个环节和过程也都要发生物流成本。要想管理好物流成本，除了制定成本标准外，还需在物流部门、生产部门和销售、管理部门实行责任制，实行全过程、全人员的成本管理，明确各自的权利和责任。

5）合理进行技术改造

合理进行技术改造，是指在进行技术及设备引进时要考虑其经济性，尽管现今的运输、包装、装卸技术必然能降低物流成本，但现今技术方法的运用也必然具有较高的成本。因此，以经济技术相结合来选择运输工具、包装材料及装卸工具，也是降低物流成本的一个重要方面。

6）推进物流管理的现代化

推进物流管理的现代化包括系统现代化、机械化、合理化。物流所要解决的主要问题是物资实体的位移及伴随的成本降低。建立物流活动的系统化、机械化，从而使其流向合理化、包装运输科学化也能大大降低物流成本。

4. 影响企业物流成本的因素

1）竞争性因素

市场环境变幻莫测，充满了激烈的竞争，企业处于这样一个复杂的市场环境中，企业之间的竞争也并非单方面的，它不仅包括产品价格的竞争，还包括顾客服务的竞争；而高效的物流系统是提高顾客服务的重要途径。应对市场竞争企业必须做出反应，而每一个回击都是以物流成本的提高为代价的。

2）产品因素

产品的特性不同也会影响物流的成本，主要体现在以下几个方面。

（1）产品价值。随着产品价值的增加，每一领域的成本都会增加。运费在一定程度上反映货物移动的风险，一般来说，产品价值越大，对其所需使用的运输工具要求越高，仓储和库存成本也随产品价值的增加而增加。高价值意味着存货中的高成本，高价值的产品其过时的可能性更大，在储存时所需的物理设施也越复杂和精密。高价值的产品往往对包装也有较高的要求。

（2）产品密度。产品密度越大，每车装的货物越多，运输成本就越低，同样，仓库中一定空间领域存放的货物也越多，这样，库存成本也就越低。

(3) 易损性。易损性对物流成本的影响提出了更高的要求，易损性的产品对运输和库存都提出了更高的要求。

(4) 特殊搬运。某种产品对搬运提出了特殊的要求，如利用特殊尺寸的搬运工具，或在搬运过程中需要加热或制冷等，这些都会增加物流成本。

3) 空间因素

空间因素，是指物流系统中工厂或仓库相对于市场或供货点的位置关系。若工厂距离市场太远，则必然要增加运输费用。

5. 物流成本管理方法

物流成本的管理方法一般有以下几种。

1) 比较分析法

(1) 横向比较。把企业的供应物流、生产物流、销售物流、退货物流和废弃物物流(有时包括流通加工和配送)等各部分物流费分别计算出来，然后进行横向比较，看哪部分发生的物流费用最多。如果是供应物流费用最多或者异常多，则详细查明原因，堵住漏洞，改进管理方法，以便降低物流成本。

(2) 纵向比较。把企业历年的各项物流费用与当年的物流费用加以比较，如果增加了，则分析一下为什么增加，在哪个地方增加了，增加的原因是什么？假若增加的是无效物流费，则立即改正。

(3) 计划与实际比较，是指把企业当年实际开支的物流费与原来编制的物流预算进行比较，如果超支了，分析一下超支的原因，在什么地方超支？这样便能掌握企业物流管理中的问题和薄弱环节。

2) 综合评价法

比如采用集装箱运输，①可以简化包装，节约包装费；②可以防雨、防晒，保证运输途中物品质量；③可以起仓库作用，防盗、防火。但是，如果包装由于简化而降低了包装强度，货物在仓库保管时则不能往高堆码，浪费库房空间，降低仓库保管能力。由于简化包装，可能还影响货物的装卸搬运效率等。

那么，利用集装箱运输是好还是坏呢？就要用物流成本计算这一统一的尺度来综合评价。分别算出上述各环节物流活动的费用，经过全面分析后得出结论，这就是物流成本管理，即通过物流成本的综合效益研究分析，发现问题，解决问题，从而加强物流管理。

3) 排除法

在物流成本管理中有一种方法叫“活动标准管理”(Activity Based Management，ABM)，就是把物流相关的活动划分为两类：一类是有附加价值的活动，如出入库、包装、装卸等与货主直接相关的活动；另一类是非附加价值的活动，如开会、改变工序、维修机械设备等与货主没有直接关系的活动。其实，在商品流通过程中，如果能采用直达送货的话，则不必设立仓库或配送中心，实现零库存，等于避免了物流中的非附加价值活动。如果将上述非附加价值的活动加以排除或尽量减少，就能节约物流费用，达到物流管理的目的。

4) 责任划分法

在生产企业里，物流的责任究竟在哪个部门？是物流部门还是销售部门？客观地讲，物流本身的责任在物流部门，但责任的源头却是销售部门或生产部门。以销售物流为例，一般情况下，由销售部门制定销售物流计划，包括订货后几天之内送货，接受订货的最小批量是多少等均由企业的销售部门提出方案，定出原则。假若该企业过于强调销售的重要性，则可能决定当天订货，次日送达。这样的话订货批量大时，物流部门的送货成本少，订货批量小时，送货成本就增大，甚至过分频繁、过少数量送货造成的物流费用增加，大大超过了扩大销售产生的价值。这种浪费和损失，应由销售部门负责。分清类似的责任有利于控制物流总成本，防止销售部门随意改变配送计划，堵住无意义、不产生任何附加价值的物流活动。

加大我国物流成本的控制与管理

目前，国际上采用的物流成本衡量标准就是社会物流总费用占 GDP 的比率。数据显示，2014 年，我国社会物流总费用为 10.6 万亿元，占 GDP 比重为 16.6%；2015 年，我国社会物流总成本占 GDP 的比重为 15.2%。

尽管近几年国内物流成本一直呈收缩态势，但是物流总费用占 GDP 比例，仍然明显高于发达国家和部分发展中国家。据了解，美国此项占比仅为 8.5%，再与金砖国家对比，印度该项占比为 13%，巴西为 11.6%。

国内的物流不缺资源，但是缺乏整合，布局较为散乱，流通环节过多，管理部门之间也缺乏互联互通，这些都会加大物流成本。在未来，去库存、去环节、去成本、去黑洞将成为国内物流行业调整和发展的主要方向。

8.2 物流质量管理

8.2.1 物流质量管理概述

1. 物流质量管理的概念

物流质量管理是发展和维持全面质量管理的主要组成部分，也是物流管理的重要组成部分。物流质量管理(logistics Quality Management)定义为：“通过制定科学合理的基本标准，对物流活动实施的全对象、全过程、全员参与的质量控制过程(GB/T 18354—2006)”

2. 物流质量管理的内容

全面的物流质量管理包括以下几方面的内容。

1）物品的质量保证及改善

物流的对象是具有一定质量的实体，具有合乎要求的等级、尺寸、规格、性质及外观。这些质量是在生产过程中形成的，物流过程在于转移和保护这些质量，最终实现对用户的质量保证。因此，对用户的质量保证既依赖于生产，又依赖于流通。现代物流过程不单是消极地保护和转移物流对象，还可以采用流通加工等手段改善和提高商品的质量，因此，物流过程在一定程度上说就是商品质量的“形成过程”。

2）物流服务质量

物流活动具有服务的本质特性，既要为现代企业生产经营过程服务，也要为现代企业的产品和服务的顾客提供全面的物流服务。服务质量因不同用户而要求各异，因而要掌握和了解用户需要。此外，物流服务质量是变化发展的，随着物流领域绿色物流、柔性物流等新的服务概念的提出，物流服务也会形成相应的新的服务质量要求。

3）物流工作质量

工作质量指的是物流各环节、各工种、各岗位的具体工作质量。工作质量和物流服务质量是两个有关联但又不大相同的概念，物流服务质量水平取决于各个工作质量的总和。所以，工作质量是物流服务质量的某种保证和基础。

4）物流工程质量

物流质量不但取决于工作质量，而且取决于工程质量。在物流过程中，将对物品质量发生影响的各因素（人力因素、体制因素、设备因素、工艺方法因素等）统称为“工程”。很明显，提高工程质量是进行物流质量管理的基础工作，提高工程质量，就能做到“预防为主”的质量管理。

3. 物流质量管理的特点

现代物流具有其内在的客观规律，在质量管理方面同样反映出相应的基本要求，归纳起来有三大特点。

1）全员参与

要保证物流质量，就涉及物流活动的相关环节、相关部门和相关人员，绝不是依靠哪个部门和少数人能搞好的，必须依靠各个环节中各部门和广大职工的共同努力，需要各方紧密配合，共同努力。物流管理的全员性，正是物流的综合性、物流质量问题的重要性和复杂性所决定的，它反映了质量管理的客观要求。

2）全程控制

物流质量管理是对物品的包装、储存、运输、配送和流通加工等若干过程进行的全过程管理，同时又是对物品在社会再生产全过程中进行全面质量管理的重要一环。在这一过程中，必须一环紧扣一环地进行全过程管理才能保证最终的物流质量，达到目标质量。

3）全面管理

影响物流质量的因素具有综合性、复杂性，加强物流质量管理就必须全面分析各种相关因素，把握内在规律。物流质量管理不仅管理物流对象本身，而且还管理物流工作质量和物流工程质量，最终对成本及交货期起到管理作用，具有全面性。

4）整体发展

物流是一个完整统一的系统，任何一个环节的问题都会影响到物流服务的质量。因此，加强物流质量管理就必须从系统的各个环节、各种资源以及整个物流活动的相互配合和相互协调做起，通过强化整个物流系统的质量素质来促进物流质量的整体发展。

8.2.2 物流质量的衡量

如何衡量物流质量是物流管理的重点。物流质量的保证首先建立在准确有效的质量衡量上。物流质量主要从以下三个方面来衡量。

1. 物流时间

时间的价值在现代社会的竞争中越来越凸显出来，谁能保证时间的准确性，谁就获得了客户。由于物流的重要目标是保证商品送交的及时，因此时间成为衡量物流质量的重要因素。

2. 物流成本

物流成本的降低不仅是企业获得利润的源泉，也是节约社会资源的有效途径。在国民经济各部门中，因各部门产品对运输的依赖程度不同，运输费用在生产费用中所占比重也不同。

3. 物流效率

物流效率对于企业来说，指的是物流系统能否在一定的服务水平下满足客户的要求，也是指物流系统的整体构建。对于社会来说，衡量物流效率是一件复杂的事情。因为社会经济活动中的物流过程非常复杂，物流活动内容和形式不同，必须采用不同的方法去分析物流效率。

8.2.3 物流质量指标体系

物流质量管理最直观最关键的，就是对物流运作系统的考核。物流质量管理的不同环节，有不同的标准与考核指标。

以制造企业的销售物流为例，应采取以下四方面的指标，可以全面监控反馈物流管理的质量。

（1）运作指标，即衡量物流配送实物操作水平的指标。具体包括：配送准时率、错误投递率、破损率、特殊情况服务水平、代收货款准时率、录单准确率。

（2）仓储服务指标，即在仓储管理中对库存管理、理货操作等方面的监控指标。具体包括：订单处理时间、库存准确率、装卸效率、安全指标、作业正确率、库存量。

（3）信息指标，即对物流服务中客户预约、信息跟踪反馈、签收单反馈等信息服务的监控，具体包括电话预约指标、信息反馈率、签收单反馈率、意外情况反馈及时率。

（4）客户满意度监控指标，即关系到客户直观感受，由客户反馈的指标，具体包括：客户满意率、客户投诉率，即客户投诉订单数占全部订单数的比例。

在指标设计过程中，还可以根据需要对每个指标按照物流运作每项工作的具体环节进行细分。在具体考核过程中，应根据物流运作侧重点、对客户承诺水平的不同制定每个考核指标的标准，并选取相应的指标，通过对每项指标分配不同的权重形成指标组合体系，作为考核的依据。

8.2.4 物流质量管理的基础工作

1. 建立质量管理组织

质量管理工作是在物流的每一个过程中体现的。因此，质量工作应是整个物流组织的事情，建立一个统筹的质量组织，实行质量管理的规划、协调、组织、监督是十分必要的。另外，在各个过程中建立质量小组，并通过质量小组带动全员、全过程的质量管理也是很重要的方式。

2. PDCA 循环

PDCA 是计划、实施、检查、处理四个管理阶段的简称，又称为戴明循环或管理循环，是质量保证体系运转的基本方式。它具体分为分析现状、分析原因、找出主要影响因素、制定解决措施、组织实施、检查、总结，将遗留问题作为下一阶段目标等八个步骤，大环套小环，环环相扣，循环每转动一周就提高一步，如此循环往复。

3. 标准化工作

标准化是开展物流质量管理的依据之一。在标准中，要具体制定各项工作的质量要求、工作规范、质量检查方法，各项工作的结果都要在产品质量的规定标准范围内。因此，物流质量管理离不开标准制定工作。

4. 制度化

将质量管理作为物流的一项永久性工作，必须有制度的保证。建立协作体制，建立质量管理小组都是制度化的一个部分。此外，还必须使制度程序化，以便于了解、执行和检查。制度化的另一重要方式是建立责任制，在岗位责任制基础上，或在岗位责任制的内容中，订立或包含质量责任，使质量责任能在日常的细微工作中体现出来。

5. 建立差错预防体系

物流过程中的差错问题是影响物流质量的主要因素。由于物流数量大，操作程序多，差错的发生可能性很大，因此，建立差错预防体系也是质量管理的基础工作。工作内容主要包括对库存货物的有效调整，运用自动识别新技术和建立仓库检测系统等。

6. 标杆法

在提高物流质量时，标杆法(定基方法)也经常使用。标杆可以使用顾问、期刊和大学研究者出版的有用的物流数据，也可以对行业内部或相关行业的非竞争性公司进行调研；或者构建组织联盟，经常系统地共享风险基准数据。此外，对客户感觉进行正规的评价也是提升物流绩效的一个重要的途径，这种评价可以通过由公司或行业资助的调查或系统的订货追踪获得。

8.2.5 ISO 质量管理体系与物流企业质量管理

当前的物流业正向全球化、网络化、信息化、综合体系化发展，我国的物流业亦必然按照国际惯例和通行规则，引进国际先进的管理模式和物流理念。因此，贯彻和实施国际通行和认可的 ISO 9000 标准，通过质量管理体系认证，必将是物流企业今后发展的趋势之一。

ISO 9000 族标准是凝聚世界各国传统管理精华，融入现代质量管理原则的科学管理模式，是企业加强质量管理，建立质量管理体系，为企业内部和外部提供质量保证能力的一套管理性标准化文件。而质量体系认证则是通过第三方机构，依据规定程序对提供产品，服务单位的质量管理出具书面保证(ISO 质量管理体系认证合格证书)，证明其符合ISO 9000族标准规定要求所做出的评价，它为供应方树立信誉、为顾客提供需要，是实施企业外部质量保证的一种国际认可的手段。

1. 推行ISO质量管理体系认证的必要性和紧迫性

当前，一些物流企业对ISO质量管理体系的必要性和紧迫性认识不足，甚至认为物流企业根本就没有必要实施ISO质量管理体系。其实对企业而言，推行ISO质量管理体系达到如下所述。

1）可提升物流企业管理水平，降低企业成本，提高企业竞争力

近年来，物流业在我国范围内取得了长足发展，一些物流企业在快速扩张和发展过程中，内部管理的各种弊端暴露无遗，例如，内部操作不规范、职责不明确、客户抱怨和投诉增加以及管理决策随意性等，而在物流企业全面推行ISO质量管理体系认证，不仅可以节约大量的社会检验费用，而且也可以规范物流企业内部操作，提升管理水平，降低管理成本，增强企业的竞争力。

2）可使物流企业尽早融入国际市场，提高国内国际范围内的企业知名度

随着全球经济一体化和国内市场国际化，贯彻ISO 9000标准，开展质量管理体系认证，成为国内企业界、经济界的一个热门话题。有人甚至称质量管理体系认证是国内企业和产品进入国际市场的通行证，而企业通过质量管理体系，就获得了一种权威性的社会承认和国内外市场的认同。因此推行ISO质量管理体系不仅使物流企业按照国际惯例尽早融入国际市场，而且可以扩大物流企业的影响，提高在国内国际范围内的企业知名度。

3）可增强国内国际市场上的竞争力

加入WTO之后，我国将逐步取消产品分销权和物流服务业等方面的限制，外资公司将全面进军我国物流业，物流业的竞争更加剧烈。同时是否根据ISO 9000族国际标准建立质量管理体系及是否已通过体系认证，将成为物流企业服务质量保证能力和水平的标志。在国内国际市场，外资企业均以是否获得ISO 9000认证证书作为参与竞争和合作的前提条件，因此，物流企业推行和全面实施ISO质量管理体系认证，可增强其在国内外物流市场上的竞争能力。

2. 物流企业推行和实施ISO质量管理体系应注意的问题

在我国物流业的发展初期，一些英明的、有前瞻性的物流企业，审时度势，已经按照国际惯例贯彻ISO 9000族标准，通过了ISO质量管理体系认证。物流企业推行和实施ISO质量管理体系应重视以下几个方面。

1）在ISO质量管理体系认证前期，物流企业要注意以下两点

（1）对质量体系认证工作，企业必须积极宣传，全员参与，从高层领导到普通员工要统一思想认识，明确工作责任，确保质量手册、程序文件等质量体系文件的编制修订工作顺利有效地开展。

（2）对质量体系认证工作，必须先从管理者进行推动。企业的管理者特别是高层管理者要高度重视，积极组织领导，必要时刻成立专门的领导小组进行多方协调，以使企业的质量方针、质量目标得到贯彻和落实，使质量工作深入各个部门、各级人员。

2）在ISO质量管理体系实施期间，物流企业要处理好三个方面问题

（1）处理好短期效益与长远发展的矛盾。随着物流业的蓬勃发展，物流公司在外部塑造公司形象，提高市场竞争力，扩大企业规模，在内部围绕“顾客满意”，贯彻质量方针，规范内部作业。与此同时，企业短期效益与长远发展的矛盾也越来越突现，一方面，企业要追求短期效益，实现利润最大化，就可能忽视贯标工作、忽视企业内部规范操作；另一方面，

企业要贯彻和实施企业质量方针和目标，加强内部管理，提高管理水平，切实提高服务质量，确保ISO质量管理体系运行正常有效，以实现企业的长远发展，就可能丢失部分客户，丧失部分企业效益。

（2）处理好质量体系认证前后的观念转变工作。当前，部分物流企业把通过ISO质量管理体系认证作为时尚，认为只要花点钱、请个咨询公司、买个证书就获得了通向国际市场的“通行证”，因此认证前全民动员，轰轰烈烈，认证后“死灰复燃”，思想松懈，不注重内部管理，不注重服务质量，客户投诉越来越多，企业效益和声誉也逐步下降。所以，处理好质量管理体系认证前后的思想观念转变工作尤为迫切和重点。

（3）要把质量管理工作和绩效考核挂钩。任何企业不管是在成立初期，还是在快速的扩张发展中，质量管理工作一定会遇到各种障碍和困难，并会受到来自企业内部的阻力。因此，企业的各层管理者一定要高度重视，并把企业的质量管理工作与员工的绩效考核密切挂钩，这不仅有利于推进企业的质量管理工作，改进和完善质量管理体系，全面提升服务质量，而且有利于加强员工的工作责任性，提高员工工作积极性。另外，质量管理工作一定要作为企业日常的管理工作，常抓不懈，持之以恒。

8.3　物流人力资源管理

物流企业人力资源管理，是指对物流企业人力资源的招聘、开发、保持和利用等方面，进行的计划、组织、协调和控制，以有效地开发人力资源，提高物流工作效率，实现企业经营目标的活动。物流企业人力资源管理贯穿于物流企业业务经营活动全过程，它是现代物流管理的重要组成部分，是物流企业管理的重要内容。

8.3.1　物流人力资源市场特征

一般物流相关工作可分为行车理货人员、后勤支援人员、保管作业人员和信息管理人员四类。

1. 行车理货人员

所谓行车理货人员包括大、小货车、拖车、联络车司机、随车作业人员。行车理货人员代表公司，反映出公司的物流服务品质，对公司的声誉影响很大，所以，配送人员的服装仪容、态度修养、专业知识均给客户或者消费者以深刻的印象。行车理货人员和保管人员称为物流现场作业人员。现场作业人员的人力市场特性如下所述。

（1）劳动力密集。物流业有密集产业之称，由于现场作业人员的工作时间长，另外，作业过程中，从商品验收、保管、库内设备养护、商品拣取、流通加工和采购等都需要依赖人力来完成，所以，物流业可称为劳动密集产业。

（2）强调服务。虽然在整个物流作业中强调人员的辛劳，但由于具有服务业的特质，需要与客户接触，所以，对于服务人员或行车人员的外表仪态、服务态度等，都要加以训练，以提高人员素质，提升服务品质。

（3）具备相关专业知识。在物流现场作业中，其对于商品特性、机械的操作，都要有足够的专业知识，以应付作业流程的需要。例如，行车理货人员需具有职业驾照。

（4）人员流动率高。由于现场人员的工作时间长、风险大、环境差、耗体力等，造成人员流动率偏高的现象；另外，也由于该工作的社会地位不高，所以人员的流动率也因而较高。

2. 后勤支援人员

后勤支援人员，主要包括行政管理、车辆保养、财务会计及账务处理人员。其在人力市场的特性如下所述。

(1) 了解物流作业流程。由于管理人员必须对物流作业负有管理监督的责任，所以，管理人员首先要充分了解从运输入库、装卸、仓储保管、理(拣)货、包装、流通加工、调派车辆、配送和出货等作业流程。

(2) 了解管理知识。由于管理阶层人员的工作包括物流经营管理与物流策略的制定，所以，管理人员需具备相关的管理知识及经验，而且要不断地充实自己，以提高对不同的物流问题的解决能力、未来策略的规划能力等工作的能力。

3. 保管作业人员

保管作业人员通常包括进货人员、出货人员、退货人员、拣货作业人员、流通加工人员、卸柜搬运人员和商品验收人员等。在工作环境上，上述作业人员会花费较多时间在储运区处理货品。一般而言，为配合日、夜配送出车和拆柜卸货，保管作业通常分为二或三班制，24 小时运作。

4. 信息管理人员

掌握时效就能掌握商机，物流业进行的是一场速度的战争。目前，商品价格变化迅速，今天就需全盘分析昨日的市场信息，适时推出促销活动。信息化在物流中心扮演的角色越显重要。目前，零售店店面都在尽量减少库存，而靠信息化掌握进货的时效；同时，物流中心的库存量及种类都要合适，才能既避免投入过多的资金，又满足客户需求。

因此，物流业所需要的信息管理人员不仅包括程序开发设计、维护，还需要分析与处理情报人才。负责这类工作的人员，将来可提升为产品、通路或内部管理的顾问阶层。

8.3.2 物流经理

物流经理是物流部门或物流企业的核心，作为物流组织的领导，要主管大量复杂和具有挑战性的物流业务，全面负责本组织的物流管理工作，因此，他是具体物流工作的指挥者和决策者。选聘一位合格、称职的物流经理无论从哪个角度说都非常重要。

1. 物流经理的职责

物流经理的职责在于充分调动企业员工的积极性，在合理使用企业各种资源，努力降低企业运营成本，提供最优服务的前提下，有效地开展物流工作，实现企业经营目标，取得最佳经济效益。其具体职责有以下几个方面。

(1) 计划决策职责，主要是提出物流目标管理方案、进行企业经营预测、提出企业物流战略规划和制定物流年度计划等。

(2) 沟通协调职责，主要是指沟通协调物流部门与其他相关部门的关系以及物流部门内各方面的关系。

(3) 管理物流业务职责，主要是指对物流工作各环节的管理与指导、控制物流成本与各项费用支出、预测物流成果、评价物流服务、收集和处理物流信息等。

(4) 物流团队建设职责，是指全面负责物流企业或物流部门人力资源管理的各项工作，增强员工对本组织的忠诚度、认同感，从而增强组织的凝聚力。

2. 物流经理的素质要求

作为物流专业工作的首席管理者，物流经理的个人素质应该是很高的。一个优秀的物流经理必须既是技能较高的专业人员，又是一个具有多方面才能的管理者。具体地说，对于物流经理的素质要求主要有以下几个方面。

(1) 良好的思想素质。物流经理必须具有良好的思想作风和工作作风，要有高度的责任感、事业心和进取心，同时还要有较强的心理承受能力，能够经受挫折、不怕困难等。

(2) 较高的知识水平。首先是具有物流方面的专业知识，即物流经理作为行家，必须了解诸如运输、仓储、工程和统计分析等物流业务知识。其次，物流经理还必须掌握与物流相关的其他知识，如产品制造、市场营销、售后服务、有关法规(如合同法、产品质量法等)等知识。

(3) 较强的工作技能。物流经理必须具有工作技能，包括管理、领导、沟通、协调、革新、应变以及观察问题、分析问题和解决问题的能力等。

提高物流经理综合素质的途径是很多的，除努力学习，接受培训教育外，在工作实践中不断积累经验，边干边学边提高，同时，加强自我修养和采取其他措施，也能达到增强个人素质的目的。

8.3.3 物流员工的招聘

物流员工的招聘是指企业采取一系列科学的方法，吸引、招募、选拔聘用具备一定条件的个人到物流部门来任职的过程，它包括征召、筛选和聘用三个阶段。

1. 物流员工招聘的目的

企业的竞争就是人才的竞争。在物流业务活动中，如果没有一批高素质的物流从业人员，是不可能取得预期效果的。因此，一支良好的物流员工队伍对于物流工作的开展至关重要，物流企业和物流部门需要一批高水准、严要求的物流人员来推动各项物流工作的顺利开展。

2. 物流员工的基本要求

招聘物流员工一定要考虑物流从业人员的基本要求，应把符合从业条件和从业标准的人员吸收到物流企业中来。物流部门所需员工的基本要求有两方面。

(1) 物流从业员工的基本技能要求，其中主要包括掌握各种物流技术才能的技能，必须具有管理科学的知识及其运用的管理技能，与其他员工相互配合的人际协调技能等。

(2) 物流从业员工的素质要求，主要有：对工作认真负责、思维敏捷、行动迅速、诚实可靠、能服从公司的安排、良好的团队意识、较强的自我控制能力、受人喜爱的个性以及良好的生活习惯等。

3. 物流员工招聘的程序和方法

物流员工招聘工作是一项复杂、完整的系统工程，是由一系列工作过程和环节所组成，其基本程序和方法大体有以下几个方面。

(1) 确定物流员工招聘的原则。这些原则主要有公开公正的原则、公平竞争择优录取的原则、效率优先的原则以及双向选择的原则等。

（2）制订员工招聘计划。招聘计划通常包括招聘人数、招聘标准、招聘对象、招聘时间和招聘预算等内容。

（3）制定招聘策略。具体包括招聘地点的选择、招聘渠道和招聘时间的确定、招聘的广告宣传策略等。

（4）招募与筛选。招募就是吸引更多的人来应聘。筛选的目的是将明显不合乎物流员工基本要求的应聘者排除掉。

（5）知识考试。通过考试方法了解应聘者的知识广度与深度以及对专业知识、相关知识掌握的程度。

（6）面试与测试。通过结构式面试、非结构式面试、压力面试等方式，在与应聘者面谈中观察和了解应聘者的特点、态度及潜能。再通过智力测试、个性测验和特殊能力测验等方式，进一步了解和判断应聘者的气质、思维敏捷性以及特殊才干等。

（7）聘用与试用。对经过上述程序被认为符合物流招聘要求的求职者，应做出聘用决策。对试用合格者，试用期满便正式录用。与此同时，还要结合物流员工招聘实际工作，进行有效的评估。

8.3.4 物流企业员工的培训与开发

物流企业员工培训与开发是指企业为提高员工的知识技能、工作态度、挖掘潜能，以适应他们现在或未来工作岗位的要求，而进行的有计划、有组织的培养和训练活动。这是物流企业人力资源管理的重要组成部分和管理职能。

1. 物流员工培训的目的

加强对物流员工进行培训、教育和开发，不论是对于物流企业的经营活动，还是对员工个人素质的提高都有非常重要的作用。事实上，企业通过对员工有组织的培训，是要达到以下目的。

（1）增强员工适应变化的能力。不论是新招聘的物流员工，还是老员工，都有一个对物流企业工作环境适应的问题，如果不适应，就会产生人们经常所说的人与事的矛盾。解决“人与事”矛盾、环境不适的办法，不是人员调动，就是人员培训。因此，培训可以让员工对物流部门各岗位的工作进一步加强认识，协调各方面的关系，从而促进员工关系的改善，大大减少员工非自愿离职率，不会轻易去“跳槽”。

（2）调动员工的工作积极性。对员工进行培训教育已被人们普遍认为是一种行之有效的激励措施和激励方法。通过培训不仅可以使员工的素质大大提高，学到许多方面的新知识，掌握各种各样的技能、技巧，而且对工作更加熟悉，工作效率更高，自信心和工作情趣大大增强。员工这种自觉自愿的行动来自于经过培训后所产生的积极性。

（3）大幅度地提高企业经济效益。企业的经济效益不能单纯依靠企业个别领导人，而是要依靠广大员工来创造。对员工进行培训后能大幅度提高经济效益主要表现在以下几方面：一是员工经过培训对物流设备、工作程序加强了解，操作规范，减少了无谓的损失和资源浪费；二是员工培训后提高了劳动生产率，减少了时间的浪费；三是员工经过培训熟悉了操作规程，大大减少了操作事故和设备维修的开支；四是员工经过培训积极性极大提高，因而服务水准有了保证，服务质量也随之提高，效益自然也提高了。

（4）改善工作方法和服务质量。通过培训，使物流员工掌握科学合理的工作方法和操作手段，用先进的物流方法与手段替代传统落后的工作方法和手段，不仅提高了工作效率，也改善了服务质量。与此同时，经过培训，员工服务质量的意识也进一步增强了。

2. 物流员工培训的过程与实施

在明确了培训目的之后，紧接着就是对员工培训工作的组织实施，具体有以下几个方面。

（1）拟定物流员工培训计划。为了培养高素质、高能力的物流人才，在员工培训需求分析的基础上必须制订员工培训计划，包括长期、中期和短期的培训计划。物流员工培训计划的内容应包括培训目的、培训方针、培训范围和培训内容等。

在拟订的培训计划中，确定培训内容十分重要，因为培训内容能够体现培训的实用性和针对性。物流员工培训内容大体可以归纳为以下几个方面：一是专业技术培训，如了解物流工作的安全性、物流工作职责、物流工作重点和物流业务工作的知识技巧等；二是有关企业文化方面的知识，如企业价值观、企业道德、企业行为准则及企业精神等；三是个人品质塑造方面的培训，如吃苦耐劳、团结合作、忠于岗位及积极进取等。

（2）确定物流员工培训的原则。对物流员工的短期培训要突出实用性、灵活性、速成性的特点，中、长期培训要注重全面性、发挥潜能性等特点。针对这些特点，然后确定明晰的培训原则。这些原则主要有：理论联系实际，训用一致的原则；讲求实效的原则；专业知识技能培训与员工品质培训相结合的原则；全员培训和重点提高的原则；长、中、短期培训相结合的原则等。

（3）选择培训方式和方法。物流员工培训方式主要有：在职培训、脱产培训、转岗培训、专业技术人员培训和管理人员培训等。对物流员工培训的方法多种多样，按照不同的培训目标和对象，应合理选择和确定行之有效的培训方法，才能真正达到培训的目的，取得培训的效果。对物流员工培训的方法主要有讲授法、视听法、会议培训法、案例讨论法、示范培训法和岗位转换等。

（4）就是对培训效果的评价。这是培训工作的最后一个环节，是针对员工培训的最终结果而进行的。评价培训效果的目的主要是看通过培训是否达到了预期的培训目标，是否实现了原拟订的培训计划，还要考虑培训的组织和管理工作怎么样，从中总结经验、寻找差距、吸取教训，使以后的培训工作更加完善。对物流员工培训工作的评价，必须事先确定好评价原则、评价内容、评价重点，然后进行认真的评价。对物流员工培训工作评价的方法大概有两类：一类是受训者培训效果评价方法，另一类是企业培训收益的评价方法。正确选择使用这些方法，才能获得公正、客观的评价结果。

本章小结

首先，介绍了物流成本管理，对物流成本的作用、有关理论、特点和分类做了论述，就物流成本计算的新方法和物流成本管理相关问题进行了重点分析。

其次，介绍了物流质量管理，主要就物流质量管理的内容、特点和物流质量的衡量及改进等方面的内容进行了重点介绍。

最后，介绍了物流人力资源管理，分析了物流人力资源市场特征，对物流经理做了重点介绍，并就物流员工的招聘、培训和开发进行了讲解。

知识拓展

物流从业人员应具备的素质

高职院校培养的人才是面向企业的，满足企业需求的人才，就是最好的人才。如何做到高职院校培养的学生与企业的人才需求实现无缝对接？请听物流企业专家的建设性意见。

1. 树立物流是以服务为核心的基本理念

物流就是为客户提供服务的。在物流市场上，客户、货主就是上帝，他们在业务外包和服务价格上掌握着主导权，对物流协作单位有舍取权。物流业务的复杂性、物流指令的多变性、物流服务的高期望值、服务态度的高要求都会将各种压力转移到物流一线作业员工，物流企业的一线员工经常会受到一些不公正的待遇。作为企业的领导经常与客户、货主加强沟通，增进双方的理解和支持是重要的；但是更重要的是员工自己要持有一种平常的心态和宽容之心；能做出说明的，要以正当的理由做出委婉的解释，无法解释的请求上司出面协调。但无论如何都要按照作业要求，确保服务质量，以此赢得客户、货主的尊重与理解。

2. 具有高度责任心和敬业精神

物流一线，一般是指仓库、码头、堆场、机场等地方。作业人员成天与货物打交道，点数、记数、账务、统计、搬运、数据录入等，工作相对单调、枯燥，有时见货难见人。因此有的年轻人，可能会借故串岗、离岗，或发生摔货、发错货等事故。工作中有这种现象，你的岗位必然难保。既然你选择物流这个行业，就要有足够的思想准备，该玩的时候就玩，该放松的时候就放松。一旦到了工作岗位上，就要专心致志，坚守岗位，聚精会神，把件数点清，把数字记清，不出差错。为企业尽责，向客户负责，同时也是对自己负责。

3. 善于协作、协调与沟通

物流是多环节的链状服务结构，必须多岗位、多人配合才能完成，所以物流服务必须有严密的配合。物流一线，就是服务场所，表面上看，工作紧紧张张、忙忙碌碌，其实人际关系也同样复杂，有矛盾也很正常。比如工作上斤斤计较、厚此薄彼、感情用事、出了差错推诿扯皮，等等。这些问题，如果不能正确地认识、正确地处理，很容易把彼此间的关系搞得复杂化、僵化；既影响到工作的心情，又影响到工作效率。正确的态度和做法是：遇事从全局出发、从整体出发，加强理解与沟通，真诚对人、乐观向上。一句话，就是要把自己的精力用到业务钻研上，做好本职工作，这才是最重要的。

4. 扎扎实实苦练基本功

近几年来，物流人才的需求成了大热门，几十万年薪的待遇很吸引人。何谓物流人才？在物流供应链上某一环节或多个环节有运作经历、有较强的系统设计、信息处理、客户服务、资源整合、市场研发和开拓能力、有良好的经营管理业绩者，理所当然是物流人才。可是作为有如此阅历的物流人才，不但要有一定的学历和专业知识，更重要的是要有丰富的实践经验和日积月累的管理经验作支撑，也就是说物流人才是在实践中磨砺、摔打成长起来的。而物流一线作业场所，就是物流人才成长的理想摇篮。要想成为物流人才，你就得从一线干起，在一线实践中增长才干。只有底层的墙基夯实了，你才能拥有缜密的思路、开拓的创举、惊人的才华，你才能创造出骄人的业绩。

5. 学会一专多能

物流行业竞争激烈，分工过细，用人太多，会加大企业的成本支出。因此，企业领导，人事经理不得不在用人成本上动脑筋，想办法。现在，一专多能的复合型的操作工、业务员已经成为物流单位招聘首选对象。写字楼里的白领，不管是做进口还是出口的，不论是做海运还是做空运的，都应当会报关、报检、报验，还要会上下游及相关岗位的操作，那就显示出了价值。连最简单的仓库工作也是这样，过去的工作分工很细，管收货的不管出货，管备货的不管保管，理货的与车不搭界。还有的运输驾驶员把交单与送货、搬运看作是两码事。现在就不一样了，要求一个人熟悉、会做、能做几个人的活儿。因此，从业人员必须刻苦学习，掌握多项本领，特别是掌握做物流所必备的相关计算机操作技能，只有这样的人才，才是企业欢迎的人才。

6. 加强安全责任意识

作为企业应当把一线员工的人身安全放在高于一切的位置上，采取切实可行的防范措施，同时购买人身、设备和货物保险。作为一线操作员工，既不能人人自危，临场胆怯，更不能掉以轻心，盲目乱干。只要心中时刻想着安全，处处加以防范，严格遵守规章制度和操作规则，各类事故完全是可以避免和杜绝的。

思考与练习

一、判断题

1. 物流成本管理的前提是物流成本计算。（　　）
2. 在物流成本管理中，物流成本是作为一种管理对象。（　　）
3. 提高服务质量水平与降低物流成本之间存在“效益背反”矛盾。（　　）
4. 流通企业的物流成本是指企业在进行供应、生产、销售、回收等过程中，所发生的运输、包装、配送、回收方面发生的费用。（　　）
5. 有效地进行物流成本核算，是现代物流管理的一个重要内容。（　　）
6. 降低物流成本可以牺牲物流服务质量为条件。（　　）

二、填空题

1. 物流质量管理的特点：________、________、________、________。
2. 物流质量内涵丰富，其主要内容大致包括________、________、________、________。
3. 影响企业物流成本的因素有很多，最主要的有：________、________、________。

三、单选题

1. 下面关于“物流成本管理”正确的说法是：________。

A. 物流成本管理即是管理物流成本

B. 物流成本管理就是通过降低物流活动中物化劳动的消耗以降低物流成本

C. 降低物流成本意味着扩大了企业的利润空间，提高了利润水平

D. 物流成本管理是通过对物流成本的把握和分析，去发现物流系统中需要重点改进的环节，达到改善物流系统的目的

2. 企业降低物流成本的途径有：________。

A. 直接通过调整物流服务标准降低物流成本
B. 降低物流服务的收费标准
C. 降低包装环节的费用
D. 树立现代物流理念，健全企业物流管理体制

3. 关于现代企业物流质量管理正确的说法是：________。
A. 现代企业物流质量管理既要满足生产者的要求，又要满足用户的要求
B. 现代企业物流质量管理最终目的是保证和改善商品质量
C. 现代企业物流质量管理就是为现代企业生产经营服务
D. 现代企业物流质量管理就只是为保证某一工作质量所采取的作业技术标准和有关活动

四、多选题

1. 物流成本的管理方法一般有以下几种________。
A. 比较分析法　　B. 综合评价法
C. 排除法　　D. 责任划分法

2. 物流质量主要从以下三个方面来衡量________。
A. 物流时间　　B. 物流成本
C. 物流效率　　D. 物流方式

3. 以制造企业的销售物流为例，应采取以下四方面的指标，可以全面监控反馈物流管理的质量________。
A. 运作指标　　B. 仓储服务指标
C. 信息指标　　D. 客户满意度监控指标

4. 现代企业物流质量管理的主要内容________。
A. 物流工作质量　　B. 物流工程质量
C. 物流服务质量　　D. 商品质量的保证及改善

5. 物流成本按物流功能类别分类，可包括________。
A. 物资流通费　　B. 信息流通费
C. 物流管理费　　D. 直接物流费

6. 物流成本按物流活动发生的领域分类，可以包括的费用为________。
A. 采购物流费　　B. 工厂内物流费
C. 销售物流费　　D. 返品物流费
E. 废弃物物流费

7. 物流经理的职责________。
A. 计划决策职责　　B. 沟通协调职责
C. 管理物流业务职责　　D. 物流团队建设职责

五、名词解释

1. 物流成本　2. 物流成本管理　3. 物流质量管理　4. 作业成本　5. PDCA 循环

六、简答题

1. 物流成本有哪几种类型？
2. 物流成本管理原则是什么？
3. 作业成本法相对于传统计算方法有哪些优点？
4. 降低企业物流成本的途径有哪些？

5. 影响企业物流成本的因素有哪些？
6. 物流质量管理包括哪些内容？
7. 物流质量管理有哪些特点？
8. 物流业人力资源市场特征是什么？

七、论述题

联系实际，谈谈你对现代物流质量管理的认识。

【实践教学】

实训名称	物流成本管理
教学目的	① 了解什么是物流成本，物流成本的构成 ② 能思考降低物流成本的途径与方法
实训条件	选择一家物流公司调研，了解物流成本构成及定价
实训内容	① 了解一件商品价格中各项成本的构成，其中物流成本占多少比例 ② 分别按成本项目类别、范围类别和支付形态类别对物流成本进行分类 ③ 分析降低物流成本的意义。
教学组织及考核	① 学生 6 ~ 8 人一组，教师进行具体指导 ② 学生根据实训内容，以组为单位，完成调研报告 ③ 组织学生交流、分享研究成果

第 9 章　现代物流发展趋势

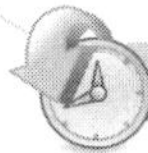

教学目标

知识要点	能力要求	相关知识
物流标准化	(1) 熟悉物流标准化的分类 (2) 理解物流标准化的重要性 (3) 掌握国际通用的物流标准	(1) 物流标准化的分类 (2) 物流标准化的重要性 (3) 国际通用物流标准
绿色物流	(1) 了解绿色物流产生的背景 (2) 理解发展绿色物流的意义 (3) 熟悉绿色物流体系的构成	(1) 绿色物流产生 (2) 发展绿色物流的意义 (3) 绿色物流体系的构成
价值链	(1) 理解价值链管理的含义 (2) 认识价值链管理的三种类型 (3) 掌握价值链分析模型	(1) 价值链的概念 (2) 价值链管理的类型 (3) 价值链分析模型
物流金融	(1) 掌握物流金融的概念 (2) 能够分析物流金融常见的类型及运作机理 (3) 能够分析物流金融的风险	(1) 物流金融的概念 (2) 物流金融常见的类型、运作机理 (3) 物流金融的风险

教学重点、难点

物流标准，绿色物流体系的构成，价值链分析模型，物流金融的类型及运作。

案例导入

现代物流发展趋势

21 世纪，物流发展的趋势可以归纳为信息化、网络化、自动化、电子化、共享化、协同化、集成化、智能化、柔性化、标准化、社会化和全球化。

1. 信息化

现代社会已经步入了信息时代，物流的信息化是整个社会信息化的必然要求和重要组成部分。物流信息化表现在：物流信息的商品化，物流信息收集的代码化和数据库化，物流信息处理的电子化和计算机化，物流信息传递的标准化和实时化，物流信息存储的数字化和物流业务数据的共享化等。信息化是现代物流发展的基础，没有物流的信息化，任何先进的技术装备都无法用于物流领域，信息技术在物流中的应用将会彻底改变世界物流的

面貌，一些新的物流信息技术在未来的物流中将会得到普遍采用。

2. 网络化

网络化是指物流配送系统的组织网络和信息网络体系。组织网络是供应链成员间的物料联系体和业务体系，而信息网络使供应链上企业之间的业务运作通过互联网实现信息的传递和共享，并运用电子方式完成操作。

然而，互联网还改变了流通的组织结构，使得流通的环节大幅减少，生产直接对接消费成为可能；互联网改变了流通的作业时间和流通半径，使得流通的时空障碍消失了，随时随地消费成为常态；互联网提升了流通的效率，降低了流通成本，丰富了流通业态，改变了流通市场的格局。

3. 自动化

物流自动化的基础是信息化，核心是机电一体化，其外在表现是无人化，效果是省力化。此外，物流自动化的效果还有：扩大物流作业能力、提高劳动生产率、减少物流作业的差错等。物流自动化的技术很多，如条码技术、射频自动识别技术、自动化立体仓库技术、自动存取技术、自动分拣技术、自动导向和自动定位技术，货物自动跟踪技术等。这些技术在经济发达国家已经普遍应用于物流作业中，在我国一些大型物流企业也在使用。

4. 电子化

所谓电子化是指商业过程实现电子化，即电子商务。它同样是以信息化和网络化为基础的。电子化具体表现为：实现业务流程及其每一步骤的电子化、无纸化；所有商务涉及的货币实现数字化和电子化；交易商品实现符号化、数字化；业务处理过程实现全程自动化和透明化；交易场所和市场空间实现虚拟化；消费行为实现个性化；企业之间或供应链之间实现无边界化；市场结构实现网络化和全球化等。作为电子商务发展关键性因素之一的物流，是商流、信息流和资金流的基础与载体。全球电子商务的推广和普及将使得跨国和跨区域物流更加频繁，对物流的需求会更加强烈。物流中心不仅要成为信息聚散中心，而且还会成为管理决策中心、观念与技术创新中心、市场和消费中心。

5. 共享化

供应链管理强调链上成员的协作和社会整体资源的高效利用，以最合理的、最少的资源来最大化地满足整体市场的需求。而供应链上的企业只有在建立互惠互利的共赢伙伴关系的基础上，才能实现业务流程中的高度协作和资源的高效利用，只有通过资源共享、信息共享、技术共享、知识共享和业务流程等的共享，才能实现社会资源优化配置和供应链上物流业务的优势互补以及更快地对终端市场和整个供应链上的需求做出响应。近年来，一些新型的供应链管理策略，如供应商管理库存(VMI)、第四方物流(4PL)、准时制(JIT)、协同计划、预测和供给(CPFR)、零售商—供应商伙伴关系(RSP)以及分销商一体化等都能很好地使供应链上的企业有效地实现信息、技术、知识、客户和市场等资源的共享化。

6. 协同化

市场需求的瞬息万变、竞争环境的日益激烈都要求企业和整个供应链具有更快的响应速度和协同运作的能力，以及对供应链上的前向洞察力。通过与供应商和客户的实时沟通与协同，企业一方面能使供应商对自己的需求具有可预见能力，使其能提供更好的价格和服务，同时对其供应能力也有较好地预见性，为自己长期的、充足的供给业务提供了保障；另一方面，自己也能及时了解客户的需求信息，在多变的市场环境中保持更快的响应能力，跟踪和监控需求满足的过程，准确、及时、优质地将产品和服务递交到客户手中。为了实现物流作业的协同预测、规划和供应，快速响应和供应链上总库存的最佳配置等目标，需要做到与客户和合作伙伴间业务流程的紧密集成，达到零阻力、无时差的协作，共同分享业务数据、联合进行预测和计划、管理执行以及完成绩效评估等。

7. 集成化

供应链物流业务是由多个成员、多个环节组成的，全球化和协同化的物流运作方式要求物流业务中的所有成员和环节在整个流程上的业务运作衔接得更加紧密，因此，必须对这些成员和环节的业务以及业务处理过程中的信息进行高度集成，实现供应链的整体化和集成化运作，缩短供应链的相对长度，使供应链上的物流作业更流畅、产出率更高，响应速度更快，使各环节的业务更加接近客户和客户的需求。这种集成化的基础是业务过程的优化和管理信息系统的集成，而二者都需要有完善的信息系统解决方案通过决策、优化、计划及执行等方法和功能来予以支持，并使所有成员各自的信息系统进行无缝连接，实现系统集成、信息集成、业务集成、流程集成和资源集成。同时，集成化也是共享化和协同化的基础，如果不首先实现集成，就无法实现共享化和协同化。

8. 智能化

智能化是“互联网+”乃至科技界的最高阶段，是自动化、信息化的一种高层次应用，它贯穿了企业运营、管理和服务的全过程。“智慧物流”是物流行业发展的新方向，其核心就是利用数字化、大数据及云计算等技术，改善整个物流业务流程。随着工业4.0的崛起，拉动着物流4.0发展。

9. 标准化

标准化技术也是现代物流技术的一个显著特征和发展趋势，同时也是现代物流技术实现的根本保证。货物的运输配送、存储保管、装卸搬运、分类包装和流通加工等各个环节中信息技术的应用，都要求必须有一套科学的作业标准。例如，物流设施、设备及商品包装的标准化等，只有实现了物流系统各个环节的标准化，才能真正实现物流技术的信息化、自动化、网络化及智能化等。特别是在经济全球化和贸易全球化的新世纪中，如果在国际上没有形成物流作业的标准化，就无法实现高效的全球化物流运作，这将阻碍经济全球化的发展进程。

10. 柔性化

柔性化本来是生产领域提出来的，20世纪90年代，生产领域为了更好地满足消费者的个性化需求，实现多品种、小批量以及灵活易变的生产方式，国际制造业推出柔性制造系统(Flexible Manufacturing System，FMS)，实行柔性化生产。随后，柔性化作业又扩展到了流通领域，根据供应链末端市场的需求组织生产、安排物流活动。物流作业的柔性化是生产领域柔性化的进一步延长，它可以帮助物流企业更好地适应消费需求的“多品种、小批量、多批次、短周期”趋势，灵活地组织和实现完成物流作业，为客户提供定制化的物流服务来满足他们的个性化需求。

11. 社会化

物流合理化的一个重要方面就是物流活动的社会化，物流的社会化一方面是为了满足企业物流活动社会化要求而形成的，另一方面又为企业的物流活动提供了社会保障。而第三方、第四方乃至未来发展形成的第N方物流是随着物流业发展到一定阶段必然出现的产物，在某种意义上，可以说它是物流过程产业化和专业化的一种形式。因此，学术界预测下阶段

的物流将向虚拟物流和第N方物流发展，除了物流活动外，物流管理也将逐渐被外包出去。这将使企业告别“小而全、大而全”的纵向一体化运作模式，转向新型的横向一体化的运作模式，集中精力去做自己最擅长的业务，增强自己的核心竞争力。

12. 全球化

为了实现资源和商品在国际上的高效流动与交换，促进区域经济的发展和全球资源优化配置的要求，物流运作必须要向全球化的方向发展。在全球化趋势下，物流目标是为国际贸易和跨国经营提供服务，选择最佳的方式与路径，以最低的费用和最小的风险，保质、保量、准时地将货物从某国的供方运到另一国的需方，使各国物流系统相互“接轨”，它代表物流发展的更高阶段。

面对着信息全球化的浪潮，中国要走新型工业化道路，其实质就是以信息化带动工业化、以工业化促进智能化，实现跨越式发展。

（资料来源：http：//www. jctrans. com）

随着现代科技水平的不断提高和物流环境的不断变化，物流领域出现了许多新的理念，呈现出许多新的发展势态。这些新的发展趋势主要表现为：物流标准化、绿色物流、价值链管理和物流金融等。本章将简要介绍以上四种趋势的产生过程及其具体的运作形式。

9.1　物流标准化

物流标准化是进行科学化物流管理的重要手段。本节在物流标准化基本概念的基础上，重点介绍物流标准化的分类及国际通用的物流标准。

9.1.1　物流标准化的概念

标准化是指对产品、工作、工程和服务等普遍的活动制定统一的标准，并且对这个标准进行贯彻实施的整个过程。标准化的内容，实际上是经过优选之后的共同规则。根据承诺遵守这些标准的范围不同，物流标准又分为国际标准(ISO)、国家标准(GB)、行业标准、企业标准。在我国，根据《中华人民共和国标准化法》的规定，国家鼓励积极采用国际标准。在各种标准之间无优劣之分，如行业标准可以优于国家标准，也可劣于国家标准。世界许多国家均设有标准化组织，如英国的标准化协会(BSI)，中国国家及地方技术监督局等。国际标准化组织(ISO)负责协调世界范围的标准化问题。

物流标准化是指以物流系统为对象，围绕运输、包装、装卸、仓储及信息处理等物流活动制定、发布和实施有关技术方面和工作方面的标准，以系统为出发点，研究各领域中技术标准与工作标准的配合性，按配合性的要求，统一整个物流系统的标准的过程。

9.1.2　物流标准化的分类

按照物流标准化的应用范围，物流标准分为技术标准、工作标准、作业标准。

1. 物流技术标准

技术标准是指对标准化领域中需要协调统一的技术所制定的标准，包括大系统统一标准和各个分系统技术标准。

1）大系统统一标准

(1）专业计量单位标准。除国际或国家公布的基本计量标准外，物流系统还有许多的专业计量问题，必须在国际或国家标准的基础上，制定物流专业标准。由于物流的国际性很强，专业计量标准必须考虑与国际标准的计量方式一致。

(2）物流基础模数尺寸的最小公约尺寸标准。基础模数尺寸是指标准化的共同单位尺寸，各系统标准尺寸的最小公约尺寸。基础模数一旦确定，设备的制造、设施的建设、物流系统中各环节的协调配合、物流各系统的配合就有了依据。确定基础模数尺寸主要考虑目前对物流系统影响最大而又难以改变的事物，即输送设备。采取“逆推法”由输送设备的尺寸来推算最佳的基础模数，同时考虑现有已经通行的包装模数和已经使用的集装设备，从行为科学的角度研究人与环境的关系。

(3）集装模数尺寸。集装模数尺寸是在物流基础模数尺寸的基础上，按倍数推导出的各种集装设备的标准尺寸。在物流系统中，集装设备尺寸必须与各个环节物流设施、设备相配合，集装模数尺寸决定并影响其他物流环节的标准化。集装模数尺寸可以按基础模数尺寸的倍数推导出来，也可从卡车或大型集装箱的分割系列进行推导。日本的集装模数尺寸采用后一种方法，以卡车的车厢宽度为物流模数确定的起点，推导出集装模数尺寸，如图9.1所示。

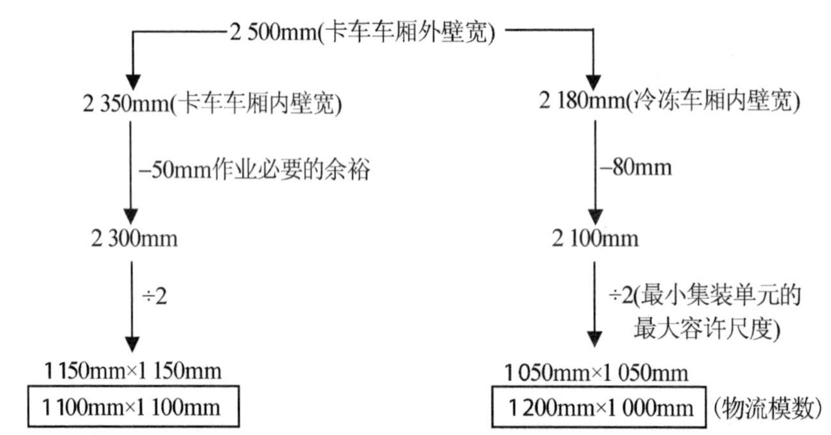

图9.1　基础模数尺寸的形成

(4）物流建筑基础模数尺寸。物流建筑基础模数尺寸主要是指物流系统中各种建筑物所使用的基础模数，在设计建筑物的长、宽、高尺寸，门窗尺寸，建筑物柱间距、跨度及进深，应以此为依据。

(5）物流专业术语标准。物流涉及多个行业，每个行业常常已经形成自己的术语，为了使各行业相互配合，必须建立物流专业术语标准，以避免各行业由于对专业术语的理解不同而引发不必要的损失。我国于2001年4月颁布了《物流术语》国家标准(GB/T18345—2001)，它确定了物流活动中的基本概念术语、物流技术、物流管理术语及相关定义，共计145条。2006年进行修订，推出国家标准《物流术语》(GB/T 18354—2006)。物流术语国家标准的实施，大力推动了我国物流事业的发展。

(6）标志、图示和识别标准。物流活动中存在多次包装、装卸、运输等环节，物流标志、图示和识别标准的统一具有重要作用。标志和识别可分为传统识别标志和自动识别标

志。在物流领域，识别标记主要用于货物的运输包装上。

自动识别与条码标志技术的运用，使识别速度提高了几十倍甚至上百倍，极大提高了识别的效率。该技术之所以能广泛应用，关键在于条码的标准化。条码具有相当大的数据存储量，这是图示标记无法比拟的，但条码缺乏直观性，只能与识别系统配套使用，人工无法识别。1991 年我国陆续颁布《通用商品条码》（GB 129904—91）《条码系统通用术语》（GB 12906—91）国家标准，与国际标准相衔接。

2）分系统技术标准

（1）运输车船标准。对车辆、船舶等运输设备制定的标准，涉及车辆、船舶的载重能力、船舱尺寸、运输环境和集装箱等的标准，用于保证设备之间、设备与固定设施之间的有效衔接。此外，从保护环境的角度，制定了噪声等级标准、废气排放标准等。

（2）作业车辆技术标准。指物流设施内部的各种作业车辆如叉车、台车、手推车等的尺寸、作业范围、作业速度和搬运重量等方面的标准。

（3）仓库技术标准。包括仓库尺寸、建筑面积、有效面积、通道比例、单位存储能力、温度、湿度和照明等技术标准。

（4）包装、集装箱标准。包括包装、集装箱的尺寸、包装材料强度、材质、荷重等标准。

（5）传输机具标准。包括水平、垂直输送的各种机械式与气动式起重机、传送机、提升机的尺寸和传输能力等技术标准。

（6）货架、储罐标准。包括货架净空间、载重能力、储罐的容积尺寸标准等。

（7）信息标准。包括 EDI 标准、GPS 标准等。

（8）其他技术标准。

2. 工作标准

工作标准是对工作的方法、程序、质量所制定的标准。包括各岗位职责与权限、完成任务的程序、相关岗位的协调、信息传递的方式、职工的奖惩办法、车辆运行时刻表和异常情况的处理等。

3. 作业标准

作用标准包括物流设备运行标准、作业流程等标准，是实现作业规范化、效率化的保证。

9.1.3　物流标准化的重要性

物流标准化对防止贸易壁垒、促进技术合作具有重要意义。

（1）物流标准化是降低物流成本的重要手段。物流标准化的实施，使物流活动的各个环节有机结合，避免因物流活动的不标准而造成的损失，提高设备、设施及器具的使用效能，节约物流成本，达到提高经济效益的目的。例如，据统计，标准统一前针织品的包装纸箱有约 1 300 多种规格，标准统一后的纸箱规格仅有 27 种，节约材料和工时 50%，降低纸箱半成品的损耗 50%。

（2）物流标准化的采用，是物流管理科学化的重要保证。物流本身是一个大系统，涉及的要素十分广泛。实现物流系统化，要求从包装、运输、配送等各个功能上处理好有关技术、工艺的配合，为了能够使各要素有效配合，需要制定统一标准，并且按统一标准进行物流活动。因此标准化是物流管理的基石，有利于提高物流管理的效率，使物流大系统高度协调。

(3) 物流标准化的实施，加快了流通速度，提高了资源的利用效率。如 EDI 标准的使用，使企业缩短订货周期 36%，提高对顾客的及时响应能力 36%，降低物流费用，赢得市场竞争优势。

(4) 物流标准化推动国际物流的发展。随着国际贸易和国际交往的大幅度上升，国际物流总量也将迅速增加。各国都十分重视本国物流与国际物流的衔接，力求使本国物流标准与国际物流标准相一致，从而降低因标准化系统不统一所造成的损失，增强国际竞争力。

9.1.4 国际通行的物流标准

从世界范围看，物流体系的标准化还处于初始阶段，在初始阶段，标准化的重点在于通过制定标准规格尺寸实现物流系统的贯通。目前，国际物流模数尺寸的标准化正在研究制定中，但与物流有关的许多设施、设备的标准已经发布。国际标准化组织的英文缩写为 ISO，已经建立有关的技术委员会(TS)和技术处(TD)。ISO 对物流标准化的重要模数尺寸大体取得了初步方案，几个基础模数尺寸如下。

(1) 物流基础模数尺寸：600mm×400mm。

(2) 集装基础模数尺寸：1 200mm×1 000mm 为主，也允许 1 200mm×800mm 和 1 100mm×1 100mm。

(3) 物流基础模数尺寸与集装基础模数尺寸的配合关系，如图 9.2 所示。根据物流模数的大小和尺寸，可以推导出包装的系列尺寸。如日本工业标准(JIS)，发展了1 200mm×1 000mm 的模数尺寸系列和 1 100mm×1 100mm 正方形的集装模数尺寸系列，形成本国的模数尺寸系列。

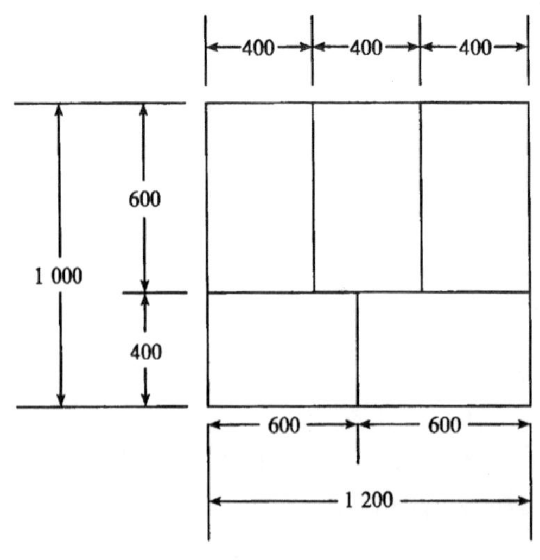

图 9.2 两种基础模数尺寸的配合关系

政策解读

国家标准化体系建设发展规划

2015年12月31日，国务院办公厅印发《国家标准化体系建设发展规划(2016—2020年)》，其中提出“现代物流标准化工程”建设，系统推进物流标准研制、实施、监督、国际化等各项任务，满足物流业转型升级发展的需要。

完善物流标准体系，加大物流安全、物流诚信、绿色物流、物流信息、先进设施设备和甩挂运输、城市共同配送、多式联运等物流业发展急需的重要标准研制力度，制定100项基础类、通用类及专业类物流标准。加强重要物流标准宣传贯彻和培训，促进物流标准实施。实施商贸物流标准化专项行动计划，推广标准托盘及循环共用。选择大型物流企业、配送中心、售后服务平台、物流园区、物流信息平台等，开展100个物流标准化试点。针对危险货物仓储运输、物流装备安全要求等强制性标准，推进物流设备和服务认证，推动行业协会、媒体和社会公众共同监督物流标准实施，加大政府监管力度。

积极采用适合我国物流业发展的国际先进标准，在电子商务物流、快递物流等优势领域争取国际标准突破，支撑物流业国际化发展。

9.2 绿色物流

9.2.1 绿色物流的产生

20世纪70年代以来，在世界生产力突飞猛进的同时，地球环境也在不断恶化。资源的过度消耗使人们的生存环境和经济运行受到了严峻的挑战。在此背景下，由有关国家和人士发起和倡导的一场旨在保护地球环境、保护自然资源的“绿色革命”开始在生产、流通以及消费领域蓬勃发展，并很快风靡全球。各行各业都开始利用“绿色”这一代表生命和环境保护的字眼；从产品的研制、生产、包装、运输、销售、消费，到废弃物的回收和再利用的整个生命周期内，都在考虑环境的保护问题。一时间，“绿色浪潮”“绿色食品”“绿色标志”“绿色产业”“绿色营销”和“绿色消费”等各种冠以“绿色”的名词如雨后春笋，目不暇接。在这样的背景下，“绿色物流”作为可持续发展模式在物流行业中开始出现，并逐渐成为21世纪物流管理的新方向。

众所周知，传统物流活动的各个环节，都在不同程度上会对环境产生负面影响。比如，运输环节中车辆的燃油污染和尾气排放；不可降解的废弃包装材料；装卸搬运环节的粉尘污染；流通加工产生边角废料造成的废弃物污染等。随着经济转入成熟的发展时期，物流将会成为经济发展的重要支柱，因此为了充分发挥现代物流产业对经济的拉动作用，实现可持续发展，必须从环境角度对物流系统进行改进，以形成一个与环境共生存的现代综合物流系统以改变原来经济发展与物流之间的单向作用关系，从而抑制物流对环境造成的危害，同时形成一种能促进经济和生活消费健康发展的物流体系。这就产生了“绿色物流”这一全新的概念。

9.2.2 绿色物流的概念

绿色物流(Environmental Logistics)是指以降低对环境的污染、减少资源消耗为目标，利用先进物流技术规划和实施运输、储存、包装、装卸搬运和流通加工等物流活动。我国物流术语标准认为绿色物流指：“在物流过程中抑制物流对环境造成危害的同时，实现对物流环境的净化，使物流资源得到最充分利用(GB/T 18354—2006)”。绿色物流的行为主体主要是专业的物流企业，同时也涉及有关生产企业和消费者。

绿色物流的目标不同于一般的物流活动。一般物流活动的最终目标是追求某一主体的经济利益最大化，它往往通过满足顾客的物流需求、扩大市场占有率，最终通过物流企业的盈利来实现。而绿色物流的目标除上述经济利益目标之外，还追求节约资源、保护环境这一既具有经济属性、又具有社会属性的目标。

绿色物流是一个多层次的概念，它既包括企业的绿色物流活动，又包括社会对绿色物流活动的管理、规范和控制。从绿色物流活动的范围来看，它既包括各个单项的绿色物流作业(如绿色运输、绿色包装、绿色流通加工等)，还包括为实现资源再利用而进行的废弃物循环物流。

9.2.3 发展绿色物流的意义

1. 绿色物流是经济全球化和可持续发展的必然要求

众所周知，保护地球环境是世界各国人民义不容辞的责任，但是导致环境污染、资源浪费的行为又涉及人类生产经营和社会消费等诸多方面。而作为生产和消费中介的物流，它对地球环境的影响，仍未受到应有重视。伴随世界大市场和经济全球化的发展，物流的作用日益明显，绿色浪潮惠及的不仅是生产、营销和消费，作为可持续发展的必然要求，物流的绿色化也必须被提到战略日程上来。

2. 绿色物流是最大限度降低经营成本的必由之路

有专家分析认为，产品从投产到售出，制造加工时间仅占10%左右，而约有90%的时间被花费在储运、装卸、分装、二次加工和信息处理等物流活动中。因此，物流专业化无疑为降低成本奠定了基础。显然，绿色物流不仅是一般物流费用的节约或降低物流成本，更重要的应该是物流活动本身的绿色化和由此带来的节能、高效、少污染效果。绿色物流在节省生产经营成本方面的潜力是无可估量的。

3. 绿色物流有利于满足人们不断提高的物质文化需求

作为生产和消费的中介，物流是满足人们物质文化需求的基本环节。而绿色物流则是伴随着人们生活需求的进一步提高，尤其是绿色消费的提出应运而生的。再“绿色”的生产过程、再好的绿色产品，如果没有绿色物流的支撑，也难以实现其最终价值，绿色消费也就难以进行。同时，不断提高的物质文化生活，意味着生活的电子化、网络化和连锁化，电子商务、网上购物、连锁经营，无不依赖于绿色物流的发展。可以说没有绿色物流，就没有人类安全和环保的生活空间。

4. 绿色物流有利于企业取得新的竞争优势

日益严峻的环境问题和日趋严格的环保法规，使企业为了持续发展，必须积极解决经济活动中的环境问题，改变危及企业生存和发展的生产方式，建立并完善绿色物流体系，通过绿色物流来追求高于竞争对手的相对竞争优势。哈佛大学 Nazli Choucri 教授深刻阐述了对这一问题的认识："如果一个企业想要在竞争激烈的全球市场中有效发展，它就不能忽视日益明显的环境信号，继续像过去那样经营……对各个企业来说，接受这一责任并不意味着经济上的损失，因为符合并超过政府和环境组织对某一工业的要求，能使企业减少物料和操作成本，从而增强其竞争力。实际上，良好的环境行为恰似企业发展的马达，而不是障碍。"

5. 绿色物流是适应国家法律法规要求的有效措施

随着社会的进步和经济的发展，世界上的资源日益紧缺。同时，由于生产所造成的环境污染进一步加剧，为了实现人口、资源与环境相协调的可持续发展，许多国际组织和国家相继制定出台了与环境保护相关的协议、法规与法律体系，例如，《蒙特利尔议定书》(1987年)《里约环境和发展宣言》(1992年)和《工业企业自愿参与生态管理和审核规则》(1993年)《贸易与环境协定》(1994年)《京都协议书》(1997年)等；同时，中国也制定了以《中华人民共和国环境保护法》为代表的一系列法律法规，以促进环境保护事业的发展。这些法律法规都要求产品的生产商必须对自己所生产的产品造成的污染负相应的责任，并且采取相应的措施，否则将会受到法律的严厉制裁。比如，欧盟规定轮胎生产商每卖出一条新的轮胎必须回收一条旧的轮胎进行处理或再利用。同时，一些国家的法律对一次性电池生产厂商也做出了类似的规定，这就要求生产类似产品的企业必须构建相应的绿色物流体系，以降低企业经营风险，减少违反相关法律所带来的成本。

9.2.4 绿色物流体系

1. 绿色交通运输

绿色交通运输是指为了降低物流活动中交通运输所带来的尾气、噪声等污染使企业所受的损失，节省交通运输的建设和维护费用，从而发展低污染的、有利于城市环境的多元化交通工具，来完成物流活动的协同交通运输系统，以及为最大限度地降低交通污染程度而采取的对交通源、交通量、交通流的规制体系。绿色交通运输的理念主要包括三个方面的内容，即通达有序、安全舒适、低能耗与低污染。绿色交通运输更深层次上的含义是综合协调的交通运输网络体系。

绿色交通运输主要表现为减缓交通拥挤、降低环境污染，这具体体现在以下几个方面：①减少高污染运输车辆的使用；②提倡使用清洁干净的燃料和绿色交通工具；③控制运输设备的资源消耗，降低固定资产的折旧；④控制汽车尾气排放，制定排气标准；⑤加强交通管制，使道路设计合理化，减少堵塞；⑥降低噪声等。

在相关政策上，主要表现为交通源规制、交通量限制以及交通流控制三个方面。交通源规制主要是指政府应该采取有效措施，从源头上控制物流企业的发展造成的环境污染。例如，治理车辆的废气排放，限制城区货车行驶路线，发挥经济杠杆作用，收取车辆排污费，促进低公害车的普及等。交通量限制主要是指通过政府指导作用，促进企业选择合适的运输方式，发展共同配送，统筹建立现代化的物流中心，最终通过有限的交通量来提高物流效率。交通流控制主要是指通过道路与铁路的立体交叉发展和建立都市中心环状道路、制定道路停车规则以及实现交通管制系统的现代化等措施，减少交通阻塞，提高配送效率。

2. 绿色仓储与保管

仓储是物流活动的主要构成要素，在物流活动中起着重要的作用。绿色仓储是指在储存过程中为减少储存货物对周围环境的污染，避免储存物品在存储过程中的损耗，降低运输成本等为目的，而采取的科学合理的仓储保管策略体系。即在整个物流仓储过程中，运用最先进的保质保鲜技术，保障存货的数量和质量，在无货损的同时消除对环境的污染。特别要防止有毒化学品，放射性商品，易燃、易爆商品的泄漏和污染。同时企业在仓库选址和布局上做到科学与合理化，达到既降低运输成本，又避免环境污染，还能提高企业作业效率的目的。

3. 绿色装卸搬运

绿色装卸搬运是指为尽可能减少装卸搬运环节产生的粉尘烟雾等污染物而采取的现代化的装卸搬运手段及措施。在货物集散场地，尽量减少泄漏和损坏，杜绝粉尘、烟雾污染。清洗货车的废水必须要经过处理后再排放。在货物集散地要采用防尘装置，制定最高容许的容度标准。废水应集中收集、处理和排放，加强现场的管理和监督。

4. 绿色包装

很少有制造商考虑产品包装对环境的影响到底有多大，多数人甚至认为精美的包装象征着高档的产品。生活垃圾中大部分是包装物的事实，足以说明包装物对人们的环境产生了怎样的影响。绿色包装是绿色物流体系的一个重要组成部分。

绿色包装是指能够循环复用、再生利用或降解腐化，且在产品的整个生命周期中对人体及环境不造成公害的适度包装。简而言之，绿色包装是指采用节约资源、保护环境的包装。推行绿色包装的目标，就是要以保存最大限度的自然资源，形成最小数量的废弃物和最低限度的环境污染。

绿色包装的途径主要包括几个方面：①促进生产部门采用尽量简化的以及由可降解材料制成的包装；②商品流通过程中尽量采用可重复使用的单元式包装，实现流通部门自身经营活动用包装的减量化，主动地协助生产部门进行包装材料的回收与再利用；③对包装废弃物进行分类；④积极开发新型包装材料(易降解、易拆卸折叠)；⑤节省包装资源，降低包装物成本，提高包装业效率。

5. 绿色流通加工

绿色流通加工是指出于环保考虑的无污染的流通加工方式及相关政策措施的总和。绿色流通加工的途径主要分两个方面：一方面，变消费者分散加工为专业集中加工，以规模作业的方式提高资源利用效率，以减少环境污染，如餐饮服务业对食品的集中加工，减少家庭分散烹调所造成的能源浪费和空气污染等；另一方面，集中处理消费品加工中产生的边角废料，以减少消费者分散加工所造成的废弃物污染，如流通部门对蔬菜的集中加工，减少了居民分散垃圾丢放及相应的环境治理问题。

6. 绿色信息搜集和管理

物流不仅是商品空间的转移，也包括相关信息的搜集、整理、储存和利用。绿色信息的搜集和管理是企业实施绿色物流战略的依据。面对大量的绿色商机，企业应从市场需求出发，搜集相关的绿色信息，并结合自身的情况，采取相应的措施，深入研究信息的真实性和可行性。绿色信息的搜集包括：绿色消费信息、绿色科技信息、绿色资源和产品开发信息、绿色法规信息、绿色组织信息、绿色竞争信息及绿色市场规模信息等。绿色物流要求搜集、整理、储存的都是各种绿色信息，并及时运用到物流中，促进物流活动的进一步“绿色化”。

7. 物流业绿色指标体系

绿色指标体系是衡量物流产业发展过程中环保程度的一整套指标，加快绿色指标体系的研究和制定，有利于物流企业结构的优化，促进物流产业的可持续发展。同时，健全的绿色指标体系可以作为国际贸易活动中与贸易伙伴谈判的筹码。因此，物流管理部门应在环保和技术监督部门的配合下，组织建立绿色物流的指标体系。在具体实施过程中，可采用先易后难、先重点突破后全面推广的原则，选择一些有一定基础、技术难度不太大、易于突破的指标，然后再逐步完善和扩展，构筑起符合国际规则的物流绿色屏障。图9.3描述了绿色物流指标体系的构成要素。

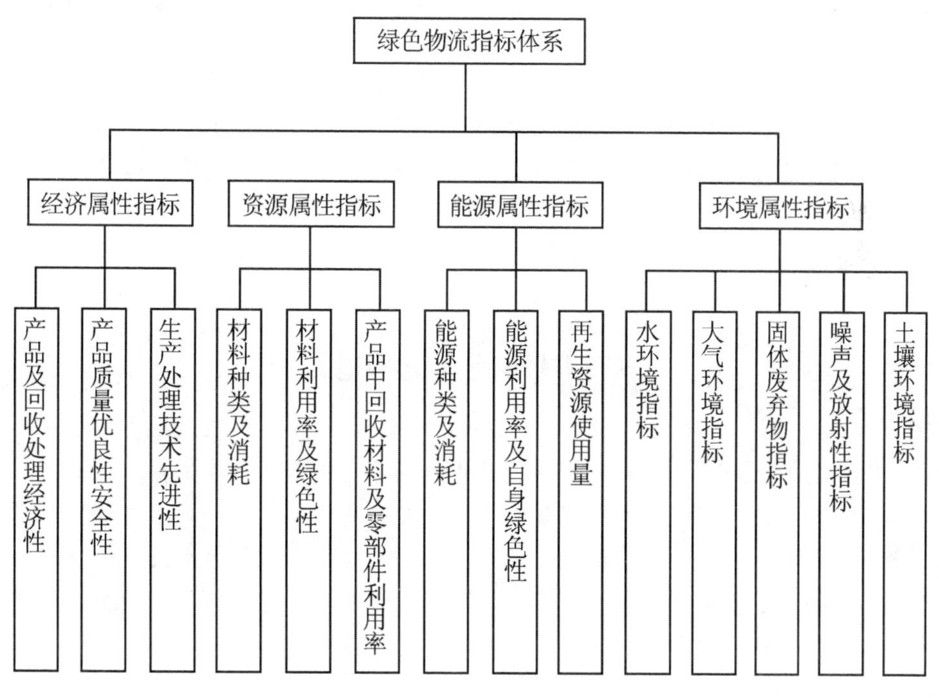

图9.3 绿色物流指标体系

8. 企业绿色物流管理

所谓“绿色物流管理”，就是将环境保护的观念融于企业物流经营管理之中，它涉及企业供应链管理的各个层次、各个领域、各个方面、各个过程，要求在企业供应链中时刻全面地考虑环保、体现绿色。这一思想可概括为“5R”原则，即①研究(Research)，将环保纳入企业的决策要素中，重视研究企业的环境对策；②削减(Reduce)，采用新技术、新工艺，减

少或消除有害废弃物的排放；③再开发(Reuse)，变传统产品为环保产品，积极采取“绿色标志”；④循环(Recycle)，对废旧产品进行回收处理，循环利用；⑤保护(Rescue)，积极参与社区内的环境整洁活动，对员工和公众进行绿色宣传，树立绿色企业形象。

具体地说，企业实施绿色物流管理，要达到三个主要目标：①物质资源利用的最大化，通过集约型的科学管理，使企业所需要的各种物质资源最有效、最充分地得到利用，使单位资源的产出达到最大最优；②废弃物排放的最小化，通过实行以预防为主的措施和全过程控制的环境管理，使生产经营过程中的各种废弃物最大限度地减少；③适应市场需求的产品绿色化，根据市场需求，开发对环境、对消费者无污染和安全、优质的产品。三者之间是相互联系、相互制约的，资源利用越充分，环境负荷就越小。产品绿色化，又会促进物质资源的有效利用和环境保护。通过这三个目标的实现，最终使企业发展目标与社会发展目标、环境改善协调同步，走上企业与社会都能可持续发展的双赢之路。

9. 绿色物流的政策

在物流活动中造成资源浪费、环境污染的厂家和个人，并不承担相应的成本或仅承担其成本的很小一部分，而这种消极行为的所有或部分受害者并不仅仅是这些行为的履行者。为了解决这种负外部经济效应，需要政府在整个社会层面对物流领域进行干预。从这种意义上说，绿色物流事业既包括厂商和个人行为，又包括政府行为。政府环保物流政策的实施工具包括：通过立法和制定行政规则，将节约资源、保护环境的物流要求制度化；动用舆论工具进行环境伦理、绿色观念、绿色意识的大众宣传；利用税收及收费手段对物流活动污染制造行为予以限制和惩罚；以基金或补贴的形式对节约资源、保护环境的物流行为予以鼓励和资助；利用产业政策直接限制浪费资源和制造污染的物流企业发展，支持绿色产业的发展等。

大力发展绿色流通和消费

2016年4月22日，国务院办公厅印发了《关于深入实施“互联网+流通”行动计划的意见》(以下简称《意见》)。《意见》中提出的重点任务之一，“大力发展绿色流通和消费”。要求积极推广绿色商品，限制和拒绝高耗能、高污染、高环境风险、过度包装产品进入流通和消费环节。推动仓储配送与包装绿色化发展，提高商贸物流绿色化发展水平。推动“互联网+回收”模式创新，加强生活垃圾分类回收和再生资源回收有机衔接。开展“绿色产品进商场、绿色消费进社区、绿色回收进校园”主题宣传活动。

9.3 价 值 链

一直以来，多数人都认为物流的核心思想就是供应链管理。但随着时代不断进步，有资深物流业者给予它更深层次的定义和内涵，并认定物流业将来要走的新路应该跳出供应链管理的框框，提升到涉及整个商业活动中产生的所有价值——价值链(Value Chain)。

一体化物流是21世纪最有影响的物流趋势之一，其基本含义是指不同职能部门之间或

不同企业之间通过物流上的合作，达到提高物流效率，降低物流成本的效果，包括垂直一体化、水平一体化和物流网络。其中应用最广泛的是垂直一体化物流，它要求企业将提供产品或运输服务等的供货商和用户纳入管理范围，并作为物流管理的一项中心内容，为解决复杂的物流问题提供了方便。

随着垂直一体化物流的深入发展，对物流研究的范围不断扩大，在企业经营集团化和国际化的背景下，美国人首先提出了"价值链"的概念，并在此基础上，形成了比较完整的供应链理论。价值链概念把企业看作是综合了设计、生产、销售、配送和管理等活动的集合体。企业要生存发展，必须为企业的股东和其他利益集团创造价值。企业的增值活动就是一系列互不相同但又相互关联的经济活动，其总和即构成企业的价值链，而每一项经营管理活动就是价值链条上的一个环节，它们都对企业的核心竞争力产生直接影响。

9.3.1　价值链的概念

价值链(Value Chain)的名称最初是由美国哈佛大学商学院教授迈克尔·波特(Michael·E. Porter)于1985年在其所著《竞争优势》中提出来的。他认为："每一个企业都是进行设计、生产、营销和交货等过程及对产品起辅助作用的各种相互分离的活动的集合。所有这些活动可以用一个价值链来表明。"企业的价值创造是通过一系列活动构成的，这些活动可分为基本活动和辅助活动两类，基本活动包括内部后勤、生产作业、外部后勤、市场和销售、服务等；而辅助活动则包括采购、技术开发、人力资源管理和企业基础设施等。这些互不相同但又相互关联的生产经营活动，构成了一个创造价值的动态过程，即价值链。

美国作业成本科技公司(ABC Technologies)及美国供应链局(The Value Chain Authority)曾联合界定何谓价值链：价值链是一种高层次的物流模式，内容由原材料作为投入资产开始，直至原料透过不同过程售予顾客为止，当中做出的所有增值活动都可包括在价值链中。

价值链的含义可以概括为：①企业各项活动之间都有密切联系，如原材料供应的计划性、及时性和协调性与企业的生产制造有密切的联系；②每项活动都能给企业带来有形或无形的价值，如售后服务这项活动，如果企业密切注意顾客所需或做好售后服务，就可以提高企业的信誉，从而带来无形价值；③价值链不仅包括企业内部各链式活动，而且更重要的是，还包括企业外部活动，如与供应商之间的关系，与顾客之间的关系。

9.3.2　价值链管理

1. 价值链管理的概念

价值链管理就是将企业的生产、营销、财务和人力资源等方面有机的整合起来，做好计划、协调、监督和控制等各个环节的工作，使它们形成相互关联的整体，真正按照链的特征实施企业的业务流程，使得各个环节既相互关联，又具有处理资金流、物流和信息流的自组织和自适应能力，使企业的供、产、销形成一条珍珠般的"链"——价值链。

2. 价值链管理的类型

价值链管理旨在通过分析价值链上业务环节的增值来获得竞争优势，成为知识经济时代企业生存竞争的新模式，有垂直价值链管理、水平价值链管理和虚拟价值链管理之分，三者相辅相成组成价值网络管理。

1） 垂直价值链管理

垂直价值链管理是对一个企业价值增值链条上从原材料生产到供应商、制造商、顾客及所有参与实体的管理。日本的企业最早运用了价值链管理，试图把制造过程中的所有因素统一起来，更好地控制供应商和分销商，加大制造企业与其供应商之间的合作，提高产品质量。企业和供应商不必再为最低价格而讨价还价，双方建立了合作伙伴关系。基于利益共享，供应商参与产品设计以便能设计出为制造企业供货的相关零部件，或为产品的整体设计做出贡献。

2） 水平价值链管理

随着战后日本制造业许多创新结构的出现，产生了水平价值链管理，就是对企业价值链同一水平上企业集团的各个企业主体之间相互作用的管理。

3） 虚拟价值链管理

虚拟价值链(Virtual Value Chain，VVC)指的是企业在虚拟市场空间(Market Space)以信息为主导所从事的价值活动所形成的价值链体系。与虚拟价值链相对的概念是实物价值链(Physical Value Chain，PVC)，由于实物价值链指的是企业在传统实物市场(Market Place)上的价值活动所形成的价值链体系，所以，我们也称之为传统价值链。

虚拟价值链是企业建立在虚拟市场运作基础上所形成的价值链。长期以来，学术界和企业界已经习惯于用传统价值链模型来分析企业的价值创造活动。而如今，信息已经成为企业维持和创造价值活动的重要投入要素和产出结果。现代通信技术、电脑及其网络在商业上的应用已经实实在在形成了一个与实物市场相平行的虚拟市场空间。对于虚拟市场空间所带来的商业机会，我们再也不能漠视了。虚拟价值链模型的建立可以帮助我们更深入地理解在虚拟市场的价值活动方式、各种全新的商业机会，以及如何在信息时代充分利用两个市场空间来创立持久的竞争优势。

3. 价值链管理的意义

价值链管理的意义就是优化企业核心业务流程，降低企业组织和经营成本，提升企业的市场竞争力。它意在帮助企业建立一套与市场竞争相适应的、数字化的管理模式，弥补我国企业长期以来在组织结构设计、业务流程和信息化管理方面存在的不足，从整体上降低组织成本，提高业务管理水平和经营效率，实现增值。

4. 价值链管理与供应链管理的区别

价值网络管理把价值链的管理提升到了更高的战略层次，实现了从企业内部到企业之间通过创新来创造价值的能力。价值链管理和供应链管理涉及的活动范围相同，但价值链的着眼点是企业的价值增殖过程，面向效益，致力于为顾客创造更多的价值；而供应链侧重于产品的供应，面向效率，即降低成本和提高生产率。《财富》杂志对1986—1992年间的1 000家公司的分析表明，强调价值创造的公司要优于强调节约成本的公司。因此在现代物流进入供应链管理的背景下，企业必须同时大力加强价值链管理，以提高自身的竞争力。

9.3.3 波特价值链分析模型

由迈克尔·波特提出的“价值链分析法”(Michael Porter's Value Chain Model)，如图9.4所示，把企业内外价值增加的活动分为基本活动和支持性活动，基本活动涉及企业生产、销

售、进料后勤、发货后勤及售后服务等，支持性活动涉及人事、财务、计划、研究与开发、采购等，基本活动和支持性活动构成了企业的价值链。不同的企业参与的价值活动中，并不是每个环节都创造价值，实际上只有某些特定的价值活动才真正创造价值，这些真正创造价值的经营活动，就是价值链上的"战略环节"。企业要保持的竞争优势，实际上就是企业在价值链某些特定的战略环节上的优势。运用价值链的分析方法来确定核心竞争力，就是要求企业密切关注组织的资源状态，要求企业特别关注和培养在价值链的关键环节上获得重要的核心竞争力，以形成和巩固企业在行业内的竞争优势。企业的优势既可以来源于价值活动所涉及的市场范围的调整，也可来源于企业间协调或合用价值链所带来的最优化效益。

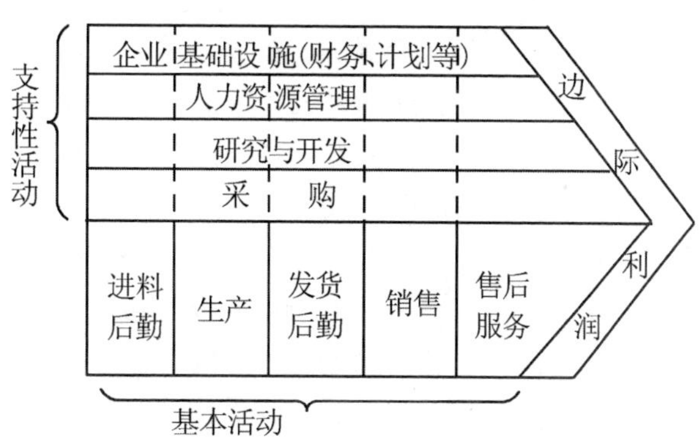

图9.4　波特价值链分析模型

9.3.4　物流企业的价值链

按照价值链理论，物流企业的价值链可以分解为与物资转移及服务直接相关的基本价值活动和其他有关职能部门的辅助价值活动。物流企业通过物流运作把供应商、经销商(或零售商)和客户联结在一起，同时也将它们各自的价值链联结在一起，形成价值链体系。同时，物流企业采用电子商务，通过电子平台汇集了物流运作的信息流、商流和资金流，则构建出相应的虚拟价值链。将物流企业的价值链体系与虚拟价值链相结合，通过统一的物流基础设施的开发，从而形成以客户的价值链为导向的价值网。

9.4　物流金融

目前，我国第三方物流向着正规化、大型化和专业化方向发展。而市场上金融机构和中小企业之间存在"想贷不敢贷""想借借不到"的尴尬处境。物流金融应运而生，它是一种创新型的第三方物流服务产品，是物流企业在物流经营中开辟的一个新的增值服务领域。

9.4.1　物流金融概述

1. 物流金融概念

物流金融(Logistics Finance)是指金融与物流服务相结合的一种新型的金融服务，其内容包括物流过程中的资金支付结算、保险，以及面向货主企业特别是中小企业的资金信贷等金融业务。在物流金融中，物流企业的作用主要是承担为出质人、质权人提供质押物的仓储物流和监管服务。

在物流金融中涉及三个主体：物流企业、客户和金融机构。物流企业与金融机构联合起来为资金需求方企业提供融资，物流金融的开展对这三方都有非常迫切的现实需要。物流和金融的紧密融合，能有力支持社会商品的流通，促使流通体制改革顺利进行。

2. 物流金融服务主体

金融机构(如银行)和物流企业是物流金融的服务主体，按照金融机构与物流企业在物流金融服务中所扮演的角色和发挥作用的不同，物流金融大致有两种类型。

(1) 银行作为向货主企业提供贷款等金融服务的直接服务主体发挥作用，物流企业作为银行和货主企业之外的第三方，以仓储企业的名义为货主企业出具仓单，并受银行委托对货主企业的货物实施质押监管，以及按照与银行达成的业务合作协议代理银行处理相关事务。因金融与物流相结合，提高了银行贷款的安全度。

(2) 物流企业作为金融服务的直接主体，在物流服务过程中，向货主企业提供垫付货款、提供资金信贷等金融服务，这种金融服务属于物流服务的延伸服务，例如，有实力的大型物流企业在为货主企业提供运输、仓储等物流服务的同时，提供向作为供货方的货主企业预付一定比例的货款，并在货物到达买方企业后代收货款等金融服务。

9.4.2 物流金融的意义

1. 提升物流企业服务能力

从物流企业的角度看，物流金融服务模式的出现，为物流企业延伸服务内容以及提高服务的附加价值提供了新的业务空间，可以更好地满足客户对于一体化物流服务的需求。

2. 解决中小型企业融资困境

由于中小型企业存在着信用体系不健全的问题，所以融资渠道贫乏，生产运营的发展资金压力大。物流金融服务的出现，可以有效支持中小型企业的融资活动。另外，物流金融可以盘活企业暂时闲置的原材料和产成品的资金占用，优化企业资源。

3. 拓展金融机构业务

物流金融可以帮助银行吸引和稳定客户，扩大银行的经营规模，增强银行的竞争能力。可以协助银行解决质押贷款业务中，银行面临的质押物仓储与监管问题。可以协助银行解决质押贷款业务中银行面临的质押物评估、资产处理等服务。

9.4.3 物流金融的模式

根据金融机构(比如银行等)参与程度不同，可以把物流金融运作模式分为资本流通模式、资产流通模式和综合模式。所谓的资产流通模式是指第三方物流企业利用自身综合实力、良好的信誉，通过资产经营方式，间接为客户提供融资、物流、流通加工等集成服务；资本流通模式是指物流金融提供商利用自身与金融机构良好的合作关系，为客户与金融机构创造良好的合作平台，协助中小型企业向金融机构进行融资，提高企业运作效率；综合模式是资产流通模式和资本流通模式的结合。

1. 资产流通模式

1）替代采购

该方案是由物流公司代替借款企业向供应商采购货品并获得货品所有权，然后根据借款企业提交保证金的比例释放货品。在物流公司的采购过程中，通常向供应商开具商业承兑汇票并按照借款企业指定的货物内容签订购销合同。物流公司同时负责货物运输、仓储、拍卖变现，并协助客户进行流通加工和销售。

2）信用证担保

在这个模式中，首先，物流企业与外贸公司合作，以信用证方式向供应商支付货款，间接向采购商融资；然后，供应商把货物送至融通仓的监管仓库，融通仓控制货物的所有权；最后，根据保证金比例，按指令把货物转移给采购商。

2. 资本流通模式

1）仓单质押

最简单的仓单融资是由借款企业、金融机构和物流公司达成三方协议，借款企业把质押物寄存在物流公司的仓库中，然后凭借物流公司开具的仓单向银行申请贷款融资。银行根据质物的价值和其他相关因素向其提供一定比例的贷款。质押的货品并不一定要由借款企业提供，可以是供应商或物流公司。

2）买方信贷

对于需要采购材料的借款企业，金融机构先开出银行承兑汇票。借款企业凭银行承兑汇票向供应商采购货品，并交由物流公司评估入库作为质物。金融机构在承兑汇票到期时兑现，将款项划拨到供应商账户。物流公司根据金融机构的要求，在借款企业履行了还款义务后释放质物。如果借款企业违约，则质物可由供应商或物流公司回购。

3）授信融资

该业务指的是物流公司按企业信用担保管理的有关规定和要求向金融机构提供信用担保，金融机构把贷款额度直接授权给物流公司，由物流公司根据借款企业的需求和条件进行质押贷款和最终结算，在此模式中，金融机构基本上不参与质押贷款项目的具体运作。物流公司在提供质押融资的同时，还为借款企业寄存的质物提供仓储管理服务和监管服务。

4）反向担保

在这个方案中，针对借款企业直接以寄存货品向金融机构申请质押贷款有难度的情况，由物流公司将货品作为反担保抵押物，通过物流公司的信用担保实现贷款。也可以组织企业联保，由若干借款企业联合向物流公司担保，再由物流公司向金融机构担保，实现融资。甚至可以将物流公司的担保能力与借款企业的质押物结合起来直接向金融机构贷款。

3. 综合运作模式

综合运作模式包括资产流通运作模式和资本流通运作模式，是物流金融高层次的运作模式，其对物流金融提供商有较高要求，例如，物流金融提供商应具有自己全资、控股或参股的金融机构。例如，我们所熟悉的UPS公司，在2001年5月并购了美国第一国际银行，将其改造成为UPS金融公司。由UPS金融公司推出包括开具信用证、兑付出口票据等国际性产品和服务业务。UPS作为中间商在沃尔玛和东南亚数以万计的中小出口商之间斡旋，在两周

内把货款先打给出口商，前提条件是揽下其出口清关、货运等业务和得到一笔可观的手续费，而拥有银行的 UPS 再和沃尔玛在美国进行一对一的结算。

9.4.4 物流金融风险分析

发展物流金融业务虽然能给物流企业、供应链节点企业和金融机构带来“共赢”效果，但存在各种各样的风险。我们只有认识风险、分析分析、规避风险和有效地控制风险，才能确保物流金融健康发展。

1. 管理风险

这也是企业中普遍存在的风险之一，包括组织机构陈旧松散，管理体制和监督机制不健全，工作人员素质不高，管理层决策发生错误，等等。在中国，企业内部管理风险往往较大。

2. 运营风险

物流企业都会面临运营方面的风险。但从事金融业务的物流公司，由于要深入客户产销供应链中提供多元化的服务，相对地扩大了运营范围，也就增加了风险。从仓储、运输、到与银企之间的往来以及和客户供销商的接触，运营风险无处不在。中国的物流运输业还处在粗放型的发展阶段，因此运营风险不容忽视。

3. 技术风险

物流金融提供商因缺乏足够的技术支持而引起的风险。比如价值评估系统不完善或评估技术不高，网络信息技术的落后造成信息不完整、业务不畅等。

4. 市场风险

市场风险主要针对库存质物的保值能力，包括质物市场价格的波动，金融汇率造成的变现能力改变等。

5. 安全风险

质押物在库期间物流金融提供商必须对其发生的各种损失负责，因此仓库的安全，员工的诚信，以及提单的可信度都要加以考虑，还包括对质物保存的设施能否有效防止损坏、变质等问题。

6. 环境风险

环境风险指政策制度和经济环境的改变，包括相关政策的适用性、新政策的出台、国内外经济的稳定性等。一般情况下，中国的政治和经济环境对物流金融造成的风险不大。但国际环境的变化，会通过贸易、汇率等方面产生作用。

7. 法律风险

法律风险主要是合同的条款规定和对质押物的所有权问题。因为业务涉及多方主体，质押物的所有权在各主体之间进行流动，很可能产生所有权纠纷。另一方面，中国的《担保法》和《合同法》中与物流金融相关的条款并不完善，又没有其他指导性文件可以依据，因此业务合同出现法律问题的概率也不低。

8. 信用风险

信用风险包括货物的合法性，客户的诚信度等，同时信用风险还与上述财务风险、运营风险、安全风险和法律风险等联系密切。在具体实施物流金融业务时，应该结合上述的主要风险问题进行相应的风险管理。

本章小结

本章作为对物流学的一种未来展望，主要介绍了物流标准化、绿色物流、价值链管理、物流金融这四种物流发展新趋势的产生过程及其具体的运作形式。

首先，介绍了物流标准化，按照物流标准化的应用范围，主要介绍了物流标准化的分类，以及物流标准化的重要性和国际通行的物流标准。

其次，介绍绿色物流，包括绿色物流的定义、产生背景，发展绿色物流的定义，其中重点讲解了绿色物流体系的构成。

然后，介绍了价值链，其中重点讲解了价值链的定义及由来，价值链管理的含义、类型及其与供应链管理的区别，并通过案例分析使大家更好地了解价值链管理对企业经营的意义。

最后，介绍了物流金融，包括物流金融的概念、意义、金融物流的主要模式以及对金融物流风险的分析，以促进金融物流健康发展。

知识拓展

大数据在供应链金融的运用

大数据是当前最热的词汇。在互联网条件下，信息量呈爆炸式增长，如果我们不能获取、整理和应用这些信息和数据，就有可能在很短的时间内落后，甚至被抛弃。在供应链金融服务领域，更是如此。

1. 供应链金融服务的现状

供应链金融是运用供应链管理的理念和方法，为相互关联的企业提供金融服务的活动。主要业务模式是以核心企业的上下游企业为服务对象，以真实的交易为前提，在采购、生产、销售各环节提供金融服务。由于每家企业都有自己供应链条，展现出一个庞大的供应链网络。不同的金融企业把自己的服务产品化，赋予不同的产品名称。

在过去的十多年里，供应链金融业务出现了许多创新，第一是金融与物流两业融合。包括订单融资、保单融资、电商融资、金融物流、担保品管理、保兑仓、保理仓、贸易融资、应收账款质押融资、预付账款质押融资、进出口项质押融资、存货质押融资、融资租赁、金融物流、供应链金融、仓单质押、动产质押、互联网金融。还有代收代付、结算、保险等。物流企业的作用在于保证货物存在和交付。

第二个创新是金融与物流进入电子商务。几乎所有电子商务公司在提供交易平台的同时提供融资平台，为买、卖双方开展质押贷款。各主要商业银行、股份制银行都推出了针对电子商务的融资产品。电子商务将颠覆传统的交易方式。一是交易不受时空限制；二是缩短交易环节；三是碎片化订单真实反映需求；四是快速交易要求快速交付；五是为小企业提供了

销售市场；六是成本和售价降低。电商新模式是网上交易、网上融资、网下交割。物流业的业务方式也会改变。快速响应、快速分拣、小批量、多批次、可视化、网络化等需求，会影响物流设施的规模、布局、构造等。

第三个创新是互联网金融的出现。互联网金融是利用互联网技术完成的金融活动。它的出现“让企业家彻夜难眠”。

2. 大数据对供应链金融的影响

(1) 可用于判断需求方向和需求量。供应链上的企业，存在着紧密的关联关系。终端消费量的变动，必然会引起上游各环节的变动。大数据时代大数据可帮助我们判断一系列变动的规律。同时，我们还可以把一定时期内的流通和消费看作是一个常量，而在地区、方向、渠道、市场的分配作为变量。

(2) 可用于目标客户资信评估。利用大数据，可以对客户财务数据、生产数据、电水消耗、工资水平、订单数量、现金流量、资产负债、投资偏好、成败比例、技术水平、研发投入、产品周期、安全库存、销售分配等进行全方位分析，信息透明化，能客观反映企业状况，从而提高资信评估和放贷速度。只看财报和交易数据是有风险的，因为可能造假。

(3) 可用于风险分析、警示和控制。大数据的优势是行情分析和价格波动分析，尽早提出预警。行业风险是最大的风险，行业衰落，行内大多企业都不景气。多控制一个环节、早预见一天，都能有效减少风险。

(4) 可用于精准金融和物流服务。贷款时间、期间、规模、用途、流向；仓储、运输、代采、集采、货代、保兑、中介、担保一体化运营。

3. 大数据应用的条件

(1) 基础数据的真实性。要使用大数据，就必须保证数据的真实性，尤其是基础数据的真实性。当前，GDP、吞吐量、货运量、仓储设施、投资额、主营收入等数据都有水分。地方GDP加总超过国家GDP，集装箱重复装卸计算吞吐量，关联企业互开发票增加销售额等，致使数据失真。因此，改革考核体制、改革统计体制已是当务之急。

(2) 数据要能聚焦成指标。数据本身是枯燥的、杂乱的，但形成指标后便具有生命。科学地设定指标，确定指标之间的勾稽关系，才能准确地判断事物发展的规律和路径。先行指标有重要指导作用。数据的负面影响是信息污染，影响判断。

(3) 不同数据体系要互联互通。在市场化条件下，数据是资源和产品。利益分割使信息孤岛现象更为严重，甚至于公共信息都被当作部门利益而垄断起来。部门数据、行业数据、企业数据、国际数据相互割裂，大数据不能发挥应有的作用。

(4) 积累准确的参数。在实际工作中，基础参数极为重要，尤其是临界参数。参数是基准，木直中绳，参数就是木工打出的那根基线。在我国，货币发行量、货币流通量、每百平方公里道路里程、仓储业投资规模、物流园区投资规模、港口数量和吞吐规模、物流强度、投资强度、投入产出比、均缺少基准，才出现了货币超发行、通货膨胀、港口过剩、产能过剩等问题。

(5) 先进的数据应用理念。如果数据是客观的，使用数据的人还要有先进的应用理念。这与经验、学识、能力有关。决策，尤其是与企业命运有关的决策，不能掺杂私念和人情因素。如果我们认真追究产能过剩形成的原因、追究投资失误的原因，都与理念有关。

4. 大数据下供应链金融发展的趋势

（1）向信用担保方向发展。电商企业根据自己掌握的数据，对客户的业务、信用进行分析，在安全范围内提供小量、短期融资，把沉淀在网上的无成本资金盘活。电商规模越大，沉淀资金越多。如果加上吸收存款功能，就变为金融机构；在大数据的引导下，银行业也会释放出这种灵活性，这样，信用担保就不仅仅限于大企业，而是可用于中小企业，业务范围将大大扩展。

（2）向着实物担保方向发展。任何时候，实物担保都不可或缺。它是电商融资和银行融资的安全底线，要保证实物的真实性和安全性，需要物流企业与之配合。

（3）商贸、金融和物流三方合作建设供应链金融平台。平台是大数据的汇集者。交易平台与物流平台集成、与支付系统集成、与交易融资系统集成，达到信息流、资金流、物流、商流的无缝隙连接；确保交易资源真实可靠、贸易行为真实可靠、担保物变现渠道畅通、担保物价格波动监控实时等。

综上所述，大数据正在影响和改变我们的时代，供应链金融将是其最大的受益者，它把交易变得更安全、快速、可靠，把供应链连成网络，把经济引入“计划”，金融“润滑”更加有效。

（资料来源：大数据金融）

思考与练习

一、判断题

1. 物流标准化是指以物流系统为对象，围绕运输、包装、装卸、仓储及信息处理等物流活动制定、发布和实施有关技术方面和工作方面的标准，以系统为出发点，研究各领域中技术标准与工作标准的配合性，按配合性的要求，统一整个物流系统的标准的过程。（　　）

2. 绿色物流的行为主体只是专业的物流企业，而不涉及生产企业和消费者。（　　）

3. 绿色物流活动的目标只具有社会属性，而不具有经济属性。（　　）

4. 价值链管理和供应链管理涉及的活动范围相同，但供应链的着眼点是企业的价值增值过程，面向效益，致力于为顾客创造更多的价值；而价值链侧重于产品的供应，面向效率，即降低成本和提高生产率。（　　）

5. 物流金融的主体主要是物流企业，客户和金融机构。（　　）

6. 物流金融可以盘活企业暂时闲置的原材料和产成品的资金占用，优化企业资源。（　　）

二、填空题

1. 按照物流标准化的应用范围，物流标准分为________、________、________。

2. ISO 规定的物流基础模数尺寸为________×________。

3. 企业实施绿色物流管理，要达到三个主要目标：________的最大化，________的最小化，________的产品绿色化。

4. 价值链管理旨在通过分析价值链上业务环节的增值来获得竞争优势，成为知识经济时代企业生存竞争的新模式，有________、________和________之分。

5. 金融物流的意义：有________、________和________。

三、简答题

1. 物流标准化的实施对于物流的发展有什么重要意义?
2. 什么是绿色物流?发展绿色物流有什么意义?
3. 价值链管理有哪几种类型?
4. 价值链管理和供应链管理有何区别?
5. 什么是物流金融?简述物流金融有哪些模式?
6. 简述物流金融存在哪些风险?

【实践教学】

实训名称	发展绿色物流
教学目的	① 认识发展绿色物流的重要意义 ② 了解我国绿色物流发展现状
实训条件	选择校园、超市、商场、社区
实训内容	① 选择校园、超市、商场社区作为调研对象 ② 了解其资源回收、再生利用情况 ③ 设计“互联网+回收”创新模式
教学组织及考核	① 学生6~8人一组,教师进行具体指导 ② 学生根据实训内容,以组为单位,完成调研报告 ③ 开展“爱护地球,绿色回收进校园”主题宣传活动

参 考 文 献

[1] 李松庆．物流学概论[M]．北京：清华大学出版社，2012.

[2] 王泰之．新编现代物流学[M]．北京：首都经济贸易大学出版社，2012.

[3] 戴恩勇．物流绩效管理[M]．北京：清华大学出版社，2012.

[4] 何炳华．物流系统规划设计与软件应用[M]．北京：清华大学出版社，2012.

[5] 贾争现．物流配送中心规划与设计[M]．北京：机械工业出版社，2013.

[6] 蒋长兵．国际物流学教程[M]．北京：中国物资出版社，2012.

[7] 李斌成，杨文科．物流信息技术[M]．北京：清华大学出版社，2015.

[8] 刘志学．现代物流学手册[M]．北京：中国物资出版社，2001.

[9] [美]道格拉斯·郎．国际物流[M]．刘凯，等译．北京：电子工业出版社，2006.

[10] 翟光明，郭淑红．采购与供应商管理操作实务[M]．北京：中国物资出版社，2011.

[11] 徐海东，魏曦初．物流中心规划与运作管理[M]．大连：大连理工大学出版社．2010.

[12] 方轮．物流信息化管理与技能[M]．大连：大连理工大学出版社．2011.

[13] 刘华琼．物流优化技术[M]．北京：清华大学出版社，2011.

[14] 赵晓柠．配送中心规划与设计[M]．西安：西南交通大学出版社，2011.

[15] 裴斐．物流业务法规教程[M]．北京：中国水利出版社，2011.

[16] 付旭东．金融物流[M]．北京：新世界出版社，2013.

[17] 范丽君，郭淑红，王宁．物流与供应链管理[M]．北京：清华大学出版社，2011.

[18] 阎叶琛．物流客户服务[M]．北京：人民交通出版社，2012.

[19] [美]道格拉斯·兰伯特，詹姆士·斯托克，莉萨·埃拉姆．物流管理[M]．张文杰，等译．北京：电子工业出版社，2006.

[20] [美]威廉·J. 史蒂文森．生产与运作管理[M]．张群，等译．北京：机械工业出版社，2000.

[21] [美]迈克尔·波特．竞争优势[M]．陈小悦，译．北京：华夏出版社，1997.

[22] 中国经济信息网：http：//www. cei. gov. cn

[23] 中国外运股份有限公司：http：//www. sinotrans. com

[24] 联合包裹递送服务公司：http：//www. ups. com

[25] 中国物流设备网：http：//www. 56en. com

[26] 中国物资储运总公司：http：//www. cmst. com. cn

[27] 广州博众企业管理咨询有限公司：http：//www. bozhong. cc

[28] 物流门户网：http：//www. 56abc. com

[29] 锦程物流网：http：//info. jctrans. com

[30] 电子商务网：http：//www. eyesom. com. cn